《陕西通史》编纂委员会

主　　任　张岂之

副 主 任　萧正洪　黄留珠

编　　委

（按姓氏笔画排序）

王大华　尹夏清　尹盛平　甘　晖　石兴邦　田培栋
史红帅　吕卓民　任大援　刘东风　杜文玉　李　浩
杨亚长　张岂之　张呈忠　张改课　张新科　陈战峰
周伟洲　侯海英　秦　晖　黄正林　黄留珠　萧正洪
梁星亮　雷永利

20世纪90年代版《陕西通史·魏晋南北朝卷》

作　　者　王大华　秦　晖

主　编　张岂之
执行主编　萧正洪　黄留珠

魏晋南北朝卷

陕西通史

王大华 著

陕西师范大学出版总社

图书代号：SK22N1892

图书在版编目（CIP）数据

陕西通史．魏晋南北朝卷／王大华著；张岂之主编；萧正洪，黄留珠执行主编．—西安：陕西师范大学出版总社有限公司，2023.8
ISBN 978-7-5695-3277-7

Ⅰ.①陕… Ⅱ.①王… ②张… ③萧… ④黄… Ⅲ.①陕西—地方史—魏晋南北朝时代 Ⅳ.① K294.1

中国版本图书馆 CIP 数据核字（2022）第 213271 号

陕西通史·魏晋南北朝卷
SHAANXI TONGSHI·WEI-JIN NAN-BEI CHAO JUAN

王大华 著

出 版 人	刘东风
选题策划	侯海英 曹联养
责任编辑	王丽敏 王 森
责任校对	熊梓宇
出版发行	陕西师范大学出版总社
	（西安市长安南路199号 邮编710062）
网　　址	http://www.snupg.com
印　　刷	中煤地西安地图制印有限公司
开　　本	710 mm×1000 mm　1/16
印　　张	27.5
插　　页	8
字　　数	420千
版　　次	2023年8月第1版
印　　次	2023年8月第1次印刷
书　　号	ISBN 978-7-5695-3277-7
审 图 号	GS（2020）2086号
定　　价	258.00元

读者购书、书店添货或发现印刷装订问题，请与本社营销部联系、调换。
电话：（029）85307864 85303629　传真：（029）85303879

编写说明

一　1993至1998年，陕西师范大学出版社陆续出版了14卷本《陕西通史》。该版《陕西通史》立足时代背景，突出西北地域，尤其是各个历史时期陕西地区的政治、军事、经济、文化艺术、社会生活等内容，填补了陕西无通史的空白。2001年，该套书荣获陕西省第六次哲学社会科学优秀成果一等奖。

二　在20世纪90年代版的基础上，本版特别注重体系重新建构、内容推陈出新，增补了新史料、新成果、新视角，使得陕西历史的叙述更为饱满、完善。

三　本套书分断代史9卷、专史6卷，共15卷。

四　断代史分别为《史前卷》《夏商西周卷》《秦汉卷》《魏晋南北朝卷》《隋唐五代卷》《宋金元卷》《明代卷》《清代卷》《民国卷》。

㈤ 专史分别为《历史地理卷》《革命根据地卷》《民族卷》《社会经济卷》《思想文化卷》《文学艺术卷》。与20世纪90年代版相较，增设《文学艺术卷》。

㈥ 本套书在地域上以现今陕西省区划为限，与邻省有关而必须写到的事将有所交代，主要活动不在陕西的陕西籍名人亦有所提及。

㈦ 本套书在时间上起于更新世早期，断代史截止年代为1949年，专史不设统一截止年代，依内容实际做相应处理。

㈧ 本套书纪年方法：清代以前（含清代），用历史纪年，必要时注以公元纪年，月、日亦按旧历，书写用汉字数字；《民国卷》《革命根据地卷》用公元纪年，书写用阿拉伯数字；其余各专史卷做相应处理。

㈨ 地名沿用历史时期地名称谓，必要时注以今名。

㈩ 历史时期使用的计量单位如里、亩等，因叙述需要沿用，必要之处注明法定计量单位。

(十一) 本套书断代史各卷前均增设了相关历史时期地图，各卷末设置大事年表。

(十二) 本套书各卷末设置索引以备查。

总序

人类的历史发展以文明的创造为主题。时至公元21世纪，我们回顾以往的历史，可以很清楚地看到这一点。从全球视野看，显而易见的是，中华民族以自己的勤劳和智慧创造了悠久且延绵不断的历史和光辉灿烂的文明，而大部处于黄河中游的陕西，于其中承载了重要的传承文明的历史使命，具有无可替代的文化意义。

就今日陕西论，这片土地并不是一个很大的空间，在国土总面积中所占不过2%。其地居于中国中部，南北较为狭长，东西并不十分开阔。秦岭山脉横亘于中部，将陕西大致分为分属于黄河流域和长江流域的两个部分：北为关中平原和沟壑纵横的黄土高原，南为秦巴山地和居于其间的汉水谷地。总体而言，陕西自然环境条件复杂,自北而南,地貌、气候类型较多且层次分明,为文明进步和文化发展提供了丰富的资源和多样的选择。至于周边地区,亦属于差异较大的环境类型:省境之东为以平原为主的河南,东南为鄂西山地,西为陇右,地接青藏高原,北则毗连内蒙古高原,而南越大巴山区可至成都平原。

这片土地,是中华民族重要的发祥地和古代文明的摇篮之一,早在一百万年以前,这里就有了远古人类活动生息的踪迹。考古发现的早期人类如蓝田人、大荔人、河套人、沙苑人,展示出中国境内北方直立猿人到晚期智人的发展脉络。西安半坡和姜寨、宝鸡等地数以百计的新石器时代遗址的发掘,则揭示了中国黄河流域原始社会的概貌,在中国多元性远古文化研究中具有典型的意义。陕北秃尾河北侧所发现的石峁遗址,属于新石器时代晚期至夏代早期遗存,被誉为"中国文明的前夜",是中国早期文明发展历程中极其重要的一环。

进入有文字符号和早期城市的文明时期以后,陕西较早地成为古代中国政治、经济、文化的中心,在中国历史上占有重要的地位。从公元前11世纪西周建立,经过秦汉,直到隋唐,前后千余年,陕西作为中国古代13个王朝(不包括2个农民起义政权)国都的所在地,对中华民族的形成和中国古代文明的建设与传播均产生过巨大影响。概而言之,西周之时华夏族的发展壮大和礼乐文明构建,秦统一六国,融各地区多元文化为一体,奠定古代中国多民族统一国家政治、经济和军事的格局,汉唐高度发展的物质文明和精神文明,中华民族凝聚核心——汉族的正式形成和发展，特别是体现中华民族对不同文化的包容性的丝绸之路与中外文化交流，如此等等，大多是以当时国都所在的陕西为中心和基点的。至于古代陕西盛极一时的农业和手工业，众多的科技发明，亦对中国古代经济与文化的发展起了极为重要的作用。源远流长的陕西古代文化，成为中华优秀传统文化重要的组成部分。

古代陕西，堪称人杰地灵，有推动历史前进的明君贤相，有运筹帷幄、决胜千里的谋臣名将，有技艺卓绝、极富创新精神的大国工匠，有引领一时风骚又风流千古的文学、史学大家，有忧国忧民、视死如归的仁人志士。洎乎近代，陕西又成为中国革命的重要策源地之一。1911年辛亥革命首义后，首先响应并光复的即是陕西。在艰苦的抗日战争和新中国诞生的过程中，以毛泽东为首的中国共产党中央，正是在转战陕北的十三年（1935—1947）里，团结和带领全国各族人民，打败了日本侵略者，并为建立新中国制定了宏伟蓝图。回顾历史，无数的风流人物，为伟大的中华民族文明的发展做出了巨大贡献，其立德、立功、立言，足为民族之宝，自当永垂青史而为后人所景仰、所传承。

多年以前，我曾经提出，关于古代中国的文明与文化，似可有一个基于哲学思想的论断，大致可用"守正、兼和、日新"六字加以概括。于陕西历史论，所谓"守正"，是说，在中国历史上起过非常重要的作用的传统政治理论如"正统""天下"之论，经常是以陕西特别是长安为基点进行系统解读的，而中国古代的礼法制度与礼乐文明，也多在陕西制定并推向全国，进而成为文化体系的制度性基础。在这个意义上说，陕西的历史，体现了中华民族对精神家园与文明根本的坚守，尽管它具有特定的时代性。所谓"兼和"，是说，历史上以长安为核心的文化体系所体现出的兼容并包，其对历史上中国不同地区多元文化的整合与吸收，无论就内涵还是形式论，皆表现得极为显著与典型。我以为，中华民族文明与文化发展历程的重要特点之一，是基于理解与包容的和不同文明与文化的融合。陕西的历史发展，是这一特点的一个明证。至于"日新"，则是说，历史上以长安为中心的陕西，所展现的民族进取心、与时俱进的变革精神以及制度性创设，都表现出传承与创新的密切联系。

本通史正是为阐明上述主旨而作。早在1989年，陕西师范大学出版社在出版《陕西五千年》一书的基础上，发起编纂多卷本《陕西通史》，当时由郭琦、史念海和我共同主持。其编委会会集多方贤能，成员有张勃兴、郭琦、史念海、张岂之、孙达人、石兴邦、斯维至、赵炳章、周伟洲、李振民、房成祥、秦晖、周天游、黄留珠、王大华、任大援、邵宏谟、韩敏、田培栋、李峰、朱永庚、韦建培、张军孝、高经纬。同人共襄盛举，不惮劳烦，其情其景，迄今仍历历在目。由此奠定了《陕西通史》的根基，更是本版的源头所依，在此致以深切的谢意。

然至今已三十年矣，旧作实有修订之必要。惟郭、史二位先生已然作古，我自当承此重任。所幸的是，陕西学界新人辈出，大家慷慨踊跃，我亦因此备受鼓舞。现在，各卷撰写工作已基本告成，其规模与学术境界似远超旧作。至于具体各卷的安排，出版社另有编写说明，于此不再赘述。不过有一点我仍想特别提及，即各卷作者在写作中，对陕西的历史与文化灌注了极为深厚的家乡情感。细究起来，本通史各卷的作者，本土人士当然居多，然其中亦不乏异乡之客而久居于此者。惟各卷作者将陕西视为民族文明与文化发展的重要根本之地，而本通史之写作关乎中华文明与文化的解释与传承，其体大而事重，故超越地域之大爱之情，溢于笔端。读者若能同心共情，则不难于阅读之中产生共鸣。若此，则我亦感幸甚。值此套书出版之际，草此数言，以为总序。

张岂之

2021 年 5 月 1 日

目录

Contents

绪论　魏晋南北朝时期陕西在动荡中重开文明之花 /001

第一章　征战不休的三国时期的陕西 /007

　　第一节　韩遂、马腾割据关陇 /009

　　　　一、董卓败后献帝东归洛阳及东汉分裂态势 /009

　　　　二、韩遂、马腾割据关陇 /013

　　　　三、钟繇持节督关中 /016

　　　　四、曹操西征关中与韩遂、马超失败结局 /019

　　第二节　原始道教的独立王国——张鲁割据汉中 /025

　　　　一、张陵创立五斗米道 /025

　　　　二、张鲁割据汉中三十年 /027

　　第三节　谋略的较量——曹操与刘备争夺汉中 /031

　　　　一、建安十六年曹操弃取汉中的原因及建安二十年
　　　　　　轻取汉中 /031

　　　　二、刘备争夺汉中 /036

　　　　三、蜀汉经营汉中 /044

　　第四节　壮志未酬——蜀魏争夺关陇的战争 /050

　　　　一、诸葛亮六出祁山 /050

　　　　二、蜀魏战争的平缓期与司马懿走向专权 /062

三、司马昭三次治兵关中与伐蜀之役 /069

第五节 三国时期的关陇民变 /079

一、关中刘雄鸣与陕北鄜民梁兴起义 /080

二、陈仓吕并与关中兵变造反 /080

三、冯翊郑甘、王照联合卢水胡造反 /081

四、西平麹氏起义 /081

第二章 治乱兴衰的西晋时期的陕西 /083

第一节 关中名士与"三家归晋" /085

一、司马炎废魏称晋与西晋门阀士族 /085

二、杜预、王濬与灭吴之役 /088

三、傅氏家族与西晋立国治国 /096

四、高士挚虞及其师皇甫谧 /103

第二节 关中与"八王之乱" /105

一、晋初短暂之小康与西晋政治经济制度 /105

二、魏晋关陇经济之概述 /111

三、关中名门杨骏专权与贾后之乱 /114

四、"八王之乱"中关中军三次东征洛阳与逼晋惠帝迁都长安 /117

五、东海王西征长安与惠帝还都洛阳 /120

六、关陇士人卷入"八王之乱"及其后的纷争 /122

七、张轨霸凉州 /128

第三节 西晋时期的陕西胡汉联合反抗斗争 /134

一、秦州鲜卑树机能 /135

二、雍州氐族齐万年 /136

三、略阳賨人李特、李雄 /137

四、成汉政权对陕南的攻占与治理 /139

第三章 风云骤变的十六国时期的陕西 /147

第一节 前赵刘曜虎踞长安 /149

一、匈奴刘渊起兵反晋与建立汉国及灭晋 /149

二、刘曜建立前赵与迁都长安 /150

　　三、前赵政权对西北的用兵 /151

　　四、前赵政权的治国 /153

第二节　后赵石勒争雄上郡与关中 /158

　　一、羯人石勒建立后赵政权 /158

　　二、司州与并州的设置与变化 /164

　　三、石勒争夺上郡与关中及灭前赵 /169

　　四、石虎西征关中及后赵在关陇的不休征战 /172

　　五、石勒与石虎的不同治国 /174

　　六、冉闵之乱与后赵灭亡 /179

第三节　异军突起的前秦氐族政权 /183

　　一、苻健攻占长安建立前秦政权 /183

　　二、苻坚与王猛治理关中 /186

　　三、前秦的中央官制及地方官制 /189

　　四、前秦统一北方 /193

　　五、苻坚亲征东晋与吕光远征西域 /200

第四节　西燕政权的短暂兴亡 /204

　　一、慕容垂谋复燕国 /204

　　二、慕容泓起兵华阴 /205

　　三、慕容冲建立西燕攻占长安 /206

　　四、慕容垂建立后燕攻灭西燕 /208

第五节　后秦时期的陕西 /208

　　一、羌人姚苌称帝长安建立后秦 /208

　　二、后秦政权征战关陇 /210

　　三、姚兴尊佛治国与复兴关陇 /212

　　四、后秦的对外扩张及与北魏的战与和 /213

　　五、后秦与大夏的征战 /215

　　六、后秦内乱与衰败 /216

第六节　东晋桓温、刘裕两次北伐关中 /217

　　一、桓温北伐进军霸上 /217

二、刘裕北伐攻灭后秦 /219

第七节　大夏政权的兴亡 /223

　　一、赫连勃勃建立大夏国 /223

　　二、大夏营建统万城与暴虐三秦 /225

　　三、大夏与北魏的战争 /227

　　四、大夏的灭亡 /230

第八节　十六国时期的陕西民变 /230

　　一、十六国时期陕西民变特点 /230

　　二、后赵李子扬 /231

　　三、后赵梁犊、马勖 /232

　　四、前秦关中数次民变 /233

　　五、后秦刘厥、李弘 /234

第四章　重新崛起的北朝时期的陕西 /235

第一节　拓跋鲜卑平定关陇 /237

　　一、拓跋鲜卑的由来与拓跋珪建立北魏 /237

　　二、拓跋焘西征关陇 /238

第二节　北魏初期的关中反抗斗争 /242

　　一、北魏初年社会动荡原因 /242

　　二、卢水胡盖吴杏城揭竿 /242

　　三、拓跋焘再征关中镇压造反 /244

第三节　拓跋鲜卑的汉化与改革及其对关陇的影响 /245

　　一、北魏的氏族组织与汉化运动 /245

　　二、冯太后与魏孝文帝变法 /250

　　三、北魏均田制与华州的均田 /251

　　四、北魏孝文帝迁都洛阳带旺关陇 /254

第四节　北魏末年关陇再度反抗 /255

　　一、始平四县与秦、雍七州义军 /255

　　二、秦州莫折念生进兵关中 /256

　　三、万俟丑奴泾州之战与称帝建元 /258

四、高平义军 /262

第五节　东、西魏分立及战争 /263
　　一、北魏分裂为东、西魏 /263
　　二、东、西魏战争 /267

第六节　宇文泰改革与西魏崛起 /270
　　一、《六条诏书》与西魏均田 /270
　　二、"罢门资之制"的政治改革 /272
　　三、西魏创立府兵制的军事改革 /272
　　四、西魏崛起 /275

第七节　关陇军事贵族集团初期构成 /275
　　一、拓跋鲜卑占绝对优势 /276
　　二、关陇五胡的地位 /282
　　三、汉族士族的地位 /285

第八节　统一大业奠基人北周武帝宇文邕 /288
　　一、北周建立与宇文邕上台 /288
　　二、宇文邕改革府兵制 /289
　　三、宇文邕释奴与毁佛 /290
　　四、北周武帝东征灭齐 /293
　　五、北周伐陈与宇文邕抱憾早逝 /296
　　六、北周赵贵、独孤信事件 /298

第九节　西魏、北周时期的陕西民变 /301
　　一、西魏、北周民变起因 /301
　　二、赵青雀与于伏德长安造反 /302
　　三、关中与陕北民变 /303
　　四、陕南民变 /303

第五章　胡汉交融的魏晋南北朝时期的陕西文化 /305

第一节　儒、佛、道的交融互争与祈佛毁佛 /307
　　一、魏晋南北朝时期陕西文化的特点 /307
　　二、从三国时期的原始道教到北周时期的长安道教 /307

三、关中儒学凋敝与传承汉学旧绪的北方儒学 /310

四、关中的"佛教热" /315

五、关中儒、佛、道的交融互争 /318

六、关中与陕北的佛、道石窟 /319

七、关中的佛教玄学 /322

八、北魏与北周的二次毁佛运动 /324

第二节 各族民俗民风互相濡染的多元大众文化 /326

一、胡汉民俗民风之交融 /326

二、关中的坐床与"胡床" /327

三、长安"胡饼" /328

四、关中"胡乐"与"胡舞" /328

五、关中"裤褶服" /330

六、在长安的各胡族政权对华夏炎黄祖先的神话认同 /332

七、魏晋南北朝之私家藏书文化与关中藏书和长安"佣书" /333

第三节 关中的科技传承与创新 /336

一、曹魏大发明家马钧 /336

二、诸葛亮发明木牛流马与连弩 /337

三、"欹器"从西晋复制到西魏创新 /338

四、皇甫谧的《针灸甲乙经》与北朝医学 /340

五、长安屡毁屡建与大夏统万城"蒸土筑城"法 /340

六、北周算学家甄鸾 /346

第四节 中外文化交流与华、梵诸僧的传经取经 /347

一、华僧西行取经 /347

二、梵僧东来传经 /351

第五节 魏晋南北朝时期的关中教育 /354

一、关中教育之官学 /354

二、关中教育之私学 /365

结语 /379

参考文献 /381

陕西魏晋南北朝文化遗存一览表 /385

大事年表 /389

索引 /403

后记 /409

Contents

Introduction
Rebirth of Civilization in Times of Unrest in Shaanxi during the Wei ,Jin, Southern and Northern Dynasties /001

Chapter 1
Shaanxi during the Chaotic Three Kingdoms Period /007

- Section 1 Han Sui and Ma Teng Established Separate Regimes in the Guanlong Areas /009
  - 1. Emperor Xian Di of the Han Returned to Luo Yang City after Dong Zhuo's Defeat and the Tendency of Separation in the Eastern Han Dynasty /009
  - 2. Han Sui and Ma Teng Established Separate Regimes in the Guanlong Areas /013
  - 3. The Era of Zhong You's Governance in Guanzhong /016
  - 4. Cao Cao's Conquest of Guanzhong and the Defeat of Han Sui and Ma Chao /019
- Section 2 The Independent Kingdom of Primitive Taoism Religion—Zhang Lu's Regime in the Hanzhong /025
  - 1. Zhang Ling Founded the Way of the Five Pecks of Rice /025
  - 2. Thirty Years' Separation of Hanzhong by Zhang Lu /027

Section 3　The Game of Dominance—Cao Cao and Liu Bei's Competition for Hanzhong /031

　　1.The Reasons for Cao Cao's Abandonment of Hanzhong in the Sixteenth Year of Jian'an and His Easy Siege of Hanzhong in the Twentieth Year of Jian'an /031

　　2.Liu Bei's Fight for the Control of Hanzhong /036

　　3.The Era of Shu Han's Governance of Hanzhong /044

Section 4　The Unaccomplished Ambition—The War between the Shu and Wei for the Control of the Guanlong Areas /050

　　1.Zhuge Liang's Six Offensive Attacks through the Qishan Mountains /050

　　2.The Peace Period between the Shu and Wei and the Autocracy of Sima Yi /062

　　3.Sima Zhao Stationed Troops for Three Times in the Guanzhong and the Battle against Shu /069

Section 5　The Civilians Uprisings in the Three Kingdoms Period in the Guanlong Areas /079

　　1.The Uprisings of Liu Xiongming in Guanzhong and Liang Xing in Northern Shaanxi /080

　　2.Lyu Bing's Uprising in Chencang and the Mutiny in Guanzhong /080

　　3.The Rebellion by Zheng Gan ,Wang Zhao and the Lu Shui Hu Tribe in Ping Yi Prefecture /081

　　4.Qu's Uprising in Xi Ping /081

Chapter 2
The Rise and Fall of Shaanxi during the Period of Western Jin Period /083

Section 1　Celebrities in Guanzhong and Jin's Unification of the Three Kingdoms /085

　　1.Sima Yan's Abolition of Wei, the Founding of Jin and Powerful Families in the Western Jin Regime /085

　　2.Du Yu, Wang Jun and the Battle That Ended Wu's Regime /088

　　3.The Fu Family and the Founding and Governing of the Western Jin Regime /096

　　4.The Capable Brain Zhi Yu and His Teacher Huangfu Mi /103

Section 2　Guanzhong and the War of the Eight Princes /105

　　1.The Short Period of Well-off in the Early Jin Dynasty and the Political and Economic System in the Western Jin Dynasty /105

　　2. A Brief Introduction of Guanlong's Economy in the Wei and Jin Dynasties /111

    3.Bossiness of Yang Jun, a Celebrity from a Powerful Family in Guanzhong and the Rebellion of the Empress Jia /114

    4.Three Eastern Expeditions of the Guanzhong Army against Luo Yang during the War of the Eight Princes and the Enforcement to Make Emperor Hui Di to Relocate the Capital to Chang'an /117

    5.Sima Yue's Western Expedition against Chang'an and the Return of Emperor Hui Di to Luoyang /120

    6.Guanlong Scholars' Involvements in the War of the Eight Princes and Some Subsequent Disputes /122

    7.Zhang Gui's Dominance of the Liangzhou Prefecture /128

Section 3 The United Resistance of Han People and Ethnic Tribes in the Western Jin Dynasty /134

    1.Qinzhou's Shu Jineng, the Leader of the Xianbei Tribe /135

    2.Yongzhou's Qi Wannian, the Leader of the Di Tribe /136

    3.Lueyang's Li Te and Li Xiong, the Leaders of the Cong Tribe /137

    4.Chenghan Regime's Attack, Occupation and Governance of Southern Shaanxi /139

Chapter 3
Shaanxi through Radical Changes during the Sixteen Kingdoms Period /147

Section 1 Occupation of Chang'an by Liu Yao, the Emperor of the Former Zhao Regime /149

    1.Liu Yuan's Uprising against the Jin and the Establishment of the Han State and the End of the Jin Regime /149

    2.The Founding of the Former Zhao Regime and the Relocation of the Capital to Chang'an /150

    3.Military Actions by the Former Zhao Regime in Northwest China /151

    4.The Governance of the Former Zhao Regime /153

Section 2 Shi Le 's Ambition over the Shangjun Prefecture and Guanzhong /158

    1.Shi Le, the Leader of the Jie Tribe and His Founding of the Later Zhao Regime /158

    2.Establishment of the Prefectures of Sizhou and Bingzhou and the Change of Institution /164

    3.Shi Le 's Ambition over the Shangjun Prefecture as well as Guanzhong and the End of the Former Zhao Regime /169

    4.Shi Hu's Western Expedition against Guanzhong and Endless Wars in Guanlong /172

　　　　　　5.Different Styles of Governance between Shi Le and Shi Hu /174
　　　　　　6.Ran Min's Rebellion and the End of the Later Zhao Regime /179
　Section 3　The Rise of the Di Tribe and the Former Qin Regime /183
　　　　　　1.Fu Jian's Occupation of Chang'an and the Establishment of the Former Qin
　　　　　　　Regime /183
　　　　　　2.Fu Jian and Wang Meng's Governance of Guanzhong /186
　　　　　　3.The Central and Local Official System of the Former Qin Regime /189
　　　　　　4.The Unification of Northern China by the Former Qin Regime /193
　　　　　　5.Fu Jian's Conquest over the Eastern Jin Regime and Lyu Guang's Conquest
　　　　　　　over the Western Regions /200
　Section 4　The Temporarily Rise and Fall of the Western Yan Regime /204
　　　　　　1.Murong Chui's Plan to Rehabilitate the State of Yan /204
　　　　　　2.Murong Hong's Uprising in Huayin /205
　　　　　　3.Murong Chong Established the Western Yan Regime and Occupied
　　　　　　　Chang'an /206
　　　　　　4.Murong Chui's Establishment of the Later Yan and the End of the Western
　　　　　　　Yan /208
　Section 5　Shaanxi in the Later Qin Period /208
　　　　　　1.Yao Chang of the Qiang Tribe Became the Emperor of the Later Qin State in
　　　　　　　Chang'an /208
　　　　　　2. Wars of the Later Qin State in Guanlong /210
　　　　　　3.Yao Xing's Pro-Buddhism Policy in His Administration and the Revive
　　　　　　　of Guanlong /212
　　　　　　4.The External Expansion of the Later Qin Regime, War and Peace with the
　　　　　　　Northern Wei Regime /213
　　　　　　5.Wars between the Later Qin and the Daxia Huns Regime /215
　　　　　　6.Riots and the Decaying in the Later Qin Regime /216
　Section 6　Northern Expeditions to Guanzhong Led Respectively by Huan Wen and
　　　　　　Liu Yu of the Eastern Jin Regime /217
　　　　　　1. Huan Wen's Northern Expedition to Ba Shang /217
　　　　　　2.Liu Yu's Northern Expedition and the End of the Later Qin Regime /219
　Section 7　The Rise and Fall of the Daxia Huns Regime /223
　　　　　　1.Helian Bobo's Establishment of the Daxia Huns Regime /223
　　　　　　2.The Build of Tong Wan Cheng City and Daxia's Cruelty over Shaanxi /225
　　　　　　3.Wars between the Daxia and the Northern Wei Dynasty /227
　　　　　　4.The End of the Daxia Huns Regime /230
　Section 8　Mass Civil Uprisings in the Sixteen Kingdoms Period /230
　　　　　　1.Characteristics of Shaanxi People's Uprisings in the Sixteen Kingdoms

                Period /230
            2. Li Ziyang of the Later Zhao Period /231
            3. Liang Du and Ma Xu of the Later Zhao Period /232
            4. Several Civil Revolts in Guanzhong during the Former Qin Period /233
            5. Liu Jue and Li Hong during the Later Qin Period /234

Chapter 4
The Rebirth of Shaanxi during the Northern Tuoba Wei Empire /235

    Section 1   The Pacification of Guanlong by the Northern Tuoba Wei Regime /237
            1. The Origin of Tuoba Xianbei and the Establishment of the Northern Wei
                Regime by Tuoba Gui /237
            2. Tuoba Tao's Western Expedition to Guanlong /238
    Section 2   Resistances in Guanzhong during the Early Northern Wei Dynasty /242
            1. Reasons for Unrests in the Early Northern Wei Dynasty /242
            2. The Revolt of the Xing Cheng City Led by Gai Wu from Lu Shui Tribe /242
            3. Tuoba Tao's Second Expedition in Guanzhong to Suppress the Rebellion /244
    Section 3   The Reform and Sinicization Movement of Tuoba Xianbei and Its Impacts
                on Guanlong /245
            1. The Clan Organization of the Northern Wei Dynasty and the Sinicization
                Movement /245
            2. Empress Dowager Feng and the Emperor Xiaowen Di's Reform /250
            3. The Equal Field Allocation System in the Northern Wei Dynasty and an
                Example in Huazhou /251
            4. Emperor Xiao Wen Di Moved the Capital to Luoyang and Resulting Benefits
                to Guanlong /254
    Section 4   Uprisings Reappeared in the Late Northern Wei Dynasty /255
            1. Uprising Rebel Army in Four Counties (Including the Shiping County)
                and Seven States(Including Qin and Yong) /255
            2. Qin Zhou's Moshe Niansheng's March to Guanzhong /256
            3. Moqi Chounu's Command in the Battle of Jingzhou and He Proclaimed
                Himself as the Emperor /258
            4. The Rebel Army in Gaoping /262
    Section 5   The Division of the Northern Wei and the Following Wars /263
            1. The Division of the Northern Wei into the Eastern Wei and the Western Wei /263
            2. Wars between the Eastern Wei and the Western Wei /267
    Section 6   Yuwen Tai's Reform and the Rise of the Western Wei Dynasty /270
            1. The Six Imperial Edicts and the Adoption of Equal Field Allocation System in

the Western Wei Dynasty /270

    2.The Political Reform That Broke the Pedigree Hiring System on Officials /272

    3.The Reform That Created the Fubing Military System in the Western Wei Dynasty /272

    4.The Rise of the Western Wei /275

Section 7 The Initial Formation of the Guanlong Military Aristocratic Circle /275

    1.The Absolute Advantage of the Tuoba Xianbei Nobles /276

    2.Status of the Five Hu Tribes in Guanlong /282

    3.Status of the Han Celebrity Families /285

Section 8 The Great Reunification Made by Yuwen Yong, Emperor Wu of the Northern Zhou /288

    1.The Establishment of the Northern Zhou and Yuwen Yong's Coming to the Throne /288

    2.The Reform on the Fubing Military System /289

    3.Policies to Free Slaves and the Banning of Buddhism /290

    4.The Eastern Expedition Commanded by Emperor Wu of the Northern Zhou to Destory the Northern Qi /293

    5.Northern Zhou's Wars against the Chen and the Regretful Early Death of Yuwen Yong /296

    6.Incidents of Zhao Gui and Dugu Xin in the Northern Zhou Period /298

Section 9 Civil Revolts in the Western Wei and Northern Zhou Dynasties /301

    1.Causes of Civil Revolts in the Western Wei and Northern Zhou Dynasties /301

    2.Zhao Qingque and Yu Fude's Rebellion in Chang'an /302

    3.Civil Revolts in Guanzhong and Northern Shaanxi /303

    4.The Civil Revolt in Southern Shaanxi /303

Chapter 5
The Mixed Culture of Hu and Han in Shaanxi during the Wei, Jin, Southern and Northern Dynasties /305

Section 1 Competition and Integration between Confucianism, Buddhism and Taoism and the Praise or Blame on Buddhism /307

    1.Characteristics of the Shaanxi Culture in the Wei, Jin, Southern and Northern Dynasties /307

    2.From the Primitive Taoism in Three Kingdoms Period to the Chang'an Taoism in the Northern Zhou Dynasty /307

    3.The Decline of Confucianism in Guanzhong and the Northern School of Confucianism Which Inherited the Traditional Sinology /310

    4.The Popularity of Buddhism in Guanzhong /315

     5.Competition and Integration between Confucianism, Buddhism and Taoism in
      Guanzhong /318
     6.The Buddhist and Taoist Grottoes in Guanzhong and Northern Shaanxi /319
     7.Buddhist Metaphysics in Guanzhong /322
     8.The Second Movement of Banning Buddhism in the Northern Wei and
      Northern Zhou Dynasties /324
 Section 2 Highly Diversified Popular Culture Influenced by Folk Customs from Many
     Ethnic Groups /326
     1.The Merging of the Hu and Han Folk Customs /326
     2.The Sitting Bed and the Hu Chair in Guanzhong /327
     3.The Hu Bing Baked Cake in Chang'an /328
     4.The "Hu Music" and "Hu Dance" in Guanzhong /328
     5.The Hu Style Military Suit in Guanzhong /330
     6.The Identity of Mythological Emperor Yan Di and Huang Di as the Same
      Ancestor by Different Ethnical Tribes in Chang'an /332
     7.Private Book Collection Culture in Wei, Jin, Southern and Northern Dynasties,
      Book Collections in Guanzhong and the Book Copy Profession in Chang'an /333
 Section 3 Inheritance and Innovation of Science and Technology in Guanzhong /336
     1.Ma Jun, a Great Inventor of the Cao Wei Period /336
     2.The Invention of Kongming's Contraption Wooden Ox and the Repeating
      Crossbow /337
     3.The Duplication of Qi Qi (A Kind of Time Counting Machine) in the Western
      Jin Period and Innovation of Qi Qi in the Western Wei Dynasty /338
     4.Huangfu Mi's the Systematic Classic of Acupuncture and Moxibustion and
      the Medical Development in the Northern Dynasty /340
     5.The Destruction and Rebuild of Chang'an and the Steaming Soil Method in
      the Construction of Tong Wan Cheng City /340
     6.Mathematician Zhen Luan in the Northern Zhou Dynasty /346
 Section 4 Chinese and Foreign Cultural Exchange as well as Acquisition and
     Teaching on Buddhist Scriptures by Some Buddhist Monks in Ancient India
     and China /347
     1.Chinese Monks' Pilgrimage for Buddhist Scriptures to the Western
      Regions /347
     2.Ancient Indian Monks' Transmission of Buddhist Scriptures to China /351
 Section 5 Education in Guanzhong during the Wei, Jin, Southern and Northern
     Dynasties /354
     1.Public Schools in Guanzhong /354
     2.Private Schools in Guanzhong /365

Conclusion /379

References /381

A List of Cultural Remains of the Wei, Jin, Southern and Northern Dynasties in Shaanxi Province /385

Chronology /389

Index /403

Epilogue /409

插图目录

Illustration Catalog

图 1-1　东汉末年诸侯割据示意图 /012

图 1-2　函谷关地形图 /020

图 1-3　曹操与马超潼关之战图 /021

图 1-4　勉县马超墓 /024

图 1-5　汉中勉县定军山古战场遗址 /041

图 1-6　刘备、夏侯渊定军山之战图 /042

图 1-7　汉中石门褒斜道古栈道遗址 /045

图 1-8　宝鸡大散关遗址 /046

图 1-9　孔明六出祁山合图 /051

图 1-10　魏蜀五丈原之战图 /058

图 1-11　岐山五丈原诸葛亮庙 /059

图 1-12　汉中勉县武侯祠 /061

图 1-13　邓艾偷袭成都示意图 /077

图 1-14　"正始三年"铭文铜弩机 /082

图 2-1　杜预像 /088

图 2-2　王濬像 /091

图 2-3　西晋灭吴示意图 /095

图 2-4　五胡分布及流动走向图 /134

图 2-5　西晋末年流民走向图 /138

图 3-1　前赵形势图 /154

图 3-2　后赵形势图 /164

图 3-3　东晋时期桓温与前秦白鹿原之战图 /186

图 3-4　前秦瓦当照片 /187

图 3-5　淝水战后北方形势图 /209

图 3-6　彬州市水口乡九田村前秦苻坚墓 /210

图 3-7　西安碑林博物馆藏大夏石马 /224

图 3-8　大夏统万城遗址 /225

图 3-9　西安少陵塬十六国贵族大墓鼓吹仪仗俑 /234

图 4-1　北魏石刻中的园林 /238

图 4-2　兴平文庙藏北魏石狮 /241

图 4-3　兴平杨贵妃墓博物馆藏北魏石虎 /241

图 4-4　北魏末各族人民起义图 /264

图 4-5　重装骑兵俑 /273

图 4-6　华阴西岳庙北周庙碑 /291

图 4-7　陕西兴平出土北周石刻舞乐图案 /293

图 4-8　北周灭齐线路图 /294

图 4-9　独孤信多面体煤精组印 /298

图 4-10　咸阳北原正阳街道后排村北周李昶墓 /298

图 4-11　咸阳北原正阳街道后排村北周李昶墓 /299

图 5-1　扶风法门寺遗址 /315

图 5-2　扶风法门寺博物馆藏北朝碑拓 /316

图 5-3　彬州市大佛寺北周石窟造像 /319

图 5-4　耀州区香山苻秦佛寺遗址 /320

图 5-5　铜川药王山北周摩崖造像 /321

图 5-6　铜川药王山碑林藏西魏残碑 /321

图 5-7　铜川药王山碑林藏北魏姚伯多兄弟造像碑 /321

图 5-8　子长县钟山北朝石窟 /321

图 5-9　北周观音菩萨立像 /325

图 5-10　西魏彩绘人面镇墓兽 /332

图 5-11　安康博物馆藏三国时期陶狗 /336

图 5-12　神人神兽纹铜镜 /339

图 5-13　西安北周史君墓商队图 /347

绪　论　魏晋南北朝时期陕西在动荡中
重开文明之花

自汉末"董卓之乱"到隋初"开皇之治",公元3至6世纪,今陕西省境内经历了一个动荡不宁、政局多变、戎马往来、战祸连绵的历史时期。这个长达近四百年的"多事之秋",是对关中各族人民的严峻考验,也是关中文明走向"凤凰涅槃"的一个重大机遇。

数百年的"乱世",内受中华文明宏观"分合周期"的影响,外受由全球长时段气候变迁引起的世界性民族迁徙浪潮的作用。从前一方面来说,在黄河流域文明融合了荆楚、巴蜀、吴越、东夷、羌戎、东胡、南越等诸文明后勃兴的秦汉统一帝国,经过四百多年发展后已陷入暮气深重、内蠹尽起的危机之中,统治者的门阀化、经济生活的自然(非商品)化与思想领域的谶纬化,标志着秦汉文明腐朽衰落,需要进行一次涤污荡垢的改造。关中文化与关中社会也面临着一次新陈代谢、再造活力的改变。从后一方面来说,这一时期欧亚大陆上400毫米等降雨圈内的游牧世界向周边的农耕世界发动了一波又一波的迁徙与征服的浪潮,日耳曼人、斯拉夫人与匈奴人向欧洲和地中海地区挺进,嚈哒人与大月氏人向西南亚挺进,而我国北方的匈奴、羯、氐、羌、鲜卑等所谓"五胡"诸族也一波又一波地向南迁移。位处西北枢纽之地的关中地区,在这一浪潮中受到剧烈的冲击。氐之前秦,羌之后秦,匈奴人之前赵和大夏,鲜卑人之西燕、西魏和北周,都相继在今陕西境内立国,羯人的后赵和拓跋鲜卑的北魏王朝也曾把陕西纳入其重要统治范围。此外,东晋、南朝的汉族政权曾长期控制今陕南地区,賨人(巴氐)建立的成汉政权曾控制汉中一带,而氐人的仇池割据政权也曾据有今陕南西部嘉陵江畔地区。每次政权易手、疆界进退,多伴以激烈的军事征伐。即使在"三家归晋"后短暂统一的西晋,关中也因戎狄之患未得安宁,所谓"晋初乱势,西北最烈"[①],诚非虚语。关中在这数百年内遭受的破坏,从时间上说为古今罕见,

---

① 吕思勉:《两晋南北朝史》,上海古籍出版社2005年版,第18页。

从地域上说也是这一时期其他地区少见的。

当汉末李傕、郭汜之乱后,"长安城空四十余日","二三年间,关中无复人迹",①"西京乱无象,豺虎方构患。……出门无所见,白骨蔽平原"②。西晋"八王之乱"后,司马邺在长安面对的还是"长安城中户不盈百,墙宇颓毁,蒿棘成林","众唯一旅,公私有车四乘",③"禁省鞠为茂草",宫室"亡其处而有其名",令人"徘徊桂宫,惆怅柏梁"。④ 在十六国时期的战争中,关中又几次遭到"米斗金二两,人相食,死者太半"的惨祸。⑤ 繁荣数百年的秦汉文明,几乎面临着从头开创的局面。

在这期间,关中人口的民族构成也发生剧烈变化。早在汉魏之际,关中已是"羌胡被发左衽,而与汉人杂处"⑥。李傕、郭汜祸乱关中时,"来兵皆胡羌"⑦。到西晋时关中人口已是"百余万口,率其少多,戎狄居半"⑧。前秦苻坚时,又曾迁徙关东鲜卑四万余户、豪强与其他少数民族人口十多万户入关中。北魏末的关陇胡汉起义和随后的代北鲜卑军人入陕,更使今陕西省境内的人口从血缘上趋于"胡化"。然而,根基深厚的关中文化像个大熔炉,使文化上的"汉化"进程比人口血缘成分上的"胡化"更为显著。这个时期,陕西境内先后出现四次"蛮族"内徙潮,相应地也发生了四波"汉化"的声浪。东汉三国时期的羌戎、十六国时期的"五胡"、北魏初的拓跋鲜卑、北魏末至西魏的代北鲜卑六镇军

---

① 范晔:《后汉书》卷七二《董卓传》,中华书局1965年版。
② 王粲:《七哀诗》,见林庚、冯沅君主编:《中国历代诗歌选》上编(一),人民文学出版社1964年版,第147页。
③ 房玄龄等:《晋书》卷五《孝愍帝纪》,中华书局1974年版。
④ 潘岳:《西征赋》,见萧统:《文选》卷一〇,中华书局1977年版,第154—155页。
⑤ 《晋书》卷五《孝愍帝纪》。
⑥ 《后汉书》卷八七《西羌传》。
⑦ 蔡琰:《悲愤诗》,见林庚、冯沅君主编:《中国历代诗歌选》上编(一),人民文学出版社1964年版,第141页。
⑧ 《晋书》卷五六《江统传》。

与河东（今山西西南）契胡，一波又一波地向关中输送着新鲜血液，同时也带来惨重破坏。关中也一次次地向新来者进行文化洗礼，同时消除着客人的"蛮"气和主人的"暮"气。

暮气渐消而锐气渐长，在这动荡的数百年间关中出现锐意而深刻的改革图新的浪潮。这一改革浪潮，起伏跌宕，进退交错，曲折惊心。首先以曹魏与蜀汉在关中和汉中的屯田与吏治，导出诸葛亮六出祁山（在今甘肃礼县东）的好戏。继而"五胡"加入其中，一手野蛮杀戮征伐，连续无情地打击中原腐朽势力汉族士族豪强，另一手汉化图新，对自身落后改弦更张而趋文明，以内外改革的形式双向促进，作用非凡。关陇胡汉民众对暴虐征服不断掀起大规模反抗斗争，也起了催化剂作用。改革运动涌现出如氐族苻坚（前秦）、拓跋鲜卑魏孝文帝（北魏）、出自拓跋鲜卑中更为野蛮落后的六镇军人的宇文泰（西魏）及其子宇文邕（北周）等杰出政治家，以开创性的惊世骇俗的改革之举，不断探索从分裂到统一、自乱世到治世的富国强兵之途。其改革的进程与汉胡间、中外间、南北间的文化交流与融合并驾齐驱，终于为关中的衰而复振、重新崛起、统一江南、复兴文明、再造崭新帝国奠定了基础。

在这一过程中，关中在军事、政治、经济、文化上都形成了一些有别于关东、江南的特点。在军事上，创立于西魏宇文泰改革的府兵制，源于拓跋鲜卑具原始军事民主性的部落兵制，与中原汉族军制的等级制相结合而成，是对北魏孝文帝改革的重要补充，一直延续到盛唐，影响中国约二百年。在政治上，关中通过胡汉交融与新陈代谢，在府兵制基础上产生了朝气蓬勃的新的精英集团——关陇军事贵族集团。这一以"关中本位"和军功为特征的胡汉混合集团上层，以拓跋鲜卑尤其是六镇军人中武川镇（今内蒙古武川）军人占绝对优势，明显给中原统治阶层注入新鲜血液，充满新生活力和进取性，先后建立了西魏、北周以及之后的隋唐王朝，涌现出一大批彪炳千秋的帝王将相、名族豪杰，在整个封建时代有着不可磨灭的重要影响。这是胡族在北朝改革浪潮中最大的政治成果。在经济上，关中没有发展起关东那样发达的坞壁经济和江南那种封山占水跨州连郡的士族庄园，小农保持了一定的地位，并在后期通过创于北魏而广泛实施于西魏、彻底盛行于北周乃至隋唐的均田制得到复苏，再与府兵制一体化而走向兵农合一。① 在文化上，关中没有出现关东那样强烈的正始玄风，也没有表现出江南式的"六朝金粉"气息。朴实的关中小农性格，强悍的北方游牧遗风与勇于开拓冒险的华、梵僧侣取经送经精神，共同铸就了这一时期关中特有的儒、佛、道交融互争以及各族民俗民风互相濡染的多元文化优势。

　　魏晋南北朝的陕西，既弥漫着腥风血雨，又充满了希望与生机。大致而言，在前秦、后秦、北魏、西魏至北周时期，陕西经历过四次富国强兵的复兴；而在汉魏之际、西晋末、前秦末、北魏末，又经历了四次浩劫。正是在这一波浪式的发展进程中，陕西告别了秦汉雄风，迎来了隋唐气象。我们将在以下的章节中，逐次展开这一幕幕历史画卷，尽可能勾画其内在脉络，探寻我国古代社会在秦汉帝国衰败之后再到隋唐帝国重现盛世之间这数百年间分裂

---

① 起于北魏并在西魏、北周乃至隋唐广泛实施的均田制，按编户"计口授田"，给予小农以土地，远胜曹魏屯田、西晋占田。其产生是野蛮落后的拓跋鲜卑在汉化改革中的重要成果，受拓跋鲜卑早期原始土地制度和孟子理想中的井田思想影响，是落后文化与先进文明相互改造与结合的产物。均田制作为崭新的封建土地制度，对中原文化的腐朽根源世族豪强地主庄园制具有清算和取代作用，对小农经济具有复苏和保障作用，进步、合理而富有生命力，成为西魏、北周由弱变强、富国强兵，实现关中再度崛起，走向隋唐盛世的经济根源。

　　与均田制相适应的府兵制，亦是落后与文明相互改造与结合的产物，只能由拓跋鲜卑特别是更为野蛮落后的六镇军人利益代表创立。其不只在政治上产生了关陇军事贵族集团。到北周武帝时，对府兵制进一步加以改革，打破军户与民户之间的区别，广募百姓（均田户）充当府兵，开始尝试府兵制与均田制结合，"是后夏人（汉人）半为兵矣"，府兵数量激增。这开启了均田、府兵一体化的机制而走向兵农合一。以后隋文帝平陈后，下令府兵军户落籍州县，"凡是军人，可悉属州县，垦田籍帐，一与民同"。军户与民户相同，府兵也享均田，意味着府兵制与均田制的彻底结合。兵农合一，寓兵于农，终成隋唐盛强无比的军事与经济基础。因此，均田制与府兵制的创立及二者的相互结合，可谓拓跋鲜卑在北朝改革浪潮中最大的历史贡献。

战乱陷入历史谷底之际,不断改革的浪潮作为历史进程内动力如何举步维艰,历尽磨难,终于完成从衰败走向重新崛起、从分裂走向大一统之社会发展逻辑,力求显示我国独具的分裂时期之内聚性、衰退时期之变革性、动乱时期之复兴性。

第一章 征战不休的三国时期的陕西

魏晋南北朝上限，业内有人认为应是建安元年（196）曹操挟持汉献帝迁都许昌，有人定在曹丕称帝的黄初元年（220）；其下限，有人定在隋文帝建国的开皇元年（581），也有人定在隋灭陈的开皇九年（589）。这一段历史，除西晋初期短暂统一外，国家在数百年间基本处于割据与战乱之中，是我国封建社会最典型的分裂时期。陕西恰恰处在社会分裂与战乱的旋涡中心，屡经毁灭，又奇迹般地复兴与崛起，大致可分四个历史阶段，即三国时期、西晋时期、十六国时期和北朝时期。

第一章三国时期主题可概括为征战不休。前两节历数长安董卓之乱、韩遂马腾割据关中、张鲁割据汉中，但这只不过是序幕和过场。真正的好戏还是第三、四节的曹操与刘备争夺汉中以及蜀魏争夺关陇。在金戈铁马的血腥厮杀中，天下从大乱而趋三国鼎立，一大批军功显赫的风云人物成为千古传奇英雄。最被津津乐道的是老幼咸知的诸葛亮六出祁山和局中有局的邓艾钟会伐蜀之役，这同时又与司马懿、司马昭先后治兵关中密不可分。

第一节　韩遂、马腾割据关陇

一、董卓败后献帝东归洛阳及东汉分裂态势

东汉初平三年（192）董卓败死。其部将李傕、郭汜、樊稠、张济等结盟复仇，纠集十万众攻陷长安，纵兵大掠，败吕布，诛王允，葬董卓于郿（今陕西眉县），逼汉献帝给他们封侯晋职，共秉朝政。继而李、郭又争权夺利，连月相互厮杀，内讧不已，还分别劫留汉献帝和公卿为质。长安大乱，死者数万，府库被抢一空，宫室也遭焚毁。"是时谷一斛五十万，豆麦二十万，人相食啖，白骨委积，臭秽满路。"①

兴平二年（195）七月，担惊受怕的汉献帝向李傕请求东归洛阳，派使者往返十余次，才得放行。在汉献帝舅董承和时已叛离李傕的原部将杨奉等人护卫下，车驾取道新丰（今陕西西安市临潼区东北）至华阴（今陕西华阴），再趋弘农（当时县名，位于旧函谷关，今河南灵宝北）。因携百官、宫女及辎重，车驾缓慢，八月到新丰，十月至华阴。途中曾宿学舍甚至道旁。其间郭汜包藏祸心反复无常，时而阻拦，时而随行，曾想劫驾到他控制的郿，但未得逞，干脆派部将伍习纵火骚扰。到十一月，待在长安的李傕对放走汉献帝深感后悔，便与郭汜言和，合伙率兵来追。②在弘农东涧，杨奉、董承等护驾兵将与李傕追兵大战而败，百官士卒死者不可胜数。汉献帝丢弃妇女、辎重，狼狈逃至曹阳③，露宿田中。众多死难者中，有一人值得一提，即扶风人尚书令士孙瑞。他"世为学门"，"博达无所不通"，是关中名儒，后官至三公，"为国三老"，在朝臣中名望甚高，与王允并为诛杀董卓的主谋。其子士孙萌字文始，因父封侯，亦有才学，是著名的建安七子之一、大名士王粲的诗友，有诗作传世。④

---

① 陈寿：《三国志·魏志》卷六《董卓传》，中华书局1959年版；《后汉书》卷七二《董卓传》。
② 《后汉书》卷七二《董卓传》。
③ 《后汉书》卷九《孝献帝纪》注："曹阳，涧名，在今陕州西南七里，俗谓之七里涧。"陕州即今河南三门峡市陕州区。
④ 《三国志·魏志》卷六《董卓传》注引《三辅决录注》。

杨奉、董承兵败虚与李傕求和，暗中密遣使者到黄河北岸河东郡（郡治安邑，今山西夏县西北）招故白波帅李乐、韩暹、胡才及南匈奴右贤王去卑数千骑，赶来救驾，合力抵抗李傕。① 汉献帝才又得前行。但李傕穷追不舍，在距东涧40里道上，再与杨奉诸将大战。杨奉等伤亡甚于东涧之败，拼死"方得至陕（州）"，连夜商议让李乐先过河备船来接，"举火为应"。此时汉献帝身边卫士"不满百人"，仓皇出营，车马全无，步行逃至黄河边。因夜不择路，走到悬崖绝处，"岸高十余丈，乃以绢缒而下"，随行情急跳崖而下，摔死不少。渡河时，行军校尉尚弘背汉献帝登船，董承亲自操戈护驾，砍断争赴上船者的手指在船中可捧起一堆。随行落水"冻溺死者甚众"。如此惊险逃过黄河之后，汉献帝一行先至大阳②，躲进民居，再被李乐接入军营，后乘牛车进驻安邑。河内太守张杨、河东太守王邑赶来送粮送衣予以接济，汉献帝方得在安邑喘息。③

汉献帝渡河处，史书未载，但应是当时有名的黄河古渡陕津附近。陕津又名茅津、大阳津。因渡口南岸在古陕县之北，故名陕津；又因渡口北岸在古大阳县之南，故又名大阳津。大致位置应在今山西夏县与河南三门峡市陕州区对应处。

不久，汉献帝派太仆韩融返回弘农再次向李傕、郭汜请和。李傕放回俘获的公卿百官、宫女，并归还器服车马等，双方罢兵。次年正月，汉献帝在安邑改元建安。④ 其后，汉献帝又历尽艰辛，在建安元年（196）七月，终于逃回洛阳。此时汉献帝及小朝廷无人理睬，无兵无权无钱无粮。"百官披荆棘，依丘墙间。州郡各拥兵自卫，莫有至者。"⑤ "群僚饥乏"，"自出采稆，或饥死墙壁间"。⑥

---

① 《后汉书》卷七二《董卓传》。"白波帅"即汉末黄巾起义军号为白波的一支队伍的渠帅。杨奉曾是白波帅之一，后归降李傕。危急之中，杨奉向故旧求救本在情理之中，而李、韩、胡三人舍命来援，足见当年起事之情义。
② 《后汉书》卷七二《董卓传》注："大阳，县，属河东郡。……即今陕州河北县是也。"
③ 《后汉书》卷七二《董卓传》。
④ 《后汉书》卷九《孝献帝纪》。
⑤ 《三国志·魏志》卷六《董卓传》。
⑥ 《后汉书》卷九《孝献帝纪》。

东汉王朝已名存实亡。各地豪强自董卓之乱以来，纷纷拥兵自重，争城夺地，分裂割据。

建安初年，东汉分裂态势可概括如下。

袁绍出身大世族，"四世三公"，"门生故吏遍于天下"，在关东诸侯起兵讨伐董卓之时，曾被推为盟主，具领袖声望，势力最大。他兵多粮广，"带甲百万，谷支十年"，雄踞冀州为中心的北方，"自为大将军"，但暗藏篡位图谋，最强盛时掌控全国十三州的北方四州之地。[1] 出身显赫、有"治世之能臣，乱世之奸雄"之名的曹操讨董卓兵败之后东山再起，因收降青州黄巾军三十万卒，男女百万余口，组建强悍的"青州军"，实力大增，着眼逐鹿中原，战败袁术、陶谦、吕布，先取兖州，后占豫州，"自为司空"，以许（今河南许昌东）为中心，声势仅次于袁绍。[2] 袁绍从弟袁术早怀当天子野心，与袁绍分庭抗礼另起炉灶，先抢有数百万户口的南阳，再入陈留。怎奈志大才疏，一再兵败，后南奔九江，攻扬州，再据淮南，杀陈王刘宠，始站稳脚跟，"自称天子"。[3] 身为汉末名士的宗室刘表抢襄阳，占荆州，"南收零、桂，北据汉川（今陕西汉中），地方数千里，带甲十余万"，也称得上是大军阀。[4] 孙策少年英雄，凭数年奋战，"所向皆破"，独控江东，掌领富庶之地，无人能敌。[5] 与刘表同为汉景帝之子鲁恭王之后的宗室刘焉破益州黄巾十万众，又收南阳、三辅难民数万户，编为"东州兵"，自此强盛，不可一世，还私造皇帝乘舆千辆，分明是要谋反称帝。[6] 此后其子刘璋长期自守益州，偏安西南。以上六家为大。较小一些的割据势力还有刘备、吕布先后抢占徐州，公孙瓒固守幽州，张绣占南阳，韩遂、马腾割据凉州，李傕、郭汜混战关中，张鲁自保汉中，等等。全国地盘被大小豪强瓜分干净。曹丕在《典论·自叙》中描述天下大乱诸侯混战："大者连郡国，中

---

[1]《三国志·魏志》卷六《袁绍传》；《后汉书》卷九《孝献帝纪》。
[2]《三国志·魏志》卷一《武帝纪》；《后汉书》卷九《孝献帝纪》。
[3]《三国志·魏志》卷六《袁术传》；《后汉书》卷九《孝献帝纪》。
[4]《三国志·魏志》卷六《刘表传》；《后汉书》卷七四《刘表传》。
[5]《三国志·吴志》卷四六《孙策传》；《后汉书》卷九《孝献帝纪》。
[6]《三国志·蜀志》卷三一《刘焉传》；《后汉书》卷七五《刘焉传》。

者婴城邑，小者聚阡陌，以还相吞灭。"① （见图1-1）

汉献帝逃回洛阳两月之后，建安元年九月，曹操采纳大谋士荀彧之策，亲自到洛阳迎接汉献帝，以许为都，挟天子以令诸侯，独揽朝权。② 此后汉献帝在许又做了二十五年皇帝，但只是摆设而已。这二十五年史称东汉建安时期，是汉末军阀混战相互兼并最为激烈的时期。有雄才大略的曹操在许下屯田养兵，广纳贤士，占尽天时地利人和，先收南阳张绣，再攻杀吕布，击破刘备，抢得徐州，继而在建安五年（200）以名传千古的"官渡之战"击败劲敌袁绍，乘胜扫荡北

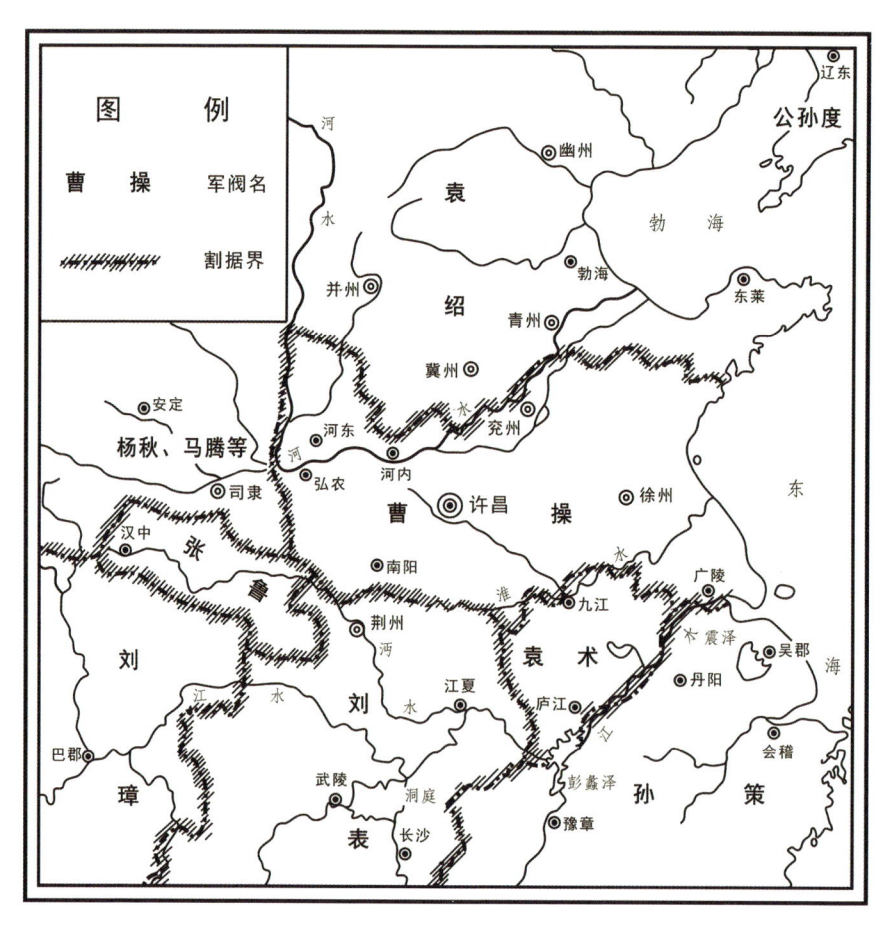

图1-1 东汉末年诸侯割据示意图

（引自何兹全、张国安：《魏晋南北朝史》，人民出版社2013年版，第5页）

① 《三国志·魏志》卷二《文帝纪》注引《典论》。
② 《三国志·魏志》卷一〇《荀彧传》。

方诸州，平定冀、青、幽、并四州，统一并牢牢掌控北方大半个中国。野心勃勃的刘备屡败屡战，后来三顾隆中，得到天下奇才诸葛亮之佐助，逐一克敌制胜，奇迹般如愿争夺到荆、益二州及汉中等富庶之地，有了问鼎天下之实力。有"生子当如孙仲谋"史誉的孙权凭孙坚孙策父兄之荫，长期独霸江南，不断扩张地盘，又在建安十三年（208）以少胜多，以更为著名的"赤壁之战"击退曹操的南征，始具不败之势。结果形成曹魏、蜀汉、孙吴三分天下相互鼎立的局面，历史进入三国时期。

二、韩遂、马腾割据关陇

韩遂本名韩约，金城（今甘肃兰州西北）人，曾任东汉新安县（今河南渑池东）从事。汉灵帝中平元年（184）黄巾大起义后，衰弱的东汉王朝失去控制力，各地实力派纷起。这一年十一月，北地（今宁夏吴忠西南）先零羌联合枹罕（今甘肃临夏）、河关（今甘肃临夏西）一带的"群盗"造反，共立义从胡北宫伯玉和李文侯为将军。北宫伯玉派人劫请金城名士边允、韩约（造反后改名边章、韩遂），委以军政大权，共破金城，杀太守陈懿。第二年，边、韩率数万骑攻入关中，"入寇三辅"，击败朝廷派来征讨的皇甫嵩和董卓指挥的官军，声势大盛。东汉朝廷再派司空张温率董卓、鲍鸿、周慎、袁滂等将领，凑集十余万步骑与边章、韩遂大战于美阳（今陕西武功西北）。边、韩退走榆中（今甘肃榆中）。张温、董卓驻屯关中扶风、长安。①

中平三年（186），韩遂袭杀边章、北宫伯玉和李文侯，合兵十余万进攻陇西。太守李相如与韩遂联合，共杀凉州刺史耿鄙。凉州司马马腾乘机拥众造反。马腾字寿成，是东汉名将马援之后，关中右扶风茂陵（今陕西兴平）人。马腾之父马子硕曾任天水（今甘肃甘谷东南）兰干尉，后失官，留居陇西，与羌人杂住，娶羌女，所生之子即为马腾。②马腾身高"八尺余"，体格魁伟，长相非凡，性情贤厚，深受当地人尊崇。东汉末年凉州氐羌造反，马腾应募从军，镇压起义，因军功累迁至凉州军司马。此时，他也反叛朝廷，与韩遂结为兄弟，

---

① 《后汉书》卷七二《董卓传》及注引《献帝春秋》。
② 《后汉书》卷七二《董卓传》及注引《献帝传》。

推举自号"合众将军"的王国为主,共同割据凉州。①

中平五年(188),王国及韩、马再次东进关中,围攻陈仓(今陕西宝鸡东)。皇甫嵩、董卓等四万官军来援,双方激战八十天。韩、马损兵万人,败退凉州,共废王国,又劫原东汉信都令阎忠,拥推为主。阎忠病死以后,韩、马不和,只能自守,无力东进了。②

汉献帝初平元年(190),董卓在洛阳专权后,遭到以袁绍为盟主的关东联军的讨伐,被迫挟持他所立的傀儡皇帝汉献帝及洛阳数百万民众迁都长安。董卓曾打算招安凉州韩、马,共同抗拒关东联军,韩、马也想倚重董卓权势,乘机扩充地盘,染指关中。但是,董卓很快就被司徒王允等人联络吕布合谋杀死。董卓部将李傕、郭汜、樊稠、张济等结盟复仇,率十多万人攻陷长安,败吕布,诛王允,逼献帝给他们封侯晋官,共秉朝政。兴平元年(194)马腾借朝见汉献帝之名率兵来长安,驻屯灞桥。因与李傕有矛盾,马腾便纠集了一些仇恨李傕的朝臣武将合谋攻李傕。时任益州牧的宗室刘焉长子刘范、次子刘诞都在长安汉献帝身边任职,参与了密谋。所以马腾事先派人到成都向刘焉求援,刘焉遣派五千人马来助。③参与起事的还有要为父报仇的前凉州刺史种劭和侍中马宇、中郎将杜禀等。杜禀首先发难,亲到扶风指挥将士占领槐里(今陕西兴平东南)。李傕急令侄子李利和大将樊稠带数万人反击,连夜架梯登城,攻陷槐里,杜禀战死。④马腾立即组织联军围攻李傕,"连日不决"。韩遂闻讯,率兵赶来,本想调和马、李冲突,临阵又改变主意,劝架改为助战,与马腾合攻李傕。李傕又召樊稠、李利从槐里回援,还请郭汜参战。双方在长平观展开决战。结果种劭和刘范、刘诞兄弟皆战死,韩、马损失过万人,被迫退兵。⑤

李傕派樊稠、李利乘胜追击至陈仓。韩、马在此巧设离间计,先让人给樊

---

① 《三国志·蜀志》卷三六《马超传》注引《典略》;《后汉书》卷七二《董卓传》。
② 此据《后汉书》卷七二《董卓传》。《后汉书》卷七一《皇甫嵩传》记载稍异,为:"(王)国走而死。"
③ 《后汉书》卷七五《刘焉传》;《后汉书》卷九《孝献帝纪》注引《袁宏纪》。
④ 《后汉书》卷七二《董卓传》注引《献帝纪》。
⑤ 《后汉书》卷七二《董卓传》。《后汉书》卷九《孝献帝纪》注引《前书音义》记:"长平,阪名也,上有观,在池阳宫南,去长安五十里,今泾水南原眭城是也。"

稠传话，看在早先"相与州里"的同乡情面上，临别有话相告。樊稠不知是计，果然在阵前单见韩遂，"交臂相加，笑语良久"。然后，韩、马从容返回凉州，樊稠也引兵而归。李利顿生疑惑，大为不满，向李傕告发，说樊稠与韩遂"意爱甚密"。李傕本就忌恨樊稠果勇而得军心，此时动了杀心。不久，设宴灌醉樊稠，指使手下胡封"于坐中拉杀稠"。樊稠人马也被李傕吞并。此举引得李傕将士不满，离心思叛。郭汜乘机下手，拉拢李傕下属张苞、张龙密谋，里应外合，突然夜袭，箭伤李傕。① 李、郭反目成仇，公开相互攻伐，关中大乱，民众纷纷外逃。董卓死前，"三辅民尚数十万"，李、郭内讧后，"长安城空四十余日"，"二三年间，关中无复人迹"。②

董卓原部将张济与李、郭、樊共同大掠长安后，领兵外屯于陕（今河南三门峡市陕州区），未参与李、郭内讧。建安元年，因缺乏军粮，无法久驻，便带兵离陕，到较为富庶的南阳去攻穰城（今河南邓州），结果混战而亡。余众归其侄张绣统领。尚在关中的李傕、郭汜两败俱伤，都成为他人鱼肉。郭汜被部将伍习所袭，死于驻地郿。建安二年（197），朝廷（曹操主政）派谒者仆射裴茂传诏关中诸将伐诛李傕，夷其三族，传首到许都。③

作乱关中数年、为害甚烈的董卓四大部将既死，董卓势力彻底瓦解。但关中仍不平宁，参与灭李的关中诸将杨秋、李堪、成宜等人纷纷瓜分关中。④ 韩遂、马腾也得以从凉州卷土重来，再进关中。这批割据势力十几股，韩、马最强。⑤ 此时关中诸将除韩、马及杨秋、李堪、成宜五人史载比较清楚外，其他人多不明载。唯有《三国志·蜀志》卷三六《马超传》注引《典略》记载，建安十六年（211），"超与关中诸将侯选、程银、李堪、张横、梁兴、成宜、马玩、杨秋、韩遂等，凡十部，

---

① 《三国志·魏志》卷六《董卓传》及注引《九州春秋》；《后汉书》卷七二《董卓传》及注引《献帝纪》。
② 《后汉书》卷七二《董卓传》。
③ 此据《三国志·魏志》卷六《董卓传》。《后汉书》卷九《孝献帝纪》与《后汉书》卷七二《董卓传》的记载略有不同，伐诛李傕时间为"建安三年"，杀李傕者还有中郎将段煨。
④ 《三国志·魏志》卷一《武帝纪》；《三国志·蜀志》卷三六《马超传》。
⑤ 《三国志·魏志》卷一〇《荀彧传》记载荀彧语"关中将帅以十数，莫能相一，唯韩遂、马超最强"。

俱反，其众十万"，在五人之外载明另外五人之名。但这已是伐诛李傕十四年之后，仍不能确认皆是当初灭李之将。自建安二年后，以韩、马为首的关西诸将开始割据关陇，但韩、马仍旧不和，表面共同割据，内里仍连战不已。

三、钟繇持节督关中

建安元年，曹操迎献帝到许，挟天子以令诸侯，把持朝政。为解决军粮不足，他采纳陈留太守枣祗的屯田建议，任命任峻为典农中郎将，在许下广募百姓屯田种粮，"得谷百万斛"。以后又在辖区各地推广，"郡国列置田官，数年中所在积粟，仓廪皆满"。①曹操高度评价屯田足粮，说是确保他"摧灭群逆，克定天下"，枣祗和任峻立了大功。②

从建安二年起，曹操逐步称霸北方。他首先用招降和攻伐两手，逼南阳张绣前后两次归降，解除南面后顾之忧。③建安四年（199），曹操利用吕布袭刘备之机，攻杀吕布，抢了徐州，并礼遇来降的刘备。不久刘备乘机出走，又取徐州叛曹。曹操力排众议，再攻徐州，刘备北投袁绍。曹操消解了东面隐患，又顺势击败淮南袁术，扫平黄河以南地区。到建安五年二月，曹操全力北向，准备与势力最强的河北袁绍争雄，官渡大战一触即发。

关东战事频繁，曹操一时无暇顾及关陇，但又放心不下，唯恐袁绍染指关中，便派侍御史卫觊视察关中。李傕、郭汜祸害关中时，关中流入荆州的难民有十多万户，后来看到李、郭已除，便纷纷回归。卫觊到长安目睹韩、马等关中诸将乘机在流民中招兵，只顾眼前扩大势力，而对关东袁、曹争霸持中立观望态度。他便向尚书令荀彧建议，派司隶校尉代表朝廷"留治关中以为之主"，"抚以恩德，遣使连和"；还建议在关中恢复食盐专卖，用盐利购买犁牛，提供给归来的流民，奖励"勤耕积粟"，"以丰殖关中"。如此，则"（割据）诸将日削，官民日盛"。④荀彧大为称赞，转告曹操并推荐同乡钟繇可用。曹操很快就以汉献帝名

---

① 《三国志·魏志》卷一六《任峻传》。
② 《三国志·魏志》卷一六《任峻传》注引《魏武故事》。
③ 据《三国志·魏志》卷一《武帝纪》记载，张绣降而复叛，曹操亲征南阳，曾中流矢，长子昂和弟子安民战死，可见战斗之激烈。
④ 《三国志·魏志》卷二一《卫觊传》。

义派遣侍中、司隶校尉钟繇持节督统关中诸军，进驻长安。①

荀彧深得曹操信任和倚重，"太祖虽征伐在外，军国事皆与彧筹焉"。曹操曾问荀彧："谁能代卿为我谋者？"荀彧答："荀攸、钟繇。"②荀攸乃荀彧之侄，却比荀彧还长6岁，是汉末大名士，也常为曹操谋主。③荀彧、荀攸均十分器重钟繇。

钟繇果然非等闲之辈。他"博学诗律"，出仕前就有门生千余人，与荀彧、荀攸、郭图在颍川（今河南禹州）齐名。④在李傕、郭汜之乱时，钟繇为促成汉献帝东归洛阳，出力甚巨，升侍中尚书仆射，系十三名封侯者之一。⑤

钟繇身负重托到长安，首先传书给韩遂、马腾等人，"为陈祸福"，努力调解韩、马矛盾。然后又以朝廷名义授马腾为征西将军，驻屯郿⑥，授韩遂为镇西将军，还守金城。⑦关中形势暂时稳定。

钟繇持节督关中，既非攻伐，也非劝降，而是以朝廷名义督统关中诸将，弥合冲突，安稳局面。关中诸将仅在名义上接受朝廷官职，不改变各自割据状态，此即"挟天子以令诸侯"最好的诠释。钟繇和关中诸将建立了相安无事的关系。他还成功劝说韩遂、马腾各遣子入侍朝廷。⑧钟繇的督统成效很快就显现出来。

建安五年八月官渡之战打响后，钟繇督关中不到一年就从关中送军马两千余匹到前线。曹操大喜过望，写信作答，说所得之马"甚应其急"，还把钟繇比为"镇守关中，足食成军"的萧何，称赞"关右平定，朝廷无西顾之忧，足

---

① 《三国志·魏志》卷一〇《荀彧传》；《三国志·魏志》卷一《武帝纪》。
② 《三国志·魏志》卷一〇《荀彧传》。
③ 《三国志·魏志》卷一〇《荀彧传》；《三国志》卷一〇《荀攸传》注引《魏书》。
④ 《三国志·魏志》卷一三《钟繇传》注引《先贤行状》、注引谢承《后汉书》。
⑤ 《三国志·魏志》卷一三《钟繇传》；《后汉书》卷七二《董卓传》注引《袁宏纪》。
⑥ 《三国志·魏志》卷一三《钟繇传》。一说槐里，据《三国志·蜀志》卷三六《马超传》注引《典略》。
⑦ 此据《三国志·蜀志》卷三六《马超传》。《后汉书》卷七二《董卓传》记为："乃拜腾征南将军，遂征西将军"。
⑧ 《三国志·魏志》卷一三《钟繇传》。

下之勋也"。① 由此可见,之前卫觊的建议、荀彧的决策通过钟繇的努力,都得到了贯彻实施。安抚关中流民之事,钟繇也很成功,"数年间民户稍实",甚至他还迁徙了一部分关中民充实到洛阳。②

两年后,袁绍因官渡惨败,忧愤而死。曹操渡河攻击。袁绍子袁尚据守黎阳(今河南浚县东)抵抗,并派袁绍外甥高干及河东太守郭援联合匈奴南单于共攻河东,还暗中联络关中诸将反曹。此时,钟繇奉曹操之命正领兵围攻平阳(今山西临汾西南)的匈奴南单于,未攻陷而郭援的袁军数万人已到。钟繇势危,对手下诸将说:"(郭)援之来,关中阴与之通,所以未悉叛者,顾吾威名故耳。"于是急派新丰令、高陵人张既游说马腾,晓以利害,争取马腾助战。③马腾犹豫而后决,派勇猛绝伦的儿子马超率精兵万人增援钟繇。在钟繇指挥下,曹、马联军利用郭援刚愎好胜的弱点,乘其轻率渡汾,"济水未半",大举进攻。马超的关中兵锐不可当,其将庞德大显神威,阵斩郭援,袁军溃败。平阳的匈奴南单于以及高干恐惧而降。④

不久,高干在并州(今山西太原西南)再反,捉上党太守,派兵控制壶关口。曹操派乐进、李典前往平叛。但同时,张晟率万人在崤(今河南洛宁西北)、渑(今河南渑池)一带作乱,张琰在弘农起兵,响应高干。河东郡掾卫固也暗通高干。曹操对荀彧说:"河东是天下要害之地,请君为我荐举贤才以镇守。"荀彧推荐智勇双全的长安人杜畿出任河东太守。杜畿临危赴任,力挽危局。曹操又升张既为议郎,出任钟繇参军,协助钟繇再次征调关中兵助战。这次,马腾等关中诸将一边倒全都亲自率兵支援曹操,合力击败张晟,诛杀张琰、卫固,迅速平定河东之乱。⑤关中联军帮了曹操大忙,使他得以从容不迫地在建安十一年(206)亲征高干,收复并州。马腾在关中安境保民有数年之久,深得三辅

---

① 《三国志·魏志》卷一三《钟繇传》。
② 《三国志·魏志》卷一三《钟繇传》。
③ 《三国志·魏志》卷一五《张既传》;《三国志·魏志》卷一三《钟繇传》。但《钟繇传》注引司马彪《战略》记载,游说马腾的是傅干。
④ 《三国志·蜀志》卷三六《马超传》。《马超传》注引《典略》还记载是役马超"为飞矢所中,乃以囊囊其足而战",十分骁勇。
⑤ 《三国志·魏志》卷一五《张既传》;《三国志·魏志》卷二一《卫觊传》注引《魏书》。

民心，势力巩固。① 关中割据诸将成了曹操得力援军，钟繇功不可没。

四、曹操西征关中与韩遂、马超失败结局

曹操用钟繇持节督关中，初步控制关陇后，便于建安十三年全力以赴率大军亲征刘表和孙权，试图统一江南。但在赤壁之战中，曹操败北，被迫退回北方。这场大战奠定了以后三国鼎立的局面。曹操审时度势，调整了战略，开始致力于经营北方，巩固和扩大已有的地盘。他腾出手来，要对关中、汉中用兵，彻底解决"外虽怀附，内未可信"②的关西势力。建安十五年（210），曹操让张既晓谕马腾，要以卫尉（九卿之一）征召马腾入朝，擢升马超为偏将军，继领其众。③ 这是曹操对关中动手的信号，虽然外示笼络之意，实则内藏削弱之心。马腾已答应却又犹豫。张既唯恐生变，下令沿途各县按迎送二千石高官的礼节郊迎马腾。马腾不得已，携子马休、马铁举家赴邺城（今河北临漳西南）上任。④

次年三月，曹操调兵遣将，派钟繇为前军师⑤，与大将夏侯渊以西征汉中张鲁为名，开入关中。⑥ 曹操这一决策，在谋士群中有不同意见。卫觊认为关中诸将"无雄天下意，苟安乐目前而已"，对他们不宜大动干戈；⑦ 高柔认为应先平定三辅，这样"汉中可传檄而定"，如果孤军入关，企图以虚名威胁关中诸将，必将逼反韩、马，实在太冒险。⑧ 但曹操主意已定，没有采纳。事实果如高柔所料，钟繇刚一出兵，韩遂与马超怀疑钟繇是要攻击自己，便再次反叛，并联合关陇实力派侯选、程银、李堪、张横、梁兴、成宜、马玩、杨秋诸部，拥兵十万，⑨

---

① 《三国志·蜀志》卷三六《马超传》注引《典略》记：马腾封"槐里侯"，安境保民，"待士进贤，矜救民命，三辅甚安爱之"。
② 《三国志·魏志》卷二一《卫觊传》注引《魏书》。
③ 此据《三国志·魏志》卷一五《张既传》。《三国志·蜀志》卷三六《马超传》记为："腾与韩遂不和，求还京畿。于是征为卫尉"。
④ 《三国志·蜀志》卷三六《马超传》注引《典略》。马腾赴邺是因为建安十三年曹操废三公，自为丞相，建丞相府于邺。以后曹操加封魏公、魏王，邺便成为魏都。
⑤ 《三国志·魏志》卷一三《钟繇传》。
⑥ 《三国志·魏志》卷一《武帝纪》。
⑦ 《三国志·魏志》卷二一《卫觊传》注引《魏书》。
⑧ 《三国志·蜀志》卷二四《高柔传》。
⑨ 《三国志·蜀志》卷三六《马超传》注引《典略》。

屯据潼关，据险抵抗。曹操急派曹仁增援，并嘱咐："关西兵精悍，坚壁勿与战。"关中的东大门古称"桃林塞"，战国时设置关隘，地势险要，因谷道如函，容不下两辆车并行，故起名为"函谷关"，位于今河南灵宝市函谷关镇。（见图1-2）西汉时关址东移至今河南新安县东关村。东汉末年，在今陕西华阴市东再建新关，叫"潼关"，函谷关废弃。潼关雄踞秦、晋、豫三省要冲，其道仅容一车一马，形势更为险峻，向有"人间路止潼关险"之誉。潼关之名，始见史载，便是马超叛曹这一次。[1]

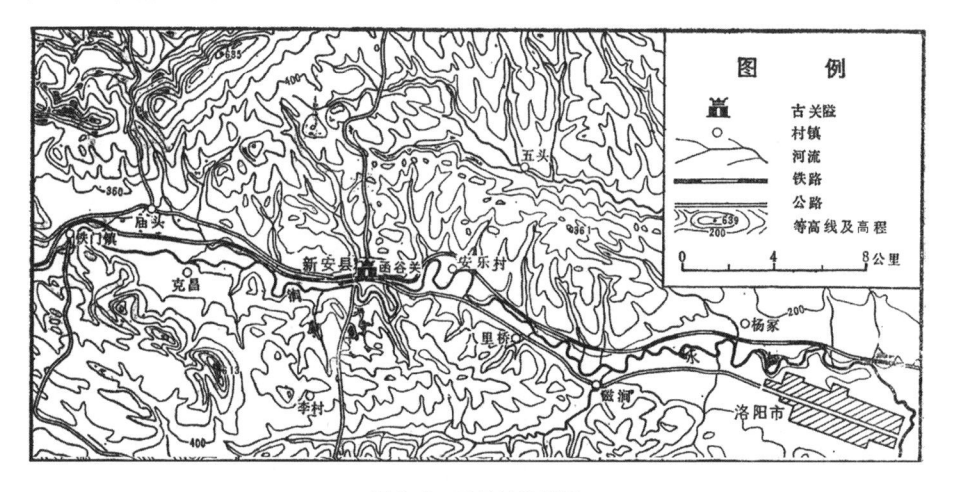

图1-2 函谷关地形图

（引自史念海：《河山集》四集，陕西师范大学出版社1991年版，第401页）

七月，曹操亲率主力西征（见图1-3）。不少人提醒曹操："关西兵强，习长矛，非精选前锋，则不可以当也。"曹操回答："战在我，非在贼也。贼虽习长矛，将使不得以刺，诸将但观之耳。"[2] 他把全部兵力摆在潼关之外，引诱关西联军尽数集中在潼关一线。双方夹关对阵。曹操同韩遂、马超在阵前相会，晓以利害，劝其投降。马超曾想突前活捉曹操，但慑于虎将许褚在旁瞋目怒视，未敢轻举妄动。[3] 曹操见敌方战略要地河西空虚，便暗派大将徐晃、朱

---

[1] 《三国志·魏志》卷一《武帝纪》；《三国志·蜀志》卷三六《马超传》。
[2] 《三国志·魏志》卷一《武帝纪》注引《魏书》。
[3] 《三国志·蜀志》卷三六《马超传》。

灵率四千人夜渡蒲坂津（今山西永济西），突袭河西，击退梁兴五千众，然后在徐晃的掩护下,自率主力从潼关北渡黄河,绕过险关,攻入渭北。当徐晃渡河时，马超闻之，曾建议韩遂："宜于渭北拒之，不过二十日，河东谷尽，彼必走矣。"

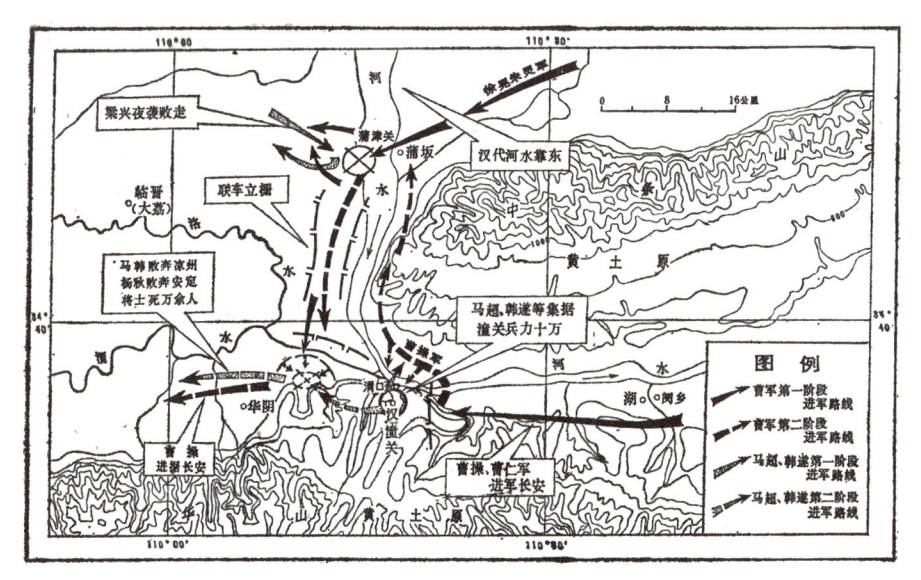

图 1-3 曹操与马超潼关之战图

（引自史念海：《河山集》四集，陕西师范大学出版社1991年版，第177页）

但韩遂反对说："可听令渡，蹙于河中，顾不快耶！"曹操听说后，连连叹息："马儿不死，吾无葬地也。"① 以后当曹操主力渡河时，马超察觉韩遂失算，急率万人赶来。曹操独与虎士百人留南岸断后，临危不惧，镇定地坐在河边胡床上指挥。张郃、许褚等急忙把曹操救入船中。船至河中，被激流下冲四五里远，马超率飞骑沿岸追击，箭如雨下。船工中箭身亡，许褚左手举马鞍掩护曹操，右手撑船。幸亏校尉丁斐放出大批牛马以饵敌，马超将士都忙着捉马，曹操才得脱险。上岸后，他大笑说："今日几为小贼所困乎！"② 韩遂、马超无奈地放弃潼关天险，退守渭口（今陕西潼关北），防备曹军再渡渭河。第一回合，曹操以计取胜。事后诸将问曹操为何不直接从河东（今山西西南）渡河攻冯翊（今陕西大荔），

---

① 《三国志·蜀志》卷三六《马超传》及注引《山阳公载记》。
② 《三国志·魏志》卷一《武帝纪》及注引《曹瞒传》；《三国志·魏志》卷一八《许褚传》。

偏要如此费一番周折呢？曹操回答说："贼守潼关，若吾入河东，贼必引守诸津，则西河未可渡，吾故盛兵向潼关，贼悉众南守，西河之备虚，故二将（徐晃、朱灵）得擅取西河"。还说："兵之变化，固非一道也。"①

以后渡渭之战，曹操也用兵如神。他多设疑兵，使敌军无法判定曹军将选何处渡河。而后，他在敌军虚弱地段乘夜在渭河上用船搭成浮桥，突然派一部分精兵渡河，在渭南扎营结寨，坚壁固守。当韩、马分兵来攻时，曹军据垒伏击，成功地击退敌人。建筑营垒也有一段插曲。开始曹军渡渭，因岸边多是沙土，不易安营结垒，所以总被马超骑兵赶来击退。谋士娄子伯向曹操献计："今天寒，可起沙为城，以水灌之，可一夜而成。"曹操便令军士多做缣囊运水，乘夜渡河筑城，果然成功。②

马超见曹操步步为营，稳扎稳打，不好对付，被迫写信求和，愿意割让河西之地，但遭曹操拒绝。九月，曹操全军顺利渡渭，与韩、马联军在渭南一带摆开决战的阵势。马超心虚，再次要割地求和，并愿以儿子为质。曹操用贾诩之计，假装答应，使其自安不为备，但同时又施展离间计，挑起韩、马矛盾。他利用与韩遂之父同年举孝廉的身份，在阵前单独与韩叙旧，引起马超猜忌。接着又给韩遂写信，有意涂改，像是韩遂自己改的，马超更加心疑。曹操见韩、马不能同心协力，认为时机已到，就正式下战书，约定日期进行决战。曹操先派轻骑挑战，再派虎骑夹击，大破关西联军，阵斩关中诸将重要成员成宜、李堪等。韩、马溃败，撤出关中，"走凉州"退到陇西羌人区。关中诸将另一重要成员杨秋也逃往安定（今甘肃镇原南）。关中被曹军占领。③

曹操此次用兵，灵活多变，出人所料，迅雷不及掩耳地获得成功，诸将多所不解。特别是当关西联军每有援兵赶来时，曹操不以为忧，反而喜形于色。诸将问起原因时，曹操回答说："关中长远，若贼各依险阻，征之，不一二年不可定也。今皆来集，其众虽多，莫相归服，军无适主，一举可灭，为功差易，

---

① 《三国志·魏志》卷一《武帝纪》。
② 《三国志·魏志》卷一《武帝纪》注引《曹瞒传》。
③ 《三国志·魏志》卷一《武帝纪》。

吾是以喜。"①曹操的心机，由此可见一斑。渭南大捷后，关陇割据的各部主力尽遭歼灭，以后平定韩、马老巢凉州，未费大事，所以曹操诱而歼之的策略，不可谓不高明。

十月，曹操从长安再征杨秋，围攻安定。杨秋不战而降。曹操"复其爵位，使留抚其民人"。②十二月，曹操本想乘胜进攻马超，但河间（今河北献县东南）的苏伯、田银举兵反叛，曹操无心再战，也顾不上在陇西部署军队，仓促引军东还，只是命令夏侯渊、徐晃、张郃讨平盘踞在蓝田的马超余党梁兴等，并留夏侯渊驻屯长安。建安十七年（212）正月，曹操自率主力回师邺城，诛杀马腾及亲族二百余人。③原钟繇参军张既因跟随曹操平定马超有功，晋升为京兆尹，助夏侯渊守长安，"招怀流民，兴复县邑，百姓怀之"。④

马超喘息已定，怀着灭族之恨又卷土重来，联合"诸戎渠帅"攻陷陇右郡县。汉中张鲁也派大将杨昂前来援助。凉州刺史韦康与别驾杨阜等人固守凉州冀城（今甘肃甘谷南）。马超率万人来攻。杨阜率宗族子弟领兵守城。从建安十七年正月激战至八月，韦康见救兵不至，不顾杨阜泣劝，开城请和，反被马超杀掉。⑤杨阜以葬妻为由出逃。此时，长安的曹将夏侯渊救援来迟，在冀城外200里与马超大战。氐王千万策应马超，屯兵兴国。后来汧氐也反叛，夏侯渊被迫退兵。马超割据凉州，自称征西将军，领并州牧，督都凉州军事。⑥

九月，杨阜说服驻屯历城（今甘肃天水南）的族兄姜叙反抗马超，并密与一部分凉州文武官吏姜隐、赵昂、尹奉、姚琼、孔信等结盟讨马。还结交武都（今甘肃成县西）人李俊、王灵，安定人梁宽，南安（今甘肃陇西东南）人赵衢、庞恭等人密谋定计，先由杨阜、姜叙在卤城（今甘肃天水附近）起兵，诱骗马超来攻，然后让梁宽、赵衢在凉州冀城乘虚响应。马超虽有韩信、吕布之

---

① 《三国志·魏志》卷一《武帝纪》。
② 《三国志·魏志》卷一《武帝纪》及注引《魏略》。
③ 《三国志·魏志》卷一《武帝纪》。《三国志·蜀志》卷三六《马超传》载马超临终上疏，"臣门宗二百余口，为孟德所诛略尽"。曹操仓促返邺的真正原因详见本章第三节第一目。
④ 《三国志·魏志》卷一五《张既传》。
⑤ 《三国志·魏志》卷二五《杨阜传》。
⑥ 《三国志·魏志》卷九《夏侯渊传》；《三国志·蜀志》卷三六《马超传》。

勇，但毕竟不老练，果然中计。当他率兵在外被牵制时，梁宽、赵衢等里应外合在冀城策反，关闭城门，尽杀马超亲属。马超虽攻取历城，但久攻卤城不下。杨阜拼死奋战，受伤五处，宗族昆弟战死七人。① 马超进退维谷，建安十九年（214）正月，兵败投奔汉中张鲁。张鲁曾想把女儿嫁于马超，但终未能重用。张鲁部将杨白等人对马超还怀有妒忌迫害之心。② 马超从汉中借兵反攻祁山，准备夺回凉州。杨阜、姜叙、赵昂等人一面抵抗，一面向长安夏侯渊求救。夏侯渊果断地派遣猛将张郃督五千步骑为先锋，走陈仓狭道驰援，自率大军督粮草随后跟进。张郃与马超大战获胜。马超兵败，走投无路，从武都暂退入氐人中躲避，听说刘备正在成都围攻刘璋，便写密信请降。刘备大喜过望，说："我得益州矣。"暗中派人迎接马超，并资助兵马、粮草。马超来到成都城下，"城中震怖"。不出一旬，刘璋开城出降。③ 马超入蜀后，一心一意效忠刘备，后与关、张、赵、黄并列为蜀汉五虎上将。刘备在诏命中以"信著北土，威武并昭"称誉马超，可谓恰如其分。④ 马超47岁病死，葬于汉中勉县，墓祠至今尚存。（见图1-4）

韩遂败回金城后，带数千人躲入显亲（今甘肃天水西北）的氐族部落。建安十九年夏侯渊与张郃驰救凉州时，准备袭攻韩遂，韩避走略阳（今甘肃天水、秦安一带）。夏侯渊知韩遂军中兵卒多长离（今甘肃秦安）羌人，便用围点打援之计围攻长离、火烧羌屯诱之。韩遂果然率羌胡万骑来救，途中被夏侯渊在野外截击，一举击溃。韩逃往西平（今青海西宁），后为

图1-4 勉县马超墓
（李向群摄）

---

① 《三国志·魏志》卷二五《杨阜传》。
② 《三国志·蜀志》卷三六《马超传》及注引《典略》。
③ 《三国志·蜀志》卷三六《马超传》及注引《典略》；《三国志·魏志》卷九《夏侯渊传》。
④ 《三国志·蜀志》卷三六《马超传》及注引《典略》。

当地诸将麹演、蒋石所杀。①夏侯渊乘胜攻克氐王所在地兴国（今甘肃秦安境内），转击高平屠各（匈奴）部落。当时枹罕还有自号"河首平汉王"的宋建，割据近三十年。②夏侯渊顺势消灭宋建，同时派遣张郃攻河关，渡黄河占小湟中，逼迫河西诸羌尽降。③至此，关陇割据势力被平定，全部归曹操控制。

第二节　原始道教的独立王国——张鲁割据汉中

一、张陵创立五斗米道

张鲁字公祺，沛国丰（今江苏丰县）人。祖父张陵（又称张道陵）是拥有许多家丁部曲的大地主。东汉末年，东方流行由张角创立的太平道。与此同时，张陵也创立五斗米道。太平道与五斗米道是原始道教的两个分支，统称天师道，发源地都在我国东部滨海地区。对此，陈寅恪早有研究。他在《天师道与滨海地域之关系》一文中说："张道陵顺帝时始居蜀，本为沛国丰（今江苏丰县）人。其生与宫崇同时，……丰沛又距东海不远，其道术渊源来自东，而不自西，亦可想见。此后汉之黄巾米贼之起原有关于海滨区域者也。"④

原始道教是中国人自己创立的宗教，最早产生于东汉末年顺帝时期。最早史载是《后汉书》卷三〇下《襄楷传》。襄楷"好学博古，善天文阴阳之术"。延熹九年（166），他上疏桓帝说："臣前上琅邪宫崇受干吉神书，不合明听。"该传注记："干姓，吉名也。神书，即今道家《太平经》也。"《襄楷传》还记载："初，顺帝时，琅邪宫崇诣阙，上其师干吉于曲阳泉水上所得神书百七十卷，皆缥白素朱介青首朱目，号《太平清领书》。其言以阴阳五行为家，而多巫觋杂语。有司奏崇所上妖妄不经，乃收藏之。后张角颇有其书焉。"⑤以后张角据《太

---

① 《三国志·魏志》卷六《董卓传》；《三国志·魏志》卷一《武帝纪》。
② 据《后汉书》卷七二《董卓传》及注引《献帝春秋》，中平元年北地、枹罕、河关"群盗"造反之际，"凉州义从宋建、王国等反"。此后，宋建一直拥兵自立于枹罕一带。
③ 《三国志·魏志》卷九《夏侯渊传》。
④ 陈寅恪：《金明馆丛稿初编》，上海古籍出版社1980年版，第3页。
⑤ 《后汉书》卷三〇下《襄楷传》。该传注记："干吉、宫崇并琅邪人，盖东海曲阳是也。"琅邪即今山东临沂境内，曲阳即今江苏沭阳东南。干吉，又或称于吉。

平清领书》为《太平经》,创立太平道,靠治病传经布道,"以善道教化天下,转相诳惑","十余年间,众徒数十万","自青、徐、幽、冀、荆、扬、兖、豫八州之人,莫不毕应",到灵帝光和七年(184)发动黄巾起义。①

太平道的创立地及时间非常清楚,即顺帝在位时(125—144)琅邪宫崇献神书《太平清领书》,桓帝延熹九年襄楷上疏指神书"不合明听",此后被"有司"(官府)"收藏之"。再到张角"颇有其书"创太平道及传教十余年,即公元166年以后到184年起义前。这段时间恰与汉灵帝在位时期(168—189)基本相合。太平道创立于东部八州,不涉西部关陇川蜀。

但五斗米道的创立和流行时间及地域就没有那么清楚。丰沛人张陵创五斗米道,且与宫崇、干吉生于同时,所以陈寅恪认为五斗米道与太平道同出于东方滨海地区。但张陵早在顺帝时就已"客蜀"。《三国志·魏志》卷八《张鲁传》及注引《典略》记载,"祖父陵,客蜀,学道鹄鸣山中。造作道书以惑百姓,从受道者出五斗米,故世号米贼。陵死,子衡行其道。衡死,鲁复行之"。②所以张陵创五斗米道应是在顺帝后期到桓帝在位时期(146—167),稍早于张角创太平道。张陵的五斗米道未使用《太平清领书》为经书,而是"造作道书",借用《老子》五千文,与太平道区别明显。所以,张陵创立五斗米道虽源于东方滨海,但成熟于蜀之鹄鸣山。何兹全认为"大约张氏家族先于本地受道而后客居蜀,所谓'学道鹄鸣山中',是在鹄鸣山中修道传教,不是五斗米道起源于蜀"③。

张陵的五斗米道在顺、桓帝时期修道传教于蜀之鹄鸣山,发展却是在灵帝光和年间其子张衡在汉中的传播。《三国志·魏志》卷八《张鲁传》注引《典略》记载:"熹平中,妖贼大起,三辅有骆曜。光和中,东方有张角,汉中有张脩。骆曜教民缅匿法,角为太平道,脩为五斗米道。"这段记载是有关五斗米道兴起的重要史料之一。但其中有两点需要辨清。其一是"妖贼"三辅骆曜是否与五斗米道有关,语焉不详。而汉末有关各地"妖贼"记载甚多,如:《后汉书》

---

① 《后汉书》卷七一《皇甫嵩传》。
② 另据常璩《华阳国志》卷二《汉中志》(齐鲁书社2010年版)记张陵"自称太清玄元"。
③ 何兹全:《三国史》,人民出版社2011年版,第74页。

卷六《顺帝纪》记载，阳嘉元年（132）三月，"扬州六郡妖贼章河等寇四十九县"；《后汉书》卷七《桓帝纪》记载，和平元年（150）二月，"扶风妖贼裴优自称皇帝"；延熹八年（165）十月，"渤海妖贼盖登等称'太上皇帝'"[1]。包括三辅"妖贼"骆曜，这些所谓"妖贼"也许勉强能算是某种民间宗教，也许什么都不是，但均不能视之为原始道教。所以，三辅骆曜与汉中五斗米道无涉。其二是《典略》所记"汉中有张脩""脩为五斗米道"之张脩应是张衡。因为张脩与张鲁同为益州牧刘焉下属，同时受命讨伐汉中太守苏固。以后张脩又被张鲁所杀。张脩与张鲁曾共同征战，属同僚甚至属同辈，根本不可能与张鲁的祖父张陵同为五斗米道创立者。所以，早在南朝刘宋时期，裴松之为《三国志》作注时，就在《张鲁传》注中加按语说："臣松之谓张脩应是张衡，非《典略》之失，则传写之误。"[2]依裴之说，在汉中传五斗米道者应是张陵之子张衡。何兹全亦确认"传五斗米道的不是张脩，而是张鲁一家"[3]。

五斗米道与太平道都是借治病为名进行传道。《典略》记载，五斗米道专设"祭酒"，先让病人在净室思过，用《老子》五千言为病人祈祷，"诸祷之法，书病人姓名，说服罪之意。作三通，其一上之天，著山上，其一埋之地，其一沉之水，谓之三官手书。使病者家出米五斗以为常，故号曰五斗米师。实无益于治病，但为淫妄，然小人昏愚，竞共事之。后角被诛，脩亦亡。及鲁在汉中，因其民信行脩业，遂增饰之"[4]。依裴注，把张脩改为张衡，五斗米道创立及兴起的传教之迹便清晰起来。概言之，张鲁祖父张陵创五斗米道受宫崇、干吉影响源于东海之滨，顺帝时张陵客蜀，在鹄鸣山中修道传教。以后张鲁之父张衡在灵帝光和年间又把五斗米道从蜀传至汉中，与太平道同步发展兴起。这为张鲁后来以政教合一方式割据汉中，把汉中变为原始道教的独立王国，奠定了基础。

二、张鲁割据汉中三十年

张鲁承袭祖张陵和父张衡之道，与其母在汉中及蜀地各处传播五斗米道，

---

[1] 何兹全：《三国史》，人民出版社2011年版，第4页。
[2] 《三国志·魏志》卷八《张鲁传》注引《典略》之按语。
[3] 何兹全：《三国史》，人民出版社2011年版，第73页。
[4] 《三国志·魏志》卷八《张鲁传》注引《典略》。

很快发展到成都，还结交权贵名流，甚至与时任益州牧的宗室刘焉往来密切，经常进出刘焉府第，受到刘焉重用，被委任为督义司马。①

刘焉是否信道入道，于史无载。但刘焉对流行于汉中及蜀地的"米贼"十分重视，将教主张鲁母子接纳于府第，给张鲁封官，显而易见有宽纵和利用之意。《三国志·蜀志》卷三一《刘焉传》记刘焉在成都上任后，"抚纳离叛，务行宽惠，而阴图异计"。这个"抚纳离叛"应包括五斗米道。以后刘焉为扩大势力，派有五斗米道教徒基础的张鲁攻取汉中，更是有意利用。而当张鲁"断绝谷阁，杀害汉使"时，刘焉又上书朝廷，"言米贼断道，不得复通"，②似有搪塞推托之意。③"阴图异计"的刘焉不是等闲之辈。他曾"托他事杀州中豪强王咸、李权等十余人，以立威刑"，又攻灭反叛的犍为太守任岐和校尉贾龙，还接纳逃亡到成都的南阳、三辅流民数万户，"悉收以为众，名曰'东州兵'"。④对"米贼"张鲁，刘焉明里是宽纵和利用，暗中也有算计和防范。在派张鲁攻打汉中郡时，刘焉又加派别部司马张脩共同领兵，分明有暗中监视制约之意，他留张鲁母及弟在成都，明看为优抚，暗含是抵为人质。

张鲁和张脩攻占汉中郡没有费事。汉中太守是扶风人苏固，未听从部下成固人陈调的修城治兵之策。结果，张鲁顺利取城，诛杀苏固、陈调及南郑（今陕西汉中市南郑区）豪强赵嵩等。苏固为何束手待毙？可能是慑于汉中城内外五斗米道教徒对张鲁的广泛响应，他毫无应对办法。

张鲁轻取汉中后，断绝关中通往汉中的主要通道斜谷，多次杀死朝廷派来的官员，俨然已成地方割据。张鲁对刘焉虽然仍继续"承顺"，但又袭杀张脩而并其众，⑤势力愈强，分明有违刘焉初衷。此时刘焉是何态度呢？从刘焉上书"言米贼断道"以及继续善待张鲁母及弟来看，刘焉对张鲁割据汉中及擅杀张脩是无奈和认可的。因为两家毕竟可互为犄角，刘焉的初衷也有一半实现，

---

① 《三国志·蜀志》卷三一《刘焉传》记："张鲁母始以鬼道，又有少容，常往来焉家，故焉遣鲁为督义司马"。《后汉书》卷七五《刘焉传》记载相同。
② 《三国志·蜀志》卷三一《刘焉传》。
③ 这条史料同时也证实张鲁攻取汉中是公开打出"米贼"旗号的。
④ 《三国志·蜀志》卷三一《刘焉传》。
⑤ 《后汉书》卷七五《刘焉传》。

所以双方没有彻底反目，而是互为利用。

张鲁攻汉中的确切时间，史载不详，应在刘焉出任益州牧（中平五年）之后和病死（兴平元年）之前，即公元188年到194年之间。这正是董卓之乱以及董败死后其部将李傕、郭汜大闹长安天下大乱之际，再加之韩、马染指关中，混战加剧，一时无人顾及汉中。这给张鲁割据汉中大行其道形成独立王国以难得的机遇。

刘焉死后，其子刘璋代其父出任益州牧。但刘璋远不及其父，"性柔宽无威略"，"张鲁以璋暗懦，不复承顺"。①张鲁比过去"稍骄恣"，对刘璋不再像对刘焉那样顺从，双方矛盾逐渐激化，刘璋就把留在成都为质的张鲁母及弟杀掉。张鲁与刘璋"遂为仇敌"。②

刘璋先派遣有恩于己、最为亲信和倚重的中郎将庞羲攻打汉中，但几次都被张鲁击败。刘璋攻不成，便改为守，又任命庞羲为巴郡（江州，今重庆）太守，以制约张鲁向外发展。但张鲁部众信徒多巴人，当仁不让地顺势反攻，出兵袭取巴郡。刘璋无奈，再命庞羲退守巴西（今四川阆中），改任巴西太守，对张鲁只有招架之功而无还手之力，仅能自守而已。经过这一番争夺，张鲁"遂雄于巴汉"二郡，势力不可摇撼。③

张鲁割据汉中和巴郡，虽然看似与汉末大小军阀割据一方相同，但又非同一般，很有其特殊性。这就是张鲁依五斗米道教主身份，建立了独特的五斗米道政权，形成史上较为罕见的政教合一的独立王国。

张鲁"以鬼道教民"，不设长吏，让五斗米道各级首领主管行政。大首领称"五斗米师"，张鲁自号"师君"。以下分别号"治头"（一说"理头"④）、"祭酒"等，"各领部众，多者为治头大祭酒"，一般道徒称为"鬼卒"。⑤

在经济上，张鲁让每家每户依教规均出五斗米，实际上等于按户平均纳税，

---

① 《后汉书》卷七五《刘焉传》。
② 《三国志·蜀志》卷三一《刘璋传》。
③ 《后汉书》卷七五《刘焉传》；《三国志·蜀志》卷三一《刘璋传》及注引《英雄记》。
④ 《后汉书》卷七五《刘焉传》。
⑤ 《三国志·魏志》卷八《张鲁传》。

具有均税、轻税以及平等的性质。对于商人屯货居奇、哄抬物价，则要惩罚，还下禁酒令，严禁酿酒饮酒。他还让诸祭酒在路旁广建"义舍"，备置米肉，招待过往行旅，"行路者量腹取足；若过多，鬼道辄病之"。在政治上，张鲁治民实施"宽惠"和"无刑而自治"。他教民"诚信不欺诈""不听妄"，如有病则"自首其过"。有犯法者原谅三次，再不改正才施以刑罚。犯有小过失者，就让修百步长的道路。①

张鲁以五斗米道治民，所作所为与教义同源的黄巾起义太平道十分相似。所以史书评他大抵"与黄巾相似"②。张鲁独特的政治、经济措施，深受当地信徒和民众欢迎，史载"巴汉夷民多便之""民夷便乐之""民夷信向"。他还吸引了大量外来流民，史载"关西民从子午谷奔之者数万家"。③

巴、汉二郡经张鲁多年经营，成为罕见的平宁安乐之乡。这与汉末天下大乱之世形成鲜明对照。当时中原大地正如曹操在《蒿里行》的描写："白骨露于野，千里无鸡鸣。生民百遗一，念之断人肠。"而汉中与巴郡却是"财富土沃"，"市肆贾平"，仓库充实，人口激增达十万户以上。史载张鲁下属阎圃语："汉川之民，户出十万，四面险固，财富土沃"④。即使与东汉时期汉中郡最高的户数——五万七千三百四十四户相比，这也应属张鲁五斗米道政教合一政权在社会普遍遭到严重破坏的汉末战乱时期所创造的一个奇迹。

张鲁拥有数万士兵，粮草充足，但自始至终只是保境安民，被称为"自守之贼"，对外威胁不大。曹操一时也无力顾及，"朝廷不能讨"，张鲁的割据政权便得到朝廷的默认，"遂就拜鲁镇夷（民）中郎将"，"领汉宁太守"，"通贡献而已"。⑤

张鲁"雄据巴、汉垂三十年"，后到建安二十年（215）降曹，再上溯到刘焉命他攻取汉中（不早于公元188年），前后将近三十年。

---

① 《三国志·魏志》卷八《张鲁传》及注引《典略》。
② 《三国志·魏志》卷八《张鲁传》；《后汉书》卷七五《刘焉传》注引《魏志》。
③ 《三国志·魏志》卷八《张鲁传》；《后汉书》卷七五《刘焉传》及注引《典略》。
④ 《三国志·魏志》卷八《张鲁传》；《后汉书》卷七五《刘焉传》。
⑤ 《三国志·魏志》卷八《张鲁传》；《后汉书》卷七五《刘焉传》。

第三节　谋略的较量——曹操与刘备争夺汉中

一、建安十六年曹操弃取汉中的原因及建安二十年轻取汉中

曹操在建安十六年三月西征关中，平定韩遂、马超对关中的割据。曹操讨伐张鲁是韩遂、马超反叛的导火索，联军在潼关和渭南与曹操大战。后来韩、马失败，逃退陇西羌人区，关中归曹。按说，曹操下一步或追击穷寇，彻底剿灭韩、马，以除后患，或乘胜南取汉中，解决张鲁的割据，既顺理成章也易如反掌。但曹操没有这样做，只是在这年十月从长安北围安定，逼逃退至此的关中诸将之一的杨秋不战而降。到十二月，出乎意料地仓促引军东归，急返邺城，只留夏侯渊屯守关中，明显放过张鲁一马。这固然与张鲁割据汉中仅是安境保民，对外威胁不大有一定关系，但从战略决策角度看，曹操弃取关中，必事出有因。这表明汉中在争夺天下大势中还未到举足轻重的地步，不是急所，必定还有更重要的事情发生。

果然，真正的原因是东南战事又吃紧。曹操在建安十七年正月返邺不久，经过紧张备战，便在十月亲率步骑四十万南征孙权，与孙权大战濡须口（今江苏南京南长江边）就是明证。这还需交代一下赤壁之战后参战三方的攻守态势以及刘备、孙权的发展动向。

赤壁之战发生在建安十三年底，曹操败后主力退兵还邺，留大将曹仁、徐晃屯江陵（今湖北江陵），乐进守襄阳，力保荆州之江北地盘。孙权、刘备乘胜夺城略地，扩大势力。刘备机敏，先抢荆州相对薄弱和地广人稀的江南四郡，即武陵（今湖南常德）、长沙、桂阳（今湖南郴州）、零陵（今湖南永州市零陵区），又招抚接纳庐江（今安徽庐江西南）营帅雷绪率部众数万归附[①]。孙权则遣周瑜攻取荆州相对富庶和人口稠密的南郡之地。到建安十四年（209）底，曹仁守江陵不到一年，抵抗不住周瑜的攻击，被迫弃江陵北退。周瑜抢了南郡郡治江陵和重镇夷陵（今湖北宜昌东），领南郡太守，驻屯江陵。以后，周瑜又分江陵南岸之地给友军刘备。刘备亲屯油江口，易

---

① 刘备此时未占其地。

名公安（今湖北公安）。这样，荆州八郡便被孙、刘、曹三方瓜分：庐陵郡（今江西境内）早已在孙权势力范围内；比较落后的江南四郡被刘备抢占；人口众多、经济发达的江北三郡（江夏郡、南郡、南阳郡），其中江夏郡和南郡一半（江陵）被周瑜攻占，归了孙权，南阳郡和南郡另一半（襄阳）仍为曹操所据。八郡中最重要的南郡也被三分，周瑜屯江陵、刘备屯公安、曹军守襄阳，形成孙刘联军与曹军对峙的均势。①建安十五年周瑜病死，代瑜领兵的鲁肃以"共拒曹公"为由，劝孙权同意把江陵借给刘备，史称"借荆州"。②鲁肃、程普等退驻陆口（今湖北嘉鱼西南）、江夏。刘备依附孙权，有了荆州一席之地，开始站稳脚跟，便依诸葛亮《隆中对》设计的发展战略，开始图谋益州。孙权后缩，刘备注意力他移。所以荆州南郡三方两军对峙的前线趋稳，各方均采守势。这给了曹操在建安十六年腾出手来，出师关中，以解决后顾之忧的机会。

但孙权非等闲之辈，乘曹操西征，便在东南方下手，争夺淮南。荆州战火虽暂息，但合肥战端又起。

孙权暗图淮南已久，赤壁之战后，除遣周瑜抢南郡江陵之外，他曾亲自将兵北围合肥（今安徽合肥）。无奈久攻不下，曹操又派援军解围，孙权被迫撤兵。这引起曹操重视，在建安十四年亲带儿子曹丕出兵合肥，意图要稳定淮南。这一年曹操在扬州置郡县长吏，开芍陂（今安徽寿县南）屯田。③但曹操犯了一个大错。他因担心淮南再遭孙权进犯，决定将淮南民众大量内迁，结果造成当地惊恐，"民转相惊，自庐江、九江、蕲春、广陵户十余万皆东渡江，江西遂虚，合肥以南惟有皖城"④。这留下后患，使曹军无民众依托。可当时曹操以为安定了淮南，于是才有了建安十六年用兵关陇。但孙权恰恰利用这一时机，又卷土重来。建安十六年，孙权从原驻地京口（今江苏镇江）移驻秣陵（今江

---

① 何兹全：《三国史》，人民出版社2011年版，第56—58页。
② 《三国志·吴志》卷五四《鲁肃传》。
③ 《三国志·魏志》卷一《武帝纪》。
④ 《三国志·吴志》卷四七《吴主传》。《三国志·魏志》卷一四《蒋济传》记："江、淮间十余万众，皆惊走吴。"

苏南京市江宁区秣陵街道）。次年，筑石头城，改秣陵为建业（今江苏南京），作濡须坞。此地陆有石头城，水有濡须坞，建业有了水陆屏障。①淮南形势顿时吃紧。这就是曹操在建安十六年底弃取汉中，从关陇急返邺城的真正原因。他需备战南征。

建安十七年冬十月，曹操亲率步骑四十万出兵，直指建业，进军到长江边的濡须口。孙权自率七万人马迎战。曹操步兵虽强，但水军尽丧赤壁，而孙权优势在水军。建安十八年（213），双方在濡须口相持不下，谁也无力击败对方。曹操见孙权舟船器仗军伍整肃，喟然叹曰："生子当如孙仲谋，刘景升儿子若豚犬耳！"孙权传书给曹操，说："春水方生，公宜速去。"又在别纸写下："足下不死，孤不得安。"曹操对诸将说："孙权不欺孤。"乃撤军还。②曹操并于次年在蕲春设置屯田，"使庐江谢奇为蕲春典农"，"遣朱光为庐江太守，屯皖，大开稻田"。③他还留大将张辽、乐进、李典驻屯合肥，自领主力返邺。

建安十九年五月，孙权攻克皖城（今安徽潜山），"获庐江太守朱光及参军董和，男女数万口"④。建安二十年，孙权率众十万再北进，围攻合肥，但遭张辽、乐进、李典合力击退，元气大伤。⑤淮南战事到此暂息。⑥

乘曹操西征、刘璋惊恐之际，刘备自建安十六年十二月受刘璋之邀进入益州，历经两年多努力，终于如愿在建安十九年夺取益州，⑦如虎添翼，势力猛增。刘备据益州后，孙权曾派诸葛瑾向刘备索要荆州诸郡，刘备不许，说："吾方图凉州，凉州定，乃尽以荆州与吴耳。"孙权大怒，派吕蒙带兵二万自取长沙、

---

① 《三国志·吴志》卷四七《吴主传》。
② 《三国志·吴志》卷四七《吴主传》注引《吴历》。曹操无功而返绝非孙权只言片语所致，实因大军无法相持久耗，粮草不济。
③ 《三国志·吴志》卷五四《吕蒙传》。
④ 《三国志·吴志》卷四七《吴主传》；《三国志·吴志》卷五四《吕蒙传》注引《吴书》。
⑤ 《三国志·吴志》卷四七《吴主传》；《三国志·魏志》卷一七《张辽传》。
⑥ 何兹全：《三国史》，人民出版社2011年版，第81—84页。
⑦ 详见本节第二目。

零陵、桂阳三郡，与关羽兵戎相见。①原来的孙刘联盟因荆州之争开始分裂。到建安二十年刘备兼有荆、益二州，羽翼开始丰满，以此为标志，天下攻守大势开始转向，原来的三方两军对立演变成三方两两对立。孙、曹、刘三方互为敌对，都变成两线作战，三国鼎立之势至此形成。曹操的西南受到威胁，曹、刘矛盾激化。因此，介于益州与关陇之间的汉中，便从不起眼的位置上升为曹、刘必争的热点，本无关大局的关陇，也成为曹、刘相持的要害之地。天下大势，汉中成了急所。战火从淮南烧向汉中。当张辽在合肥击退孙权稳定淮南之后，曹操抢先下手，西取汉中，已成必然之势。

建安二十年曹操在夏侯渊基本平定韩遂、马腾关陇割据残余势力后，决定解决汉中张鲁割据。三月，曹操亲率十万大军入关中至陈仓，打算自武都穿越氐人居住区。氐人恃险不服，塞道抗拒。曹操派遣猛将张郃、朱灵为先锋开路。张郃锐不可当。四月，曹操出散关（今陕西宝鸡西南）至河池（今甘肃徽县西北）。五月，曹操攻屠氐王窦茂及下属万人，收其麦以补军食。七月，曹操大军进抵阳平关（今陕西勉县西）。阳平关地当勉县西白马河入汉水处，川、陕交通要冲，形势险要。在强敌压境的形势下，张鲁自度不能对抗，打算投降。但他的弟弟张卫不甘心束手就擒，便与大将杨昂率数万五斗米道军士横山筑城10余里，死守阳平关。曹军开始进攻不得手，曹操下令假装撤退，乘张卫守备松懈，再密令诸将发动夜袭，突破天险阳平关，击溃五斗米道军主力。张卫遂降。②

张鲁闻讯，准备出降，但属下阎圃建议：现兵败危急，若被迫投降，其功太轻，不如权且退入巴中，依附土著，然后送质子归附曹操，其功必多。于是张鲁率残部放弃南郑，逃进南山巴中。临走时，部下要烧毁多年积蓄下来的府库珍宝，但张鲁不许，说："本欲归命国家，而意未达。今之走，避锐锋，非有恶意。宝货仓库，国家之有。"他下令封藏，谁也不许动。曹操到达南郑，

---

① 《三国志·吴志》卷四七《吴主传》。荆州成孙权、刘备必争之地，以后当关羽与曹军大战襄阳、樊城时，吕蒙偷袭南郡江陵，终致关羽败死，孙、刘结为仇雠。
② 《三国志·魏志》卷八《张鲁传》注引《魏名臣奏》《世语》。

听说此事，非常赞赏张鲁的为人，派人慰抚张鲁，劝他投降。[1]此时，刘备下属黄权献策："若失汉中，则三巴[2]不振，此为割蜀之股臂也。"刘备便委任黄权为护军，率诸将领前往巴中迎请张鲁入蜀。[3]张鲁在北降归曹与西结刘备之间权衡了一番，说："宁为曹公作奴，不为刘备上客。"[4]于是在十一月委质降曹。曹操大喜，极尽礼遇，拜张鲁为镇南将军，封阆中侯[5]，食邑万户，其子五人及阎圃等也都封为列侯。[6]曹操还与张鲁结为儿女亲家，以示笼络。先前反曹兵败投靠张鲁的关中实力派程银、侯选、刘雄鸣诸将，也随张鲁降曹，全都得到曹操重用，官复原职。[7]此外，在张鲁投降之前，巴郡土著巴夷和賨人首领朴胡、杜濩、任约已归附曹操，分别被委任为太守。至此，张鲁的独立王国寿终正寝。汉中及巴中全部归曹操控制。曹操恢复汉宁郡为汉中郡，再分汉中的安阳、西城为西城郡（今陕西安康西北），分汉中的锡、上庸为上庸郡（今湖北竹山西南），分置太守和都尉。[8]

张鲁投降后，曹操又派张郃攻陷巴西、巴东二郡，进兵宕渠（今四川渠县东北）。刘备令张飞阻截，大战数十天，击败张郃。张郃撤回南郑，刘备也收兵回成都。[9]十二月，曹操留夏侯渊、徐晃、张郃屯守汉中，以杜袭为督军，自率主力回师归邺城。此次西征，"建安七子"之一的王粲曾随军，作五言诗赞曹操："从军有苦乐，但问所从谁。所从神且武，安得久劳师？相公征关右，赫怒振天威，一举灭獯虏，再举服羌夷，西收边地贼，忽若俯拾遗。陈赏越山岳，

---

[1]《三国志·魏志》卷八《张鲁传》。
[2] 三巴指巴郡（今重庆北）、巴西（今四川阆中）、巴东（今重庆奉节）。
[3]《三国志·蜀志》卷四三《黄权传》。
[4]《华阳国志》卷二《汉中志》。
[5] 据《三国志·魏志》卷八《张鲁传》、《后汉书》卷七五《刘焉传》。《华阳国志》卷二《汉中志》记为"襄平侯"。
[6] 裴松之认为曹操奖励张鲁父子有些过分。《三国志·魏志》卷八《张鲁传》注引其评语："臣松之以为张鲁虽有善心，要为败而后降，今乃宠以万户，五子皆封侯，过矣。"
[7]《三国志·魏志》卷八《张鲁传》注引《魏略》。
[8]《三国志·魏志》卷一《武帝纪》。
[9]《三国志·魏志》卷一七《张郃传》。

酒肉逾川坻，军中多饶饫，人马皆溢肥，徒行兼乘还，空出有余资。拓土三千里，往反速如飞，歌舞入邺城，所愿获无违。"①

二、刘备争夺汉中

曹操虽有轻取汉中之兵，却没有长期固守之力。他的军事部署也不是长治久安的万全之策。这与汉中地势险要、靠近益州而远离邺城有关。汉中在地理位置和民俗风情上近蜀而远魏，因而归蜀易而归魏难。当初曹操率军从武都翻山越岭，行军千里，进抵阳平关时，士卒不胜劳苦。曹操见山险粮乏，也曾气馁，有退兵之意，但被谋士刘晔劝阻。平定汉中后，刘晔又劝曹操乘胜攻蜀，认为刘备"得蜀日浅，蜀人未恃也"，如果错过机会，"今不取，必为后忧"，但曹操没有听从。②司马懿当时也曾进言曹操，既取汉中，便应进攻益州，"此机不可失也"。但曹操回答："人苦无足，既得陇右，复欲得蜀！"③在曹操心目中，"南郑好像天狱"，而"斜谷道就是五百里的石洞"，④他对汉中地势"深险"是有畏惧之心的。这种情绪在一些谋士身上表现得更突出，比如和洽就提出要放弃汉中，"拔军徙民"，认为这样"可省置守之费"。⑤时任雍州刺史的张既也曾劝说曹操，撤退"汉中民数万户以实长安及三辅"⑥。两派谋士的意见，曹操都没有采纳，而是取了折中办法，既不攻蜀，也不撤退。曹操的谋略远在谋士之上，他的为难是有原因的。

曹操不采纳乘胜攻蜀，非不想也，实不能也。其一，蜀道难于上青天，曹操不仅畏惧，而且曹军对翻越天险是没有准备的。阳平关一役胜张卫带有侥幸因素。其二，刘备夺取益州，获民百万，府库充实，⑦兵强马壮，势力方兴未艾。三国鼎立局面开始确立。孙、刘、曹三方互成均势。曹操不具备马上打破均势

---

① 《三国志·魏志》卷一《武帝纪》注引。
② 《三国志·魏志》卷一四《刘晔传》。
③ 《晋书》卷一《宣帝纪》。
④ 《三国志·魏志》卷一四《刘放传》注引《资别传》。
⑤ 《三国志·魏志》卷二三《和洽传》。
⑥ 《三国志·魏志》卷一五《张既传》。
⑦ 《三国志·蜀志》卷三七《庞统传》注引《九州春秋》。

的实力。作为第一谋略家的曹操此时不会肆意妄为，他不采纳撤退之议，原因是不言而喻的。汉中是战略要地，既已取之，怎能轻言放弃？剩下只有固守一条路，曹操把夏侯渊、徐晃、张郃这些一流战将都摆在汉中，已是竭尽全力了。但是，刘备一旦安定内部，从曹操手中夺取汉中则势在必行，而曹操是很难固守的。这一点，刘备的谋主、关中籍蜀郡太守法正看得一清二楚。

建安二十二年（217），法正见时机成熟，便为刘备分析形势："曹操一举而降张鲁，定汉中，不因此势以图巴、蜀，而留夏侯渊、张郃屯守，身遽北还，此非其智不逮而力不足也，必将内有忧偪故耳。今策渊、郃才略，不胜国之将帅，举众往讨，则必可克。克之之日，广农积谷，观衅伺隙，上可以倾覆寇敌，尊奖王室，中可以蚕食雍、凉，广拓境土，下可以固守要害，为持久之计。此盖天以与我，时不可失也。"[1] 这一番透彻的议论，正合刘备之意。于是刘备调兵遣将，率张飞、马超、黄忠等虎将亲征汉中。法正随行，运筹帷幄。诸葛亮则留守成都。

法正是刘备争夺汉中的谋主，也是刘备夺取益州的大功臣。刘璋最后献城出降，固然是慑于关中籍名将马超的威猛之名，但在此之前，关中籍名士法正凭一身谋略，铺垫数年之久，终使刘璋放弃抵抗，居功更高。因此，有必要再插叙一下法正里应外合助刘备得蜀之事。

法正字孝直，关中扶风郡郿县人。祖父法真，"少明五经"，"名有高才"，但保持隐士的清节高名，不肯为官，多次被朝廷征召，皆辞谢不就，被当地儒士文人尊称为"玄德先生"，是关中有名的经学家。其父法衍曾任汉末廷尉左监。法正在家学熏陶下，饱学多才，满腹经纶。建安初年，关中遭遇战乱饥荒，法正与同郡的孟达随数万户三辅之民逃亡入蜀，投靠刘璋。但未受重用，仅授新都令和军议校尉，久不得志。他与同样怀才不遇的益州别驾张松结为相知，常常为刘璋"不足与有为"而暗中叹息。[2] 赤壁之战前，张松曾奉刘璋之遣，到荆州去见曹操，但遭"曹公不甚礼"，以此结怨，"松还，

---

[1] 《三国志·蜀志》卷三七《法正传》。
[2] 《三国志·蜀志》卷三七《法正传》及注引《三辅决录注》。

疵毁曹公"。①赤壁之战后,张松劝刘璋对抗曹操、联络荆州刘备。刘璋问:"谁可使者?"张松力荐法正。法正出使荆州,见刘备有雄才大略,回蜀与张松密谋,"愿共戴奉"。建安十六年三月,曹操扬言西征张鲁,实图关中韩、马,对益州形成威胁,刘璋恐惧。张松便乘机说服刘璋迎请刘备:"曹公兵强无敌于天下,若因张鲁之资以取蜀土,谁能御之者乎?""刘豫州,使君之宗室而曹公之深仇也,善用兵,若使之讨鲁,鲁必破。鲁破,则益州强,曹公虽来,无能为也。"张松再次荐举法正出使荆州。刘璋遣法正带四千人马远迎刘备。法正向刘备献策:"以明将军之英才,乘刘牧之懦弱;张松,州之股肱,以响应于内;然后资益州之殷富,凭天府之险阻,以此成业,犹反掌也。"刘备早有图蜀之心,得此良机,大喜过望。建安十六年十二月,令诸葛亮、关羽、张飞、赵云留守荆州,自率庞统、黄忠带上万荆州人马,"泝江而西","与璋会涪"。②刘璋下属主簿黄权和从事王累坚决反对刘备入蜀,但刘璋不理睬他们的谏言,下令沿途供奉刘备,使之"入境如归"。刘璋亲率步骑三万余人,出成都360里,劳师远迎,在涪(今四川绵阳)与刘备将士"欢饮百余日","以米二十万斛,骑千匹,车千乘,缯絮锦帛,以资送刘备"。③刘璋推刘备"行大司马,领司隶校尉",刘备亦推刘璋"行镇西大将军,领益州牧"。刘璋还给刘备增兵,把驻屯白水关(今四川广元东北)的益州军马交刘备督统,"使击张鲁"。刘备"并军三万余人,车甲器械资货甚盛"。刘璋的这些过分举动,应俱是张松和法正的主意及促成。其间,张松曾让法正联络庞统进劝刘备在涪对刘璋下手,但刘备未采纳,说:"此大事也,不可仓卒。"还说:"初入他国,恩信未著,此不可也。"以后,刘璋回成都,刘备"北到葭萌,未即讨鲁,厚树恩德,以收众心"。④

---

① 《三国志·蜀志》卷三一《刘璋传》;《三国志·蜀志》卷三七《法正传》;《三国志·蜀志》卷三二《先主传》注引《益部耆旧杂记》。
② 《三国志·蜀志》卷三二《先主传》;《三国志·蜀志》卷三七《法正传》。
③ 《三国志·蜀志》卷三一《刘璋传》及注引《吴书》。
④ 《三国志·蜀志》卷三二《先主传》;《三国志·蜀志》卷三七《法正传》。

不到一年，刘备终于等到了机会。建安十七年十月，曹操率大军南征孙权于濡须口。孙权向刘备求援。刘备乘机遣使告璋曰："曹公征吴，吴忧危急。孙氏与孤本为唇齿，又乐进在青泥（今陕西蓝田）与关羽相拒，今不往救羽，进必大克，转侵州界，其忧有甚于鲁。鲁自守之贼，不足虑也。"还向刘璋"求万兵及资实，欲以东行"。刘璋将信将疑，"但许兵四千，其余皆给半"。张松不知是计，急给刘备和法正传书："今大事垂可立，如何释此去乎！"但被其兄、广汉太守张肃告发，刘璋收斩张松，双方"嫌隙始构矣"。刘璋下令关戍诸将不放刘备通行。刘备大怒，召所代领的益州白水军督杨怀斩之，令黄忠、卓膺"勒兵向璋"，进据涪城。刘璋派刘璝、冷苞、张任、邓贤前往迎战，但兵败于涪，退保绵竹。刘璋再派李严到绵竹督战，李严却率众向刘备投降，刘璝、张任等退守雒城（今四川广汉北）。刘备军益强，分兵四处攻略益州各郡县，自领主力进围刘璋之子刘循据守的雒城。同时，刘备让诸葛亮留关羽镇守荆州，急调张飞、赵云赶来增援，连克白帝、江州、江阳（今四川泸州）。[1]

刘备攻雒并不顺利，军师中郎将庞统在率众攻城时，中流矢战死。庞统原是襄阳大名士，与诸葛亮齐名，号为"凤雏"。刘备对他"亲待亚于诸葛亮"，"与亮并为军师中郎将"。刘备入蜀，庞统也是有力的促成者，[2]事未竟而身先死，殊为可惜。雒城守军亦战死一名大将张任。由此可见双方战况之激烈。雒城之战持续了一年多。到建安十九年夏，刘备才攻克雒，与诸葛亮、张飞、赵云会师合围成都。[3]此时成都"尚有精兵三万人，谷帛支一年，吏民咸欲死战"[4]。但法正力劝刘璋放弃抵抗。他给刘璋写长笺，推心置腹反复陈述利害："正虽获不忠之谤，然心自谓不负圣德，顾惟分义，实窃痛心。左将军从本举来，旧心依依，实无薄意。愚以为可图变化，以保尊门。"[5]法正劝降，应起了作用。

---

① 《三国志·蜀志》卷三二《先主传》。
② 《三国志·蜀志》卷三七《庞统传》。
③ 《三国志·蜀志》卷三二《先主传》及注引《益部耆旧杂记》。
④ 《三国志·蜀志》卷三一《刘璋传》。
⑤ 《三国志·蜀志》卷三七《法正传》。

刘璋已有降意。恰巧,威名远播的马超又在此时来到成都城下,"城中震怖"。①刘璋顺势下台阶,说:"父子在州二十余年,无恩德以加百姓。百姓攻战三年,肌膏草野者,以璋故也,何心能安!"遂开城出降。②

刘备夺取益州,法正里应外合,有奇谋大功。所以,刘备论功行赏,任命法正为蜀郡太守、扬武将军,"外统都畿,内为谋主"。法正还力劝刘备重用益州名士许靖,安抚益州各方势力,③连刘璋的亲信及姻亲都予重用,"皆处之显任,尽其器能。有志之士,无不竞劝"。④法正不仅帮刘备夺取益州,还帮他安定及治理益州,牢牢掌控益州。在刘备实现"跨有荆、益",再争中原的宏图大业中,法正的功劳和地位仅次于诸葛亮。⑤

再来看建安二十二年法正出谋劝刘备夺取汉中,充分显示了他作为关中籍名士对汉中重要地位的见解与重视。在这一点上,法正明显胜于诸葛亮。所以,他成了刘备出征汉中的谋主,随军运筹帷幄,而诸葛亮则留在成都。

刘备先令张飞、马超、吴兰诸将屯兵下辨(今甘肃成县西北)。曹操派遣曹洪抵御。建安二十三年(218),曹洪击败吴兰,张飞、马超撤退。吴兰被阴平(今甘肃文县西北)氐人首领强端斩杀,献首曹军。刘备大怒,与张飞、马超会合,亲率主力进逼阳平关。汉中曹军将帅夏侯渊、徐晃、张郃分头据关固守。刘备先派陈式断绝马鸣阁道,遭徐晃反击;又自攻广石(今陕西勉县西)的张郃,久不能克。⑥曹操闻听徐晃固守马鸣阁道甚喜,下令嘉奖徐晃,说:"此阁道,汉中之险要咽喉也。刘备欲断绝外内,以取汉中。将军一举,克夺贼计,善之善者也。"⑦双方长期对峙,刘备紧急向成都要援兵。诸葛亮询问杨洪,杨洪说:"汉中则益州咽喉,存亡之机会,若无汉中则无蜀矣,此家门

---

① 《三国志·蜀志》卷三六《马超传》。
② 《三国志·蜀志》卷三一《刘璋传》。
③ 《三国志·蜀志》卷三七《法正传》。《三国志·蜀志》卷三二《先主传》记:"先主复领益州牧,诸葛亮为股肱,法正为谋主"。
④ 《三国志·蜀志》卷三二《先主传》。
⑤ 何兹全:《三国史》,人民出版社2011年版,第66—70页。
⑥ 《三国志·魏志》卷一七《张郃传》;《三国志·魏志》卷一七《徐晃传》。
⑦ 《三国志·魏志》卷一七《徐晃传》。

之祸也。方今之事，男子当战，女子当运，发兵何疑？"① 双方都派了援军。建安二十三年七月，曹操亲领大军再次西征。九月，曹操坐镇长安。

　　建安二十四年（219）春，刘备得到诸葛亮派来的援兵，便按法正的精心谋划，自南平渡沔水，抢占战略要地定军山。定军山位于汉中勉县东南5公里处，沿汉江东西绵亘耸立着十二座山峰，山峦叠嶂，气势雄浑。它隔江与天荡山对峙，形成天险。刘备预先让勇毅冠三军的老将黄忠，在天荡山下和定军山西峰仰天窝依山势扎营，作为伏兵。他亲率精卒万人，分为十部，星夜急攻驻屯在广石的张郃。张郃率亲兵搏战，刘备转而在走马谷火烧都围，诱迫曹军统帅夏侯渊来救。② 只知恃勇的夏侯渊果然中计，急切来争。他率轻骑驰援③，途经定军山，遭到刘备拦击。正当两军酣战之际，法正说："可击矣。"④ 黄忠便率伏兵突然从西峰居高临下冲出来，将夏侯渊团团围在山下平坦处（今称武侯坪）。夏侯渊虽然兵马精锐，顽强抵抗，但黄忠更勇，率众短兵接刃。蜀军士气高昂，金鼓振天，欢声动谷。黄忠在激战中，手起刀落，将夏侯渊斩于马下。⑤ 随军的曹操委任的益州刺史赵颙也阵亡，曹军大败。现在，定军山武侯坪有一斩将桥，据说是当年夏侯渊被杀之处。隔江的天荡山天灯寺前有一巨石，相传是黄忠得胜回营时下马的踏脚石。还有黄忠插旗山等古迹。（见图1-5、图1-6）

图1-5　汉中勉县定军山古战场遗址
（李向群摄）

---

① 《三国志·蜀志》卷四一《杨洪传》。
② 《三国志·魏志》卷一七《张郃传》。
③ 《三国志·魏志》卷九《夏侯渊传》。
④ 《三国志·蜀志》卷三七《法正传》。
⑤ 《三国志·蜀志》卷三六《黄忠传》。

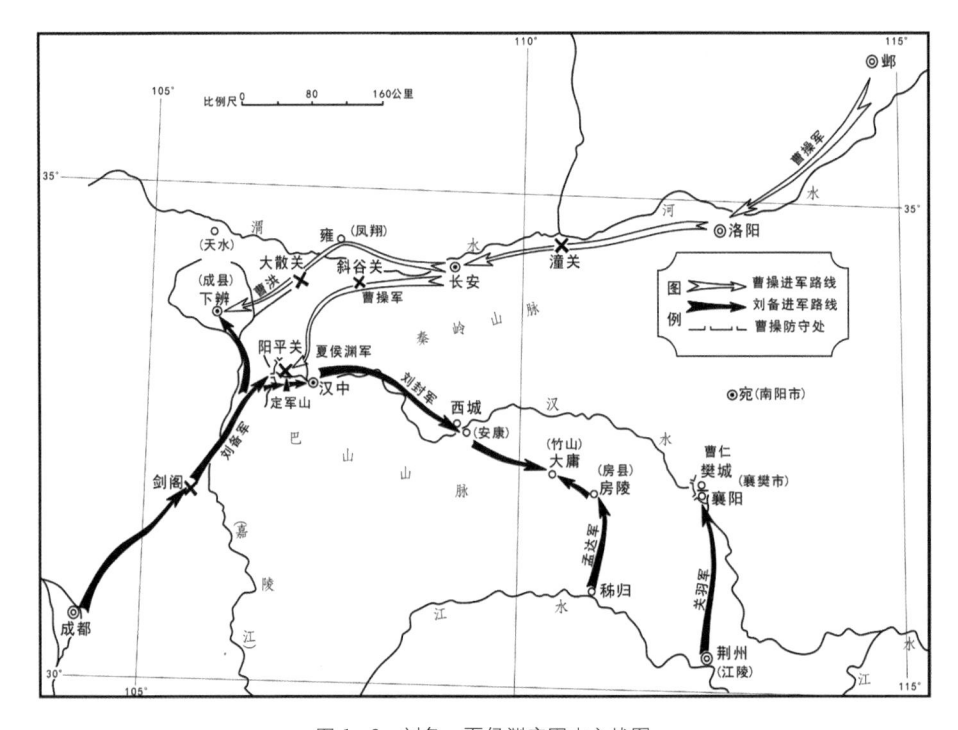

图1—6 刘备、夏侯渊定军山之战图
（引自史念海：《河山集》四集，陕西师范大学出版社1991年版，第289页）

张郃退至阳平关，与汉中曹军合为一处。当时，三军失帅，军心动摇。督军杜袭与司马郭淮对众将说："张将军国家名将，刘备所惮；今日事急，非张将军不能安也。"于是大家推举张郃为帅。张郃重整曹军，一一部署。各营将领全都接受号令，众心才得到安定。[①]当刘备乘胜追击，要渡汉水时，汉中曹将主张依水为阵抵抗。但郭淮却说："此示弱而不足挫敌，非算也。不如远水为陈，引而致之，半济而后击，备可破也。"张郃采纳。刘备见曹军远离汉水，心中生疑，未敢轻率渡河。[②]

曹操损兵折将，打听到是法正为刘备出谋划策，便叹息道："吾故知玄德不办有此，必为人所教也。"[③]三月，他亲自率军从长安出发，穿过斜谷，援救

---

① 《三国志·魏志》卷一七《张郃传》。
② 《三国志·魏志》卷二六《郭淮传》。
③ 《三国志·蜀志》卷三七《法正传》。

汉中。刘备说："曹公虽来，无能为也，我必有汉川矣。"①于是敛兵拒险，不与交锋，坐等曹操兵疲自退。一次，赵云率数十骑出营侦察，与曹军大队遭遇。赵云且战且退，回到营中，敞开大门，偃旗息鼓。魏军疑有埋伏，自动回兵。赵云命士兵击鼓，仅用劲弩射击。魏军大惊，自相践踏，不少坠入汉水淹死。刘备前来视营，称赞赵云："子龙一身都是胆也。"②

曹操此来，确实不是要争汉中，而是要接应张郃诸军及汉中民撤离汉中，以充实关中。③在长安时，他审时度势，就已决定忍痛放弃汉中，但又担心刘备乘胜北攻武都氐人，威胁关中，便向雍州刺史张既问计。张既建议用厚赏劝说武都氐人迁居关中西部。曹操来汉中的同时，便派曹真与张既到武都接应曹洪并迁徙当地氐人五万户到扶风、天水一带。曹操理智上虽要放弃汉中，感情上却实在不愿认输，内心矛盾，所以在汉中下达的营中口令为"鸡肋"，随行众官都猜不透是什么意思，只有主簿杨修一听就明白了，开始收拾行装。别人吃惊地问他为什么，他回答："夫鸡肋，弃之如可惜，食之无所得，以比汉中，知王欲还也。"④五月，曹操果然撤兵回到长安，并迁徙汉中民众万余户落籍三辅。⑤他令曹洪、张郃诸将把守关中西大门陈仓，严防刘备。十月，自率主力还师洛阳，两个月后就病死了。⑥

刘备激战而夺得汉中。接着他又派宜都（今湖北宜都）太守孟达北攻房陵（今湖北房县），并遣养子刘封自汉中乘沔水而下与孟达合攻上庸。七月，刘备志满意得，步曹操称魏王的后尘，自称汉中王，凯旋回师成都，晋升法正为

---

① 《三国志·蜀志》卷三二《先主传》。
② 《三国志·蜀志》卷三六《赵云传》注引《云别传》。
③ 《三国志·魏志》卷一七《张郃传》。
④ 《三国志·魏志》卷一《武帝纪》注引《九州春秋》。据《后汉书》卷五四《杨震附杨修传》，聪明过人的关中籍名士杨修出身弘农华阴望族杨氏，其高祖杨震、曾祖杨秉、祖父杨赐、父亲杨彪均官至三公，在《后汉书》皆有传，也是"四世三公"的显赫名族。杨修识破曹操心思，引得曹操虑有后患，不久被曹操以他结交曹植为由，借故杀之，殊为可惜。
⑤ 《三国志·魏志》卷一五《张既传》。
⑥ 《三国志·魏志》卷一《武帝纪》。

尚书令，委任魏延为都督，镇守汉中。① 至此，刘备拥有荆、益二州及汉中，势力达到顶峰。

法正助刘备先取益州，后夺汉中，在成就三国鼎立的大局中，起了举足轻重的作用，深得刘备赏识与信任。他升任尚书令，地位与诸葛亮应不相上下。诸葛亮对法正也甚为敬重，"诸葛亮与正，虽好尚不同，以公义相取。亮每奇正智术"。可惜，法正在取汉中次年即建安二十五年（220）病死，年仅45岁。刘备"为之流涕者累日"。以后刘备不听群臣谏劝，一意孤行，要为关羽复仇，东征孙权，招致大败。诸葛亮叹息道："法孝直若在，则能制主上，令不东行；就复东行，必不倾危矣。"②

三、蜀汉经营汉中

汉中在秦汉时期设郡，属益州，郡治南郑。东汉末年，张鲁割据汉中时，改称汉宁郡。曹操西取汉中后，复设汉中郡，但分割其东部数县纳入荆州。建安二十四年刘备强势夺取汉中后，受群下推尊称汉中王，有效仿刘邦之意，足显其对汉中之格外重视。不久，蜀汉建国，定南郑、褒中（陕西勉县西）、沔阳（今陕西勉县东）、成固（今陕西城固）、蒲池、南乡（今河南淅川东南）、西乡七县为蜀汉之汉中郡，郡治仍为南郑。

汉中为盆地，位于汉江上游，自古是鱼米之乡，物产富饶。但其地势又十分独特，处在同为天府之国的关中平原和成都平原之间，分别被天险秦岭和大巴山隔断，四周环山，"穷险极峻"，成"独守之国"。汉中以北与关中平原之间横阻着东西走向长达400公里、南北纵深100到180公里、海拔2000到3000米、令人望而生畏的秦岭山脉。汉中以西与成都平原之间耸立着西北走向绵延千里、海拔2000到2500米的天然屏障大巴山。所以清初著名地理学家顾祖禹称汉中"北瞰关中，南蔽巴蜀，东达襄邓，西控秦陇，形势最重"。③

---

① 《三国志·蜀志》卷三二《先主传》；《三国志·蜀志》卷三七《法正传》。据《三国志·魏志》卷一《武帝纪》，曹操称魏王时在建安二十一年（216）五月，但"以夫人卞氏为王后"，则是在建安二十四年七月。
② 《三国志·蜀志》卷三七《法正传》。
③ 顾祖禹：《读史方舆纪要》，上海书店出版社1998年版，第392页。

汉中与关中和巴蜀虽被秦岭和大巴山隔绝，但均有天然与人工修凿相结合而成的险峻通道，主要有以下八条。

（1）褒斜道。褒斜道是关中通巴蜀最重要的南北通道（汉驿路也设在此道），因取道秦岭之褒水、斜水二河谷得名。以汉中南郑为起点，向西北经褒中县，进入褒水河谷，过石门、三交城，抵达褒水源头，古称五里坂。翻越秦岭，再北走斜水河谷，出谷便是关中扶风郡郿县五丈原，到达渭水。全长500里，险要处在悬崖绝壁上多修栈道，故又称"褒斜栈道"，有"栈道千里"的美誉。在褒谷七盘山上还有闻名遐迩的穿山隧道石门，是世界上最早的人工隧道。诸葛亮六出祁山最后一次，即走此道。曹真、司马懿反攻汉中也用过此道。（见图1-7）

图1-7 汉中石门褒斜道古栈道遗址

（李向群摄）

（2）傥骆道。傥骆道，又称骆谷道。从汉中南郑向东到洋县入傥水河谷，翻越秦岭，再沿骆谷（今陕西周至西南）进入关中。其山路险峻，难于褒斜道。曹爽、夏侯玄反攻汉中曾在此道吃过大亏。姜维袭魏，也曾选过此道，直入秦川。

（3）子午道。子午道，因走子午谷得名。从汉中南郑向东到成固，再沿汉江北岸经洵河上游翻越秦岭，进入沣水河谷，最后沿子午谷抵长安南杜陵（今陕西西安东南）。久驻汉中的魏延攻魏之计，"直从褒中出，循秦岭而东，当子午而北"[①]，即是要选子午道，可奇袭长安。但诸葛亮不采纳。

---

① 《三国志·蜀志》卷四〇《魏延传》注引《魏略》。

（4）陈仓道。陈仓道，又名故道、嘉陵道，因走陈仓而得名。从长安沿渭水西行至陈仓，再经散关至河池、武兴（今陕西略阳）、关城（今陕西宁强西北阳平关）、白水关至四川葭萌（今四川广元西南）。陈仓道迂远，绕经甘肃，主要是秦岭西端坡度趋缓，较易翻越。但陈仓道绕不开阳平关，仍要走汉中境内。陈仓道在阳平关可经褒谷东通汉中南郑，但也能从阳平关直接西南行再翻越大巴山，通达巴蜀。陈仓道与汉中特别是南郑关系既密切又隐蔽，便于从汉中偷袭关中。刘邦从汉中还定三秦，即"明修栈道（指褒斜道），暗度陈仓（指陈仓道）"。诸葛亮六出祁山，也有两次选走陈仓道。（见图1-8）

图1-8　宝鸡大散关遗址
（李向群摄）

以上四道是从汉中翻越秦岭到关中平原的主要通道。

（5）金牛道。金牛道，又称剑阁道、石牛道，是汉中通巴蜀的主要道路。从汉中南郑向西到阳平关，再西南行翻越大巴山之七盘岭到葭萌，与陈仓道会合，继续南行穿越剑门山（即天险剑阁），经梓潼（今四川绵阳东）、涪、雒到达成都。金牛道是从长安经汉中至成都的重要道路之一。钟会（钟繇之子）率魏军主力伐蜀，即走此道。

（6）米仓道。米仓道，因途经大巴山之米仓山而得名。自汉中南郑向南，溯汉水支流濂水谷道，翻越大巴山西段米仓山，再沿嘉陵江支流巴江谷道到达四川巴中。张鲁降曹前南逃即走此道。再向西可经阆中（今四川阆中）抵达成都。

以上二道是从汉中翻越大巴山至成都平原的主要通道。

（7）汉中西通凉州之陆路。从汉中西行出阳平关，先至武兴，再至下辨或河池北行，经祁山，可至凉州天水郡。此道路不必翻越秦岭，而是绕过秦岭西端，再从天水东行至关中。此道远绕祁山、天水，但较为易行。诸葛亮六出祁山的初出祁山，即扬言走褒斜道而实走此道。

（8）汉中西通凉州之水路。从汉中西行出阳平关，顺嘉陵江支流可从水路至武都、阴平二郡。武都、阴平初属魏境，后归蜀汉，北接曹魏控制的天水、南安、陇西诸郡，南临蜀汉之梓潼、江由（今四川江油）、涪县，是蜀汉西北之侧门，亦属战略要地。姜维伐魏数次循此道绕攻关陇。

以上二道是从汉中不翻越秦岭而远绕祁山、天水，再东行至关中平原的重要通道。

三国鼎立后，曹魏固守关陇，屯驻重兵，关中平原成为曹魏抗衡蜀汉的牢固基地。蜀汉兼跨荆、益二州，但经济政治中心在成都平原。汉中恰隔在关中平原和成都平原之间，对蜀汉而言，兼具防御和进攻的双重作用。在长达近五十年的蜀魏战争中，蜀汉有八次从汉中出兵伐曹魏之关陇，而曹魏有五次反攻汉中[1]。可以说，汉中存则蜀汉存，汉中失则蜀汉亡。蜀汉经营汉中成为生死攸关的治国大计。驻屯汉中之将，皆为蜀汉之股肱，最著名者是魏延、诸葛亮和姜维。

据宋杰研究，蜀汉经营汉中近五十年可分为四个时期。

（1）魏延镇守汉中时期。从建安二十四年七月刘备撤还成都，任命魏延为汉中都督兼汉中太守起，到蜀汉建兴五年（227）三月丞相诸葛亮亲统主力入驻汉中沔阳止，魏延独当一面，经营汉中七年多。[2] 这一时期，发生了一系列重大历史事件，可谓多事之秋。如关羽失荆州败死（建安二十四年十月）、曹操病

---

[1] 详见本章第四节。
[2] 《三国志·蜀志》卷四〇《魏延传》记载，刘备选汉中都督时，"众论以为必在张飞，飞亦以心自许。先主乃拔延为督汉中镇远将军，领汉中太守，一军尽惊。先主大会群臣，问延曰：'今委卿以重任，卿居之欲云何？'延对曰：'若曹操举天下而来，请为大王拒之；偏将十万之众至，请为大王吞之。'先主称善，众咸壮其言"。

死（建安二十五年正月）、曹丕立国（黄初元年，220）、刘备立国（章武元年，221）、孙权立国（黄武元年，222）、刘备复仇伐吴遭夷陵之败而死（章武三年，223）、刘禅即位（建兴元年，223）、诸葛亮南征南中（今四川南部及云、贵一带）平叛（建兴三年，225）等等。这一时期蜀魏双方在汉中、关中一线均采守势，相安无战事，是汉中少有的和平岁月。魏延驻军约两万，屯田自守。汉中经济得到复苏。但因关羽败死，汉中东侧上庸郡守将扶风人孟达降魏，刘封战败逃蜀，东三郡（上庸、房陵、西城）丧失归魏，汉中陷入东、西、北三线防御的被动之中。魏延虽有雄心壮志，但时局不济，终无表现。

（2）诸葛亮屯兵亲驻汉中时期。从蜀汉建兴五年春，诸葛亮亲率大军进驻汉中，到建兴十二年（234）秋，诸葛亮在五丈原病逝，诸葛亮经营汉中也是七年多。刘备死后，诸葛亮总揽蜀汉大权，"政事无巨细，咸决于亮"，持续十一年，史称诸葛亮治蜀。他首先与孙吴通好，共同抗魏，然后劝课农桑，休养生息，继而南渡泸水，平定南中四郡叛乱，终于稳定了蜀汉政权。但蜀汉失荆州后从全盛转衰是诸葛亮无法力挽狂澜的。所以，他被迫以攻为守，改变原来对曹魏作战以防御为主的策略，开始主动进攻，以北伐中原、匡复汉室为宏愿，屡次大举出师。建兴五年春，诸葛亮亲率主力进驻汉中沔阳。临行前，上疏后主刘禅："今天下三分，益州疲弊，此诚危急存亡之秋也。……今南方已定，兵甲已足，当奖率三军，北定中原……兴复汉室，还于旧都。此臣所以报先帝，而忠陛下之职分也。"[1]这篇疏文史称《前出师表》。诸葛亮在汉中集结蜀军主力约十万，采屯田养兵方式，积极备战。他经营汉中七年多，先后六次从汉中兴师伐魏，也真算竭尽全力了。诸葛亮在二出祁山前上疏的《后出师表》中，自言"鞠躬尽力，死而后已"，极尽悲壮，可歌可泣，千古传诵。只可惜最终"出师未捷身先死，长使英雄泪满襟"。[2]

（3）蒋琬、费祎主持军政时期。这一时期从建兴十二年秋诸葛亮病死五丈原，蜀军主力撤回成都开始，至延熙十六年（253）春费祎出屯汉寿（今四川广

---

[1] 《三国志·蜀志》卷三五《诸葛亮传》。
[2] 详见本章第四节第一目。

元北）后被刺身亡结束，共十八年多，蜀汉先以蒋琬主政，后由费祎接替。这一时期，曹魏政局不稳，出现辽东公孙渊叛乱、曹爽与司马懿争权、王凌在淮南谋反等重大事件，孙吴也屡屡出兵攻魏。形势对蜀汉北伐相当有利。但蜀汉经过六出祁山失败而退，元气大伤。蒋、费又谨慎持重，不愿冒险，表现为准备出击而又犹豫不决。延熙元年（238）蒋琬率众出屯汉中，欲出兵伐魏而实际未敢出兵。延熙七年（244）、十一年（248）费祎又两次领重兵进驻汉中，但风声大雨点小，也只是让姜维率万余人向陇西三次试探性进攻，因兵力过少，无功而返。最后费祎干脆打消北伐念头。他对姜维说："吾等不如丞相亦已远矣，丞相犹不能定中夏，况吾等乎！且不如保国治民，敬守社稷，如其功业，以俟能者，无以为希冀侥幸而决成败于一举。若不如志，悔之无及。"① 延熙十四年（251）夏，费祎将蜀军主力从汉中撤出，部署在汉寿，直到延熙十六年春他被刺身亡，蜀军主力一直随他驻守汉寿。汉中守将为都督胡济，兵力仍为两万人左右，只能采防御态势。

（4）姜维统军时期。这个时期从延熙十六年春费祎死后姜维接掌军权开始，至景耀六年（263）冬蜀汉灭亡为止，约十一年。这期间前六年为第一阶段，曹魏政局剧变，司马氏专权，废魏帝曹芳，杀大将军夏侯玄、中书令（中书省长官，执掌机要，等同丞相）李丰等大臣。拥曹派毌丘俭、诸葛诞在两年间先后于淮南反叛作乱，声势浩大。孙吴乘机兴兵北伐，诸葛恪领吴军二十万攻魏，动员兵力空前绝后。曹魏被迫征调关中驻军去援东线，西线空虚。这给姜维以绝佳时机。所以他改变蒋、费的防守战略，效仿诸葛亮，频繁出击攻魏。但与诸葛亮不同，姜维把蜀军主力由汉寿直接调至武都、阴平前线，驻屯石营（今甘肃礼县西北）、钟题（今甘肃临洮南）等处，并以阴平沓中（今甘肃舟曲以西、岷县以南）为进军据点。以后索性以沓中为主力屯田练兵的基地。这六年当中，姜维五次率军攻魏，前四次均在陇西作战。只是最后一次，景耀元年（258），姜维从汉中出兵数万，"出骆谷"，直攻关中。但关中魏将邓艾坚壁不出，相持逾岁，姜维无功而返。这一阶段，汉中虽不常驻重兵，但仍是蜀军粮草基地。

---

① 《三国志·蜀志》卷四四《姜维传》注引《汉晋春秋》。

武都、阴平二郡难以供给数万蜀军主力六年战争之需。景耀元年，姜维应是把主力又调驻汉中。

第二阶段，是从景耀元年至景耀六年。姜维自关陇退还成都，对军事部署做重大调整。史载："大将军维议，以为汉中错守诸围，适可御敌，不获大利。不若退据汉、乐二城，积谷坚壁，听敌入平，且重关镇守以御之。敌攻关不克，野无散谷，千里悬粮，自然疲退。此殄敌之术也。"于是督汉中胡济却守汉寿，监军王含守乐城（今陕西城固东南），护军蒋斌守汉城（今陕西勉县东）。又于西安、建威（今甘肃西和北）、武卫、石门（今甘肃甘南境内）、武城（今甘肃武山西南）、建昌、临远皆立围守。① 姜维在汉中全采守势，不仅把蜀军主力数万人从汉中撤出，同时还将汉中都督胡济及原驻军一部撤出，共同退守汉寿，历代史家多认为这是重大失误，为后来汉中失守、蜀国灭亡埋下祸根。其中南宋郭允蹈的《蜀鉴》一针见血："今姜维之退屯汉寿也，撤汉中之备，而为行险侥幸之计，则根本先拔矣。异时钟会长驱而入，汉中曾无一人之守，而敌已欣然得志。初不必邓艾之出江由，而蜀已不支，不待知者而后可见。呜呼，姜维之亡蜀也，殆哉！"

景耀五年（262）亦即蜀亡前一年，姜维还曾发动最后一次北伐，出兵陇西侯和（今甘肃临潭东南），但遭邓艾挫败，又遭朝中群小攻击。姜维不安，便自率蜀军主力在沓中屯田，不管不顾其他了。至此，姜维等于放弃经营汉中，蜀亡也就不远了。②

第四节　壮志未酬——蜀魏争夺关陇的战争

一、诸葛亮六出祁山

建安二十五年曹操病死，其子曹丕代汉称帝，年号黄初，国号魏，史称"曹魏"。次年，刘备在成都称帝，年号章武，国号汉，史称"蜀汉"。下一年孙

---

① 《华阳国志》卷七《刘后主志》；《三国志·蜀志》卷四四《姜维传》。
② 本目内容主要摘自宋杰《汉中对三国蜀魏战争的重要影响》，载《首都师范大学学报》（社会科学版）2004年第1期，第5—13页。

权在武昌称王,年号黄武,国号吴,后称帝,都建业,史称"孙吴"。孙、刘本来是联盟抗曹,但建安二十四年十月,孙权乘关羽北伐之机,派吕蒙偷袭荆州,擒杀关羽,破坏了联盟。孙、曹暂时联合。蜀章武二年(222)刘备为夺回荆州和替关羽报仇,不顾一切地大举伐吴,但在夷陵被火烧连营,惨败于吴将陆逊,退归白帝城(在今重庆奉节东白帝山上)后病死。诸葛亮接受遗命,以丞相兼领益州牧,辅助后主刘禅,立即恢复吴蜀联盟。此后,他"务农殖谷,闭关息民"①,竭力恢复元气。蜀建兴三年,他又兴兵南征,七擒七纵孟获,平定了南中之叛,稳定后方,解除后顾之忧,充实了兵力物力。诸葛亮班师后先移屯江州,休整一年。蜀建兴五年诸葛亮率诸军北驻汉中沔阳屯田积谷,准备全力北伐曹魏。自蜀建兴五年至十二年(227—234)诸葛亮从汉中六次出师(五攻一守),与曹魏激烈争夺关陇地区,史称"六出祁山"。(见图1-9)

一出祁山。临行,诸葛亮给后主刘禅上疏说:"先帝创业未半而中道崩殂,

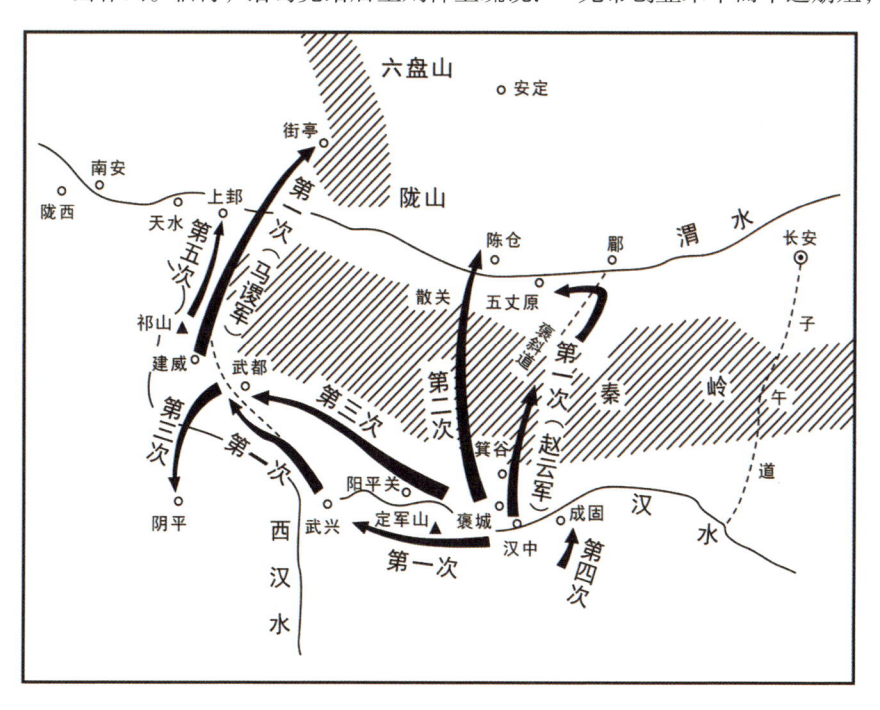

图1-9 孔明六出祁山合图

(引自何兹全、张国安:《魏晋南北朝史》,人民出版社2013年版,第53页)

---

① 《三国志·蜀志》卷三三《后主传》。

今天下三分，益州疲弊，此诚危急存亡之秋也。然侍卫之臣不懈于内，忠志之士忘身于外者，盖追先帝之殊遇，欲报之于陛下也。……臣本布衣，躬耕于南阳，苟全性命于乱世，不求闻达于诸侯。先帝不以臣卑鄙，猥自枉屈，三顾臣于草庐之中，谘臣以当世之事，由是感激，遂许先帝以驱驰。后值倾覆，受任于败军之际，奉命于危难之间，尔来二十有一年矣。先帝知臣谨慎，故临崩寄臣以大事也。受命以来，夙夜忧叹，恐托付不效，以伤先帝之明，故五月渡泸，深入不毛。今南方已定，兵甲已足，当奖率三军，北定中原，庶竭驽钝，攘除奸凶，兴复汉室，还于旧都。此臣所以报先帝，而忠陛下之职分也。"①前面也提到此疏文即传颂千古的《前出师表》。诸葛亮可算是三国时期最出类拔萃、最少争议的政治家兼军事家，除有雄才大略的曹操之外，几乎无人可比。可以说，诸葛亮凭一己才智直接影响了三国鼎立之大势。诸葛亮以谋略见长，其中最具代表性的就是刚出道时的《隆中对》和最成熟时受刘备托孤，成为蜀汉政治军事的决策人，"政事无巨细，咸决于亮"，史称"诸葛亮治蜀"。而诸葛亮治蜀，竭尽全力维持蜀汉政权的最重要决策便是"六出祁山"，从此开启长达数十年的蜀魏争夺关陇的战争。《前出师表》就是诸葛亮的壮志与谋略的宣言。

诸葛亮出师伐魏的目标主要是关陇地区。建安二十四年曹操退出汉中，任命固守关陇的将帅是曹真、张郃等。到诸葛亮出师北伐的蜀建兴五年，曹魏镇守长安的大将是战死汉中的夏侯渊之子夏侯楙。夏侯楙娶曹操之女，又与曹丕关系密切。曹丕建国称帝后，就委派夏侯楙为安西将军，都督关中，镇守长安②。由此而知，蜀汉之汉中都督兼太守魏延治理汉中时期，与之对垒的固守长安的曹魏都督先前是曹真，后来换成夏侯楙。魏延应熟悉夏侯楙。战前诸葛亮在南郑与部下商议出师路线，魏延早有计划，建议说："闻夏侯楙少，主婿也，怯而无谋。今假延精兵五千，负粮五千，直从褒中出，循秦岭而东，当子午而北，不过十日可到长安。楙闻延奄至，必乘船逃走。长安中惟有御史、京兆太守耳，横门邸阁与散民之谷足周食也。比东方相合聚，尚二十许日，而公从斜谷来，

---

① 《三国志·蜀志》卷三五《诸葛亮传》。
② 《三国志·魏志》卷九《曹真传》记曹真"黄初三年（222）还京师……都督中外诸军事"，可知夏侯楙来长安即此时。

必足以达。如此，则一举而咸阳以西可定矣。"①魏延的路线是自率偏师翻越秦岭走子午道直抵长安，而诸葛亮率大军走褒斜道出郿县，两军会师，可一举攻占关中西部。但诸葛亮认为这太冒险，不如西取陇右，再东下争夺关中，可万全保险，便没有采纳魏延之计。以后每次出师，魏延都要重申类似建议，但终不为所用。因此魏延"常谓亮为怯，叹恨己才用之不尽"②。诸葛亮不用魏延之计，主要原因还不在道路的选择上，而是有难言的隐衷：他出师攻魏并非真的要夺取关中，实质是要"以攻为守"。在《前出师表》中，他已清楚地指出"今天下三分，益州疲弊，此诚危急存亡之秋也"。天下形势是魏强蜀弱，如要维持蜀魏抗衡均势，弱蜀需采积极攻势，不能被动防守。以攻为守是迫不得已的策略，此即诸葛亮不用魏延之由。

就在诸葛亮秣马厉兵之际，魏国文帝曹丕去世，明帝曹叡继位。曹叡想先发制人，发兵攻伐汉中，但被散骑常侍孙资劝阻，决定对蜀汉的进攻以逸待劳，据险固守，坐等蜀国兵疲"自罢弊"。③

诸葛亮出师前还曾秘密诱降早在关羽死后就已投归魏国的原蜀国上庸郡守将孟达，想让他里应外合。但孟达刚举事八天，就被都督荆、豫二州军事的司马懿迅速平息。④司马懿平孟达之叛，语在《晋书》卷一《宣帝纪》。司马懿驻屯的宛城（今河南南阳）距上庸郡有"一千二百里"，孟达初估举事后，司马懿最快得一个月才能赶来。万没料到，司马懿"倍道兼行，八日到其城下"，"八道攻之，旬有六日，达甥邓贤、将李辅等开门出降。斩达，传首京师。俘获万余人……又徙孟达余众七千余家于幽州。蜀将姚静、郑他等帅其属七千余人来降"。由此观之，诸葛亮出师前不仅未得到汉中东侧上庸郡孟达过万兵马的遥相呼应，反倒赔进去救援孟达的七千多蜀军。

蜀建兴六年、魏太和二年（228），诸葛亮扬言要出褒斜道攻取关中的郿县，并派赵云、邓芝布置疑兵，进据箕谷（今陕西汉中西北），做出进攻姿态，迷

---

① 《三国志·蜀志》卷四〇《魏延传》注引《魏略》。
② 《三国志·蜀志》卷四〇《魏延传》。
③ 《三国志·魏志》卷一四《刘放传》注引《资别传》。
④ 孟达与法正同乡，都是扶风郡人。孟达墓现在陕西旬阳县东。

惑魏军。魏明帝曹叡也不放心夏侯楙，急忙换帅，派遣大将军曹真重返长安，都督关中诸军，严密把守斜谷北口郿县。但诸葛亮虚晃一枪后，声东击西，亲率十万大军沿西汉水上溯，北击祁山，西攻陇右。①蜀军阵容整齐，号令严明，天水、南安、安定三郡全部都反魏附蜀，响应诸葛亮，"关中响震"。诸葛亮围天水，攻拔郡治冀城，收降魏天水郡参军姜维。②曹叡急派张郃率五万步骑前往陇右御敌，并亲自来到关中督战，坐镇长安。③

诸葛亮此次出兵，把久经战阵的宿将魏延、吴懿等人撂在一边不用，而出人意料地任命他特别赏识的"才器过人，好论军计"的参军马谡为先锋。刘备临终前曾告诫诸葛亮："马谡言过其实，不可大用，君其察之！"但诸葛亮"犹谓不然，以谡为参军，每引见谈论，自昼达夜"。特别是在南中之役中，马谡提出"攻心为上，攻城为下，心战为上，兵战为下"的策略，使诸葛亮南征取得巨大成功，因此他更加信任马谡。④首次伐魏，诸葛亮特意让马谡据守要冲街亭（今甘肃庄浪东南）⑤。但马谡只善于书生论道，纸上谈兵，实战根本不是张郃的对手。当张郃来攻街亭时，马谡违背诸葛亮的调度，也不听裨将王平的规谏，自作聪明地把营垒扎在山上，"依阻南山，不下据城"，结果被张郃切断汲水道路，招致失败，丢了街亭。⑥附近据守列柳城的蜀军高详也被曹魏雍州刺史郭淮击溃。⑦幸亏王平收合诸营徐徐而退，赵云、邓芝及时敛众固守箕谷，蜀军才没有大败。⑧诸葛亮前功尽弃，在攻拔西县（今甘肃天水西南）后，被迫带千余家百姓撤回汉中。陇西三郡又全部被曹军收复。曹真还特别派将军郝昭把守陈仓，

---

① 蜀军应是走汉中通凉州之陆路。
② 《三国志·蜀志》卷三五《诸葛亮传》。
③ 《三国志·魏志》卷三《明帝纪》；《三国志·魏志》卷九《曹真传》。
④ 《三国志·蜀志》卷三九《马谡传》及注引《襄阳记》。
⑤ 据《辞海》历史地理分册该词条。另据《元和郡县图志》卷三九《陇右道上·秦州》载："陇城县，本汉略阳道，属天水郡。……又有街泉亭，蜀将马谡为魏将张郃所败。"其地位于今甘肃天水东北。
⑥ 《三国志·魏志》卷一七《张郃传》。
⑦ 《三国志·魏志》卷二六《郭淮传》。
⑧ 《三国志·蜀志》卷三六《赵云传》；《三国志·蜀志》卷四三《王平传》。

修城驻军，防备诸葛亮以后出陈仓道袭攻陈仓。①

一出祁山失败，诸葛亮痛心疾首，追究战败责任，挥泪斩马谡及将军李盛，并上书刘禅，请求自贬官爵三等。

诸葛亮偏爱马谡还有一层乡亲关系。马谡与其兄马良都曾是襄阳名士。马氏"兄弟五人，并有才名，乡里为之谚曰：'马氏五常，白眉最良。'良眉中有白毛，故以称之"。诸葛亮与马良亲如兄弟，裴松之对此加注："臣松之以为良盖与亮结为兄弟，或相与有亲；亮年长，良故呼亮为尊兄耳。"②可惜马良随刘备东征孙吴时，死于夷陵之战。马良死时36岁，刘备临终前虽升马良之子马秉为骑都尉，但却特别告诫诸葛亮不能重用马谡，显然是深知诸葛亮与马氏兄弟之情谊的。马谡死前留信给诸葛亮，说："明公视谡犹子，谡视明公犹父，愿深惟殛鲧兴禹之义，使平生之交不亏于此，谡虽死无恨于黄壤也。"马谡死时年仅39岁，他本是一个军事理论家，属智囊型人物，并非征战之将。可惜被用错了地方，铸成千古遗恨。蒋琬惜才，曾力图救他，诸葛亮流涕拒之。马谡临刑时，诸葛亮亲自临祭，十万蜀军为之垂涕。③

此后，诸葛亮减兵省将，明罚思过。他在汉中一方面积极屯田，蓄积军粮，一方面厉兵讲武，重整旗鼓。

二出祁山。蜀建兴六年、魏太和二年，曹魏与孙吴发生了战争，魏明帝曹叡命曹休领兵十万南征皖城，又命司马懿、贾逵分路并进。结果，曹军被陆逊击败，被迫抽调关中兵东下增援，关中虚弱。诸葛亮见有机可乘，又给后主刘禅上表，要求二次出师伐魏。他指出，伐魏虽然敌强我弱很不利，但不伐魏，就等于坐以待毙。他以"鞠躬尽力，死而后已"④的话表达了自己的悲壮与忠心。这就是有名的《后出师表》。这年冬天十二月，诸葛亮再出散关，围攻陈仓。⑤曹真派费曜增援陈仓守将郝昭。诸葛亮二次出师，选走陈仓道，早已被曹真所

---

① 《三国志·魏志》卷九《曹真传》。
② 《三国志·蜀志》卷三九《马良传》及裴注。
③ 《三国志·蜀志》卷三九《马谡传》及注引《襄阳记》。
④ 《三国志·蜀志》卷三五《诸葛亮传》及注引《汉晋春秋》。
⑤ 蜀军走的是陈仓道。

料。《三国志·魏志》卷九《曹真传》记："真以亮惩于祁山，后出必从陈仓，乃使将军郝昭、王生守陈仓，治其城。明年春，亮果围陈仓，已有备而不能克。"蜀军围攻陈仓二十多天，战况激烈，未能攻下，粮食已尽，又听说张郃率新援军将到，诸葛亮只得迅速撤兵，[①] 回军途中斩杀了前来追击的魏将王双。诸葛亮二次北征，虽然未走祁山，改走陈仓道，但仍称"二出祁山"。

三出祁山。蜀建兴七年、魏太和三年（229）春，诸葛亮第三次北征，先派陈式攻取武都、阴平二郡。魏雍州刺史郭淮来救时，诸葛亮亲至建威，指挥魏延在阳谿（今甘肃武山西南）大破郭淮、费曜。由于这一胜利，后主刘禅恢复了诸葛亮的丞相职位，魏延也进封南郑侯。[②] 班师后，诸葛亮在汉中成固筑乐城，在沔阳筑汉城，屯驻蜀军主力。乐、汉二城位于南郑东、西二翼，互为犄角。

四守汉中。蜀建兴八年、魏太和四年（230），魏军统帅大司马曹真认为"蜀连出侵边境，宜遂伐之，数道并入，可大克也"，要求反攻汉中。魏臣陈群、华歆、杨阜、王肃全都反对，但明帝曹叡允准，并亲临送曹真，为之壮行。于是魏军兵分数路：曹真率主力在八月从长安出发，翻越秦岭，走子午道南征汉中；司马懿由西城郡走汉水，进至丹口，欲与曹真会师南郑；其他各路曹军也分别从褒斜道、阴平道攻向汉中。诸葛亮把蜀军主力集结在成固赤阪（今陕西洋县东）一带准备抵抗，并令李严从成都带两万人马增援汉中。此时适逢霖雨季节，连下三十多天大雨，山陡路滑，栈道断绝，行军困难。九月，魏军被迫班师退兵。[③]

五出祁山。蜀建兴九年、魏太和五年（231）春，诸葛亮再出祁山，亲自设计"木牛"[④]运粮，率大军围曹将贾嗣、魏平，并联合鲜卑首领轲比能进攻北地郡石城（今宁夏灵武西南）。这时，曹真病重，魏明帝曹叡调驻屯宛城的司马

---

① 司马光编著《资治通鉴》（中华书局1956年版）卷七一魏明帝太和二年对陈仓攻防战有较详记述。先是诸葛亮指挥蜀军起云梯冲车攻城，魏军以火箭射燃云梯，以绳连石磨压折冲车；继而蜀军又在城堑填土直接攀城，魏军在城内再筑重墙抵抗；最后诸葛亮又令蜀军掘地突（地道），魏军又于城内挖沟横截之。如是昼夜相攻守二十余日。
② 《三国志·蜀志》卷三五《诸葛亮传》；《三国志·蜀志》卷四〇《魏延传》。
③ 《三国志·魏志》卷九《曹真传》；《晋书》卷一《宣帝纪》。
④ 一种独轮车，宜用于山路运输，能"日行二十里，而人不大劳"，语见《资治通鉴》卷七二魏明帝太和五年注引《亮集》。

懿从东线到西线督关中，统领张郃、费曜、戴陵、郭淮诸军，西援祁山。①司马懿坚持防御战略，把精兵布置在上邽（今甘肃天水），"敛军依险"，不与蜀军交战。诸葛亮亲自来挑战，并让士兵抢割上邽附近的麦子以为军粮，但司马懿闭营不理。诸葛亮无奈，只得引兵攻向卤城。司马懿也率军跟至卤城，依旧是"登山掘营，不肯战"。魏军将领不解，私下挖苦司马懿"畏蜀如虎，奈天下笑何！"②就这样，双方对峙到六月，诸葛亮粮尽，被迫撤军。司马懿令魏军大将张郃尾随追击，在木门谷（今甘肃天水西南）遭蜀军伏击，张郃中弩而死。③此次是诸葛亮与司马懿互为统帅的首次对阵，挫了魏军士气，又灭名将张郃，算是报了失街亭之仇。

六出祁山。诸葛亮出师北伐，千里运粮，非常不便，屡次因粮尽而退兵。为此，他把主力摆在汉中黄沙（今陕西勉县东南）屯田，息民养士，劝农讲武，并改进木牛，使它速度更快，叫作"流马"④，加紧先期向斜谷口运粮，还专门修建了邸阁（仓库）储粮，供出师之用。蜀建兴十二年、魏青龙二年（234）二月，诸葛亮在精心准备了三年之后，亲率十万蜀军"六出祁山"，走褒斜道北抵关中郿县，四月驻扎于斜谷北口的五丈原。五丈原位于今陕西岐山县南棋盘山和渭水之间，面积约12平方公里。诸葛亮这次出兵，事先与孙吴早有联系。同年五月，孙权亲率十万大军，与陆逊分兵两路向淮南、襄阳伐魏。魏明帝曹叡见蜀、吴两面夹攻，决定亲自东征，抵抗孙权，同时要求司马懿在关中坚壁拒守，不与诸葛亮交战，坐等蜀军粮尽自退。不久，东线孙权退兵，西线司马懿当时指挥关中魏军有二十万，虽然2倍于蜀军，但他还是坚持一贯的策略，只守不战，把主力部署在渭河北岸⑤，与五丈原隔河相望，南北对峙，还派一部魏军渡河到南岸，"背水为垒"⑥。司马懿布营前，曾对诸将说："亮若勇者，当出武

---

① 《晋书》卷一《宣帝纪》，曹叡对司马懿说："西方有事，非君莫可付者。"
② 《三国志·蜀志》卷三五《诸葛亮传》注引《汉晋春秋》。
③ 《三国志·魏志》卷一七《张郃传》注引《魏略》记载，张郃曾说"军法，围城必开出路，归军勿追"。但司马懿不听。
④ 《资治通鉴》卷七二魏明帝青龙二年注引《亮集》，对"流马"有详解。
⑤ 今渭河北岸积雍原上的三刀岭，传为司马懿驻扎帅营之地。
⑥ 《晋书》卷一《宣帝纪》。

功，依山而东。若西上五丈原，则诸军无事矣。"①结果诸葛亮没有出武功（今陕西武功西）依山而东，而是西上五丈原。诸葛亮屯兵五丈原，是有持久打算的。他分蜀军就地屯田种谷。蜀军与渭河附近民众杂居共处，"耕者杂于渭滨居民之间，而百姓安堵，军无私焉"②。雍州刺史郭淮进言，认为诸葛亮"必争北原"，魏军应抢先跨渭布军。司马懿便命郭淮屯守北原。后来诸葛亮果然来攻，被郭淮击退。③（见图1—10）

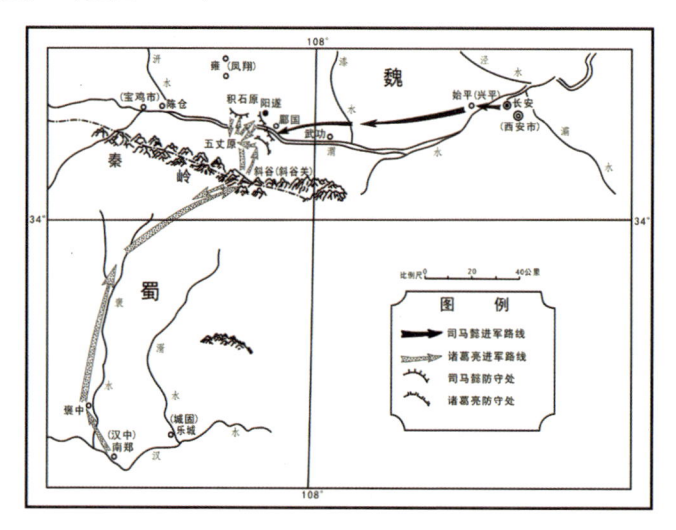

图1—10 魏蜀五丈原之战图

（引自史念海：《河山集》四集，陕西师范大学出版社1991年版，第231页）

尽管准备持久战，诸葛亮劳师远征，还是想方设法寻找机会，能尽早与魏军大战一场，决一雌雄。但司马懿十分沉着，按兵不动，想以逸待劳，拖垮蜀军。为了防止手下将士泄气，他故意一再向朝廷上表请战。魏明帝不明真相，急忙派卫尉辛毗持节来关中阻止出战，还派秦朗领两万步骑增援司马懿。蜀将姜维对诸葛亮说："辛佐治仗节而到，贼不复出矣。"诸葛亮看透了司马懿，说："彼本无战情，所以固请战者，以示武于其众耳。将在军，君命有所

---

① 《三国志·蜀志》卷三五《诸葛亮传》及注引《汉晋春秋》；《晋书》卷一《宣帝纪》。
② 《三国志·蜀志》卷三五《诸葛亮传》。
③ 《三国志·魏志》卷二六《郭淮传》。

不受，苟能制吾，岂千里而请战邪！"①诸葛亮千方百计挑战，甚至把女人的服饰送给司马懿，想激怒他，但司马懿不顾贻笑天下之耻，死不出战。双方对峙长达一百多天。

诸葛亮焦急万分，饭量日减，夜不能寐，后来竟"忧恚呕血"。但为防止军心涣散，他还是事必躬亲，凡杖责二十以上的刑罚，都要亲自处理。司马懿闻讯后说："亮将死矣。"②果然，就在这一年八月，诸葛亮终因积劳成疾，病死于五丈原前线郭氏坞③，时年54岁。（见图1-11）死前遗命依山为坟，归葬汉中定军山，蜀军按诸葛亮事先安排，秘不发丧，有条不紊地撤退。司马懿率军追击，姜维命杨仪指挥后军严密布阵，挥旗鸣鼓，摆出回马反击的样子。司马懿不敢再追，于是蜀军安然退入斜谷，回师汉中。后来有人将真相告诉司马懿，他仔细察看蜀军营地及行迹，佩服地赞叹诸葛亮："天下奇才也！"此事在关中百姓中流传为佳谚："死诸葛走生仲达（司马懿号仲达）。"④

图1-11　岐山五丈原诸葛亮庙
（李向群摄）

---

①《三国志·蜀志》卷三五《诸葛亮传》及注引《汉晋春秋》；《晋书》卷一《宣帝纪》。
②《三国志·蜀志》卷三五《诸葛亮传》及注引《汉晋春秋》《魏氏春秋》《魏书》。
③《三国志·蜀志》卷三五《诸葛亮传》注引《汉晋春秋》："亮卒于郭氏坞。"
④《三国志·蜀志》卷三五《诸葛亮传》及注引《汉晋春秋》；《晋书》卷一《宣帝纪》。

诸葛亮六出祁山，五次进攻，一次防御，始终能指挥若定，在战争中一直处于主动，表现了卓越的军事才能。但"六出祁山"就与曹魏争夺关陇而言是失败了。为什么失败呢？其一，诸葛亮力图宣扬"兴复汉室，还于旧都"，其政治目的大于军事目的，实质上为的是凝聚民心，并非真要攻城夺地。按诸葛亮早年的《隆中对》设计的方针是，占有荆、益二州，一旦天下有变，可从荆、益两路出兵北伐，形成夹击之势。但关羽失荆州后，刘备的天下已削一半，诸葛亮"霸业可成，汉室可兴"的壮志早已是泡影。他是勉为其难，跛足而行。其二，诸葛亮频频出师，进得快也退得快，表明他是以攻为守。蜀、魏两国力量悬殊，蜀国只有九十四万人口，十万士兵，而魏国却有四百四十万人口，六十万士兵，仅在关陇对蜀作战的就有二十万人马。蜀国实力太弱，与其坐以待毙，不如先发制人，以攻为守，力战求存。这一点，正如《后出师表》中所说："以先帝之明，量臣之才，故知臣伐贼才弱敌强也；然不伐贼，王业亦亡，惟坐待亡，孰与伐之？"① 为求得蜀汉政权的延续，就必须不断出兵伐魏。所以诸葛亮在他一生最后的七年中，六出祁山。但是，知其不可而为之，毕竟难以成功，唯有"鞠躬尽力，死而后已"。诸葛亮这些苦衷，魏延当年是不能理解的，他要真攻，诸葛亮要虚攻，有关出师路线与目标的考虑当然不同。可惜魏延至死不悟。当诸葛亮死后，蜀军撤退之际，魏延说："丞相虽亡，吾自见在。……吾自当率诸军击贼，云何以一人死废天下之事邪？"他拒绝接受蜀军长史杨仪节度，坚决反对撤军。后见无法制止，便率部抢先南归，烧绝褒斜谷栈道，还据守南谷口，阻击杨仪。但部众不愿自相残杀，结果魏延兵败逃往汉中，被蜀将马岱追斩。② 其实，魏延并非真反，他是要杀杨仪自代，领蜀军继续与魏争战。与魏延相反，倒是魏国的孙资、司马懿等有识之士看透了诸葛亮的心机，拿定主意对蜀采取战略防御，据险固守。因此，虽然诸葛亮连年攻击关陇，但曹魏对关陇特别是关中的控制是相当牢固的。其三，曹魏不仅在关中部署重兵，而且大搞屯田，努力振兴关中。如曹叡时，派司马孚迁"冀州农丁五千屯于上邽，秋冬习战阵，

---

① 《三国志·蜀志》卷三五《诸葛亮传》及注引《汉晋春秋》。
② 《三国志·蜀志》卷四〇《魏延传》。

春夏修田桑。由是关中军国有余"①。又如魏青龙元年（233），"开成国渠自陈仓至槐里；筑临晋陂，引汧洛溉舄卤之地三千余顷，国以充实"②。再如颜斐为京兆太守时，在长安"令属县整阡陌，树桑果"，并教民作车，令民养猪狗，卖以买牛，"一二年间，家家有丁车、大牛"。③司马懿督长安后，还曾"运长安粟五百万斛输于京师"救灾。④这也是诸葛亮不能夺取关中的原因之一。

后人多对诸葛亮未获成功而遗憾，也深为他的献身精神所感动。杜甫的名句"出师未捷身先死，长使英雄泪满襟"，就表达了这种心态。现在关中岐山县五丈原建有诸葛亮庙，内有宋代名将岳飞书写的前、后《出师表》石刻40方。在汉中勉县建有武侯祠，从杜甫的《夔州歌》中可知，唐朝时这里已是名胜之地。定军山下还有武侯墓。诸葛亮与汉中和关中结下了不解之缘。（见图1-12）

图1-12　汉中勉县武侯祠

（李向群摄）

① 《晋书》卷三七《司马孚传》。
② 《晋书》卷二六《食货志》。曹魏开成国渠恰在司马懿督关中两年后告竣。
③ 《三国志·魏志》卷一六《仓慈传》注引《魏略》。
④ 《晋书》卷一《宣帝纪》。

二、蜀魏战争的平缓期与司马懿走向专权

魏、蜀、吴三国之中，蜀汉实力最小，之所以能形成鼎立局面，是与诸葛亮苦心经营分不开的。诸葛亮死后，无人能取代他，当权的蒋琬、费祎等人只能遵循诸葛亮成规，勉强维持，而无力进取，所以蜀汉不可避免地走向衰落。与此同时，曹魏内部也有很大变化，曹氏大权旁落，而野心勃勃的司马懿乘机崛起，逐渐形成专权。从诸葛亮病死的蜀建兴十二年到司马懿发动政变灭曹爽的魏嘉平元年（249），这十五年间是蜀魏战争平缓期，双方只打了三次小仗。

诸葛亮的接班人是蒋琬，鉴于诸葛亮屡次北伐都无功而返，蒋琬自知远不如诸葛亮，所以执政十二年期间从未北攻关陇。蜀延熙元年，时任大将军、尚书令领益州刺史的蒋琬受刘禅诏命，"总帅诸军屯住汉中"。刘禅用意非常明显，是要求蒋琬不能丢开复兴汉室这一自身赖以存在的根基，沿袭诸葛亮以攻为守的国策，仿效诸葛亮寻机北伐。蒋琬自此率主力亲屯汉中，历时六年，长期备战。但他认为诸葛亮六出祁山，"道险运艰，竟不能克"，"不若乘水东下"，"乃多作舟船"，欲由汉水、沔水袭魏兴（即原东三郡之一的西城郡，今陕西安康西北）、上庸（原东三郡之一）。①蒋琬打算弃攻关陇，改为东征。这非同小可，引起群臣不安与反对，"众论咸谓如不克捷，还路甚难"，因汉水浅急，难以撤还，"非长策也"。于是刘禅遣费祎、姜维到汉中进行阻止。蒋琬无奈，虽造舟船却未能出师。他被迫恢复北伐之策，上疏建议任命诸葛亮器重的、出自天水的名士姜维为凉州刺史②，相机谋攻陇右，自己率主力改屯驻涪，以利策应。蜀延熙六年（243）蒋琬将主力撤离汉中，还驻涪。可惜三年后病亡。③

这时曹魏内部矛盾非常尖锐。魏正始元年（240），明帝曹叡死，蜀将姜维乘机袭攻陇右，但被魏雍州刺史郭淮击退。郭淮迁徙凉州氐人三千余家以充实

---

① 《三国志·蜀志》卷四四《蒋琬传》。
② 《三国志·蜀志》卷四四《姜维传》记载：姜维"天水冀人也"，"好郑氏学"，其父姜同昔为天水郡功曹，战死于羌戎之叛，"赐维官中郎"。诸葛亮一出祁山，收降姜维，称赞其为"凉州上士也"，"姜伯约甚敏于军事，既有胆义，深解兵意"，晋为将军，加封列侯。此时，姜维才27岁。
③ 《三国志·蜀志》卷四四《蒋琬传》。

关中。凉州休屠（匈奴）胡梁元碧领本族两千余家依附郭淮，被安置在安定郡的高平（今宁夏固原）。[①] 曹叡临终遗命司马懿与大将军曹爽共同辅佐齐王曹芳为帝。司马懿由太尉进位太傅，子弟十一人全封为列侯，权势煊赫。[②] 司马懿早在十三年前，就曾与曹爽的父亲曹真等同为顾命大臣，辅佐刚即位的曹叡。在辅佐曹叡期间，司马懿曾都督荆、豫二州和雍、梁二州军事，西拒诸葛亮，东灭公孙渊，军功赫赫，根底极深，因此曹爽远不是老成练达的司马懿的竞争对手。曹爽的谋士李胜、邓飏（东汉开国元勋邓禹之后）等人便劝曹爽出兵讨伐虚弱的蜀国，想通过军事胜利，提高威望，压倒司马懿。于是，魏正始五年、蜀延熙七年，曹爽亲率六七万大军，西入长安，从骆谷进攻汉中。这条道路非常艰险。当时关中民及氐、羌人多被征发随军运输，牛马骡驴大量累死，民夫号泣于路。汉中蜀军三万在王平指挥下，屯据兴势山（今陕西洋县北）抵抗。时任尚书令的费祎亲督诸军自成都迅速驰援。曹爽见山势险峻，蜀军有备，方知不易取胜，在参军杨伟劝告下退军，被费祎截杀一阵，损兵折将而归。费祎因功封侯，代蒋琬兼领益州刺史，成为蒋琬的继任者。[③]

魏正始八年、蜀延熙十年（247），陇西、南安、金城、西平诸羌联合叛魏，南请蜀兵。蜀将姜维以凉州刺史身份领兵前往援助，驻扎繁县（今四川新都西北）。延熙十一年，费祎也从成都率主力出屯汉中。魏将夏侯霸（夏侯渊中子）督魏军进讨，屯驻为翅。当姜维来攻时，魏雍州刺史郭淮的援军也赶到了，击退蜀军，平定羌人饿何、烧戈部落，收降万户。以后姜维留阴平太守廖化在成重山筑城据守，自出石营，西进策应西海、石头山一带的羌胡。郭淮定计，自攻廖化，迫使姜维回救，魏军遂定凉州。郭淮升为征西将军，都督雍、凉二州军事。[④] 此后蜀延熙十四年（251），费祎带主力从汉中还成都。[⑤]

魏嘉平元年，司马懿发动政变，一网打尽曹爽及其党羽，控制朝政。司马懿能在与曹氏皇族集团斗争中胜出，走向专权，绝非偶然。他在蜀魏争夺关陇

---

① 《三国志·魏志》卷二六《郭淮传》。
② 《晋书》卷一《宣帝纪》。
③ 《三国志·魏志》卷九《曹爽传》；《三国志·蜀志》卷四四《费祎传》。
④ 《三国志·魏志》卷二六《郭淮传》。
⑤ 《三国志·蜀志》卷四四《费祎传》。

的战争中击败诸葛亮，赢得了重大政治资本以及军事大权，势力扶摇直上，无人能阻挡。司马氏与曹氏之争不仅是统治集团内部的争权夺利，还有着更深层的社会原因及由来，对蜀魏后期战争影响深远，有必要概述和分析如下。

司马懿字仲达，河内温县（今河南温县）孝敬里人，家族自东汉以来，世居高官，高祖司马钧任征西将军，曾祖司马量任豫章太守，祖父司马儁任颍川太守，父司马防曾任京兆尹，荐举少时的曹操为洛阳北部尉，有恩于曹操。司马懿"少有奇节，聪朗多大略，博学洽闻，伏膺儒教。汉末大乱，常慨然有忧天下之心"。东汉时期各地兴起世家豪族，且多为儒家名士，累世高官厚爵。曾与曹操争天下的袁绍、袁术，出自河南汝阳名门，"四世三公"，"门生故吏遍于天下"。一直顺从曹操的杨彪（名士杨修之父），出自弘农华阴望族，也是"四世三公"，祖上是东汉名臣杨震。司马氏与袁氏、杨氏同属地方世家豪族、儒门名宦。他们与曹操出身于汉末专权的宦官家族完全不同，是对立的两大政治势力集团。司马懿是看不起曹操的。建安六年（201），曹操已经挟天子以令诸侯，且刚在官渡之战击败袁绍不久，名震天下，慕名要征辟司马懿。当时司马懿才24岁，但"不欲屈节曹氏"，托病不就。以后曹操高居丞相，第二次征辟他，并以"收之"相要挟，司马懿才被迫出仕。[①]

从后来看，司马懿为人深沉隐忍，多权谋，慨有大志，但终曹操之世，并未得到重用。这与他不敬曹操有关。曹操也猜忌他，不甚喜爱。但曹丕与司马懿志趣相投，结为密友。曹丕身边有"四友"，司马懿即为其一。曹丕称帝后，司马懿晋升为御史中丞，黄初二年（221）再升为侍中、尚书右仆射，参与朝政机要。

黄初五年（224），魏文帝曹丕亲征孙吴，以司马懿留镇许昌，"内镇百姓，外供军资"。临行，诏曰："吾深以后事为念，故以委卿。"[②] 黄初七年（226），曹丕病危，遗诏曹真（曹操族子）、曹休（曹操族子）、陈群（曹丕"四友"之一）和司马懿四人辅佐嗣主曹叡。司马懿凭与曹丕的关系和自身才干，已与战功显赫的宗室重臣曹真、曹休平起平坐。

---

① 《晋书》卷一《宣帝纪》。
② 《晋书》卷一《宣帝纪》。

魏明帝曹叡受曹丕影响，同样重用司马懿。即位当年，太和元年（227）授司马懿以东线军事指挥大权，都督荆、豫二州诸军事，领重兵出屯宛。司马懿获得军权，有了大显身手的机会。曹叡在位十三年期间，即太和元年至景初三年（239），司马懿凭借军权干了三件大事。

第一件大事是在诸葛亮二出祁山的前夕（魏太和元年、蜀建兴五年），以迅雷不及掩耳之势，不待曹叡诏下，率军八天奔袭1200里，力战平息孟达的叛乱，消除了诸葛亮欲东、西两线夹击曹魏之威胁。[①]

第二件大事是诸葛亮五出祁山时（魏太和五年、蜀建兴九年），大将军曹真病重，曹叡急召东线的司马懿赶赴西线，督统关中诸将抵抗诸葛亮北伐。自此，司马懿都督荆、豫、雍、凉四州军事，东、西两线军权尽在掌中。直到三年后（魏青龙二年、蜀建兴十二年），诸葛亮六出祁山，司马懿亲率魏军二十万，在关中五丈原与诸葛亮十万蜀军相峙百日，拖死了诸葛亮，立下盖世军功。[②]次年，即魏青龙三年（235），司马懿因功晋升太尉（三公之一，主管军事），从长安调回京师洛阳。

第三件大事是在魏景初二年（238），司马懿奉诏出兵灭辽东太守公孙渊的叛乱。公孙渊自祖父公孙度起，三世盘踞辽东，是根深蒂固的地方势力。他明受曹魏官职爵位，但又暗通孙吴。曹叡为防他，在景初元年（237）遣幽州刺史毌丘俭携玺书征其来洛阳任职。公孙渊抗旨遂反，自立为燕王，署置百官，拥兵数万，割据辽东。司马懿以太尉职奉诏在次年春带兵四万人马，从洛阳出师平叛。六月军至辽东，在襄平西首山击溃叛军，进围郡治襄平城。公孙渊顽强抵抗至粮尽，二度请降遭拒，突围败死于梁水之上。司马懿屠襄平城，"男子年十五已上七千余人皆杀之"，伪公卿、将军以下两千余人皆伏诛，"收户四万，口三十余万"。[③]至此，司马懿军功无人可比。

景初二年十二月，司马懿还在班师途中，曹叡病危，初欲传位燕王宇，引

---

① 详见本章第四节第一目。
② 详见本章第四节第一目。
③ 《三国志·魏志》卷八《公孙渊传》；《晋书》卷一《宣帝纪》；《资治通鉴》卷七四魏明帝景初元年、景初二年。

起激烈内争，急诏尚在汲（今河南卫辉西）的司马懿入朝。景初三年春正月，司马懿赶回洛阳，入见曹叡。曹叡执其手说："以后事相托。死乃复可忍，吾忍死待君，得相见，无所复恨矣。"司马懿以太尉与大将军曹爽并受遗诏辅少主齐王芳。齐王即位后，同时加曹爽和司马懿为侍中、都督中外诸军事。二人平起平坐，同掌最高军权，"各统兵三千人，共执朝政，更直殿中，乘舆入殿"。曹爽年轻，以司马懿"年德并高，恒父事之，不敢专行"。① 但曹爽与司马懿终难相容共处。胡三省在《资治通鉴》卷七四注中评说："或问使爽能守此而不变，可以免魏室之祸否？曰：猫鼠不可以同穴，使爽能率此而行之，亦终为懿所啖食耳。"

曹爽亲信何晏（东汉一度专权的外戚、大将军何进之孙）、丁谧（父丁斐曾在曹操时期任典军校尉，总摄内外）等曾出主意，将司马懿官职从太尉转升太傅，想架空之。但老谋深算的司马懿死守军权不放，齐王芳只能认可，诏书："其以太尉为太傅，持节统兵都督诸军事如故。"②

从齐王芳即位的正始元年到正始八年，司马懿与曹爽同为辅政、同掌最高军权，旗鼓相当。但二人明争暗斗，表现各异，矛盾也日渐加深。

正始二年（241），孙吴三路来犯，"寇芍陂""围樊城""掠柤中"。司马懿主动请命，督诸军南征，击退吴军，"斩获万余人，收其舟船军资而还"，加封万户，子弟十一人皆为列侯。正始四年（243），孙吴派诸葛恪屯皖，"边鄙苦之"。司马懿再次督军南征，击溃诸葛恪。同时，司马懿"以灭贼之要，在于积谷，乃大兴屯守，广开淮阳、百尺二渠，又修诸陂于颍之南北，万余顷。自是淮北仓庾相望，寿阳至于京师，农官屯兵连属焉"。③

没有尺寸之功、仅靠父荫的曹爽眼红，也想建功立业。正始五年，不顾君臣反对，一意孤行，贸然伐蜀，"西至长安，大发卒六七万人，从骆谷入。是时，关中及氐、羌转输不能供，牛马骡驴多死，民夷号泣道路。入谷行数百里，

---

① 《晋书》卷一《宣帝纪》；《三国志·魏志》卷九《曹爽传》；《资治通鉴》卷七四魏明帝景初三年。
② 《三国志·魏志》卷四《齐王纪》。
③ 《晋书》卷一《宣帝纪》。

贼因山为固，兵不得进"。结果劳民伤财，无功而返。① 正始六年（245），曹爽在洛阳"毁中垒中坚营，以兵属其弟中领军羲"，"中领军"即禁军统帅。正始七年（246），孙吴再次来犯，"寇柤中"。曹爽想抢功，不听司马懿劝阻，盲目指挥，招致兵败，"所失万计"。正始八年，"曹爽用何晏、邓飏、丁谧之谋，迁太后于永宁宫，专擅朝政，兄弟并典禁兵，多树亲党，屡改制度"，"时人为之谣曰：'何、邓、丁，乱京城。'"司马懿不能禁止，便以退为进，"称疾不与政事"。②

曹爽心存猜疑，派亲信河南尹李胜以外放荆州刺史欲辞行为由，登门探视。司马懿诈装重病，粥不能入口，故意口误，还对李胜言："年老枕疾，死在旦夕……以子师、昭兄弟为托。"李胜信以为真，退告曹爽："司马公尸居余气，形神已离，不足虑矣。"还断定："太傅不可复济，令人怆然。""故爽等不复设备"，而司马懿则"密为之备"。③两派矛盾已势同水火，终于引发司马懿政变，一举消灭政敌。

正始十年（249，同年四月改元嘉平元年），魏帝齐王芳要谒位于洛阳城南90里的高平陵（曹叡之陵），曹爽及其弟曹羲、曹训（二人均掌禁军）等全都随驾出城。早已有备、正伺机而动的司马懿抓住机会，立即在城内发动政变，假借皇太后之名关闭城门，抢夺武库，派亲信司徒高柔占据曹爽的大将军营，太仆王观占据曹羲的中领军营。司马懿亲自带太尉蒋济领兵出城屯洛水浮桥，守住要津。然后，上奏齐王芳，数曹爽乱政之罪。

曹爽进退失措，留齐王芳宿伊水南，发洛阳外围屯田兵数千宿卫。当时有声望的大司农桓范是曹爽同乡，拒绝司马懿拉拢，只身出城奔曹爽，劝曹爽兄弟奉齐王芳奔许昌，发四方兵护驾，对抗司马懿。但曹爽不应，派尚书陈泰（曹丕"四友"之一、曹叡四辅政之一陈群之子）和侍中许允回城探风。司马懿连夜见陈、许二人，反遣二人去劝曹爽归罪，又派曹爽亲信殿中校尉尹大目去告诉曹爽，司马懿只是要曹爽免官而已，还指洛水为誓。

① 《三国志·魏志》卷九《曹爽传》。
② 《晋书》卷一《宣帝纪》。
③ 《三国志·魏志》卷九《曹爽传》及注引《魏末传》；《晋书》卷一《宣帝纪》。

经过一夜犹豫，曹爽最后决定放弃抵抗，投刀于地说："司马公正当欲夺吾权耳。吾得以侯还第，不失为富家翁。"于是把司马懿奏章呈报齐王芳，请求免官回家，奉帝还宫。但四天后，司马懿背弃誓言，下令逮捕曹爽兄弟及亲信党羽何晏、丁谧、邓飏、李胜、桓范等，以大逆不道罪，夷三族，"同日斩戮，名士减半"。①

政敌一网打尽，司马懿走向专权。这对以后的魏蜀战争和历史走向产生重大影响。从司马昭治兵关中到灭蜀之役，终至魏晋递嬗和三家归晋，甚至再以后的西晋门阀士族和东晋的门阀政治都与此密切相关。如果说，曹操专权导致以魏代汉和三国时代的开启，那么，司马懿专权最终导致以晋代魏和三国时代的终结。

曹爽与司马懿之争，过去不少史家认为是庶族地主与世族地主的斗争。这并不确切。两派背后都有着世族豪门势力。只不过，曹爽代表魏国宗室皇族和京城贵胄名宦子弟，靠荫庇掌权，多为第二、三代，已失父祖驰骋战阵的军功特征。而司马懿代表世族中在对蜀、对吴战争中新崛起的军功集团，累建战功，名声日隆。唯其如此，更看重军功的司马懿也会重用少数有才干的寒族，如出身低贱的邓艾，在后期魏蜀战争和灭蜀之役，大显身手，成传世名将。

何兹全在其新著《三国史》中，对曹氏与司马氏之争有深入探讨。他先引陈寅恪精辟论述："东汉中晚之世，其统治阶级可分为两类人群。一为内迁之阉官，一为外廷之士大夫。阉官之出身大抵为非儒家之寒族……主要之士大夫，其出身则大抵为地方豪族。""魏为东汉内廷阉官阶级之代表，晋则外廷士大夫阶级之代表。故魏晋之兴亡递嬗乃东汉晚年两统治阶级之竞争胜败问题。""而司马仲达，其年少于孟德二十四岁，又后死三十一年，乘曹氏子孙孱弱昏庸之际，以垂死之年，奋起一击，二子师、昭承其遗业，终于颠覆魏鼎，取而代之，尽复东汉时代士大夫阶级统治全盛之局。"又引自己 20 世

---

① 《三国志·魏志》卷九《曹爽传》及注引《魏氏春秋》；《三国志·魏志》卷二八《王凌传》注引《汉晋春秋》；《晋书》卷一《宣帝纪》；《资治通鉴》卷七五邵陵厉公嘉平元年。以上参阅何兹全：《三国史》，人民出版社 2011 年版，第 194—207 页。

纪50年代之论述:"自东汉以来,和中央皇权势力相对抗的地方豪强势力兴起,这个地方豪强势力在经济上社会上有强大的巩固的基础。黄巾起义失败,东汉帝国瓦解后,豪强势力更为发展。""曹操的家世是属于宦官系统的,这一系统从东汉以来是中央皇权的依附物,是站在皇权一边和世家豪族对立的。""在曹魏中央集权政策的控制下,这些地方势力的世家豪族虽然不敢公开反抗,但对集权蕴藏着不满。""司马氏对曹氏的政权争夺,正是代表着世家豪族对集权政治的反抗。""曹氏司马氏的斗争,是集权和分权的斗争,是专制政体和世家豪族的斗争。"最后,讲自己现在的新见解,"而我现在又觉得……司马氏正是代表儒家、世家豪族"。"司马氏夺权是深得尚不得势的儒者和世家豪族的支持的。"何兹全对曹氏与司马氏之争加上了儒家与非儒家的斗争色彩。非儒家主要指京城贵胄子弟中的浮华之士,所谓"四聪""八达""三豫"等。魏明帝曹叡对之深恶痛绝,"以构长浮华,皆免官废锢"。但明帝时被贬抑的浮华之士,曹爽主政以后都上了台,何晏、夏侯玄、邓飏等即其代表人物。这批浮华派团聚在曹爽周围,已"合党连群",均居高位,和出身地方豪族兼儒学世家的司马懿集团形成对立。[①]

经过三代演变,魏国上层一批京城浮华贵胄凭借父祖之荫庇,奉曹爽为首,依仗皇权,甚少军功,年少而高官厚禄。而司马懿集团既讲世家出身,也论军功才干,特别强调新军功。所以,重新看曹爽与司马懿之争,在儒与非儒之下,也有明显的军功与非军功争权的内涵,以及新老军功世族的权力争夺。可以说,以曹爽为代表的魏国皇族宗室和世族豪门中的非儒非军功之浮华派,败给了以司马懿为代表的世族豪门中的尊儒贵学之军功派。此后,曹氏集团残余势力虽屡有反抗,但已无力回天,以至"司马昭之心,路人所知也"。

三、司马昭三次治兵关中与伐蜀之役

司马懿政变,虽然消灭了最大政敌曹爽集团,控制朝政,但朝中和地方还有不少亲曹势力,不断反抗司马氏。政变之后当年,魏嘉平元年,曹爽亲信、驻屯陇西的魏军大将夏侯霸不顾与蜀有杀父之仇,"南趋阴平"反叛降蜀。时

---

① 何兹全:《三国史》,人民出版社2011年版,第200—201、209—210页。

任蜀凉州刺史的姜维喜出望外，问夏侯霸："司马懿既得彼权，当复有征伐之志不？"霸曰："彼方营立家门，未遑外事。"①姜维以为有机可乘，出兵进攻陇西，煽动凉州羌胡再叛，并派李歆、句安二将依麴山（今甘肃岷县东南）修筑二城屯兵据守。司马懿派子司马昭以安西将军身份，持节镇守关中，统率关陇曹军。司马昭进据长安，指挥征西将军郭淮与新任雍州刺史陈泰从长安赴陇西抗击姜维，自己领兵控制傥骆道，欲断蜀军退路。这是司马昭"治兵关中"之始。郭淮与陈泰合谋定计，先由陈泰率徐质、邓艾诸将围攻麴山二城，切断粮道及城外水源，诱使姜维来救，然后由郭淮率主力在洮水布阵，截其退路，形成围歼之势。姜维畏惧，迅速撤兵。李歆、句安被迫投降。不久，司马昭调镇许昌，郭淮又病死，陈泰升代理征西将军，统领关陇曹军。②

魏嘉平二年（250）姜维扰攻陇西。姜维熟悉陇右风俗民情，总想策动羌胡反叛曹魏，认为蜀国控制陇右不难，所以屡屡出兵侵扰。但主政的费祎认为诸葛亮尚且无功，姜维就更不行，经常"裁制不从"，给姜维的人马不过万人。魏嘉平五年、蜀延熙十六年费祎遇刺而死，兵权归了姜维，他得以遂志，便调动数万人马，大规模征西，出石营，经董亭（今甘肃武山南），围南安，并扬言攻狄道（今甘肃临洮）。③自此，蜀魏战争又进入频繁期。以后九年之间，姜维六次北伐关陇。在这之前，魏国司马懿病死，长子司马师继续执政。司马师此时看到关陇军事紧张，便派弟弟司马昭再赴长安，二次"治兵关中"。魏代理征西将军陈泰要求先保狄道，但司马昭看出姜维意在骚扰，不在攻城，所以胸有成竹，指挥若定，并不急于保卫狄道城，而是派陈泰以全部关中兵马至洛门（今甘肃武山东），先解南安之围。姜维果然粮尽而退。司马昭这才亲自攻击新平（今陕西彬州）叛乱的羌胡，大破之。继而又耀兵灵州（今宁夏灵武北），迫使"叛者悉降"，牢牢地控制了关陇，因功复封新城乡侯。④

司马师以长子参与司马懿的正始政变，出力甚大。司马懿死后，司马师升

---

① 《三国志·魏志》卷九《夏侯渊传》及注引《魏略》；《三国志·魏志》卷二八《钟会传》注引《汉晋春秋》。
② 《晋书》卷二《文帝纪》；《三国志·魏志》卷二二《陈泰传》。
③ 《三国志·蜀志》卷四四《姜维传》及注引《汉晋春秋》。
④ 《晋书》卷二《文帝纪》。

任大将军，都督中外诸军事，拥有最高兵权，继续独断朝纲，引发皇亲中书令李丰、大将军夏侯玄（其父夏侯尚乃夏侯渊从子，其母为曹爽姑母）合谋反抗。嘉平六年（254），司马师抢先下手，在朝中诛杀李丰、夏侯玄及党羽，进而追究魏帝齐王芳，上演废帝立曹丕之孙曹髦（即高贵乡公）为新帝的大戏，改元正元元年（254）。司马昭参与定策，返回洛阳。姜维乘机二出陇西，进围襄武，打败魏将徐质。守狄道的魏将李简投降。姜维带走狄道、临洮、河关三县民退军。

正元二年（255）正月，李丰、夏侯玄密友镇东大将军毌丘俭、曹爽同乡扬州刺史文钦联手起事，拥兵六万讨伐司马师。司马昭留镇洛阳，司马师亲率十万大军南征平叛，力战诛灭毌丘俭。文钦兵败降吴。此战，司马懿一手提拔起来的亲信、兖州刺史邓艾将兵万人，出援司马师，显露头角，后在关陇屡建战功，终在伐蜀之役中立下盖世奇勋。司马师二月班师，因病死于途中许昌。留镇洛阳、手握重兵的司马昭升为大将军，接掌朝政，而且权势更超过父兄。[①]

姜维乘曹魏内乱，率数万兵与魏降将夏侯霸三出陇右，至枹罕，在洮西击败魏雍州刺史王经，进围狄道城，魏军损失万计。这一仗姜维破王经数万兵，蜀国空前大胜。刚因功晋封方城乡侯、从东线调到西线的"行安西将军"、参与解救王经的邓艾就说："洮西之败，非小失也；破军杀将，仓廪空虚，百姓流离，几于危亡。"[②] 此时关中魏军统帅是征西将军陈泰。他指挥邓艾、胡奋、王祕诸将从陈仓星夜驰救，翻越高城岭，疾速赶到狄道城外山上，大出姜维所料。陈泰连夜举烽火，鸣鼓角，发起攻击，解狄道之围，逼姜维退驻钟题。继而陈泰、邓艾屯防上邽。[③] 次年，蜀延熙十九年（256），姜维晋封大将军，四出陇右再攻祁山。邓艾早已有备，据守武城山（今甘肃武山西南），击败姜维。姜维渡渭东行，又攻上邽，邓艾迅速截击。因蜀将胡济失期不至，姜维独与邓艾战于段谷（今甘肃天水东南）。蜀军大败，姜维上书引咎降职，自求贬罚。司马昭

[①]《晋书》卷二《景帝纪》；《晋书》卷二《文帝纪》；《三国志·魏志》卷四《齐王纪》；《三国志·魏志》卷九《夏侯玄传》、卷二八《毌丘俭传》。

[②]《三国志·魏志》卷二八《邓艾传》。

[③]《三国志·魏志》卷二二《陈泰传》；《资治通鉴》卷七六高贵乡公正元二年。

嘉奖陈泰"沉勇能断""必能办贼",嘉奖邓艾"筹画有方,忠勇奋发"。[①]

魏甘露二年(257)吴国攻魏,司马昭把他器重的陈泰从关中调往淮北迎敌。魏征东大将军诸葛诞乘机在淮南反叛,司马昭又亲率大军征讨,并抽调关中兵东下。

诸葛诞反叛有明显的联吴、联蜀,内外勾结,三方合力讨伐司马氏之意。起事后,诸葛诞立即派长史吴纲赴吴国称臣请援。此时,原吴军统帅、诸葛诞的族侄诸葛恪已死,但吴国仍愿出兵支援,封诸葛诞为吴国大司徒、青州牧、寿春(今安徽寿县)侯,派三万吴军及先前降吴的文钦等将进入寿春,助诸葛诞守城,以后还增派大都督朱异率兵三万进屯安丰(今安徽霍邱西南),以为后援。蜀国姜维也有大动作,破天荒出兵骆谷,直扑关中,遥相呼应。三方如此默契,鼎力配合,是有原因的。诸葛诞是汉司隶校尉诸葛丰之后,与诸葛亮、诸葛瑾同族,论辈分,是诸葛亮、诸葛瑾的族弟,曾在洛阳任过魏国御史中丞、尚书等职,与夏侯玄、邓飏等贵胄"相善",同为浮华派,曹爽专权时,出任扬州刺史等职,始有兵权。但以后毌丘俭、文钦造反,时为都督豫州军事的镇南将军诸葛诞却投向司马氏,带兵参与围攻毌丘俭,做了投机分子,得以复任都督扬州诸军事的镇东将军,不久,转任负责淮南全部军事的征东大将军,驻屯寿春。

诸葛氏家族很有意思,三国分立,其家族也三分,三个族兄弟诸葛亮仕蜀、诸葛瑾仕吴、诸葛诞仕魏,且均居高位。诸葛亮为蜀相,诸葛瑾为吴之重臣,其长子诸葛恪为吴国大将军(吴军统帅)。当诸葛恪率吴军北攻淮南时,正处前线的诸葛诞还曾督魏军迎战。族叔侄大战一番,诸葛诞败北受责,丢了镇东将军职,与毌丘俭职位对调。诸葛氏家族人才辈出,相互为敌,在三国时期十分罕见,或是绝无仅有。

也正因为诸葛诞政治背景、家族背景均有可疑之处,所以上台不久的司马昭并不信任他,特意派心腹贾充前去试探虚实。贾充回报:"观其规略,为反必也。今征之,反速而事小;不征,事迟而祸大。"司马昭决定调诸葛诞回

[①] 《三国志·蜀志》卷四四《姜维传》;《三国志·魏志》卷二二《陈泰传》、卷二八《邓艾传》。

洛阳任司空，用意明显，是要夺其兵权。诸葛诞接到诏书，便于魏甘露二年五月举兵造反。诸葛诞实力不小，超过先前反叛的地方势力孟达、公孙渊和毌丘俭等。起事时，诸葛诞在寿春拥兵超过十万，吴军二次来援，援军超过六万，甚至吴军统帅孙綝（吴国皇族）后来亲自督战，还阵斩作战不力的大都督朱异。

司马昭面临空前挑战，不敢轻敌，便倾举国之力，调集青、徐、荆、豫诸州兵马，包括从关陇西线抽调精兵，共计二十六万人，于甘露二年秋六月，携魏帝高贵乡公和太后，共同东征。如此出师规模，在魏国建立后是最大的一次。

诸葛诞从起事到失败坚持约九个月。司马昭先力战击溃来援的吴军主力，迫其回撤，再经激战，到甘露三年（258）正月攻破寿春城，诛诸葛诞，夷其三族，收降数万口。文钦在城破之前，死于与诸葛诞的内争。[①]

在此之前，关中空虚，姜维第五次出师，不再绕攻陇西，而是直出骆谷，至沈岭（今陕西周至南），在芒水依山为营。魏新任征西将军司马望与安西将军邓艾拦截，靠渭水屯兵，坚壁长城（沈岭北）不战。姜维无功，次年闻诸葛诞败死，乃退兵。四年后，蜀景耀五年，姜维第六次出师，兵出汉城，在洮水以南败于邓艾，遂退守沓中。他惧怕专权的宦官黄皓内谮，领兵居外，不敢返回成都，所以就地种麦屯田。这是姜维最后一次出征。

司马昭在东线、西线均取得胜利，粉碎了由诸葛诞叛乱引发的、有吴蜀参战的三方合力进攻，更加专横跋扈。曹氏一派从朝中到地方势力，再无可与司马氏较量的力量。只剩孤家寡人但又少年气盛的傀儡皇帝高贵乡公曹髦实在忍无可忍，到了甘露五年（260）五月，子夜召见侍中王沈、尚书王经等，说："司马昭之心，路人所知也。吾不能坐受废辱，今日当与卿等自出讨之。"但王沈、王经却连夜向司马昭告密。结果，当天明高贵乡公亲率少数宿卫击鼓出宫，攻向司马昭居所时，立即遭中护军贾充反击，并当场被贾充帐下成济、成倅兄弟刺死，年仅二十岁。司马昭比其兄司马师废帝立帝更进一步，索性弑君立帝，于六月立燕王曹宇之子曹奂为帝，即陈留王，改元景元元年（260）。司马昭进

[①] 《三国志·魏志》卷二八《诸葛诞传》；《三国志·吴志》卷六四《孙綝传》；《三国志·吴志》卷六四《诸葛恪传》；《晋书》卷二《文帝纪》；《晋书》卷四〇《贾充传》；《资治通鉴》卷七七高贵乡公甘露二年。参阅何兹全：《三国史》，人民出版社2011年版，第219—224页。

位为相国，封晋公。此后，司马氏篡位，已成必然。①

　　司马昭镇压了所有内部政敌后，即积极主动对外用兵，以建立功业利于篡位。以魏国的实力，伐吴与伐蜀都可望成功。魏景元三年（262），司马昭与亲信商讨征战之事，提出要先灭蜀后灭吴。他分析说，如果攻吴，就要制作战船，开通水道，需要"十万人百数十日"，而且"南土下湿，必生疾疫"；而蜀国兵士仅有九万，居守成都及各郡的不下四万，其余不过五万，现在把姜维阻挡在沓中，就能直取骆谷，袭攻汉中，"举大众以屠城"，可使"剑阁不暇守险，关头不能自存"，所以应先灭蜀，等三年之后，再依巴蜀顺流之势，攻取吴国。当时，已升任关陇魏军统帅的征西将军邓艾反对，"屡陈异议"，②而朝中司隶校尉钟会极力赞成，与司马昭共同筹划。司马昭派人说服邓艾，并在全国征发十八万魏军，先集中洛阳，后调往关中，准备伐蜀。同时在青、徐、兖、豫、荆、扬诸州，"并使作船"，大造声势，扬言要伐吴，以迷惑蜀国。这一年冬，司马昭准备就绪，便命钟会以镇西将军统率关中诸军，持节赴长安。③

　　姜维在沓中闻讯，急奏："闻钟会治兵关中，欲规进取，宜并遣张翼、廖化督诸军分护阳安（今陕西勉县西）关口、阴平桥头以防未然。"④但黄皓从中阻挠，竟不做防备。魏景元四年、蜀景耀六年秋八月⑤，司马昭下令大举伐蜀，派遣征西将军邓艾率三万余人从狄道西攻甘松（沓中西）、沓中，牵制姜维；雍州刺史诸葛绪率三万余人从祁山攻武街、桥头，断绝姜维退路；统帅钟会率李辅、胡烈领十万余主力，分两路从斜谷、骆谷直攻汉中，魏兴郡太守刘钦另走子午谷助攻汉中，诸军数道平头齐进，至汉中。廷尉卫瓘持节为监军。

　　蜀国探知魏军大至，后主才仓促派廖化带兵增援姜维，派张翼和董厥开到阳平关外防御，同时敕令诸围守军皆不得战，退保汉、乐二城，"监军王含守乐城，护军蒋斌守汉城，兵各五千"。张翼、董厥刚到阳平，得知魏将诸葛

---

　　① 《三国志·魏志》卷四《高贵乡公纪》及注引《汉晋春秋》《魏末传》；《三国志·魏志》卷四《陈留王纪》；《晋书》卷二《文帝纪》。
　　② 《晋书》卷二《文帝纪》。
　　③ 《三国志·魏志》卷二八《钟会传》。
　　④ 《三国志·蜀志》卷四四《姜维传》。
　　⑤ 《三国志·魏志》卷四《陈留王纪》记载为"夏五月"。

绪将攻建威，便就地屯兵待敌。九月，钟会率大军如入无人之境，进展顺利，未遭抵抗便深入汉中，分令李辅统万人围攻乐城，荀恺统万人围攻汉城，自带主力直扑阳平关，派先锋胡烈猛攻关口。①

蜀军阳平关口守将蒋舒假借出战为名，出关投降。胡烈乘机袭取关城，蜀军另一守将傅佥战死。钟会指挥大军越过阳平关长驱直入，夺取了蜀军多年积蓄的军械、粮草。此时，西路邓艾调遣天水太守王颀、陇西太守牵弘、金城太守杨欣诸将围攻沓中姜维。姜维听说钟会已攻入汉中，无心再战，急忙带兵自沓中撤退。王颀、杨欣等追击至强川口②，与姜维大战。姜维且战且退。另一路魏雍州刺史诸葛绪从祁山抢占桥头堵住蜀军的退路。姜维便从孔函谷退入北道，想绕到诸葛绪背后。诸葛绪退却30里，迎击姜维。姜维灵活地又返回，重走桥头，进入阴平境内。等诸葛绪再赶来截击时，刚刚晚了一天。姜维在阴平集合士众，还未来得及部署，闻知关城已丢，只好退向白水（今四川青川东北），与援军廖化、张翼、董厥诸军会师，合兵四五万据守天险剑阁（今四川剑阁北）。

邓艾于十月进驻阴平。他挑选精锐，想与诸葛绪联兵从江由袭取成都。但诸葛绪借口受钟会节度攻姜维，拒绝邓艾的建议，引军向白水，与钟会合势。万未料到钟会要独擅军权，密表诸葛绪畏缩不进，将诸葛绪锁拿送京，并吞了诸葛绪的三万余部众。③

剑阁是入蜀的必经之路，自古号称天险，一夫当关，万夫莫开。钟会主力久攻不下，与姜维长期对峙。钟会因道路艰险，粮草不济，曾想退军。邓艾在阴平上书，表示要速战速决，应"攻其无备，出其不意"，自阴平出奇兵绕过剑阁，经德阳亭（今四川江油东北）攻击距成都300里、距剑阁100里的涪，直冲蜀国空虚的腹心。姜维如回救，则剑阁必失，如不救，则涪不保，"破之必矣"。④为抢战机，邓艾不等司马昭允准，在冬十月就果决地率本军三万余人轻装自阴平出发，从景谷道旁边穿越700余里无人之地，凿山开路，搭造

---

① 《三国志·魏志》卷二八《钟会传》；《晋书》卷二《文帝纪》。
② 《资治通鉴》卷七八注："强川口，在强台山南。强台山，即临洮之西倾山。"
③ 《三国志·魏志》卷二八《钟会传》；《三国志·魏志》卷二八《邓艾传》；《三国志·蜀志》卷四四《姜维传》。
④ 《三国志·魏志》卷二八《邓艾传》；《三国志·魏志》卷二八《钟会传》。

桥阁。所行之处，山高谷险，十分艰危。碰到悬崖绝壁，邓艾便用毡自裹，滚翻而下。魏军将士皆攀木缘崖，鱼贯而进。邓艾军奇迹般地攻入蜀境，突然出现在江由，有如神兵天降。蜀江由守将马邈不知所措，被迫投降。邓艾继而攻涪，遭诸葛亮之子诸葛瞻的抵抗。邓艾击破蜀军前锋，诸葛瞻退保绵竹。邓艾以琅邪王衔诱瞻投降，瞻勃然大怒，斩杀来使，列阵决战。邓艾派儿子邓忠攻蜀军右翼，部将师纂攻左翼，以"存亡之分，在此一举"激励部众，率全军拼死作战，大破蜀军，阵斩诸葛瞻，攻占绵竹。邓艾继攻至雒县，一路势如破竹。蜀民万万没有想到魏军竟能深入蜀国后方，纷纷逃亡，躲进山野，社会秩序大乱。后主刘禅紧急召集群臣商议对策，有的建议投奔吴国，有的建议退入南中，光禄大夫谯周则力劝降魏。刘禅犹豫再三，终于听从谯周意见，让侍中张绍持玉玺到邓艾营中投降，派尚书郎李虎把士民名簿送交邓艾，计民户二十八万，人口九十四万，甲士十万二千，官吏四万人。并派太仆蒋显传令姜维，向钟会投降。邓艾来到成都城北，刘禅率太子、诸王及群臣六十余人，自缚出降。邓艾受降，命部将师纂领益州刺史，牵弘领蜀中诸郡。此时，姜维听说诸葛瞻败死绵竹，又听谣言纷纷，不辨真伪，便从剑阁回撤，引兵退入郪（今四川三台南）以观虚实。钟会不战而过剑阁，尾随入蜀，进军至涪，派胡烈追击姜维。姜维后来得知刘禅敕命，便令全军放下武器。将士十分愤怒，拔刀砍石。姜维自率廖化、张翼、董厥等人到钟会军中投降。钟会厚待姜维。（见图1-13）至此，蜀国灭亡，前后历时四十三年。十二月，司马昭表灭蜀功臣邓艾任太尉，钟会任司徒。①

邓艾居功自傲，不可一世。他上言建议司马昭乘灭蜀之势攻吴，但目前魏军疲劳，用兵宜缓，可留陇右兵二万人、蜀兵二万人，冶铁煮盐，并造舟船，预做准备，然后发使告吴，晓以利害，孙吴必然归投，可不战而定。现在应厚待刘禅给孙休看，不要急于送往京师，宜把他留在蜀境到来年秋冬。等吴国平定后，再封刘禅为扶风王，送到关中董卓坞安置。开广陵、城阳接待来降的吴人，

---

① 《三国志·魏志》卷二八《邓艾传》；《三国志·魏志》卷二八《钟会传》；《三国志·蜀志》卷四四《姜维传》；《三国志·蜀志》卷四二《谯周传》；《三国志·蜀志》卷三三《后主传》；《资治通鉴》卷七八魏元帝景元四年。

这样吴国就会"畏德怀威，望风而从"了。司马昭却让监军卫瓘晓谕邓艾："事当须报，不宜辄行。"邓艾很气愤，再上言："今蜀举众归命，地尽南海，东接吴会，宜早镇定。若待国命，往复道途，延引日月。《春秋》之义，大夫出疆，有可以安社稷，利国家，专之可也。今吴未宾，势与蜀连，不可拘常以失事机。兵法，进不求名，退不避罪，艾虽无古人之节，终不自谦以损于国也。"① 钟会心有异志，因邓艾专权跋扈，借机与胡烈、师纂等人密告邓艾所为悖逆，有谋反之状。司马昭下令逮捕邓艾。他怕邓艾拒不从命，便让监军卫瓘先行，用

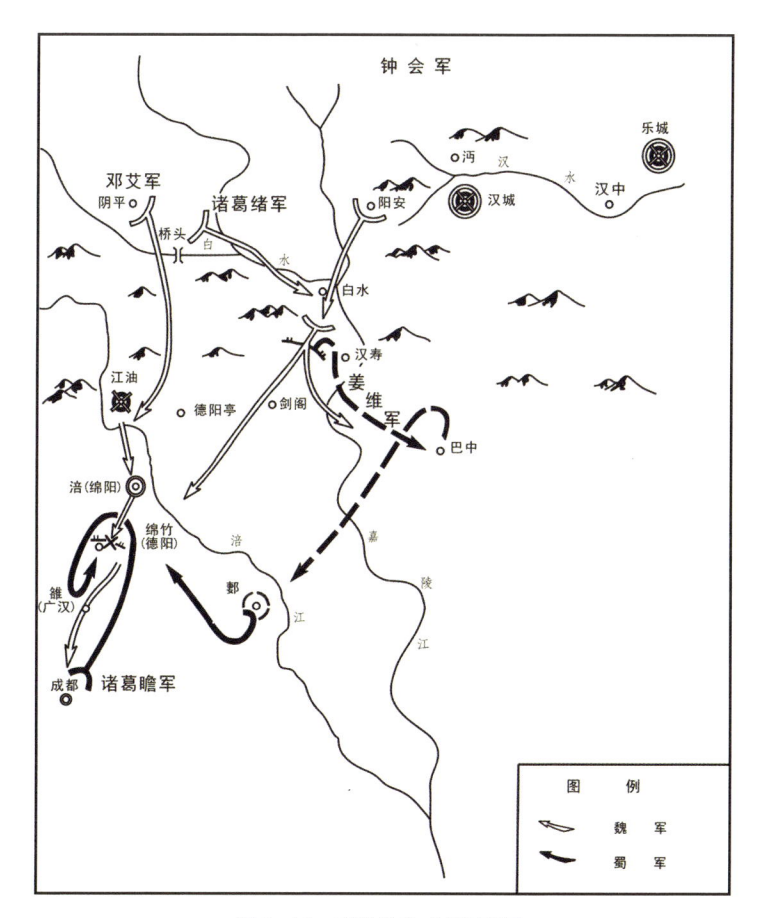

图 1-13 邓艾偷袭成都示意图

（引自何兹全、张国安：《魏晋南北朝史》，人民出版社 2013 年版，第 59 页）

---

① 《三国志·魏志》卷二八《邓艾传》。

他的手令向邓艾部众宣喻，再令钟会随后进军成都，防备有变。邓艾部众全都放下武器，听任卫瓘把邓艾父子收入槛车，送往京城。邓艾仰天长叹说："艾忠臣也，一至此乎！白起之酷，复见于今日矣。"①

钟会所惧怕的只有邓艾，现在去掉了邓艾，由他独统魏军，猛将锐卒全在手中，声威赫赫，自以为功名盖世，不应久居他人之下，于是准备谋反。他计划让姜维带蜀兵出斜谷攻关中，自领大军随其后，先取长安，再让步兵顺渭水乘船入黄河，五天可到孟津，最后与骑兵会师合攻洛阳，可一举夺取天下。②

司马昭对此早有防范。起初他任命钟会之时，夫人王氏曾说："（钟）会见利忘义，好为事端，宠过必乱，不可大任。"③西曹属邵悌也曾提醒："钟会难信，不可令行。"司马昭笑着说："我宁当复不知此耶？""取蜀如指掌，而众人皆言不可，唯会与吾意同。灭蜀之后，中国将士，人自思归，蜀之遗黎，犹怀震恐，纵有异志，无能为也。"④当钟会告发邓艾谋反时，司马昭便算定钟会必反，于是准备西征。邵悌又说："钟会所统，五六倍于邓艾，但可敕会取艾，不足自行。"司马昭回答："卿忘前时所言邪？而更云可不须行乎？""我到长安，则自了矣。"⑤魏咸熙元年（264）正月，司马昭留山涛镇守邺城，自奉魏帝曹奂西入长安，同时派贾充进据汉中。这是司马昭第三次"治兵关中"。部署停当，他给钟会写信说："恐邓艾或不就征，今遣中护军贾充将步骑万人径入斜谷，屯乐城，吾自将十万屯长安，相见在近。"钟会大惊失色，对亲信说："但取邓艾，相国知我能独办之；今来大重，必觉我异矣，便当速发。事成，可得天下；不成，退保蜀汉，不失作刘备也。"⑥正月十六日，钟会在成都蜀宫内召集部将和蜀国降臣，伪造魏太后遗诏，说让他起兵废除司马昭。让大家讨论对策。同时关闭宫门和城门，严密把守，不放一人出去，并派亲信控制各营军队。钟会帐下亲信爱将丘建原是先锋大将胡烈部属，与胡烈独坐，二人密谋后，丘

---

① 《三国志·魏志》卷二八《邓艾传》及注引《魏氏春秋》。
② 《三国志·魏志》卷二八《钟会传》。
③ 《晋书》卷三一《后妃传上》。
④ 《晋书》卷二《文帝纪》；《三国志·魏志》卷二八《钟会传》。
⑤ 《三国志·魏志》卷二八《钟会传》。
⑥ 《三国志·魏志》卷二八《钟会传》。

建请钟会允许各位将领派一名亲兵出宫取饭。胡烈密语亲兵携手书予其子胡渊，伪称钟会已在宫中挖好大坑，准备大棒数千，想要以拜将为名，把宫外的魏兵骗入宫内杀死。一夜之间，魏军各营全都传遍。钟会亲信建议索性尽杀宫内扣留的诸将，钟会犹豫不决。① 十八日中午，胡烈部众在胡渊带领下，击鼓出营，发动兵变，反对钟会，各营魏军也不约而同，全都冲出军门，争先攻城。此时，钟会才刚给姜维发放铠甲武器，听说兵变，大惊失色。姜维催他快杀宫中魏将，但宫内诸将及所带亲兵也纷起抵抗，紧闭宫门。很快成都城外的魏军已纷纷搭梯登城，蜂拥杀入城中，冲到宫内营救各自的将领。姜维率领钟会亲信抵抗，手杀五六人后在格斗中被斩杀。钟会也被乱兵杀死，同时被杀的有数百人。②

邓艾部将乘乱追上槛车，救出邓艾。但监军卫瓘恐怕邓艾归来报复，便派魏将田续带兵中途拦截，在绵竹以西袭杀邓艾父子。③

司马昭西入长安，第三次"治兵关中"，运筹帷幄，先声夺人，以势取胜，坐观钟会自取灭亡，清除了隐患，也为他篡魏奠定了基础。咸熙元年三月，司马昭班师回朝，并把后主刘禅也带到洛阳，封为安乐公。司马昭因灭蜀之功晋封为晋王，封地二十郡，并加九锡。他即命亲信荀顗制定礼仪，贾充修订法律，裴秀议定官制，摆出取代曹魏的姿态。第二年又建天子旌旗，仪仗乐舞全部等同皇帝。可是，他还未来得及登基称帝，就于八月病死。司马昭死后，长子司马炎嗣立为晋王。④

第五节　三国时期的关陇民变

汉末至三国时期，陕西规模最大的民变应是汉中张鲁五斗米道起义，本章第二节已有专述。除此之外，史籍中所见的关陇地区民变，还有如下几次。

---

① 此据《三国志·魏志》卷二八《钟会传》。《三国志·蜀志》卷四四《姜维传》注引《华阳国志》记载，姜维乘钟会叛乱，别有所图，想让钟会尽杀魏将，然后再杀钟会，尽坑魏兵，复立蜀汉。他给后主刘禅写密信说："愿陛下忍数日之辱，臣欲使社稷危而复安，日月幽而复明。"
② 《三国志·魏志》卷二八《钟会传》；《三国志·蜀志》卷四四《姜维传》。
③ 《三国志·魏志》卷二八《邓艾传》。
④ 《晋书》卷二《文帝纪》；《晋书》卷三《武帝纪》。

一、关中刘雄鸣与陕北鄜民梁兴起义

关中蓝田人刘雄鸣从小以"采药射猎"为生，马超割据关中时，他已在家乡聚集起一支武装队伍，因不肯服从马超，曾被马超击败。以后曹操以将军称号诱降他，他与部众退入南山坚持斗争，控制武关道口。不少逃亡的农民前来依附，队伍发展到数千人。东汉建安十七年，曹操派夏侯渊前来征讨，刘雄鸣战败，退向汉中，投归张鲁。以后曹操平定汉中，他也随张鲁一起降曹，被徙往渤海。①

东汉建安十七年，鄜州（今陕西富县）民梁兴发动五千余户民众起事，攻城略地，当地"诸县不能御，皆恐惧"，官吏纷纷逃奔关中左冯翊郑浑处避难。郑浑"聚敛吏民，治城郭，为守御之备"，以重赏组织地方武装攻击梁兴，护送各县官吏归还本地。②以后梁兴领五千余人马南下转移，与马超合兵，参加潼关大战，抵御曹操，但被徐晃击败，退守蓝田。③曹操击退韩遂、马超，控制关中后，派留守长安的夏侯渊出兵围剿梁兴，梁兴败死。

二、陈仓吕并与关中兵变造反

东汉建安二十年，关中屯田客④吕并自称将军，聚集起一支武装队伍，攻占陈仓，与陇右的羌人相互呼应，配合作战。东汉关中护军、扶风太守赵俨与将军殷署率领五千余官军先在新平击溃羌人，以后又攻陈仓。吕并失败。⑤

建安二十年，东汉扶风太守赵俨在本地差遣一千二百名关中籍新兵到汉中屯戍，派平难将军殷署督送。新兵不愿远离家乡，告别亲属时，"皆有忧色"。赵俨恐怕有变，亲自追到斜谷口，一一慰劳，并嘱殷署严加戒备。但新兵在斜谷道仅走了40里就哗变造反。赵俨领一百五十名步骑前往弹压。可他带领的兵将与造反士兵或是同乡，或有亲缘婚姻关系。赵俨心惊胆战，不敢镇压，只得

---

① 《三国志·魏志》卷八《张鲁传》注引《魏略》。《三国志·魏志》卷九《夏侯渊传》记为"刘雄"，卢弼《三国志集解》认为刘雄即刘雄鸣。
② 《三国志·魏志》卷一六《郑浑传》。
③ 此据《三国志·魏志》卷一《武帝纪》。《三国志·魏志》卷九《夏侯渊传》记载梁兴最后在鄠（今陕西西安市鄠邑区），卷一六《郑浑传》记载梁兴最后聚众守鄜城。
④ 曹魏屯田，招募的都是流亡农民，称为"屯田客"，实质是国家的佃农。
⑤ 《三国志·魏志》卷二三《赵俨传》。

采取诱骗手段，许诺赦放造反士兵回家，只惩办领头的一人，其余一概不问。于是招降了兵变兵士，递解还籍。赵俨密报曹操，关中新兵不可靠，请派旧兵镇守关中。曹操派将军刘柱率两千人来。赵俨在新兵中选留"温厚者"千人，其余全部东送到曹操大营，防止了更大规模的兵变。[①]

三、冯翊郑甘、王照联合卢水胡造反

东汉延康元年（220）五月，冯翊"山贼"郑甘、王照联合当地卢水胡（匈奴的分支）造反，活跃于关中各郡县。曹丕刚一称帝，就派遣守卫关中的曹魏诸军——镇西长史、征羌护军郭淮，护左将军张郃，冠军将军杨秋等合力围剿，郑甘、王照兵败投降，"关中始定"。但第二年，郑甘再次起义，魏文帝曹丕派大将曹仁率大军前往镇压，郑甘败死。[②]

四、西平麹氏起义

东汉延康元年曹操刚死，西平麹演乘机起义，自称护羌校尉。金城太守苏则出兵征讨，麹演投降。当时未置凉州，从三辅到河西，都属雍州。曹丕称帝后，才初置凉州，任命安定太守邹岐为凉州刺史。但麹演不服，再次造反，河西诸郡纷起响应。张掖张进捉太守杜通，自称太守；武威颜俊也起兵，自号将军。张进、麹演等人还联合卢水胡治元多等人，拥众十几万，控制河西，势不可挡。曹丕非常忧虑，便任命当时任京兆尹的高陵人张既为凉州新刺史，替代邹岐，平定凉州之叛。张既在护军夏侯儒、将军费曜的配合下，出师陇右，进至金城。当时武威太守毌丘兴困守孤城，十分危急，亟待救援。众将反对孤军深入渡河驰救，但张既认为武威是河西诸郡中咽喉要道的要害所在，必须首先急救，当机立断渡过黄河。起义军在鹯阴（今甘肃皋兰东北）阻击，张既扬言进攻鹯阴，但暗走且次（今甘肃古浪西北），奇袭攻城义军，解武威之围。魏军疲劳，但张既坚持一鼓作气，继攻显美（今甘肃武威西北）。起义的卢水胡骑兵数千人想趁着大风放火烧掉张既的营地，将士们都很恐惧。张既督军死战，以计取胜，击破起义军主力，杀俘数万人。与此同时，苏则也从金城出兵，

---

① 《三国志·魏志》卷二三《赵俨传》。
② 《三国志·魏志》卷二《文帝纪》；《三国志·魏志》卷二六《郭淮传》。

援救武威，后又围攻张掖，斩杀张进、麹演，逼黄华投降。①

自西平麹演起义失败后，魏黄初二年麹光又联合当地羌胡起义，攻城夺地，斩杀郡守。凉州刺史张既采用离间计，分化羌汉，传檄诸羌，赦免参加起义者，重赏"能斩贼帅"者。于是麹光为叛徒所杀。魏太和元年正月，西平麹氏再次造反，领袖为麹英。起义军杀了临羌令、西都长等官吏。魏将郝昭及鹿磐奉命进剿，平息起义，麹英败死。②（见图1-14）

图1-14 "正始三年"铭文铜弩机

（引自王炜林主编：《陕西古代文明》，陕西师范大学出版总社2019年版，第189页）

---

① 《三国志·魏志》卷一五《张既传》；《三国志·魏志》卷一六《苏则传》及注引《魏名臣奏》。
② 《三国志·魏志》卷一五《张既传》；《三国志·魏志》卷三《明帝纪》。

第二章 治乱兴衰的西晋时期的陕西

司马氏集团凭军功异军突起，对内废魏称晋，对外实现"三家归晋"。关中名士杜预与王濬助晋武帝司马炎灭吴，立下盖世战功；关中三傅以贤才成为治世能臣。西晋推行占田课田法、分封制和五等爵位制，社会复苏，呈现"太康之治"小康局面，但却好景不长，意外短祚，究其原因在于门阀士族的特权与腐化。

晋惠帝时关中名族杨骏辅政专权，导致"贾后之乱"，引发"八王之乱"，重新陷天下于混战。河间王三次派关中兵东征洛阳，逼晋惠帝迁都长安；东海王率联军西征，抢回惠帝，终至"永嘉之难"而晋亡。在晋末大动荡中，关中名宦张轨及其后人称霸凉州，独善河西，力撑危局长达九世七十六年。秦、雍二州六郡流民领袖賨人李特、李雄起兵建立成汉政权，攻占与治理四川与陕南，安境保民历六世四十七年，汉中一度成为乐土。

第一节　关中名士与"三家归晋"

一、司马炎废魏称晋与西晋门阀士族

魏咸熙元年三月，司马昭因灭蜀之功晋封晋王。次年五月，司马昭建天子旌旗，"进王妃为王后，世子为太子"，并在自己封国（晋国）内设置御史大夫、侍中、尚书、中领军等中央朝廷才能设的官职。他的篡位称帝之心已毫不掩饰，更加昭然若揭。但到八月，却因病而亡，时年55岁。[①]太子司马炎继立为晋王。数月后，到十二月，司马炎便废掉魏帝曹奂，自立为帝，改国号为晋（即西晋），改年号为泰始，史称晋武帝。司马炎追尊其父司马昭为晋文帝、其伯父司马师为晋景帝、其祖父司马懿为晋宣帝，分封司马氏亲族为二十七王。废帝曹奂降封为陈留王，安置于邺城。司马氏与曹氏经三代的激烈内争，彻底结束。曹魏政权自建安二十五年曹丕代汉建国，到咸熙二年（265）废灭，历时四十六年。有雄才大略的曹操奋战终生开创的逐灭群雄之统一大业，竟让司马氏捡了便宜，坐享其成。

司马昭对亲信封官晋爵，主要朝臣为丞相何曾、太尉王祥、尚书令裴秀、司空荀𫖮、大司马石苞、侍中荀勖、御史大夫王沈、车骑将军贾充、镇北大将军卫瓘等。司马昭还将爵位分为五等，上述权贵皆封为最高等公爵。一个月后，泰始二年（266）正月，立杨氏（杨艳）为皇后，次年正月，立9岁的皇子司马衷为皇太子。[②]

西晋开国权贵几乎尽是东汉以来的世家大族以及在对蜀、对吴的战争中崛起的新军功贵族（绝大多数也是出身豪门）。这恰如陈寅恪所言，"魏晋之兴亡递嬗"，"尽复东汉时代士大夫阶级统治全盛之局"。亦如何兹全所言，司马氏专权，是代表尊儒贵学的世家豪族的胜利。[③]司马氏成功篡魏立晋，主要是得到大多数世家大族的支持，这与选官用人制度也有一定关系。这就是从曹

[①] 《晋书》卷二《文帝纪》。
[②] 《晋书》卷三《武帝纪》。
[③] 详见本书第一章第四节第二目。

丕开始的、到司马懿全面推广实施的"九品中正制"。可以说,九品中正制成为司马氏上台的利器。

东汉末,曹操打天下与各路诸侯豪强争夺地盘时,必须重视人才,曾三次下达"求才令",提倡"唯才是举"。[1]故不少庶族寒门的能人凭军功跻身高位。同时,曹操一手打击敌对豪强,另一手也极力拉拢地方世家豪族,经常慕名征辟各地名士,尽揽帐下。到曹丕代汉,建立魏国开始坐天下时,重视儒门世家,便采纳"四友"之一、世家名士、吏部尚书陈群的建议,在州郡置中正,推选各郡有声望者,出任"中正",负责区别当地士人,评定为九等(九品),吏部按等选用,谓之"九品官人法"。[2]但也仍保留曹操用人"不计门第"的原则。到8岁的曹芳为帝时,以当政的司马懿为代表的世族豪门更加张势,将"九品官人法"推广为"九品中正制",于各州设大中正,专由当地世家大族担任,选人原则以"家世"为重。从此,"上品无寒门,下品无势族"。[3]九品中正制成为世族豪门操纵政权的工具。到司马炎废魏称帝前一个月,即咸熙二年十一月,下令"诸郡中正以六条举淹滞",再次强化九品中正制。[4]

综上,魏晋特别是西晋,开启门阀士族时代,到东晋便形成门阀政治。这里有必要对东汉世家大族、魏晋门阀士族及东晋门阀政治三者的异同稍做以下说明。

(1)东汉世家大族。泛指各地广有良田、有钱有势有声望的大姓家族,聚族而居,世代为官,或为当地儒学名士,号为"名门""郡望""世族""士族",又称"望族""豪族""冠族""豪强""势族""高门大姓""右姓"等。代表如"四世三公""门生故吏遍天下"的汝南袁氏(袁绍、袁术)等。

(2)魏晋门阀士族。门阀由门第而来,而门第又由九品中正制评定家门品级而来,因家势区分为高门(上品)和寒门(下品)。高门(上品)中的儒学

---

[1]《三国志·魏志》卷一《武帝纪》。
[2]《三国志·魏志》卷二二《陈群传》;杜佑:《通典》卷一四《选举二》,中华书局1984年版。
[3]《晋书》卷四五《刘毅传》。
[4]《晋书》卷三《武帝纪》。自西晋、东晋,到以后南北朝三百多年间,选官均沿袭九品中正制,直到隋文帝时废除,代之以更合理的科举制。

名士更占优势，不仅易于入朝为官，而且往往能进入权力上层，获取高官厚爵并荫庇子孙，累世成为权贵显赫家族，走向贵族化，长久把持特权。"门第"即演变为"门阀"，又称"阀阅"。高门中尊儒重学具有名士声望的"世族"也多改称"士族"。魏晋时期，门阀士族由此形成。[1]代表如河内司马氏（司马懿父子）、弘农杨氏、颍川荀氏、临沂王氏等。

（3）东晋门阀政治。依田余庆《东晋门阀政治》定义，"门阀政治，中国学者见仁见智，原无一致的理解。国外著作也颇有异说，多数人接受贵族政治的解释而对具体问题各有主张"。"本书所指门阀政治，质言之，是指士族与皇权的共治，是一种在特定条件下出现的皇权政治的变态。""严格意义的门阀政治只存在于江左的东晋时期"。"门阀士族存在并起着不同程度政治作用的历史时期，并不都是门阀政治时期。""琅邪王氏诸兄弟与晋琅邪王司马睿，在特定的历史条件下结成密切关系。王导以他所居司马睿左右的关键地位，艰苦经营，始奠定东晋皇业和琅邪王氏家族在江左的根基，因而有'王与马，共天下'之语。王与马的结合，开启了东晋百年门阀政治的格局。"[2]

根据《三国志·魏志》及《晋书》入传的人物统计，魏晋门阀士族关东为数居多，重要家族如下。

（1）天下第一士族即河内温县司马氏，到两晋变为皇族，仅西晋开国便出二十七王，把持天下朝政（但也由此生乱）。

（2）出自河南的有颍川许昌陈氏（陈群、陈泰），颍川颍阴（今河南许昌）荀氏（荀彧、荀攸、荀顗、荀勖），颍川长社（今河南长葛东）钟氏（钟繇、钟会），颍川鄢陵（今河南鄢陵西北）庾氏（庾亮、庾翼），河内怀县（今河南武陟西南）山氏（山涛、山简），陈郡阳夏（今河南太康）谢氏（谢安、谢石、谢玄），陈郡阳夏何氏（何曾、何邵）等。

（3）出自河东的有平阳襄陵（今山西襄汾东北）贾氏（贾逵、贾充、贾南风），

---

[1] 也有史家惯用"门阀世族"，但多数均称"门阀士族"。
[2] 田余庆：《东晋门阀政治》，北京大学出版社2012年第5版，"自序"、第1页。这一版作者在改版题记中继续坚持了1991年第2版删去1989年初版提到门阀政治即士族政治的说法。

安邑卫氏（卫觊、卫瓘、卫恒），河东裴氏（裴秀），太原晋阳（今山西太原西南）王氏（王浑、王沈、王浚、王恭）等。

（4）出自山东的有泰山南城（今山东费县西南）羊氏（羊祜、羊皇后），琅邪临沂（今山东临沂）王氏（王祥、王戎、王衍、王导、王敦），东海郯县（今山东郯城）王氏（王恺）等。

（5）出自河北的有渤海南皮（今河北南皮东北）石氏（石苞、石崇），范阳方城（今河北固安西南）张氏（张华、张皇后），范阳遒县（今河北涞水北）祖氏（祖逖、祖约）等。

（6）谯郡龙亢（今安徽怀远西北）桓氏（桓荣、桓范、桓彝、桓温、桓玄）。①

魏晋门阀士族关陇为数较少，有重要影响者如下。

（1）弘农华阴杨氏（杨震、杨彪、杨骏、杨皇后）。②

（2）弘农湖县（今河南灵宝西南，位于汉魏函谷关以西，应属当时的关中）王氏（王濬）。

（3）京兆杜陵杜氏（杜预）。③

（4）北地泥阳（今陕西铜川市耀州区东南）傅氏（傅嘏、傅祗、傅玄、傅咸）。

（5）安定乌氏（今甘肃平凉西北）张氏（张轨、张寔、张茂）。

二、杜预、王濬与灭吴之役

杜预（见图2-1）字元凯，出自京兆杜陵士族杜氏，祖父杜畿为曹魏名臣，文帝时任尚

图2-1 杜预像

（引自何兹全、张国安：《魏晋南北朝史》，人民出版社2013年版，第68页）

---

① 桓温在东晋居人臣极位，其子桓玄一度称帝代晋。但《晋书》卷九九《桓玄传》记："曾祖以上名位不显。"田余庆在《东晋门阀政治》（北京大学出版社2012年版，第132—158页）有专章考证，认为桓氏起于东汉大儒桓荣，"世为冠族"，但后世由于大司农桓范支持曹爽而死于司马懿政变，桓氏曾中衰，直至桓温父子复振。

② 弘农杨氏自汉至隋唐累世显赫。杨育坤著《弘农杨氏》（三秦出版社2005年版）对杨氏一族从先秦至当代的两千多年家族史做了专门研究。

③ 京兆杜氏也是累世不衰，直到唐朝出了名相杜如晦，民谚有云"城南韦杜，去天尺五"。

书仆射（曹魏尚书省长官，位在尚书令之下、五曹尚书之上），死于职事，追赠太仆。《三国志·魏志》卷一六《杜畿传》注引《傅子》记"畿，汉御史大夫杜延年之后。延年父周，自南阳徙茂陵，延年徙杜陵，子孙世居焉"，讲清了杜氏渊源。父亲杜恕任魏幽州刺史。杜恕在《三国志·魏志》也有传，亦为一时名宦，还曾著《体论》《兴性论》，"成一家之言"。杜预从小"博学多通，明于兴废之道"，因才华横溢，且为门阀名士，世袭为侯，得以娶司马昭妹高陆公主为妻，在曹魏仕途一帆风顺。

到西晋时，杜预更是累任高官显职，政绩卓著。在朝内任职期间，他与名臣贾充共定律令，称为"泰始律"，"诏班于天下"。他还"以时历差舛"，"奏上二元乾度历，行于世"。以后他又力排众议，"以孟津渡险，有覆没之患，请建河桥于富平津"。及桥成，晋武帝从百僚临会，举觞对预曰："非君，此桥不立也。"平日参与朝政时，他"损益万机，不可胜数，朝野称美，号曰'杜武库'，言其无所不有也"。[①]

杜预文武双全，在军事方面更出类拔萃。早在司马昭执政时，杜预曾随钟会赴长安出任镇西长史，在灭蜀之役崭露锋芒。令人称道的是，当钟会在成都造反，军内大乱，"僚佐并遇害，唯预以智获免，增邑千一百五十户"，显然还立了大功。后来，杜预又在长安参与抵御陇右羌族"虏寇"，出任安西军司。安西将军石鉴令他出兵，但他以敌军马肥，晋军困乏，力陈五不可四不须，建议等待开春再行进讨。石鉴大怒，用槛车把杜预押送京师。其后陇右的形势发展，果如杜预所言。因此他以料事如神、"明于筹略"闻名于朝。当匈奴刘猛在"并州西及河东、平阳"反叛，来势汹汹之际，杜预被晋武帝晋升为度支尚书，奉诏提出"立藉田，建安边""兴常平仓，定谷价，较盐运，制课调，内以利国外以救边者五十余条，皆纳焉"。[②]

但杜预最大军功，是参与灭吴之役的决策，并出任晋军主将，与王濬指挥的水师水陆并发，大举南征，克平东吴。起初，晋武帝司马炎"密有灭吴之计，

---

① 《晋书》卷三四《杜预传》。
② 《晋书》卷三四《杜预传》。

而朝议多违，唯预、羊祜、张华与帝意合"。但权臣贾充、荀勖等一批大臣坚决反对。① 羊祜出自泰山南城士族羊氏，"世吏二千石"，祖父羊续"仕汉南阳太守"，父任上党太守。羊祜又是东汉大儒"蔡邕外孙，景献皇后同产弟"，而王衍又是其从甥。司马昭当政时，羊祜与荀勖共掌机密，出任中领军，"悉统宿卫，入直殿中，执兵之要，事兼内外"。② 晋武帝时，羊祜是策划灭吴之役的关键人物，曾上疏从天时、地利、人和各方面力陈进兵灭吴，但其军事指挥才能稍逊。他出镇襄阳前线时，在晋泰始八年、吴凤凰元年（272）正赶上一件大事，"吴西陵（即夷陵）督步阐举城来降。吴将陆抗（陆逊之子、孙策外孙，时任吴镇军大将军，都督信陵、西陵、夷道、乐乡、公安诸军事）攻之甚急"。羊祜"率兵五万出江陵，遣荆州刺史杨肇攻抗，不克，阐竟为抗所擒"。③ 有司奏："祜所统八万余人，贼众不过三万"，其兵败"背违诏命，无大臣节"。羊祜一度"坐贬为平南将军"。因此，羊祜精心挑选力荐两个大将之才。一个是曾任羊祜参军的益州刺史王濬，羊祜"知其可任"，"因表留濬监益州诸军事，加龙骧将军，密令修舟楫，为顺流之计"。另一个就是杜预。羊祜病危时，"乃举杜预自代"，接任镇南大将军，都督荆州诸军事。④ 这二人恰恰都为关中士族名士，后在灭吴之役中果立奇勋。

杜预不负羊祜之荐。他走马上任后，在襄阳前线"缮甲兵，耀威武，乃简精锐"，并巧施反间计，令吴帝孙皓临阵换掉镇守西陵要冲的名将张政。《晋书·杜预传》有精彩记述：杜预先乘敌不备，突然"袭吴西陵督张政，大破之，以功增封三百六十五户。政，吴之名将也，据要害之地，耻以无备取败，不以所丧之实告于孙皓。预欲间吴边将，乃表还其所获之众于皓。皓果召政，遣武昌监刘宪代之。故大军临至，使其将帅移易，以成倾荡之势"。

杜预准备就绪，"乃启请伐吴之期"。晋武帝回复"待明年方欲大举"。杜预"旬

---

① 《晋书》卷三四《杜预传》；《晋书》卷四〇《贾充传》。
② 《晋书》卷三四《羊祜传》。
③ 《晋书》卷三四《羊祜传》；《三国志·吴志》卷五八《陆抗传》。此战规模不小，《陆抗传》有详细记载。
④ 《晋书》卷三四《羊祜传》。

月之中又上表",力陈"自秋已来,讨贼之形颇露。若令中止,孙皓怖而生计,或徙都武昌,更完修江南诸城……积大船于夏口,则明年之计或无所及",请求立即出兵。①

与此同时,王濬(见图2-2)在益州遵从羊祜密嘱,从泰始八年起,在数年间,加紧备战,调集万人大造舟船,兴治水师。他造的大船,"方百二十步,受二千余人。以木为城,起楼橹,开四出门,其上皆得驰马来往",造船废料,"蔽江而下"。②吴国建平郡(今重庆巫山)太守吾彦惊觉"晋必有攻吴之计",上书孙皓,请求增兵以塞其冲要。孙皓不听,吾彦乃以铁锁和铁锥千寻(八尺为一寻)封锁江面,预为防范。③

晋泰始十年、吴凤凰三年(274),已升任吴大司马、荆州牧的陆抗也深感危机,在病重之际上疏孙皓,力陈"西陵、建平,国之蕃表,既处下流,受敌二境","此乃社稷安危之机","虽云易守,亦复易失",请求增兵"足满八万"。④但至死,孙皓也无下文。

其实,孙皓刚一继位,就为加强上游防御而曾一度迁都。孙皓是孙权之孙,于曹魏咸熙元年、吴永安七年(264)即位吴帝,改元元兴元年。次年司马炎代魏立晋,孙皓再改元甘露元年(265),九月草率听从西陵督步阐之策,决定"徙都武昌",显然主要是出于军事考虑。但孙吴大族及士民均不情愿,强烈抵制迁都。左丞相陆凯(陆逊族子)上疏进谏,认为武昌"非王都安国养民之处",并引童谣"宁饮建业水,

图2-2 王濬像

(引自何兹全、张国安:《魏晋南北朝史》,人民出版社2013年版,第68页)

---

① 《晋书》卷三四《杜预传》。杜预上表时间传内未明,但应为伐吴当年战前,即晋咸宁五年(279)秋冬之间。
② 《晋书》卷四二《王濬传》。
③ 《三国志·吴志》卷四八《孙皓传》注引干宝《晋纪》。
④ 《三国志·吴志》卷五八《陆抗传》。

不食武昌鱼；宁还建业死，不止武昌居"以证明人心与天意。一年后，晋泰始二年、吴宝鼎元年（266），孙皓被迫"还都建业"。[①]

到晋咸宁五年，王濬经过七年造船，水师练成，与杜预不约而同，上疏请战，要求"宜速征伐"，并强调"臣年已七十，死亡无日"，"诚愿陛下无失事机"。[②]咸宁五年冬十一月，晋武帝司马炎不顾贾充、荀勖、冯𬘭等人反对，在中书令张华支持下，听从杜预、王濬连续上表催请，下决心大举伐吴。他诏令琅邪王、镇东大将军司马伷兵出涂中（今安徽滁河流域），安东将军王浑及扬州刺史周浚出江西攻牛渚（今安徽和县长江北岸），建威将军王戎攻武昌，平南将军胡奋攻夏口（今湖北武汉），镇南大将军杜预攻江陵，龙骧将军王濬、巴东监军唐彬东下巴蜀，动员晋军达二十余万，分水陆六路从长江上、中、下游同时出击。坚决反对伐吴的贾充反被任命为大都督（晋军统帅），不得已受命，将中军南屯襄阳，为诸军节度。[③]贾充并未指挥作战，伐吴之役实为杜预、王濬为主的晋军将领各自为战。杜预、王濬出力最著。当王濬水师攻克武昌时，贾充仍上表请停伐吴："吴未可悉定"，甚至要求"腰斩张华"，"以谢天下"。[④]

晋武帝下诏仅月余，太康元年即咸宁六年（280）正月，杜预自襄阳出师，陈兵江陵，首先向西开始攻敌。《晋书·杜预传》对杜预在伐吴之役中用兵如神的指挥作战，记述颇为精彩："遣参军樊显、尹林、邓圭、襄阳太守周奇等率众循江西上，授以节度，旬日之间，累克城邑，皆如预策焉。又遣牙门管定、周旨、伍巢等率奇兵八百，泛舟夜渡，以袭乐乡（今湖北松滋东北），多张旗帜，

[①] 《三国志·吴志》卷四八《孙皓传》；《三国志·吴志》卷六一《陆凯传》；《资治通鉴》卷七九晋武帝泰始二年。

[②] 《晋书》卷四二《王濬传》。据此传，王濬上疏在前，杜预在后，"又杜预表请，帝乃发诏"。《资治通鉴》卷八〇晋武帝咸宁五年记载王、杜上疏顺序亦如此。但《杜预传》记杜前后两次上疏，间隔在"旬月之间"。故一种可能是，杜预前疏先至，王濬上疏随后，继而杜预再续奏请。另一种可能是，王濬先上疏，很快杜预随后连上两疏。

[③] 《晋书》卷三《武帝纪》；《晋书》卷四〇《贾充传》；《三国志·吴志》卷四八《孙皓传》；《资治通鉴》卷八〇晋武帝咸宁五年。

[④] 《晋书》卷四〇《贾充传》。

起火巴山，①出于要害之地，以夺贼心。吴都督孙歆震恐，与伍延书曰：'北来诸军，乃飞渡江也。'吴之男女降者万余口，旨、巢等伏兵乐乡城外。歆遣军出距王濬，大败而还。旨等发伏兵，随歆军而入，歆不觉，直到帐下，虏歆而还。故军中为之谣曰：'以计代战一当万。'于是进逼江陵，吴督将伍延伪请降而列兵登陴，预攻克之。"

与杜预出兵同时，王濬与巴东监军唐彬兵发成都，大举东进。二月，王濬先击破吴丹阳（今湖北秭归）监军盛纪。他的水师在巫山用火烧断吴建平郡吾彦设置的横江铁锁，②仅用两天便力克吴军事重镇西陵要塞，"获其镇南将军留宪、征南将军成据、宜都太守虞忠"。又用二天，再"克荆门（今湖北宜都西北）、夷道（今湖北宜都）二城，获监军陆晏"。此后仅三天，又"克乐乡"。王濬之前在乐乡江面大破吴军水师，"获水军督陆景"，击溃乐乡吴军都督孙歆，逼吴"平西将军施洪等来降"。③

对照《晋书》卷三四《杜预传》和卷四二《王濬传》，乐乡之战很像王、杜水陆协同作战，令人赞叹。杜预先派八百奇兵渡江夜袭扰敌，王濬水师在江面击溃敌军主力，杜预的奇兵又乘乱混入吴军溃兵而入城，直袭吴督大帐生擒孙歆，王濬再克乐乡。但实际上可能只是王、杜两军在各自为战时互相借势而已，并未预先配合。因为《杜预传》又记载："王濬先列上得孙歆头，预后生送歆，洛中以为大笑。"如果两军真的协同，就不会闹出此等笑话。王、杜水陆两军的相互关系，晋武帝早有安排，战前曾下诏书："使濬下建平，受杜预节度，至秣陵，受王浑节度。"但杜预有大局观，心胸亦广，深知如此安排不利于实战，他对诸将曰："若濬得下建平，则顺流长驱，威名已著，不宜令受制于我。"所以当王濬力克西陵之后，杜预与之书曰："足下既摧其西藩，但当径取秣陵"，明确放弃节度权，"濬大悦，表呈预书"。

---

① 《资治通鉴》卷八一晋武帝太康元年胡注："巴山在今江陵府松滋县，有巴复村。"今湖北松滋市即古松滋县。巴山在乐乡城外，可知当年乐乡即位于此。
② 《晋书》卷四二《王濬传》有较详记述："又作火炬，长十余丈，大数十围，灌以麻油，在船前，遇锁，然炬烧之，须臾，融液断绝，于是船无所碍。"
③ 《晋书》卷四二《王濬传》。传内所记"获"应为俘获，但《资治通鉴》卷八一晋武帝太康元年全都改为"杀"，可能是"获"后又"杀"。

"及濬将至秣陵，王浑遣信要令暂过（江）论事，濬举帆直指，报曰：'风利，不得泊也。'"①

王、杜两军合力攻克吴军重兵把守的要塞乐乡之后，荡平江陵上游吴军。杜预回师向东，攻克重镇江陵。杜预仅用九天便攻破坚城，杀吴江陵都督伍延，威名大震。吴军土崩瓦解。"既平上流"，杜预分军南下，"于是沅湘以南，至于交广，吴之州郡皆望风归命，奉送印绶，（杜）预仗节称诏而绥抚之。凡所斩及生获吴都督、监军十四，牙门、郡守百二十余人。又因兵威，徙将士屯戍之家以实江北，南郡故地各树之长吏，荆土肃然，吴人赴者如归"。由此而知，杜预攻破江陵后，用战抚两手，把吴国四州的荆、交、广三州之地尽皆攻占，杀俘吴都督、郡守一百三十多人，战绩惊人。他的下属将领曾以"百年之寇，未可尽克"为由，建议休兵，"宜俟来冬，更为大举"。但杜预说："昔乐毅藉济西一战以并强齐，今兵威已振，譬如破竹，数节之后，皆迎刃而解，无复著手处也。""遂指授群帅，径造秣陵。所过城邑，莫不束手。议者乃以书谢之。"②

王濬水师在平南将军胡奋和建威将军王戎配合下，再轻取夏口、武昌。武昌一度曾为吴都，但守军"无相支抗"，吴江夏太守刘朗和督武昌诸军的虞昺不战而降。王濬自武昌顺江而下，"兵甲满江，旌旗烛天"，浩浩汤汤，直取吴都建业。③

长江下游晋军安东将军王浑与扬州刺史周浚于咸宁六年正月率师出横江，首攻寻阳（今江西九江西）濑乡，"获吴将周兴等五人"。又"讨吴将俞恭，破之，多所斩获"。"吴厉武将军陈代、平虏将军朱明惧而来降。"到三月，王浑、周浚攻向牛渚。吴丞相张悌、大将军孙震等督城阳（今山东莒县、沂南和蒙阴东），太守沈莹率兵三万过江抵抗，殊死力战，但兵败而亡。吴军战死

---

① 《晋书》卷四二《王濬传》。王浑因王濬不听节度，怀忌其功，在平吴后曾向晋武帝告状，欲治罪王濬。

② 《晋书》卷三四《杜预传》。

③ 《晋书》卷四二《王濬传》；《资治通鉴》卷八一晋武帝太康元年。

七千八百人,"吴人大震","孙皓司徒何植、建威将军孙晏送印节诣浑降"。①王浑本可乘胜渡江攻取已然空城无兵的建业,但不听周浚力劝,在江北观望不动,坐失良机。直到王濬破石头城,降孙皓,"明日,浑始济江","致在王濬之后。意甚愧恨,有不平之色,频奏濬罪状,时人讥之"。②

王濬水师一帆风顺,"威势甚盛,吴人大惧",沿江所过"吴城戍皆望风款附",未遇像样抵抗。在长江下游,吴军"舟军万人",由游击将军张象率队,奉诏迎战,却临阵"望旗而降"。孙皓仓皇再拼凑二万兵,欲调大船再战,未料出战前夜,"众悉逃溃"。王濬"戎卒八万,方舟百里",鼓噪攻入石头城。孙皓面缚乞降。王濬"收其图籍,领州四(荆、扬、交、广),郡四十三,县三百一十三,户五十二万三千,吏三万二千,兵二十三万,男女口二百三十万,米谷二百八十万斛,舟船五千余艘,后宫五千余人"。③至此,吴国自黄武元年孙权称王建国,传四主,历五十八年而亡。三国纷争时代结束,西晋重归大一统,史称"三家归晋"。(见图2-3)

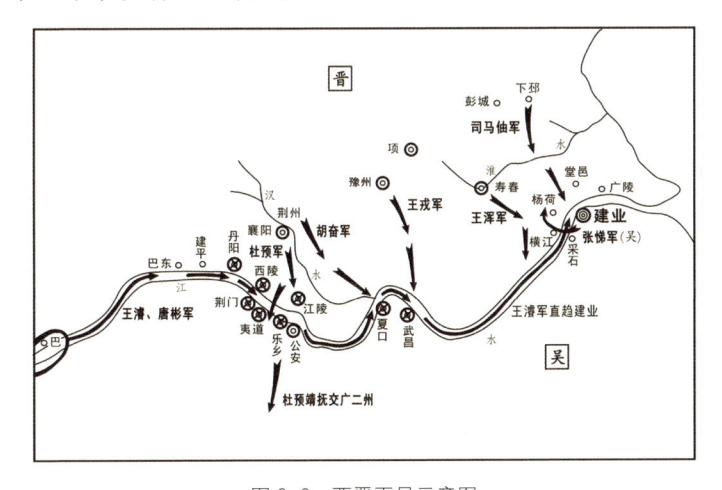

图2-3 西晋灭吴示意图

(引自何兹全、张国安:《魏晋南北朝史》,人民出版社2013年版,第69页)

---

① 《晋书》卷四二《王浑传》;《三国志·吴志》卷四八《孙皓传》注引干宝《晋纪》及《资治通鉴》卷八一晋武帝太康元年对张悌、孙震、沈莹战死有较详记述。
② 《晋书》卷四二《王浑传》。
③ 《晋书》卷四二《王濬传》;《三国志·吴志》卷四八《孙皓传》及注引《晋阳秋》;《资治通鉴》卷八一晋武帝太康元年。王濬水师最后规模有"戎卒八万,方舟百里",应包括一路招降纳叛的原吴国水师。

王濬抢了灭吴头功，虽屡遭权臣忌害，仍官拜辅国大将军，封万户侯"时人咸以濬功重报轻"，"帝乃迁濬镇军大将军"，"后又转濬抚军大将军"。"太康六年（285）卒，时年八十"。[1] 其孙王粹于太康十年（289）尚颖川公主，成为皇亲国戚。五百多年后，唐朝诗人刘禹锡诗作《西塞山怀古》赞颂王濬灭吴功绩："王濬楼船下益州，金陵王气黯然收。千寻铁锁沉江底，一片降幡出石头。"

杜预战后，在荆州任内"以天下虽安，忘战必危，勤于讲武，修立泮宫，江汉怀德，化被万里。攻破山夷，错置屯营，分据要害之地，以固维持之势。又修邵信臣遗迹，激用滍淯诸水以浸原田万余顷，分疆刊石，使有定分，公私同利。众庶赖之，号曰'杜父'"。他还疏通水道，"乃开杨口，起夏水达巴陵千余里，内泻长江之险，外通零桂之漕"。南土歌之曰："后世无叛由杜翁，孰识智名与勇功。"[2] 杜预晚年致力经学，著有《春秋左氏经传集解》《春秋释例》，"又作《盟会图》、《春秋长历》，备成一家之学，比老乃成。又撰《女记赞》"。《春秋左氏经传集解》是《左传》注疏中流传至今的最早的一种，收入《十三经注疏》。晋武帝曾问杜预："卿有何癖？"对曰："臣有《左传》癖。""征为司隶校尉，加位特进，行次邓县而卒，时年六十三。帝甚嗟悼，追赠征南大将军"。遗嘱丧事从俭，薄葬"洛阳城东首阳之南"。[3] 其子杜锡官至尚书左丞。其孙杜乂"有盛名于江左"，王羲之称之曰："此神仙人也。"杜乂无子，生女为成恭皇后，妻裴氏"甚有德音"，"百姓号曰'杜姥'"。[4]

三、傅氏家族与西晋立国治国

关中北地泥阳傅氏是魏晋名门士族，累世显赫。祖先是西汉昭帝时赫赫有名的只身刺杀叛汉的西域楼兰王而封侯的傅介子。[5] 从曹魏司马懿专权到西晋立国、治国时期，傅家曾有多位名士入仕，为朝廷出谋策划，参与朝政，成为

---

[1] 《晋书》卷四二《王濬传》。
[2] 《晋书》卷三四《杜预传》。
[3] 《晋书》卷三四《杜预传》。
[4] 《晋书》卷九三《杜乂传》。
[5] 《三国志·魏志》卷二一《傅嘏传》。

名臣。其中最著名者有四人，即傅嘏、傅祗父子和傅玄、傅咸父子，与魏晋政治特别是西晋政治密不可分，可谓魏晋"关中四傅"。

（1）傅嘏。傅嘏字兰石，祖父傅睿曾任东汉代郡太守，伯父傅巽在曹丕代汉立魏的黄初年间，为侍中尚书，父亲傅充任魏黄门侍郎。[①]傅嘏"弱冠知名"，被曹丕重臣司空陈群看中，"辟为掾"。当时"散骑常侍刘邵作考课法，事下三府"，傅嘏乍出茅庐，便以犀利之辞驳难了刘邵的考课论，语惊四座。他说："案邵考课论，虽欲寻前代黜陟之文，然其制度略以阙亡。……本纲未举而造制未呈，国略不崇而考课是先，惧不足以料贤愚之分，精幽明之理也。……方今九州之民，爰及京城，未有六乡之举，其选才之职，专任吏部。案品状则实才未必当，任薄伐则德行未为叙，如此则殿最之课，未尽人才。"傅嘏提出选人不能只凭吏部课考，应有"六乡之举"在先，吏部选任在后。这恰是陈群后来首倡"九品官人法"选官制的基本轮廓。

魏正始初，傅嘏升迁为黄门侍郎。当时曹爽秉政，重用贵胄子弟、浮华名士何晏、邓飏、夏侯玄。此三人也慕名"求交于嘏"，但傅嘏敬而远之，并对责怪他的好友荀粲说："以吾观此三人者，皆败德也。远之犹恐祸及，况昵之乎？"何晏出任吏部尚书，傅嘏对曹爽之弟曹羲说："何平叔外静而内铦巧，好利，不念务本。吾恐必先惑子兄弟，仁人将远，而朝政废矣。"何晏怀恨在心，"因微事以免嘏官"。但司马懿却看重傅嘏，正始十年政变诛灭曹爽后，起用傅嘏为河南尹，"内掌帝都，外统京畿"。其前三任司马芝"太简"，刘静"太密"，李胜"毁常法以收一时之声"，傅嘏纠其所偏，"以德教为本"，"持法有恒，简而不可犯"，"故当时无赫赫之名，吏民久而后安之"。[②]司马懿再将傅嘏擢拔为尚书，参与朝政。

魏嘉平四年（252），司马师刚执政，四月逢孙权死，曹魏主持东线军事的三位大将王昶、胡遵、毌丘俭不约而同上表请求征吴，但其献策各有不同，"诏以访嘏"。傅嘏认为时机不成熟，独持异议，对曰："昔樊哙愿以十万之众，

---

① 《三国志·魏志》卷二一《傅嘏传》及注引《傅子》。
② 《三国志·魏志》卷二一《傅嘏传》及注引《傅子》。

横行匈奴,季布面折其短。今欲越长江,涉虏庭,亦向时之喻也。未若明法练士,错计于全胜之地,振长策以御敌之余烬,斯必然之数也。"以后吴国大将军诸葛恪"新破东关,乘胜扬声欲向青、徐",朝廷紧张,傅嘏却断定诸葛恪只是虚张声势,不足为虑。事后果如其言,诸葛恪"不克而归"。①

魏正元二年春,毌丘俭、文钦在淮南叛乱,群臣都认为司马师不宜亲征,"可遣太尉孚往"。唯独傅嘏和王肃力劝司马师出征。司马师未听,傅嘏重言再劝:"淮、楚兵劲,而俭等负力远斗,其锋未易当也。若诸将战有利钝,大势一失,则公事败矣。"当时司马师"新割目瘤,创甚,闻嘏言,蹶然而起曰:'我请舆疾而东。'"司马师不顾重病在身,毅然决定携帝东征,全赖傅嘏之策。傅嘏也以"守尚书仆射,俱东"。平叛时,傅嘏亦出谋划计,"俭、钦破败,嘏有谋焉"。班师途中,司马师病死许昌,傅嘏"秘不发丧,以景王(司马师)命召文王(司马昭)于许昌,领公军焉"。当时,"天子命帝(司马昭)镇许昌,尚书傅嘏帅六军还京师"。但傅嘏不从诏命,与钟会密谋,奉司马昭"径还洛阳,文王遂以辅政"。②显而易见,司马昭得以顺利接班执政,傅嘏起着举足轻重的作用。《傅嘏传》注引《世语》还记载:"景王疾甚,以朝政授傅嘏,嘏不敢受。"这虽不可信,但傅嘏与司马师的关系,绝非寻常。

傅嘏不仅见识超凡,多谋善辩,还颇能识人析事,有先见之明,很少有人能与之相比。他独具慧眼先期看破浮华之辈何晏、邓飏、夏侯玄等,更难得的是和同州(雍州)老乡李丰也早早划清界限。李丰出身于关中冯翊郡名族,曹魏卫尉李义之子,"少有显名","砥砺名行以要世誉","竟驰名一时,京师之士多为之游说"。③

齐王芳时,李丰已任尚书仆射。李丰子李韬尚齐长公主,成为曹魏驸马。司马懿正始十年政变后,为平衡人心,放过均为皇亲国戚的李丰和夏侯玄。嘉

---

① 《三国志·魏志》卷二一《傅嘏传》及注引《司马彪战略》。
② 《三国志·魏志》卷二一《傅嘏传》及注引《汉晋春秋》《世语》;《三国志·魏志》卷二八《钟会传》;《晋书》卷二《文帝纪》。
③ 《三国志·魏志》卷二一《傅嘏传》注引《傅子》;《三国志·魏志》卷九《夏侯玄传》注引《魏略》;《三国志·魏志》卷一六《杜恕传》注引《杜氏新书》。

平四年，司马师执政不久还荐升李丰为中书令。但到嘉平六年，李丰与冯翊郡同乡、皇后父光禄大夫张缉等密谋废掉专权的大将军司马师，企图拥名望甚著的夏侯玄为大将军。司马师微闻其谋，抢先下手，诛杀李丰、张缉、夏侯玄及李丰子李韬等，"皆夷三族"。魏帝齐王芳也遭连累被废。① 傅嘏与李丰虽为同州老乡，同居显职，但早已看透其人，他评李丰："丰饰伪而多疑，矜小失而昧于权利，若处庸庸者可也，自任机事，遭明者必死。"

傅嘏看钟会也很准。钟会为太傅钟繇少子，出自颍川名门，以神童著称，年甚少就高居司隶校尉。傅嘏器重钟会，"以明智交会"。在司马师病死的关键时刻，与钟会联手运筹帷幄，共商大计，可谓忘年知己。但当钟会骄矜之际，傅嘏又当面告诫："子志大其量，而勋业难为也，可不慎哉！"此时距钟会在成都造反尚有十年。傅嘏私交友善者有镇北将军何曾、司空陈泰、尚书仆射荀顗，以及钟毓、裴徽、荀勖等，均为清正之辈，"俱为名臣"。②

傅嘏于司马昭上台后"以功进封阳乡侯"，"是岁薨，时年四十七"。傅嘏对司马师执政和司马昭当政居功至伟，《三国志·魏志》卷二一《傅嘏传》评曰："傅嘏用才达显云。"裴松之认为评价过低，注曰："傅嘏识量名辈，寔当时高流。而此评但云'用才达显'，既于题目为拙，又不足以见嘏之美也。"

（2）傅祗。傅祗字子庄，是傅嘏之子，"性至孝，早知名，以才识明练称"。司马炎称帝建立西晋后立太子，傅祗"起家太子舍人"，后升为荥阳太守，治水有功，"造沈莱堰，至今兖豫无水患，百姓为立碑颂焉"。傅祗调京师升为廷尉，主刑法狱讼。晋惠帝初立，太傅杨骏辅政，"欲悦众心，议普进封爵"。傅祗力阻，与杨骏书曰："未有帝王始崩，臣下论功者也。"傅祗再升侍中，正值杨骏败死，其下属遭到株连，傅祗挺身维护："骏之僚佐不可加罚。"尚书左仆射荀恺与裴楷不和，指楷为骏亲，"收付廷尉"。独傅祗敢出面"证楷无罪，有诏赦之"。傅祗以讨杨骏有功封侯，并惠及子、侄并封为侯，

---

① 《三国志·魏志》卷九《夏侯玄传》及注引《魏书》《魏略》；《三国志·魏志》卷四《齐王纪》；《晋书》卷二《景帝纪》。
② 《三国志·魏志》卷二一《傅嘏传》及注引《傅子》；《三国志·魏志》卷二八《钟会传》。

升为司隶校尉，执掌纠察京师百官及所辖州的监察大权。

晋惠帝元康六年（296）氐人齐万年在关中造反，傅祗"加常侍，率安西将军夏侯骏讨平之"，因功升为卫尉。在"贾后之乱"和"八王之乱"中，傅祗历经政乱剧变，仍能官运亨通，全赖洁身自好，仗义执言，深得朝野敬重。起初，赵王伦发动政变，灭贾后而辅政，为镇抚众心，慕名升傅祗为"中书监"[①]。傅祗固辞，赵王伦遣御史派车驾迫祗就职。大臣王戎、陈淮等相互说："傅公在事，吾属无忧矣"，"其为物所倚信如此"。赵王伦篡位败后，晋惠帝还宫，齐王冏上台辅政，追究赵王亲信侍中刘逵等十余人预撰篡位禅文，曾波及傅祗，"后以禅文草本非祗所撰，于是诏复光禄大夫"。傅祗子傅宣"尚弘农公主"，跻身国戚之列。

再以后，成都王颖为太傅主政，任傅祗为太子少傅，加侍中。及至东海王越总揽朝政，毒死晋惠帝，扶立怀帝即位，改元永嘉，傅祗升为右仆射，再任中书监。"八王之乱"诸王走马灯似的轮替上台，都看中傅祗正直练达，"明达国体，朝廷制度多所经综"。傅祗始终能保持名节，历"左光禄、开府，行太子太傅，侍中如故"，二任中书监，最后再升迁为司徒。[②]

西晋末年，天下大乱，"及洛阳陷没，遂共建行台，推祗为盟主，以司徒、持节、大都督诸军事传檄四方"。傅祗凭借最高官职及最高军权，"自屯盟津小城"，力撑危局，派子傅宣与尚书令和郁分赴各地征召义兵勤王，并任命另一子傅畅为河阴令，策应傅宣，直至"暴疾薨，时年六十九"，以身殉职。[③]

傅祗生前以动乱为官不易，曾给二子宣、畅亲笔书写家训，"辞旨深切，览者莫不感激慷慨"。他还"著文章驳论十余万言"。《晋书》卷四七《傅玄传》末尾史臣评价傅玄父子及傅祗时，对傅祗盖棺论定，"名父之子，早树风猷，崎岖危乱之朝，匡救君臣之际，卒能保全禄位，可谓有道存焉"，尚属公允。

傅祗子傅宣字世弘，以驸马身份在晋惠帝、怀帝二朝为官，累迁至御史中

[①] 中书省正式设立始于曹魏，执掌机要。西晋因袭曹魏，设中书监、令为中书省长官，是事实上的丞相。

[②] 《晋书》卷四七《傅祗传》。西晋无丞相一职，司徒即丞相，为最高官职。

[③] 《晋书》卷四七《傅祗传》。

丞，主掌律令、诏狱及监察，"卒年四十九"。①傅祗另一子傅畅字世道，"年未弱冠，甚有重名。以选入侍讲东宫，为秘书丞"。以后在晋末大动乱中，"寻没于石勒，勒以为大将军右司马。谙识朝仪，恒居机密，勒甚重之。作《晋诸公叙赞》二十二卷，又为《公卿故事》九卷。咸和五年（330）卒。子咏，过江为交州刺史、太子右率"。②

（3）傅玄。傅玄字休奕，是傅嘏同族兄弟。祖父傅燮任东汉汉阳太守，父亲傅幹任曹魏扶风太守。傅玄从小"博学善属文，解钟律。性刚劲亮直，不能容人之短"。"州举秀才，除郎中，与东海缪施俱以时誉选入著作，撰集魏书。"后曾出任弘农太守，领典农校尉，"所居称职，数上书陈便宜，多所匡正"。当傅嘏位高权重时，傅玄还不显达。

司马炎承袭晋王，升傅玄为散骑常侍，数月后司马炎登帝位，再加傅玄驸马都尉，进爵为子。傅玄与皇甫陶"共掌谏职"，上疏请"举清远有礼之臣，以敦风节"。诏报曰："此尤今之要也。"傅玄再上疏，请"尊儒尚学，贵农贱商，此皆事业之要务也"，"若此，而学校之纲举矣"。司马炎诏赞曰："二常侍恳恳于所论，可谓乃心欲佐益时事者也。"升迁傅玄为侍中。泰始四年（268），时颇有水旱之灾，玄复上疏，"上便宜五事"，皆中时弊。其一批评征租过重，"人失其所，必不欢乐"，要求轻赋，"臣愚以为宜佃兵持官牛者与四分，持私牛与官中分"。其二要求对二千石官员不尽地利者，"皆以死刑督之"。其三要求撤换"不知水势"的水事主官车谊，"更选知水者代之"。其四，"古以步百为亩，今以二百四十步为一亩，所觉过倍。……日增田顷亩之课……或不足以偿种"，认为"横遇灾害也，其病正在于务多顷亩而功不修耳"，力荐重用"精练水事及田事"的河堤谒者石恢。其五，因"鲜卑数万散居人间，此必为害之势也"，建议新置一郡于高平川，并与安定、武威二郡"皆使并属秦州，令（秦州刺史胡）烈得专御边之宜"。司马炎诏赞："此诚为国大本，当今急务也。"次年，升傅玄为太仆，再转司隶校尉。

傅玄"天性峻急，不能有所容；每有奏劾，或值日暮，捧白简，整簪带，

---

① 《晋书》卷四七《傅祗传》。
② 《晋书》卷四七《傅祗传》。

俫踊不寐,坐而待旦。于是贵游慑伏,台阁生风"。这在当时恶淫成性、骄奢成风的官场,极为难能可贵。

傅玄又是西晋大儒,虽位显贵,但仍能"著述不废"。他"撰论经国九流及三史故事,评断得失,各为区例,名为《傅子》,为内、外、中篇,凡有四部、六禄,合百四十首,数十万言,并文集百余卷行于世"。司空王沈称赞:"省足下所著书,言富理济,经纶政体,存重儒教,足以塞杨墨之流遁,齐孙孟于往代。每开卷,未尝不叹息也。'不见贾生,自以过之,乃今不及',信矣!"傅玄"卒于家,时年六十二,谥曰刚"。[①]

(4)傅咸。傅咸字长虞,是傅玄之子,"刚简有大节。风格峻整,识性明悟,疾恶如仇",比乃父有过之无不及。傅咸"好属文论,虽绮丽不足,而言成规鉴。颍川庾纯常叹曰:'长虞之文近乎诗人之作矣!'""咸宁初,袭父爵,拜太子洗马,累迁尚书右丞。"再"迁司徒左长史"。咸宁五年上言西晋开元已有十五年,"而军国未丰,百姓不赡"的原因是"官众事殷","蚕食者多而亲农者少也"。直言不讳批评"户口比汉十分之一,而置郡县更多","虚立军府,动有百数","今之不农,不可胜计","以为当今之急,先并官省事,静事息役,上下用心,惟农是务也"。他看不惯"世俗奢侈",又上书曰:"今之贾竖皆厌粱肉。……今之婢妾被服绫罗。……今之贱隶乘轻驱肥。……今者土广人稀而患不足,由于奢也。"请求诏令诸郡效法曹操时代"无敢好衣美食"、以节俭著称的吏部尚书毛玠,"各如毛玠,风俗之移,在不难矣"。"朝廷从之,迁尚书左丞。"

晋惠帝即位,杨骏辅政,傅咸以"今圣上欲委政于公……而天下未以为善"为由,直言"明公当思隆替之宜",讽戒"得意忘言,言未易尽"。杨骏虽然有所收敛,"意稍折",但由此不满傅咸,曾想将他贬为弘农太守。杨骏外甥李斌认为"不宜斥出正人",杨骏乃止。杨骏弟杨济与傅咸友善,感叹傅咸"左丞总司天台,维正八坐,此未易居。以君尽性而处未易居之任,益不易也",委婉表达不要"尽性"。傅咸回答,宁可"以直致祸"而不愿"苟且为明哲耳"。

[①] 《晋书》卷四七《傅玄传》。

杨骏败死，傅咸升迁为御史中丞。

以后汝南王亮辅政专权，傅咸又谏之曰："杨骏有震主之威，委任亲戚，此天下所以喧哗。……及经过尊门，冠盖车马，填塞街衢，此之禽习，既宜弭息。"又说："咸之为人，不能面从而有后言。尝触杨骏，几为身祸；况于殿下，而当有惜！……自知所陈……欲以尽忠；今触猛兽之须，非欲为恶，必将以此见恕。"傅咸凭直言敢谏，诏令其"兼司隶校尉"，傅咸"前后固辞"数次，送还印绶，最后不得已而就职，拥有对京师百官及附州之监察大权。"时朝廷宽弛，豪右放恣，交私请托，朝野溷淆。咸奏免河南尹澹、左将军倩、廷尉高光、兼河南尹何攀等，京都肃然，贵戚慑伏。""时仆射王戎兼吏部，咸奏：'戎备位台辅，兼掌选举，不能谧静风俗，以凝庶绩，至今人心倾动，开张浮竞。中郎李重、李义不相匡正。请免戎等官。'""吴郡顾荣常与亲故书曰：'傅长虞为司隶，劲直忠果，劾按惊人。虽非周才，偏亮可贵也。'"晋惠帝元康四年（294）傅咸"卒官，时年五十六"。傅咸长子傅敷"清静有道，素解属文"，官至太傅参军。"永嘉之乱，避地会稽，元帝引为镇东从事中郎。"傅咸另子傅晞"亦有才思，为上虞令，甚有政绩，卒于司徒西曹属"。①

傅玄、傅咸父子均天性刚直不阿，疾恶如仇，恰好均官至司隶校尉，掌管朝廷百官监察大权，同具威名，权贵慑服。在西晋腐化奢淫时风中，他们力挽狂澜，是罕见之清流名宦。《晋书》卷四七《傅玄传》史臣评傅玄"体强直之姿，怀匪躬之操，抗辞正色……不悉其职者矣。及乎位居三独，弹击是司，遂能使台阁生风，贵戚敛手。虽前代鲍葛，何以加之！"又评傅咸"长虞风格凝峻，弗坠家声。及其纳谏汝南，献书临晋，居谅直之地，有先见之明矣"。"长虞刚简，无亏风尚。"玄、咸均为"争臣"。

四、高士挚虞及其师皇甫谧

挚虞字仲洽，京兆长安人，其父挚模任曹魏太仆卿，虽称不上士族，也是官宦人家。挚虞从小师从关中大儒皇甫谧，"才学通博，著述不倦"，是关中有名的高士。他"尝以死生有命，富贵在天"而作长赋《思游赋》，尽展才华，

---

① 《晋书》卷四七《傅咸传》。

《晋书》全文录之。晋武帝时挚虞与夏侯湛等十七人同举贤良，"拜中郎"出仕，应答策问有度，擢为太子舍人。伐吴之役后，挚虞献上诗赋《太康颂》，以"我皇之登，二国既平""洋洋四海，率礼和乐"赞美三家归晋天下太康，《晋书》亦全文录之。以后"以母忧解职"，再召为尚书郎。在朝议中，挚虞认为"今尺长于古尺几于半寸"，是"谬法"，力驳潘岳，要求"改今而从古"，重新规范天下度量。他还著《礼志》，专论封禅。针对"汉末丧乱，谱传多亡失"之弊，撰《族姓昭穆》十卷，"以为足以备物致用"。到晋惠帝元康年间，位高权重的荀颉撰《新礼》，"使虞讨论得失而后施行"。他还与名臣杜预争论国丧之制，作《舆服志》。累迁任秘书监①、卫尉卿，位列诸卿。在"八王之乱"中，他随惠帝一度迁都长安。因战乱，"百官奔散"，他曾流离于"南山中，粮绝饥甚，拾橡实而食之。后得还洛，历光禄勋、太常卿②"。到晋怀帝时，礼度弛废，挚虞还"考正旧典，法物粲然"。最后"洛京荒乱"，"人饥相食"，挚虞一向清贫，三朝元老竟"以馁卒"。③

挚虞著述颇多，"撰《文章志》四卷，注解《三辅决录》，又撰古文章，类聚区分为三十卷，名曰《流别集》"，"为世所重"。《晋书·挚虞传》史臣评之："详览载籍，多识旧章，奏议可观，文词雅赡，可谓博闻之士也。或摄官迁阁，裁成言事之书；或莅政秩宗，参定禋郊之礼。"

皇甫谧字士安，是挚虞之师，"安定朝那人，汉太尉嵩之曾孙也。出后叔父，徙居新安"④。皇甫谧虽是名门之后，但"年二十，不好学，游荡无度，或以为痴"。其后叔母任氏流涕训之，他才幡然悔悟，"就乡人席坦受书，勤力不怠"。他读书十分刻苦，"手不辍卷"，"忘寝与食，时人谓之'书淫'"，"遂博综典籍百家之言"。自此"沈静寡欲，始有高尚之志，以著述为务，自号玄晏先生"。⑤

---

① 秘书省主官，晋武帝时并入中书省，晋惠帝时复置。
② 魏晋太常卿等同汉代，主太庙、太乐、太学、太史、诸陵等，属九卿之上卿。
③ 《晋书》卷五一《挚虞传》。
④ 安定郡归雍州，属魏晋关陇之内。此外古函谷关原在今河南灵宝东北，汉迁至今河南新安以东，去故关300里。汉魏时新安在汉函谷关以西，仍属关中。
⑤ 《晋书》卷五一《皇甫谧传》。

官府屡次征举,"皆不就"。他以"居田里之中亦可以乐尧舜之道",宁为隐士,招收门徒,坚持不仕。

司马炎初继为晋王,慕名海内贤士,曾征辟皇甫谧等三十七人,数月后到泰始登禅时,这批人"莫不毕至,皆拜骑都尉,或爵赐关内侯",唯独皇甫谧不来,还作《释劝》回复乡亲之劝。其后,晋武帝"频下诏敦逼不已",皇甫谧索性上疏自明心志,还"自表就帝借书,帝送一车书与之。谧虽羸疾,而披阅不怠"。咸宁初,晋武帝再点名下诏:"男子皇甫谧沈静履素,守学好古,与流俗异趣,其以谧为太子中庶子。"皇甫谧固辞。司马炎求贤心切,又反复发诏,"征为议郎,又召补著作郎"。司隶校尉刘毅也凑热闹,"请为功曹"。但皇甫谧皆不应。直至"太康三年(282)卒,时年六十八",终身不仕。①

皇甫谧一生著述颇丰,除诗赋文论甚多之外,"又撰《帝王世纪》、《年历》、《高士》、《逸士》、《列女》等传、《玄晏春秋》,并重于世"。他有感于时风奢淫,尽力倡导"薄葬昭俭",著论《笃终》,影响甚大,"可谓达存亡之机矣"。他的门人中,"挚虞、张轨、牛综、席纯,皆为晋名臣"。②特别是张轨,在西晋末年称霸凉州,威震关陇。皇甫谧在举世皆浊中,是罕见的高士清流,其以学影响西晋政治,不可忽视。《晋书·皇甫谧传》史臣评曰:"皇甫谧素履幽贞,闲居养疾,留情笔削,敦悦丘坟,轩冕未足为荣,贫贱不以为耻,确乎不拔,斯固有晋之高人者欤!"

第二节 关中与"八王之乱"

一、晋初短暂之小康与西晋政治经济制度

晋武帝司马炎曾经励精图治,不失为有一定作为的开国皇帝。自泰始元年(265)废魏立晋,在位二十五年。前十五年力求安定与治世,积蓄国力,至咸宁六年春,仅百日便一举灭吴,实现"三家归晋"统一中国的伟业。这一年改

---

① 《晋书》卷五一《皇甫谧传》。
② 《晋书》卷五一《皇甫谧传》。

元太康。此后十年,"天下无事,赋税平均,人咸安其业而乐其事"①。社会复苏,呈现短暂之小康局面,有些史家称为"太康之治"。但同时也埋下社会重陷动乱的隐患。晋武帝死后,西晋先后发生"贾后之乱""八王之乱",直至五胡纷起,终至短祚而亡。这都与西晋的政治经济制度密切相关。

晋初,"是时江南未平,朝廷厉精于稼穑"。泰始二年,司马炎刚即位不久即下诏,"今者省徭务本,并力垦殖"。泰始四年春,他亲耕于藉田,诏曰:"朕亲率王公卿士耕藉田千亩。……将以简法务本,惠育海内。"泰始五年(269),诏令各地令长,"务尽地利,禁游食商贩"。②晋初重农省徭是确切不虚的。但经济制度最重要的举措还应是土地制度的变更。西晋废除掉三国以来实行的屯田制,在平吴后的太康元年(280)颁行占田法、课田法及相配套的户调式,影响深远,利弊参半。

屯田制起于曹操,苦于董卓乱后天下凋敝而致"军食不足"。曹操采纳"枣祗建置屯田议","以任峻为典农中郎将,募百姓屯田许下,得谷百万斛"。又在"郡国列置田官,数年之中,所在积粟,仓廪皆满"。③时在曹操迎汉献帝都许的建安初年。到三国时期,魏、蜀、吴相继仿效,大兴屯田,有效解决了军粮不足的问题。屯田制分民屯、兵屯两种,凡重兵驻屯地,多兴兵屯。屯田制在曹魏正始年间,规模达到鼎盛。司马懿使用邓艾之策在淮南、淮北广泛推行屯田,"遂北临淮水,自钟离而南横石以西,尽沘水四百余里,五里置一营,营六十人,且佃且守。兼修广淮阳、百尺二渠,上引河流,下通淮颍,大治诸陂于颍南、颍北,穿渠三百余里,溉田二万顷,淮南、淮北皆相连接。自寿春到京师,农官兵田,鸡犬之声,阡陌相属。每东南有事,大军出征……资食有储,而无水害,艾所建也"。④

但屯田制毕竟属于战时经济,主要目的是解决军粮,实质是国家佃农制,

---

① 《晋书》卷二六《食货志》。
② 《晋书》卷二六《食货志》;《晋书》卷三《武帝纪》。
③ 《晋书》卷二六《食货志》。
④ 《晋书》卷二六《食货志》。关陇屯田,不亚于关东,诸葛亮在汉中、司马懿在关中、姜维在沓中,都大规模实行过兵屯,详见本节第二目。

所获一多半归官府。在经济相对稳定的和平时期，就不适应小农经济的要求了。司马昭在魏咸熙元年曾"罢屯田官以均政役，诸典农皆为太守，都尉皆为令长"。①屯田制开始逐渐被废。两年后，到晋泰始二年，晋武帝司马炎又"罢农官为郡县"。②又十年后，晋咸宁元年（275），武帝还曾下诏："今以邺奚官奴婢著新城，代田兵种稻，奴婢各五十人为一屯，屯置司马，使皆如屯田法"。③此时，虽然邺城仍有屯田，但已属针对奴婢的特殊情况。

屯田制最终全面被废的标志，应是平吴之后的太康元年，全国颁行占田课田法及户调式。其内容按庶民与官吏身份做出截然不同的两种规定。庶民按男女丁占田，"男子一人占田七十亩，女子三十亩。其外丁男课田五十亩，丁女二十亩，次丁男半之，女则不课"。"远夷不课田者输义米，户三斛"。户调式规定"丁男之户，岁输绢三匹，绵三斤，女及次丁男为户者半输"。④如此，一夫一妇可占田百亩，其中课田七十亩，依法占田，依规课租，并按户交纳绢、绵（属人头税），一家一户的小农经济便形成。对庶民而言，占田课田法确保了个人收获，有利于安居乐业。最显著的社会功效是人口增加。占田课田法颁布之前，"太康元年，克吴，大凡户二百四十五万九千八百四十，口一千六百一十六万三千八百六十三"⑤。到占田课田法颁布的第三年，即太康三年，"晋户有三百七十七万"⑥。三年之间一下多出一百三十万户，其中固有疑点，⑦但人口增多是不争的事实。

占田课田法同时规定对官吏特别是权贵，依官品"各以贵贱占田"，"品第一者占五十顷，第二品四十五顷"，每低一品，递减五顷，至第九品，占田

---

① 《三国志·魏志》卷四《陈留王纪》。
② 《晋书》卷三《武帝纪》。
③ 《晋书》卷二六《食货志》。
④ 《晋书》卷二六《食货志》。
⑤ 《晋书》卷一四《地理志上》。
⑥ 《三国志·魏志》卷二二《陈群传》注引《晋太康三年地记》。
⑦ 西晋太康元年户数，因有"克吴"二字，应包括刚收编的原吴国的五十二万三千户。但各地豪强、士族之庄园应有不少逃避赋税徭役的依附户、隐户如佃客、部曲、奴婢等未计入编户，所以统计的户数存在疑点。而颁行占田课田法后，势必吸引之前的隐户入籍。故太康三年的户数真实可信。

十顷。又各以官品之高低，享有荫庇亲属及奴婢以为佃客和衣食客，"多者及九族，少者三世"。一、二品可得荫庇佃户五十户，以下递减。[①] 荫庇户可免除租赋徭役，利益归其主子。官吏与庶民相较，占田数额相差数十倍，加上荫庇户，占田法给予官吏权贵的优惠和特权是惊人的。这还只是合法规定。事实上，门阀士族多不受占田法限制，占田及荫庇无上限。比如中书令王戎就"性好兴利，广收八方园田水碓，周遍天下。积财聚钱，不知纪极"[②]。司徒石苞之子石崇富甲一方，家有"水碓三十余区，苍头八百余人，他珍宝货贿田宅称是"[③]。

西晋占田课田法取代三国屯田制，虽有恢复及安定小农经济的功效，为"太康之治"做出贡献，但也明显区分贵贱，给予官吏特别是门阀士族巨大的经济特权，使上层权贵竞相暴富。

西晋政治制度更加助长特权阶层的形成。选官用人之九品中正制，到西晋已全面实行和成熟，成为门阀士族独占高官厚禄的特权和手段。晋武帝时的尚书左仆射刘毅上疏所言"上品无寒门，下品无势族"一针见血道出九品中正制的时弊，尖锐批评之"毁风败俗，无益于化，古今之失，莫大于此"。[④]

比九品中正制更具政治经济特权的是西晋实行分封制和五等爵位制。晋武帝泰始元年即位之时，"惩魏氏孤立之敝，故大封宗室"[⑤]。封同姓王达二十七人，"封诸王以郡为国"，其大国邑二万户，置兵五千人；次国邑万户，置兵三千人；小国也有五千户，置兵千五百人。[⑥] 封邑民户的户调的 1/3 和田租的 1/2 归诸侯王享有，称为"食邑"，仅二十七王按大小封国平均食邑户数计，可达二十多万户，几乎是西晋太康三年全国三百七十七万户的十几分之一。西晋分封诸侯王，与西汉不同，徒享封土，而不治吏民，"王不之国，官于京师"[⑦]。但诸侯王多担任朝廷高官或地方长吏，并兼都督各州诸军事，握

---

① 《晋书》卷二六《食货志》。
② 《晋书》卷四三《王戎传》。
③ 《晋书》卷三三《石崇传》。
④ 《晋书》卷四五《刘毅传》。
⑤ 《资治通鉴》卷七九《晋纪一》。
⑥ 《晋书》卷一四《地理志上》。
⑦ 《晋书》卷一四《地理志上》。

有军政大权，其本意是为了巩固皇权，结果后来反成了争权夺利、分割皇权的分裂势力，终酿成"八王之乱"。

西晋为照顾门阀士族和有功之臣，还实行公、侯、伯、子、男五等爵制，《通典》卷一九《职官一》记"有开国郡公、县公、郡侯、县侯、伯、子、男及乡亭、关内等侯"，而且各有封户、食邑户。"公侯邑万户以上为大国，五千户以上为次国，不满五千户为小国。"① 仅以伐吴之役出名者六人为例。有灭吴头功的王濬，因功"封为襄阳县侯，邑万户。封子彝杨乡亭侯，邑千五百户，赐绢万匹"。太康六年死后，"葬垣周四十五里"。② 伐吴大功臣杜预，"以功进爵当阳县侯，增邑并前九千六百户，封子耽为亭侯，千户，赐绢八千匹"。③ 力倡伐吴的羊祜死时赐"钱三十万"，封"南城侯"，克吴后感念羊祜之功，又加"封夫人夏侯氏万岁乡君，食邑五千户，又赐帛万匹，谷万斛"。④ 名义上的伐吴统帅太尉贾充虽无尺寸之功，但也赐"帛八千匹，增邑八千户"，因其原已为鲁公，无法再晋爵，特封其一弟三从孙为侯，并增户邑。太康三年贾充死时，诏"赐二千万"，因其子早逝，晋武帝还破例下诏特许其外孙韩谧"为鲁公世孙，以嗣其国"，承袭邑户。⑤ 伐吴攻牛渚有小功、忌欺王濬的王浑也因功"增封八千户，进爵为公"，其子、其弟也分别封为亭侯、关内侯，"赐绢八千匹"。⑥ 参战助攻武昌的王戎，"进爵安丰县侯，增邑六千户，赐绢六千匹"。⑦ 以上六人，均封爵公侯，共食邑民户超五万户，赐绢五万匹，不逊诸侯王。

西晋五等爵制实起于司马昭，"晋文帝为晋王，命裴秀等建立五等之制"。起初，"惟安平郡公孚邑万户"，"其余县公邑千八百户，地方七十五里；大国侯邑千六百户，地方七十里；……大国伯邑千二百户，地方六十里；……大

---

① 《晋书》卷一四《地理志上》。
② 《晋书》卷四二《王濬传》。
③ 《晋书》卷三四《杜预传》。
④ 《晋书》卷三四《羊祜传》。
⑤ 《晋书》卷四〇《贾充传》。
⑥ 《晋书》卷四二《王浑传》。
⑦ 《晋书》卷四三《王戎传》。

国子邑八百户，地方五十里；……男邑四百户，地方四十里"。① 到晋武帝泰始元年时，变本加厉，罢原来规定的封邑之数，数倍增之，封公侯者，食邑万户为大，已不稀见；食邑五千户只能算次国。能享五等爵者人数也大大增加，稍有寸功，便可随意加官晋爵。在《晋书》入传之官僚，比比皆为公侯，其食邑民户均为世袭，惠及子孙，总量虽未统计，但必然十分惊人。分封制和五等爵制带来的政治特权和经济利益远远超过占田课田法。

何兹全认为，"晋对世族地主的这些措施"，造成"世族地主之无限制的特权，助长了他们在生活上和政治上的腐化，也使太康年间的小康局面好景不长"。②

西晋社会财富高度集中于门阀士族之手，于是出现了挥霍无度、豪侈成性、斗富成风的腐化奇观，于史罕见。司马炎在平吴之后，就荒淫怠政，"耽于游宴"③。他诏选孙皓宫女五千人入宫，后宫多达万人，宠者甚众。每夜莫知所适，常乘羊车，恣其所之，至便宴寝。曾任过西晋开国太尉、司徒的太傅何曾，位极人臣，"性奢豪，务在华侈。帷帐车服，穷极绮丽，厨膳滋味，过于王者"，"食日万钱，犹曰无下箸处"。到了其子何劭，日食增至二万钱，"食必尽四方珍异"。司隶校尉刘毅等"数劾奏(何)曾侈忕无度"。④ 司徒石苞之子石崇"财产丰积，室宇宏丽。后房百数，皆曳纨绣，珥金翠。丝竹尽当时之选，庖膳穷水陆之珍。与贵戚王恺、羊琇之徒以奢靡相尚"。"恺作紫丝布步障四十里，崇作锦步障五十里以敌之。""武帝每助恺，尝以珊瑚树赐之，高二尺许"，"世所罕比"，"恺以示崇，崇使以铁如意击之，应手而碎。恺既惋惜，又以为嫉己之宝，声色方厉。崇曰：'不足多恨，今还卿。'乃命左右悉取珊瑚树，有高三四尺者六七株，条干绝俗，光彩曜日"。⑤ 司徒王浑之子王济尚常山公主，"性豪侈，丽服玉食。时洛京地甚贵，济买地为马埒，编钱满之，时人谓为'金

---

① 《晋书》卷一四《地理志上》。
② 参阅何兹全、张国安：《魏晋南北朝史》，人民出版社2013年版，第72—78页。
③ 《晋书》卷三《武帝纪》。
④ 《晋书》卷三三《何曾传》；《晋书》卷三三《何劭传》。
⑤ 《晋书》卷三三《石崇传》。

沟'"。"王恺以帝舅奢豪，有牛名'八百里驳'，常莹其蹄角。"王济看着眼气，"请以钱千万与牛对射而赌之"，一箭射死，割牛心而去。"帝尝幸其宅，供馔甚丰，悉贮琉璃器中。蒸肫甚美，帝问其故，答曰：'以人乳蒸之。'帝色甚不平，食未毕而去。"①这些斗富名典，虽多出平吴之后，②而且是最上层的统治阶层豪侈。但傅咸在咸宁五年平吴前，就已批评"世俗奢侈"，上疏言"今之贾竖皆厌粱肉。……今之婢妾被服绫罗。……今之贱隶乘轻驱肥。……今者土广人稀而患不足，由于奢也"。③傅咸所指贾竖、婢妾、贱隶之奢，绝非庶族，而皆出豪门权贵之家。这表明对门阀士族而言，世风奢侈腐化，挥金如土，非自平吴始，亦非个案，而是自始就普遍败坏。西晋虽然一统天下，"三家归晋"，但未能长治久安而早早自乱，其实病根肇始于建立之初。

二、魏晋关陇经济之概述

魏晋关陇久历战火。自董卓之乱后，经济残破甚于关东。从曹操后期经曹丕、曹叡、司马懿父子，再至晋初司马炎，历经近百年努力经营，关陇经济得以艰难复苏，可惜好景不长，晋末又重新毁于战乱。

早在董卓死时（192），"三辅户口尚数十万"。李傕劫难后，"长安城空四十余日"，"人相食啖，白骨委积"，"二三年间，关中无复人迹"。④建安初，"关中百姓流入荆州者十余万家"。后来曹操平定关陇时，这批流民"及闻本土安宁，皆企望思归，而无以自业"。"于是卫觊议为'盐者国之大宝，自丧乱以来放散，今宜如旧置使者盐卖，以其直益市犁牛，百姓归者以供给之。勤耕积粟，以丰殖关中，远者闻之，必多竞还'。于是魏武遣谒者仆射监盐官，移司隶校尉居弘农。流人果还，关中丰实。"⑤曹操又派钟繇持节督关中，安抚马腾，关中形势暂时稳定。建安五年官渡之战时，钟繇从关中送军马两千余匹到前线，还曾迁徙一部分关中民户充实洛阳。曹操把钟繇比为"镇守关中，足食成军"的萧何。⑥

---

① 《晋书》卷四二《王济传》。
② 何曾死于平吴前的咸宁四年（278），可属奢侈无度的始作俑者之一。
③ 《晋书》卷四七《傅咸传》。
④ 《后汉书》卷七二《董卓传》。
⑤ 《晋书》卷二六《食货志》。
⑥ 《三国志·魏志》卷一三《钟繇传》。

建安十六年曹操亲征马超，西定关陇，任命高陵人张既为京兆尹，"招怀流民，兴复县邑，百姓怀之"。①

建安二十年曹操西取汉中。时任雍州刺史的张既曾力主撤退"汉中民数万户以实长安及三辅"，并建议把武都氐人数万户迁到扶风、天水。②四年后，刘备夺回汉中，曹操退守关中，果然照办，"令（张）既之武都，徙氐五万余落出居扶风、天水界"。③

到曹丕代汉立魏的黄初中，"四方郡守垦田又加，以故国用不匮。时济北颜斐为京兆太守，京兆自马超之乱，百姓不专农殖，乃无车牛。斐又课百姓，令闲月取车材，转相教匠。其无牛者令养猪，投贵卖以买牛。始者皆以为烦，一二年中编户皆有车牛，于田役省赡，京兆遂以丰沃"。④

魏蜀争夺关陇战争年间，双方都大搞屯田，努力积蓄军粮。诸葛亮北驻汉中，屯田积谷多年，以支撑其"六出祁山"。曹真、司马懿先后督关陇，且战且屯田，以逸待劳。

魏明帝曹叡"以关中连遭贼寇，谷帛不足"，令度支尚书司马孚（司马懿弟）"遣冀州农丁五千屯于上邽，秋冬习战阵，春夏修田桑。由是关中军国有余，待贼有备矣"。⑤魏明帝还重视经营陇西，"徐邈为凉州（刺史），土地少雨，常苦乏谷。邈上修武威、酒泉盐地，以收虏谷。又广开水田，募贫民佃之，家家丰足，仓库盈溢。及度支州界军用之余，以市金锦犬马，通供中国之费。西域人入贡，财货流通，皆邈之功也"。"其后皇甫隆为敦煌太守，敦煌俗不作耧犁，及不知用水，人牛功力既费，而收谷更少。隆到，乃教作耧犁，又教使灌溉。岁终率计，所省庸力过半，得谷加五，西方以丰。"⑥魏明帝时司马懿在关中大兴水利最值得称道。魏青龙元年，"开成国渠自陈仓至槐里；筑临晋陂，

---

① 《三国志·魏志》卷一五《张既传》。
② 《三国志·魏志》卷一五《张既传》。
③ 《三国志·魏志》卷一五《张既传》；《三国志·魏志》卷二五《杨阜传》。
④ 《晋书》卷二六《食货志》。
⑤ 《晋书》卷三七《司马孚传》。《晋书》卷二六《食货志》记此事是魏太和四年（230），司马懿上表所为。
⑥ 《晋书》卷二六《食货志》。

引汧洛溉舄卤之地三千余顷,国以充实焉"。①

次年,蜀建兴十二年、魏青龙二年,诸葛亮经三年精心准备,亲率十万蜀军,从汉中走褒斜道出师直抵关中郿县,为持久计,在五丈原屯田种谷,蜀军"耕者杂于渭滨居民之间,而百姓安堵,军无私焉"。②

诸葛亮死后,蜀国蒋琬、费祎、姜维均重视汉中屯田,后来姜维还把蜀军主力屯田发展到陇西沓中。司马懿调升洛阳后,后继者亦循其道,重视经营关陇经济。如魏雍州刺史郭淮曾迁徙凉州氐人三千余户以充实关中,又安置依附的凉州休屠胡两千余户于高平。③以大规模开发淮南屯田出名的邓艾自调到西线抵抗姜维,在渭水和陇西屯兵驻守多年,后升迁征西将军,统兵数万,"留屯上邽","手执耒耜,率先将士",亲自带头耕种。④

司马昭三次治兵关中,以及伐蜀之役顺利取胜,关陇经济更趋复兴。及至司马炎废魏立晋,"朝廷厉精于稼穑",重农省徭。司马炎多次亲耕藉田,并屡诏:"今者省徭务本,并力垦殖,欲令农功益登,耕者益劝","敕戒郡国计吏、诸郡国守相令长,务尽地利,禁游食商贩"。泰始五年灭吴前,诏以"司隶校尉石鉴所上汲郡太守王宏勤恤百姓,导化有方,督劝开荒五千余顷……其赐谷千斛,布告天下"。司徒石苞"明于劝课,百姓安之"。泰始十年,"光禄勋夏侯和上修新渠、富寿、游陂三渠,凡溉田千五百顷"。⑤由于关东连年水灾虫灾,关中经济更胜关东。咸宁三年(277),诏曰:"今年霖雨过差,又有虫灾。颍川、襄城自春以来,略不下种,深以为虑。"杜预上疏:"今者水灾东南特剧,非但五稼不收,居业并损",建议"今者宜大坏兖、豫州东界诸陂,随其所归而宣导之"。"水去之后,填淤之田,亩收数钟。至春大种五谷,五谷必丰",并建议"今既坏陂,可分种牛三万五千头,以付二州将吏士庶,使及春耕"。⑥平吴后太康元年,西晋在全国颁行占田课田法户调式,全

---

① 《晋书》卷二六《食货志》。
② 《三国志·蜀志》卷三五《诸葛亮传》。
③ 《三国志·魏志》卷二六《郭淮传》。
④ 《晋书》卷四八《段灼传》。
⑤ 《晋书》卷二六《食货志》;《晋书》卷三《武帝纪》。
⑥ 《晋书》卷二六《食货志》。

面废除屯田制，关中与关东同受其利，小农经济复兴，人口大增。当时，"关中之人百余万口，率其少多，戎狄居半"①。西晋时陇右经济也复苏得相当可观，主要表现为大姓豪族田庄。如晋强弩将军庞宗为西州大姓，有田"二百余顷"。②金城麹氏与游氏，"世为豪族"，西州语曰："麹与游，牛羊不数头。南开朱门，北望青楼。"③

晋惠帝永平元年（291）虽有"贾后之乱"，所幸还只乱京师政局，未坏经济。但好景不长，到元康六年，赵王伦入朝参政，又发动政变灭贾后废惠帝自立，引爆天下大乱。关中参战并且内乱，出现关中军三次东征洛阳，逼晋惠帝西迁长安，后再遭关东联军反攻大掠长安，抢回惠帝还都洛阳，关中诸郡自相攻伐等连年大动荡。天灾人祸，关中残破，荒无人烟。雍、秦二州再现大规模流民潮，南奔汉中及外逃至荆、蜀、宛诸地，甚至铤而走险造反。"至于永嘉，丧乱弥甚。雍州以东，人多饥乏，更相鬻卖，奔迸流移，不可胜数。幽、并、司、冀、秦、雍六州大蝗，草木及牛马毛皆尽。又大疾疫，兼以饥馑，百姓又为寇贼所杀，流尸满河，白骨蔽野。"④永嘉五年（311），刘粲一度攻陷长安。永嘉七年（313）司马邺在长安称帝（是为晋愍帝）后，连年遭刘曜攻击。及至建兴四年（316），刘曜攻掠上郡（今陕北榆林、延安地区）、北地（今陕西铜川市耀州区、富平县地）及关中诸郡，再围长安数月，"京师饥甚，米斗金二两，人相食，死者太半"，"长安城中户不盈百"。⑤愍帝粮尽出降，西晋灭亡。长安及关中残破至极，重现董卓乱后之悲惨景象。关中经济经过近百年复苏，又一次遭到毁灭。关陇仅存凉州幸有刺史张轨、张寔父子称霸一方，免遭涂炭。时谣曰："秦川中，血没腕，惟有凉州倚柱观。"⑥

三、关中名门杨骏专权与贾后之乱

弘农华阴杨氏，祖先杨喜参与追杀项羽，因功封侯。杨敞在西汉昭帝时为

---

① 《晋书》卷五六《江统传》。
② 《晋书》卷六〇《张辅传》。
③ 《晋书》卷八九《麹允传》。
④ 《晋书》卷二六《食货志》。
⑤ 《晋书》卷五《孝愍帝纪》。详见第三章第一节。
⑥ 《晋书》卷八六《张轨传》。详见本章后叙。

丞相。杨震在东汉安帝时任太尉。以后杨震子杨秉、杨秉子杨赐、杨赐子杨彪分别在东汉桓帝、灵帝、献帝时任太尉，"自震至彪，四世太尉"，"与（四世三公的）袁氏俱为东京名族云"。①杨氏与袁氏均可属第一等名门士族。

司马昭慕名，看中"聪慧""善书""姿质美丽"的杨家女杨艳，②为世子司马炎选聘为妻。杨艳"甚被宠遇"，生惠帝等三子三女。司马炎称帝，立杨艳为皇后。晋泰始十年，杨艳患病，临终向司马炎荐自己的堂妹、叔父杨骏之女杨芷，"帝流涕许之"。咸宁二年（276），司马炎果然娶杨芷为后。杨芷也备受恩宠，在太康九年（288），"率内外夫人命妇躬桑于西郊"，俨然为后宫万余佳丽中第一人。③杨骏以名门及靠侄女和女儿均为皇后的国丈身份而"超居重位，自镇军将军迁车骑将军，封临晋侯"。④

太熙元年（290）晋武帝司马炎病死，杨艳所出之司马衷继位，是为晋惠帝。百姓饿死，惠帝竟然问："何不食肉糜？"⑤司马炎早知司马衷不堪奉大统，故死前预做安排，任汝南王亮（司马懿第四子）为大司马、大都督，掌全国军权，又封司马玮为楚王、司马柬为秦王、司马允为淮南王，持节分赴各郡国，据守荆、雍、许等要津重镇，"各统方州军事"。还升王浑为司徒、石鉴为司空、卫瓘为太保。但令人意外的是，临终前几天，他突然把杨骏从车骑将军晋升为太尉，"都督中外诸军"，授予比汝南王亮还高的军事指挥权，命其辅政。⑥其中有两个缘故。一个是杨骏心怀野心，利用国丈身份，"尽斥群公，亲侍（帝）左右"，得知武帝有"以汝南王亮与骏夹辅王室"的遗诏，便"从中书借诏观之，得便藏匿"，"秘而不宣"。另一个是指使其女杨皇后，利用武帝病重"迷乱"之机，"奏帝以骏辅政，帝颔之。便召中书监华廙、令何劭，口宣帝旨使作遗诏"诏

---

① 《后汉书》卷五四《杨震传》及注引《华峤书》。杨彪子杨修虽为曹操所杀，但未影响家世。
② 《晋书》卷九三《杨文宗传》记杨艳父杨文宗，世袭亭侯，早逝。
③ 《晋书》卷三一《武元杨皇后传》；《晋书》卷三一《武悼杨皇后传》。
④ 《晋书》卷四〇《杨骏传》。
⑤ 《晋书》卷四《惠帝纪》。
⑥ 《晋书》卷三《武帝纪》。

成以呈帝，"帝亲视而无言"。①

晋惠帝即位后，尊姨母、皇后杨芷为皇太后，再进杨骏为太傅、大都督，许其居太极殿独自辅政，"录朝政，百官总己"，"凡有诏命，帝省讫，入呈太后，然后乃出"。杨骏专权后，自知素无美望，"遂大开封赏，欲以悦众"，"又多树亲党，皆领禁兵"。他将其弟杨济从卫将军（禁军首领）升为太子太保，又让另一弟杨珧接替卫将军之职。三兄弟"势倾天下，时人有'三杨'之号"。杨骏心胸狭隘，不能容人，曾被尚书郭奕等评为"小器"，"不可以任社稷之重"。他专权后，果然"为政严碎，愎谏自用，不允众心"。其友冯翊太守孙楚警告之："今宗室亲重，藩王方壮，而公不与共参万机，内怀猜忌，外树私昵，祸至无日矣。"杨骏不听。杨济、杨珧看不下去，"数相谏止"，结果反而"因废于家"。杨骏引起朝野怨愤，"于是公室怨望，天下愤然矣"。汝南王亮预言："骏之凶暴，死亡无日。"②

晋惠帝皇后贾南风，是有名的士族、西晋开国功臣贾充（指挥部下弑魏帝曹髦者，后任平吴统帅）之女，"性酷虐"，"暴戾日甚"，凶险多权诈，野心勃勃。③她利用惠帝庸弱无能，干预国事，多树亲党，形成阴谋集团，与专权的杨骏矛盾日深。

永平元年，贾后密召镇守荆州的楚王玮（司马炎第五子）入京（洛阳），率禁军围攻杨骏府第，诛除杨家宗族及党羽数千人。"三杨"并死，连杨太后也被废，绝食而死。这时贾后还不敢贸然执政，先召有威望的镇守许昌的汝南王亮入京，与名臣卫瓘共同辅政。继而她唆使掌禁军的楚王玮发动政变，诛杀汝南王亮和卫瓘。事后，又以"矫诏擅杀"的罪名杀掉楚王玮，夺得大权。贾后使用毒辣伎俩，发动政变如同儿戏，引起朝臣的普遍不满。她以无情的专政控制局势，重用族兄贾模、内侄贾谧、母舅郭彰等亲属以及死党董猛、赵粲、贾午、张华等群小。这批人专横跋扈，恃贵骄纵，更引起天下怨恨。当时

---

① 《晋书》卷四〇《杨骏传》；《晋书》卷三《武帝纪》。
② 《晋书》卷四〇《杨骏传》；《晋书》卷四《惠帝纪》。
③ 《晋书》卷三一《惠贾皇后传》。

洛阳流行童谣："南风烈烈吹黄沙，遥望鲁国郁嵯峨，前至三月灭汝家。"[①]贾后不得已，于元康六年又召镇守关中的赵王伦（司马懿第九子）入京参与朝政，以平息民怨。

但贾后又因惠帝唯一的儿子、太子遹（后宫谢玖所生）与贾氏有矛盾，设计诬陷，于永康元年（300）废杀太子，天下"众情愤怨"[②]。一个月后，已掌禁军的赵王伦在谋士孙秀策划下，以替太子报仇为名，发动政变，与任禁军校尉的齐王冏（司马昭子齐王司马攸之子）合力诛灭贾后及其党羽。贾后虽死，但内乱一发而不可止。次年赵王伦废掉惠帝，自立为帝，把齐王冏排挤出洛阳，出镇许昌。齐王冏又与镇守邺城的成都王颖（司马炎第十六子）和镇守关中的河间王颙（司马懿弟司马孚之孙）联兵讨伐。[③]

贾后挑起一系列宫廷政变，酿成天下大乱，史称"贾后之乱"。由于有众多诸侯王卷入，展开激烈内战，自相残杀，其中"煽其风，速其祸"，卷入最深的有八王，所以又称"八王之乱"。难怪范文澜在《中国通史简编》中用厌恶的语句评说西晋统治阶级，"所有凶恶、险毒、猜忌、攘夺、虚伪、奢侈、酗酒、荒淫、贪污、吝啬、颓废、放荡等等龌龊行为，司马氏集团表现得特别集中而充分"。

四、"八王之乱"中关中军三次东征洛阳与逼晋惠帝迁都长安

西晋以来，镇守关中的诸侯王，最早为扶风王司马亮（即汝南王）。咸宁三年，司马亮因鲜卑树机能造反杀秦州刺史胡烈失职被调离，由汝阴王司马骏取代。司马骏坐镇长安十年，直到太康七年（286）病死。这一年派陇西王司马泰继镇关中。太康十年又徙封南阳王司马柬为秦王，代司马泰都督关中，食邑八万户，远远优于其他诸王。太熙元年惠帝即位后，先派梁王司马肜代替秦王柬，后又派赵王司马伦代梁王肜出镇长安。元康六年，关中氐帅齐万年起义，朝廷走马换将，召回赵王伦，重派梁王肜再镇关中。元康九年（299），梁王肜无功，

---

① 《晋书》卷三一《惠贾皇后传》；《晋书》卷五九《楚王玮传》；《晋书》卷四《惠帝纪》。
② 《晋书》卷五三《愍怀太子传》；《晋书》卷四《惠帝纪》。
③ 《晋书》卷五九《赵王伦传》；《晋书》卷五九《齐王冏传》。

又被河间王司马颙取代。①

此后,河间王颙坐镇长安,成为"八王之乱"的中心人物之一。当齐王冏派使者来关中联络时,他想帮助赵王伦,便把齐王使者绑送赵王,还派猛将张方(河间人)擒讨驻守始平(今陕西兴平东南),准备响应齐王冏的安西参军夏侯奭。永康元年,他派张方率关中精兵东进洛阳,本意是要支援赵王伦。但张方刚行至华阴,河间王颙听说成都王颖调发二十余万大军,已挺进到朝歌(今河南淇县),齐王冏也凑集了十几万甲士,知道赵王伦兵力薄弱,绝非齐王和成都王的对手,便改变主意,急召张方,令其转而与齐王、成都王联军合攻洛阳。赵王伦调洛阳军队分兵抵抗。双方大战六十多天,士卒死亡近十万人。后来,洛阳左卫将军王舆联合京城百官在城内倒戈,里应外合,迎请惠帝复位,擒杀赵王伦及党羽。这是关中军第一次东征洛阳参战。②

齐王冏三月兴兵讨伐赵王伦,六月率众进入洛阳,拥甲士数十万,"威震京师"。论功行赏,齐王冏封大司马,效仿司马氏辅魏的先例,加九锡,主持朝政;成都王颖封大将军,都督中外诸军事,也加九锡,可带剑上殿;河间王颙封侍中、太尉。不久,成都王恋邺归镇,河间王仍坐守长安,朝权全都归齐王。齐王冏想久专大权,擅立清河王司马遐(司马炎第十四子)之子年仅8岁的司马覃为太子,得罪了有可能立为皇太弟的成都王颖和长沙王司马乂(司马炎第六子)。河间王司马颙自己无望当皇位继承人,但同样野心勃勃,想废惠帝立司马颖,自己当丞相,控制朝政。于是上表劾奏齐王冏"窥伺神器,有无君之心",自称"勒兵十万"准备与成都王颖、新野王歆、范阳王虓同时出兵,会师洛阳。③

太安元年(302),河间王颙派长史李含(陇南人,客居始平)为都督,统率张方等将领带关中兵第二次东出潼关,进抵新安,准备进攻洛阳。李含想

---

① 《晋书》卷四《惠帝纪》。
② 《晋书》卷四《惠帝纪》;《晋书》卷五九《河间王颙传》;《晋书》卷五九《赵王伦传》;《晋书》卷六〇《张方传》。
③ 《晋书》卷四《惠帝纪》;《晋书》卷五九《齐王冏传》;《晋书》卷五九《河间王颙传》。

让洛阳城内的长沙王与齐王火并,使两败俱伤,自己乘机占领京城,便派人联络长沙王。长沙王自有主意,乘机举兵突然占领宫城,借天子之名讨伐齐王。二王在城内大战三月,"飞矢雨集,火光属天"。齐王冏兵败被长沙王杀掉,党羽两千人同死。政权落入长沙王手中。李含在城外一无所得,亦无口实攻城,打算落空,只得回师长安。河间王颙当然不满意。此时,早已投靠齐王的梁州(州治南郑,即汉中)刺史皇甫商在洛阳又转而投靠长沙王,而皇甫商之兄皇甫重正任秦州刺史。李含与河间王颙合谋,要骗皇甫重过长安,乘机擒杀掉。皇甫重先发制人,调陇右兵攻讨李含。河间王颙在长安指挥金城太守游楷和陇西太守韩稚汇集四郡兵力围攻皇甫重。同时密派李含赴洛阳,策动侍中冯荪、中书令卞粹谋杀长沙王。但事被皇甫商探知,长沙王捕杀李含及冯、卞三人。河间王颙在长安得知事败,即联合镇守邺城的成都王颖合力攻讨长沙王,分别派重兵东西夹攻洛阳。①

太安二年(303),河间王颙以张方为都督率七万关中精兵,东出函谷关第三次向洛阳挺进。成都王颖也从朝歌出师,调集二十万大军,亲自带领进至河桥,派部将陆机为前锋,南渡黄河,合攻洛阳。长沙王乂指挥在洛阳的数万军队,据城死守。三方兵力多达三十万。张方先在宜阳(今河南宜阳西)击溃长沙王部众,攻烧洛阳清明、开阳二门,斩杀万人。但进攻洛阳建春门的陆机败阵。张方退屯十三里桥,决堰断水,筑垒固守,对洛阳长围久困。城内断粮断水,"米石万钱","城中大饥",内部分裂。永兴元年(304),东海王司马越(司马懿弟司马馗孙)与禁军将领朱默合谋,在洛阳发动宫廷政变,拘捕长沙王,交给张方。张方把长沙王用火烤死。成都王颖进入洛阳,废太子覃,自兼皇太弟及丞相,然后仍回邺城。此后三王三分政权:东海王奉惠帝都洛阳;成都王居邺,遥控朝政;河间王居长安,为太帝。东海王越失望,率禁军奉惠帝讨伐成都王颖,结果在荡阴(今河南汤阴西南)战败,被迫逃往东海封国(今山东郯城北)。惠帝被俘到邺城。河间王颙命张方带关中兵坐收渔利,乘虚抢

---

① 《晋书》卷五九《河间王颙传》;《晋书》卷五九《齐王冏传》;《晋书》卷五九《长沙王乂传》;《晋书》卷六〇《皇甫重传》;《晋书》卷六〇《李含传》。

占京城洛阳。①

当时地方实力派并州刺史司马腾（东海王越的弟弟）与幽州刺史王浚联合攻破邺城，成都王颖失掉老巢，元气大伤，只得挟惠帝逃到洛阳，被迫依附手握关中精兵的张方。在此之前，长沙王使惠帝密诏他曾帮助过的雍州刺史刘沈发兵攻击长安，欲使张方回救关中，以解洛阳之围。刘沈奉诏纠合七郡之兵万余人袭攻长安。长沙王还派原梁州刺史皇甫商潜回关中，劝说金城太守高平游楷休兵，救出其兄秦州刺史皇甫重，与刘沈合攻长安。但皇甫商一到新平，就被从甥告发，遭到捕杀。河间王颙本来屯军于郑县（今陕西渭南市华州区）之高平亭，做张方后援，听说后方有变，迅速回师渭城（今陕西咸阳），继而退还长安。刘沈渡渭来攻，几次打败河间王颙。与他联兵的安定太守衙博及安定功曹皇甫澹带精甲五千还曾一度攻入长安城内，直逼河间王大帐。冯翊太守张辅带兵援救河间王，力战击杀衙博父子。皇甫澹被俘，不降亦死。张方又从洛阳前线分军回救。刘沈兵败被河间王颙腰斩。秦州刺史皇甫重久困无援，也被部众杀死。秦州重为河间王所占，张辅继任刺史。经此兵乱，河间王颙轻易不敢再离开长安。为了能操纵朝政，他命令张方强迫惠帝和成都王颖迁都长安。张方大掠洛阳而归。河间王颙率步骑三万迎接惠帝于霸上（今陕西西安东北），"以征西府为宫"。他命张方为禁军统帅兼京兆太守，自己"都督中外诸军事"，从此独掌大权。他在长安选置百官，改秦州为定州，并废黜成都王颖，还废黜了皇后羊氏，新立豫章王司马炽（司马炎第二十五子）为皇太弟。②

五、东海王西征长安与惠帝还都洛阳

永兴二年（305），东海王越东山再起，在徐州以迎救天子还都洛阳为名，传檄山东各地郡县，并纠集东平王和范阳王，组成联军西讨河间王颙。此时，河北一带的成都王颖旧部汲桑、公师藩也起兵于赵、魏，众至数万。河间王

---

① 《晋书》卷四《惠帝纪》；《晋书》卷五九《河间王颙传》；《晋书》卷五九《成都王颖传》；《晋书》卷五九《长沙王乂传》；《晋书》卷五九《东海王越传》；《晋书》卷六〇《张方传》。

② 《晋书》卷四《惠帝纪》；《晋书》卷五九《河间王颙传》；《晋书》卷六〇《张方传》；《晋书》卷六〇《皇甫重传》；《晋书》卷六〇《张辅传》；《晋书》卷八九《刘沈传》。

颙的兵力仅有十万，心中恐惧，迫不得已，让成都王复出，还镇邺城，安抚河北，又派使臣与东海王议和，但遭拒绝。

东海王越亲率三万精锐西征，先屯萧县，又进至阳武。幽州刺史王浚派遣部将祁弘率数万鲜卑、乌桓骑兵做东海王越的开路先锋。河间王颙派张方率十万关中兵迎战，并派刘乔、吕朗配合成都王颖屯守洛阳、荥阳一带，但成都王与刘、吕连遭败绩。于是河间王颙的参军毕垣等人便进密谋，建议河间王杀张方向东海王越谢罪。河间王也想舍车马以求自保，便令张方的亲信长安富人郅辅假装送信，带刀直入正屯兵霸上的张方帅营之内，刺杀了张方。郅辅因功升为安定太守。河间王颙派人送张方首级给东海王请和，但又遭拒绝。东海王部将祁弘、宋胄等听说关中猛将张方已死，反而争相进兵，连克河桥、洛阳、荥阳。关中大将吕朗投降，成都王颖兵败逃回华阴。河间王颙"赔了夫人又折兵"，非常懊悔，便杀郅辅出气，又派弘农太守彭随、北地太守刁默出关抵抗。[①]

光熙元年（306）五月，关东联军先锋祁弘在潼关外大破彭、刁，挥师攻入关中，在灞水又击败河间王部将马瞻、郭伟。河间王颙单马逃入太白山。祁弘攻占长安，纵兵大掠，杀两万余人，然后奉惠帝东还洛阳，留镇西将军梁柳守长安。"帝乘牛车，行宫藉草，公卿跋涉。"河间王部将马瞻与始平太守梁迈等又袭攻长安，杀梁柳，准备迎接河间王重返长安。但关中诸郡长吏已乱了阵势，自相残杀起来。弘农太守裴廙、安定太守贾疋等人联兵攻杀马瞻和梁迈。河间王颙的长史杨腾与冯翊大姓诸严又诱杀了驻屯冯翊的平北将军牵秀，领关中诸郡向东海王越投降，河间王"保城而已"。成都王颖在东海王越大军入关后，从华阴走武关先逃至新野，再逃至朝歌，想投靠旧将公师藩，但遭顿丘（今河南清丰西南）太守冯嵩截捕，十月在邺城被范阳王长史矫诏赐死。

东海王越控制关东和关中，总揽朝权，于这年十一月毒死惠帝，扶立皇太弟司马炽当傀儡皇帝，这就是晋怀帝。十二月，东海王越派部将糜晃追击河间

---

① 《晋书》卷五九《东海王越传》；《晋书》卷五九《河间王颙传》；《晋书》卷六〇《张方传》。

王颙，乘其窘迫，以司徒官职骗召其离开关中入朝。河间王颙被迫就范，但在赴洛阳途中，在新安雍谷被代镇关中的南阳王模派人杀死。次年三月，"南阳王模为征西大将军，都督秦雍梁益四州诸军事，镇长安"。随着关中的最后平定，持续了十六年（291—306）之久的"八王之乱"终于结束了。① 在这一场浩劫中，黄河流域，特别是洛阳与长安两京成为中心战场，遭受了严重破坏。关中一片残破，荒无人烟。此后，西晋始终风雨飘摇，国无宁日，仅存十年就灭亡了。而随着西晋政权的最后覆灭，关中又雪上加霜，面临着更加深重的灾难。

六、关陇士人卷入"八王之乱"及其后的纷争

关陇在秦汉即指雍州，大致包括今陕西、甘肃及宁夏一部分。汉时从雍州西部划分出河西五郡另置凉州。所以汉末、魏晋时关陇泛指雍、凉二州，可分三大块，即雍州东部诸郡（含关中、陕北及宁夏一部分）、陇西（雍州西部诸郡，含陇右五郡，即今甘肃陇山、六盘山以西，黄河以东地区）及河西（含河西五郡，即今甘肃黄河以西地区，也称河西走廊）。但雍、凉二州时分时合，其间还从雍州西部又分出陇右五郡另置秦州，也是时分时合。

据《晋书》卷一四《地理志上》，凉州原为雍州之西界，汉置张掖、酒泉、敦煌、武威、金城郡，"谓之河西五郡"，从雍州分出。汉献帝一度并回雍州。曹魏复分以为凉州，至晋不改。魏晋时凉州统河西五郡在内的八郡，有县四十六，户三万七百。晋惠帝又增置晋昌郡。史书所谓河西、河右原指雍州西部，后指凉州。

秦州始于曹魏所置，指从雍州西部另分出陇右五郡（陇西、南安、天水、略阳、武都）。至西晋泰始五年，又增"凉州之金城、梁州之阴平，合七郡置秦州，镇冀城。太康三年，罢秦州，并雍州。七年，复立，镇上邽。统郡六，县二十四，户三万二千一百"。晋惠帝又增置狄道郡，属秦州。史书所谓陇西、陇右原指雍州西部，后指秦州。

雍州经"分河西为凉州，分陇右为秦州"后，在晋初只余京兆、冯翊、扶风、

---

① 《晋书》卷四《惠帝纪》；《晋书》卷五《孝怀帝纪》；《晋书》卷五九《东海王越传》；《晋书》卷五九《成都王颖传》；《晋书》卷五九《河间王颙传》。

安定、北地、始平、新平七郡，"县三十九，户九万九千五百"。

故晋末关陇是指雍、秦、凉三州。"八王之乱"席卷关东和关陇。关陇士人除四散逃难，也有不少卷入"八王之乱"及其后扶立晋愍帝守长安。根据《晋书》入传者，仅举闻名于世的以下七人为例。

（1）李含，字世容，秦州陇西郡狄道人，侨居雍州始平郡。"少有才干，两郡并举孝廉"，即秦州陇西郡和雍州始平郡都推举为本地人才。这在当时甚为少见。少时拒交同州安定郡豪族少年皇甫商而终生结怨。雍州刺史郭奕素闻其贤，亲擢为别驾，又先后任之为秦国（即扶风郡易名）郎中令和始平郡中正。因不愿依附权贵，遭尚书赵浚贬奏。但关中大名士、御史中丞傅咸为之上表，辩称："臣州秦国郎中令始平李含，忠公清正，才经世务，实有史鱼秉直之风。"还说太保卫瓘也器重李含，每语臣曰："李世容当为晋匪躬之臣。"司徒王戎及赵王伦也看好他。以后赵王伦政变上台，曾对谋士孙秀说："李含有文武大才，无以资人。"

河间王颙镇关中后，表奏李含为征西司马，甚见信任，很快升为长史。自此，李含深深卷入"八王之乱"。河间王擅杀安西参军夏侯奭、把齐王冏派来的联络使者绑送赵王伦，以及派猛将张方率关中精锐东赴洛阳欲助赵王伦，这些关中重大举动，"皆（李）含谋也"。张方出征后，河间王颙听闻齐王、成都王、长沙王联合反赵王，"三王兵盛"，赵王肯定不敌，便急加李含为龙骧将军，让其统率关中铁骑，驰援张方，反转响应三王，合攻赵王，助晋惠帝复位。赵王伦败死，李含只到潼关而还。①

李含少年结怨的皇甫商已官至梁州刺史，为赵王伦信任。赵王败，皇甫商弃职从汉中来长安投靠河间王颙，"颙慰抚之甚厚"。但李含阻谏说："商，伦之信臣，惧罪至此，不宜数与相见。"皇甫商知而恨之。以后李含被朝廷征回任翊军校尉，皇甫商也转投更得势的齐王冏，任齐王府参军。恰好夏侯奭兄也在齐王府，诉弟被河间王枉害。齐王府右司马赵骧亦与李含有隙。李含心不自安，不敢在洛阳再待，便"矫称受密诏"，单马逃走，出奔关中河间王。

① 《晋书》卷六〇《李含传》。

司马颙连夜见之，李含为之出谋策划："成都王至亲，有大功，还藩，甚得众心。齐王越亲而专执威权，朝廷侧目。今檄长沙王令讨齐，使先闻于齐，齐必诛长沙（王），因传檄以加齐罪，则冏可擒也。既去齐（王），立成都（王），除逼建亲，以安社稷，大勋也。"河间王颙从之，遂上表声讨齐王冏，拜李含为都督，统率猛将张方等率关中诸军出征洛阳。但李含过于算计，只屯兵洛阳城外，想坐山观虎斗。长沙王借势在城内单与齐王恶战而终诛杀齐王。李含无功而返。

河间王颙又表荐李含为河南尹，欲使其在朝中当内应。皇甫商见风使舵，再投新得势的长沙王而受到信任。皇甫商兄皇甫重时为秦州刺史。李含恨皇甫商"滋甚"，为河间王出计，上表加罪皇甫重，派兵围攻之。皇甫商在朝中为兄开脱，向执政的长沙王说："河间（王）之奏，皆李含所交构也。若不早图，祸将至矣。且河间（王）前举，由含之谋。"长沙王乃杀李含。[①]

（2）皇甫重，字伦叔，雍州安定郡朝那县（今宁夏固原东南）人。与其弟皇甫商少时皆为本郡豪族名士，"性沈果，有才用"。为司空张华所知而起用，稍迁至新平郡太守。元康中，张华又荐之为秦州刺史。"八王之乱"中，李含因皇甫重弟皇甫商成长沙王亲信，有碍河间王，便为河间王谋计，先除身边的皇甫重，以去一方之患，"可表迁（皇甫）重为内职，因其经长安，乃执之"。皇甫重侦知其谋，"乃露檄上尚书，以颙信任李含，将欲为乱，召集陇上士众，以讨含为名"起事。河间王颙使用手中的军权，召集秦州金城太守游楷、陇西太守韩稚等聚合四郡之兵围攻皇甫重。与此同时，又联合成都王等起兵讨伐长沙王，派张方率七万关中军合攻洛阳。长沙王任命皇甫商为左将军、河东太守，"领万余人于阙门距张方，为方所破"。长沙王又密令皇甫商暗携惠帝手诏，潜返关中，欲"使游楷尽罢兵，令重进军讨颙"。皇甫商秘经长安，至新平，遭其从甥告发，河间王捕而杀之。直至长沙王败死，皇甫重莫知而犹苦战坚守秦州城，使用连弩及挖地窟，"权变百端"，使围攻之游楷诸将四郡兵不得近城。他还向俘获的御史打听："我弟将兵来，欲至未？"得知皇甫商已被河间王所害，

[①]《晋书》卷六〇《李含传》。

立杀御史。秦州城内"知无外救,遂共杀重"。

在此之前,皇甫重被围急,派其养子皇甫昌向东海王求救。东海王不肯出兵。皇甫昌便私下联络洛阳殿中故旧杨篇,诈称东海王命,借羊后之令发兵讨张方,"事起仓卒,百官初皆从之,俄而又共诛昌"。①

(3)索靖,字幼安,河西敦煌郡人,"累世官族"。父索湛,曾任北地郡太守。索靖"少有逸群之量",与同乡氾衷、索紾、索永等"驰名海内,号称'敦煌五龙'",得到关中大名士傅玄及重臣张华器重,"皆厚与之相结"。晋武帝时,擢为尚书郎。索靖善书法,"与尚书令卫瓘俱以善草书知名,帝爱之。瓘笔胜靖,然有楷法,远不能及靖"。以后累任雁门太守、酒泉太守。晋惠帝元康中,拜索靖为梁王左司马,讨伐反叛的西戎有功,升为始平内史。赵王伦篡位后,索靖响应三王义举,以左卫将军讨孙秀有功,再升后将军。以后河间王颙调关中兵东攻洛阳,令索靖领雍、秦、凉三州义兵参战。索靖奋战破敌,受伤而卒,"时年六十五",追赠司空,封安乐亭侯。索靖著有《五行三统正验论》《草书状》,又撰《索子》和《晋诗》各二十卷。②

(4)索綝,字巨秀,为索靖少子,最受父爱。索靖每曰:"綝廊庙之才,非简札之用,州郡吏不足汗吾儿也。"索綝与其父一样,文武双全,且胆气惊人,少时尝报兄仇,"手杀三十七人,时人壮之"。曾任长安令。"八王之乱"时与父一同参战,协助张方东征洛阳,迎晋惠帝西迁长安,功拜鹰扬将军。

成都王颖曾拉匈奴首领刘渊助战,不料反促成其起兵反晋。山东豪强王弥和羯人首领石勒也乘虚起事。在"八王之乱"平息后的怀帝永嘉年间,关东又陷入战乱。永嘉五年,"八王之乱"最后的胜利者东海王越病死项(今河南项城),其十万将士及宗室四十八王被石勒追杀。刘渊族子刘曜攻陷洛阳,俘晋怀帝,杀百官士民三万余人,史称"永嘉之难""永嘉之乱"。继而,刘曜杀向关中。

此时镇守长安的是南阳王模。索綝曾带兵击破刘聪(刘渊之子)偏师,斩

---

① 《晋书》卷六〇《皇甫重传》。
② 《晋书》卷六〇《索靖传》。

其将吕逸,升新平太守。刘聪部众劫掠三辅,索綝调任冯翊太守,护卫长安。以后长安失陷,南阳王模被害,索綝泣曰:"与其俱死,宁为伍子胥。"遂联合雍州刺史贾疋、扶风太守梁综等纠合关中义众数万,反攻长安。"小大百战,綝手擒贼帅李羌,与阎鼎立秦王司马邺(司马炎之孙、吴王司马晏之子)为皇太子,及即尊号,是为愍帝。綝迁待中、太仆。"索綝以首迎大驾之功,不久又升太尉,"军国之事悉以委之"。刘曜来犯,索綝再破其部将呼日逐王呼延莫,以功进封上洛(今陕西商洛)郡公,食邑万户。索綝又发起反攻,击败刘聪部将赵染精骑数百,进位骠骑大将军。当时各地"不复奉朝廷",长安"百官饥乏,采稆自存"。"三秦人尹桓、解武等数千家,盗发汉霸、杜二陵,多获珍宝"。刘曜围攻京城,索綝退守长安小城。"城中饥窘,人相食,死亡逃奔不可制,唯凉州义众千人守死不移。"晋愍帝被迫出降,索綝随帝至平阳,被刘聪所杀。①

(5)贾疋,字彦度,河西武威郡人,魏太尉贾翊之曾孙,可算家门不低,其祖、父无载,应属没落。"少有志略,器望甚伟,见之者莫不悦附,特为武夫之所瞻仰,愿为致命。"贾疋"遂历显职",在河间王颙督关陇时,升为雍州安定郡太守,成为地方实力派。以后东海王越西攻长安时,河间王败逃太白山,贾疋乘乱联合弘农太守等反戈一击,攻杀河间王残部将领马瞻和始平太守梁迈,得以自全。

"八王之乱"后,雍州刺史丁绰诬谮贾疋于督关中的南阳王模。司马模听信之,派军司谢班讨伐。贾疋从安定出逃泸水,与氐、胡首领窦首和荡仲结为兄弟,聚众反攻,收复安定,诛杀谢班。丁绰惧而逃往武都。晋怀帝授贾疋为雍州刺史。再后"永嘉之难",洛阳失陷,刘曜攻入关中,破长安杀南阳王模。贾疋凭氐、胡势力,率"戎晋二万余人"反攻长安,与刘曜大战。刘曜中流矢败退。贾疋追至甘泉,折返渭桥(今陕西西安北)时,袭杀曾帮助过他的胡人首领荡仲(原因不明),遂迎秦王司马邺到长安,奉为皇太子,继立为愍帝。贾疋"勇略有志节,以匡复晋室为己任"。后荡仲之子夫护为父报仇率群胡攻击

---

① 《晋书》卷六〇《索綝传》。

贾疋，贾疋在逃途"夜堕于涧，为夫护所害"，"时人咸痛惜之"。①

（6）阎鼎，字台臣，陇右天水郡人。"少有大志"，曾被东海王越选任参军，驻屯许昌，参与"八王之乱"。目睹乱局，认为"山东非霸王处，不如关中"，便在密县（今河南新密）召聚"西州流人数千，欲还乡里"。时值洛阳失陷，秦王司马邺出逃到密县。司空荀藩兄弟带一些朝臣在密县建立行台，以阎鼎有才用，且手握强兵，便授阎鼎冠军将军、豫州刺史。司徒傅祇之子傅畅在河阳令任上，助父征召义兵勤王，给阎鼎写信，劝其奉秦王司马邺"径据长安，绥合夷晋，兴起义众，克复宗庙，雪社稷之耻"。阎鼎"因西土人思归，欲立功乡里"，但司空荀藩不愿，与群官逃散。阎鼎为避强敌，与下属选择南走武关，独奉秦王司马邺西入关中。在上洛杀来袭的山贼百余人而至蓝田。当时正值雍州刺史贾疋率义兵击退刘曜，收复长安。贾疋派人来迎秦王司马邺，与南阳王保、卫将军梁芬、京兆尹梁综等拥立秦王司马邺为皇太子（怀帝虽被俘，尚未死）。阎鼎因"首建大谋，立功天下"出任"太子詹事，总摄百揆"。梁综与阎鼎争权夺利，遭阎鼎擅杀。梁综之弟冯翊太守梁纬、北地太守梁肃联合对阎鼎专权不满的始平太守麹允、抚夷护军索綝等攻讨阎鼎。阎鼎从长安出逃至雍，被曾与贾疋结拜过的氐人首领窦首所杀，传首长安。②

（7）麹允，河西金城郡人，与游氏世为豪族。西州为之语曰："麹与游，牛羊不数头。南开朱门，北望青楼。"麹允由豪族名士而官至始平太守，参与拥立秦王司马邺为皇太子于长安。但对阎鼎专权不服，又参加对阎鼎的讨伐，并代贾疋为雍州刺史。愍帝即位，麹允晋升为尚书左仆射、西戎校尉。刘曜数万人再犯长安，麹允率兵迎战，擒刘曜部将殷凯于阵。刘曜复攻北地、上郡。麹允再升为大都督，率兵北至灵武（今宁夏贺兰西北）抵御，再转赴北地救太守麹昌，中敌反间之计而溃退。

麹允虽有大权，但性仁厚，无威断，只知招降纳叛。他对关中吴皮、王隐之"无赖凶人，皆加重爵"，对雍州各郡长吏如新平太守竺恢、始平太守杨像、扶风太守竺爽、安定太守焦嵩，"皆征镇杖节，加侍中、常侍"，甚至连"村

---

① 《晋书》卷六〇《贾疋传》。
② 《晋书》卷六〇《阎鼎传》。

坞主帅小者"，亦授将军之号，欲以抚结众心。结果事与愿违，"诸将骄恣，恩不及下，人情颇离"，只是乌合之众，不堪一击。"由是羌胡因此跋扈，关中淆乱，刘曜复攻长安，百姓饥甚，死者太半"。愍帝窘迫出降前叹曰："误我事者，麴（允）、索（綝）二公也。"后随愍帝至平阳，愤而自杀。[1]

七、张轨霸凉州

张轨字士彦，雍州安定郡乌氏县人，西汉常山景王张耳十七代孙，"家世孝廉，以儒学显"。其父张温任过太官令（光禄卿属官）。张轨"少明敏好学"，"与同郡皇甫谧善，隐于宜阳女几山"。皇甫谧客居新安，是魏晋关陇名儒和大隐士。张轨与长安高士挚虞等同为皇甫谧门生，虽隐学山中，但有誉名。西晋中书监张华很赏识他，评为最高品状"二品之精"。弘农华阴名族杨珧征辟他为太子舍人，后累迁散骑常侍、征西军司。咸宁初，曾随汝阴王司马骏出镇关中。晋惠帝时，张轨在朝任散骑常侍，"以时方多难，阴图据河西"，"求为凉州"，得到不少高官推举，"公卿亦举轨才堪御远"。到永宁初，张轨"出为护羌校尉、凉州刺史"。[2]

当时，河西鲜卑反叛，寇盗纵横。张轨到任，逐一讨平。斩首万余级，"遂威著西州，化行河右"。永兴中，漠北鲜卑若罗拔能寇凉州，张轨派凉州司马、敦煌名士宋配领兵阻击，斩拔能，俘鲜卑"十余万口，威名大震"。[3] 晋惠帝晋升张轨为安西将军，封"安乐乡侯，邑千户"。

张轨治凉州，"以宋配、阴充、氾瑗、阴澹为股肱谋主"，他们均为敦煌籍河西大族。永兴二年，东羌校尉韩稚擅杀秦州刺史张辅，张轨遣氾瑗率两万兵出讨，逼韩稚不战而降。以后他还派令狐亚赴长安觐见代督关中的南阳王模，得赠"帝所赐剑"及南阳王重托："自陇以西，征伐断割悉以相委，如此剑矣。"

永嘉二年（308），山东豪强王弥寇洛阳时，张轨派部将张纂、北宫纯等率

---

[1]《晋书》卷八九《麴允传》。
[2]《晋书》卷八六《张轨传》。
[3]《晋书》卷八六《张轨传》。此战收降十余万鲜卑，对仅有三万余户的凉州影响巨大。

凉州军击破之，京师歌之曰："凉州大马，横行天下。"永嘉三年（309），张轨"在州八年"时患风，口不能言。凉州大族、梁州刺史张越"志在凉州，遂托病归河西，阴图代轨"，私遣其兄酒泉太守张镇及西平太守曹袪等谋乱，"移檄废轨"。张轨本欲退让，后在长史王融、参军孟畅及武威太守张琠谏阻下，派子张寔及平鲜卑之乱的功臣宋配率步骑三万讨伐，逼张镇自动归罪，又经黄阪、破羌两地大战，击败曹袪而斩之。永嘉四年（310）西晋危在旦夕，洛阳饥匮，关中籍名臣傅祗和挚虞寄望于张轨而写信求援。张轨献马五百匹、布三万匹。怀帝加官晋爵，升张轨为车骑将军，封霸城侯。

永嘉五年，刘曜攻陷洛阳，俘怀帝。以后张轨听说秦王司马邺入关，乃驰檄关中曰："……今遣前锋督护宋配步骑二万，径至长安……西中郎（张）寔中军三万，武威太守张琠胡骑二万，骆驿继发……。"号称出兵七万声援司马邺，并实派宋配和张寔分讨"拒险断使"反叛的秦州刺史裴苞及曹袪残党麹儒，"大败之"，"斩儒等"，"徙元恶六百余家"。晋建兴元年（313），司马邺称帝，都长安，是为晋愍帝。张轨派三千凉州兵助守长安。①晋愍帝晋升张轨为太尉，晋封西平公。张轨在州十三年，于建兴二年（314）五月病死，临终遗命："文武将佐咸当弘尽忠规，务安百姓，上思报国，下以宁家。素棺薄葬，无藏金玉。"②

张轨出任凉州刺史，正值"八王之乱"后期激战最剧之际。他能在"八王之乱"及晋末大动荡中，称霸凉州，独善河西，有其必然性。其一，尊儒重学。他在凉州各州县，"征九郡胄子五百人，立学校，始置崇文祭酒，位视别驾，春秋行乡射之礼"。他还"令有司可推详立州已来清贞德素，嘉遁遗荣；高才硕学，著述经史；……具状以闻"。③其二，既重用河西著姓（如前所述），也重用避乱而来的中原能臣。如原雍州冯翊太守江琼，"弃官西投张轨，子孙因居凉土，世传家业"④。京兆杜陵门阀士族杜预之子杜耽也带族人"避难河西，

---

① 据《晋书》卷六〇《索𬘬传》记载，以后刘曜围攻长安，城内粮断，人相食，守城军民"死亡逃奔不可制"时，"唯凉州义众千人守死不移"。
② 《晋书》卷八六《张轨传》；《晋书》卷五《孝愍帝纪》。
③ 《晋书》卷八六《张轨传》。
④ 魏收：《魏书》卷九一《江式传》，中华书局1974年版。

因仕张氏"①。杜氏家族在凉州数世为官，直到"苻坚平凉州"之后，"始还关中"。杜耽曾孙杜坦曾言："臣本中华高族，亡曾祖晋氏丧乱，播迁凉土，世叶相承，不殒其旧。"②《资治通鉴》卷一二三宋文帝元嘉十六年（439）记，"凉州自张氏以来，号为多士"。胡注："永嘉之乱，中州之人士避地河西，张氏礼而用之，子孙相承，衣冠不坠，故凉州号为多士。"其三，最重要的是，张轨不仅重用士人，也积极接纳中原及关陇逃难而来的大量流民。关中高人挚虞与秘书监缪世徵夜观星象，相与言曰："天下方乱，避难之国唯凉土耳。"王弥攻陷洛阳后，"中州避难来者日月相继，（张轨）分武威置武兴郡以居之"。③流民中以关中和陇西即雍、秦二州人最多。《晋书》卷一四《地理志上》记载："永宁中，张轨为凉州刺史，镇武威，上表请合秦雍流移人于姑臧（今甘肃武威）西北，置武兴郡，统武兴、大城、乌支、襄武、晏然、新鄣、平狄、司监等县。又分西平界置晋兴郡，统晋兴、枹罕、永固、临津、临鄣、广昌、大夏、遂兴、罕唐、左南等县。是时中原沦没，元帝徙居江左，轨乃控据河西，称晋正朔，是为前凉。"张轨为安置秦、雍流民，扩置二郡，统十八县，其规模绝非寻常。其四，恢复铸造五铢钱。他采纳参军索辅建议，在河西恢复自西晋泰始中便已荒废不用的汉五铢钱，"钱遂大行，人赖其利"。④

张轨霸凉州，始终尊奉西晋王室，实施西晋制度，西晋亡时还不断朝贡、派兵勤王，本来只是西晋管辖下的地方政权，却在西晋灭亡前后的大动乱中，独撑危局，偏安一隅，已成割据之势。后来还强盛起来，东控陇右西征西域，拥三州之域，延续五世九主，凡七十六年，俨然独立王国，史称"前凉"，列入西晋之后的十六国之列，而且是十六国中第三个建立、接续时间最长久者。因考虑前凉政权的前后连续和完整，本目以下继续简述张轨之后前凉概况。这段历史只涉及西晋最后二年，基本属于东晋、十六国时期。

张寔，字安逊，是张轨世子，"学尚明察，敬贤爱士"，曾任西晋骁骑将

---

① 沈约：《宋书》卷六五《杜骥传》，中华书局1974年版。
② 《宋书》卷六五《杜骥传》。
③ 《晋书》卷八六《张轨传》。
④ 《晋书》卷八六《张轨传》。

军。怀帝永嘉初，请辞归凉州协助其父，以讨曹祛功封侯，升西中郎将。还曾奉父命出兵助秦王司马邺。张轨死后，愍帝策书授其"持节、都督凉州诸军事、西中郎将、凉州刺史、领护羌校尉、西平公"。张寔派部将王该"送诸郡贡计，献名马方珍、经史图籍于京师（长安）"。刘曜围攻长安，张寔再派王该率五千骑增援长安。建兴四年晋愍帝出降前夜，专给张寔下遗诏："今进君大都督、凉州牧、侍中、司空，承制行事。……君其挟赞琅邪（王），共济艰运。若不忘王，宗庙有赖。明便出降，故夜见公卿，属以后事，密遣黄门郎史淑、侍御史王冲……临出寄命，公其勉之！"张轨之弟、西海太守张肃闻之，悲愤而卒。张寔调集步骑一万，派韩璞督田齐、张阆五将东赴国难。援军在秦州南安郡力战百日，粮竭矢尽，终斩阻路的诸羌数千，再攻至陇右，东与刘曜相持。当时"雍秦之人死者十八九。初，永嘉中，长安谣曰：'秦川中，血没腕，惟有凉州倚柱观。'至是，谣言验矣"。张寔再派金城太守窦涛率宋毅等七将步骑两万增援韩璞，军次新阳，闻愍帝死，全军素服，举哀三日。此次出兵，已是尽凉州倾国之力了。

南阳王司马保（司马模之子）自称晋王，署置百官，拜张寔征西大将军。以后司马保退守秦州上邽，被叛臣陈安及刘曜追逼，屡遭败绩。张寔先后派韩璞、宋毅二次援救。司马保后病死桑城（今甘肃岷县西北），其众散奔凉州者万余人，尽被张寔接纳。

京兆人刘弘避难凉州，客居天梯第五山，挟左道，以惑百姓，"受道者千余人，寔左右皆事之"。张寔帐下阎沙、牙门赵仰等都是刘弘关中乡党，与刘弘密谋杀张寔，奉刘弘为主。张寔潜知其谋，收刘弘杀之，但未防范左右近侍，竟遭阎沙十余人乘夜暗害。张寔从建兴二年到遇害，在位七年，竭尽所能，力挽狂澜，终无力回天，所幸维持父业，凉州偏安依旧。①

张茂，字成逊，是张寔之弟，被州人推为凉州牧，捕杀阎沙及其党羽数百人，还任张寔年幼之子张骏为武威太守，袭爵西平公。张茂"虚靖好学，不以世利婴心"，"雅有志节，能断大事"。当时刘曜部将刘咸围攻凉州大将韩璞

---

① 《晋书》卷八六《张轨传附张寔传》。又《资治通鉴》卷九一晋元帝太兴三年记载，阎沙改为阎涉，赵仰改为赵卬，且刘弘死在张寔被害之后。胡注引《考异》，据《晋春秋》予以修改。可为另一说。

于陇西冀城，河西大震。张茂毅然亲征救韩。凉州大姓贾摹，是其兄张寔妻弟，势倾西土，有谣曰："手莫头，图凉州。"张茂诱贾摹而杀之，"于是豪右屏迹，威行凉域"。东晋永昌元年（322），张茂派韩璞攻占陇西南安郡之地，以置秦州。东晋太宁三年（325）张茂病死，在位五年，时年48岁，临终嘱托侄子张骏："上欲不负晋室，下欲保完百姓。"①

张骏，字公庭，"幼有奇伟"，"十岁能属文"，18岁继任凉州牧，拒绝刘曜以凉王之诱降。东晋咸和初，约公元326年，不到20岁的张骏派武威、金城、武兴三郡太守及将军宋辑等东会韩璞，攻讨秦州诸郡，与刘曜部将刘胤大战七十多天，军粮竭，遭敌偷袭，损兵两万余人。这是张轨以来，凉州损失最大的一仗。韩璞面缚归罪，张骏曰："孤之罪也，将军何辱！"其宽容体恤如此。

张骏治凉州，刑清国富，勤劝庶政，"远近嘉咏，号曰积贤君"。于是"尽有陇西之地，士马强盛"。他将秦州狄道郡分属凉州，立武始郡，"又分（凉）州西界三郡置沙州，东界六郡置河州"，控凉、秦、沙、河四州。"又使其将杨宣率众越流沙，伐龟兹、鄯善，于是西域并降。" 咸和初，张骏还派将军宋辑"徙陇西南安人二千余家于姑臧"。在狄道郡，置石门、候和等五屯护军，"与（石）勒分境"。他派使者南逼蜀地李雄（成汉政权），"修邻好"。为称臣于晋，再派张淳说服李雄，假道于蜀，通表东晋。

说起凉州通琅邪王司马睿，最早还要从建兴中西晋亡前一年（约315）起算。敦煌计吏耿访到长安，因战乱不得返，便南奔汉中，东渡江，于太兴二年（319）联系上已是东晋元帝的琅邪王司马睿。耿访返回时，滞留梁州（已被李雄攻占）七年，便把诏书交陇西人贾陵。贾陵扮商客潜行，绕过长安（已陷刘曜），至咸和八年（333）始达凉州。张骏受诏，上疏称臣。次年，东晋（已是晋成帝司马衍）授张骏大将军，"都督陕西雍秦凉州诸军事"，张骏再上疏曰："奉诏之日，悲喜交并。""自是每岁使命不绝。"以后使道中断，张骏还曾派参军陈寓等为使，冒险远涉，诏授陈寓西平相。张骏在位二十二年卒，时年40岁。②

---

① 《晋书》卷八六《张轨传附张茂传》。
② 《晋书》卷八六《张轨传附张骏传》。

张重华是张骏第二子，东晋永和二年（346）16岁时接父之任，自称"大都督、太尉、护羌校尉、凉州牧、西平公、假凉王"。刚一上台，后赵石虎悍将麻秋就来犯凉州，占金城郡。少年张重华大胆重用明识兵略的年少书生，时任主簿的谢艾，升为中坚将军，授兵五千迎战，斩首五千级破敌。次年，麻秋携八万人马再来，进陷晋兴郡大夏城，又攻枹罕，守将张璩据城死守。张重华再升谢艾为军师将军，率步骑三万驰救，进军临河。麻秋分军三万来战。谢艾踞胡床镇定指挥，力战而斩麻秋将杜勋、汲鱼，俘斩一万三千级，大获全胜。以后麻秋聚众十二万，卷土重来，派将王擢攻略凉州晋兴、广武诸地，"姑臧大震"。张重华第三次拜将谢艾，委以"都督征讨诸军事"重权，把全部指挥权都交付谢艾。谢艾率步骑两万击退王擢，还打垮了"叛虏斯骨真万余落"，斩首千余级，俘擒二千八百人，获牛羊十余万头。

王擢后被前秦苻雄所破，败投凉州。张重华厚宠之，任为秦州刺史，以张弘、宗悠二将领凉州军一万五千配之，使攻苻健。未料王擢再败，单骑而还，张弘、宗悠战死。张重华素服举哀，重整士气，再调集重兵交予王擢反攻，终克秦州，重占陇西。

张重华治凉州，善于用将，武功骄人，同时"轻赋敛，除关税，省园囿，以恤贫穷"，文治也不错，年轻有为，可惜在位仅十一年便早逝，时年27岁。[①]张骏、张重华父子时期，前凉政权达到全盛，"其疆域南逾河湟，东至秦陇，西迄葱岭，北暨居延"[②]。

以后前凉每况愈下，陷于血腥的骨肉相残。张重华庶兄张祚杀害10岁幼侄张耀灵自立，不得人心，三年亡于内乱。众吏拥立张耀灵庶弟张玄靓。九年后，张玄靓仅14岁，又被张骏少子张天锡所害。张天锡在位十三年，"荒于声色，不恤政事"，屡遭强盛的前秦攻伐，兵无宁岁。太元元年（376），前秦苻坚遣将苟苌、姚苌等来攻，天锡战败而降。"称晋正朔"、力撑关陇之河西陇右的前凉国亡。其时距西晋之亡已历六十年。[③]

[①] 《晋书》卷八六《张轨传附张重华传》。
[②] 何兹全、张国安：《魏晋南北朝史》，人民出版社2013年版，第116页。
[③] 《晋书》卷八六《张轨传附张祚传》；《晋书》卷八六《张轨传附张玄靓传》；《晋书》卷八六《张轨传附张天锡传》。

第三节　西晋时期的陕西胡汉联合反抗斗争

汉魏以来，西北少数民族鲜卑、匈奴、氐、羌、羯（时称"五胡"）纷纷涌入关陇诸郡。如马超起兵时，氐羌数万人响应，进入关中；曹操从汉中撤退时，曾迁徙武都氐人数万户充实三辅；蜀魏争夺关陇时，双方争相招氐羌助战；邓艾伐蜀时，曾招降鲜卑族数万人，安置在雍、凉二州之间。到西晋之际，关中已遍布"五胡"，胡汉杂居，仅氐羌在关中的人数就多达数十万，在关中百万人中占了半数以上。（见图2-4）时称："关中之人百余万口，率其少多，戎狄居半"，"北地、西河、太原、冯翊、安定、上郡尽为狄庭矣"。[①] 因此，在西晋黑暗腐朽的统治之下，陕西的庶民反抗表现为数十万胡汉人民的联合斗争，轰轰烈烈，规模巨大，领全国之先。其中最著名的是晋初树机能和晋末齐万年及李特、李雄。

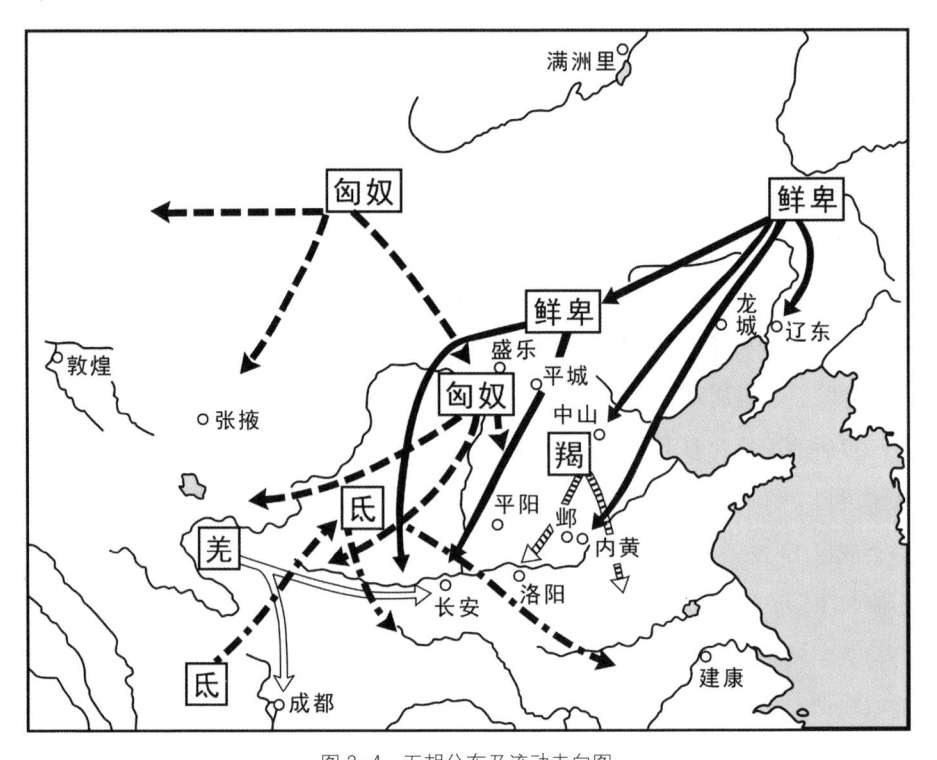

图2-4　五胡分布及流动走向图

（引自何兹全、张国安：《魏晋南北朝史》，人民出版社2013年版，第82页）

---

① 《晋书》卷五六《江统传》；《晋书》卷九七《北狄传》。

一、秦州鲜卑树机能

泰始五年二月，西晋王朝刚刚建立五年，晋武帝担心关陇鲜卑降民及其他羌胡作乱，分雍、凉、梁三州，增置秦州①，以在关陇享有威名的胡烈（即首先反对钟会造反者）为刺史，带兵镇守。第二年，秦州鲜卑在首领树机能领导下起义，声势很大。胡烈前来讨伐，在万斛堆（在安定郡高平县）被起义军击溃，兵败被杀。当时坐镇长安的扶风王司马亮让部将刘旗援救，但刘旗心中畏惧，观望"不进"。结果，刘旗犯了死罪，司马亮也被免官。②晋武帝派汝阴王司马骏为镇西大将军，都督雍、凉二州军事，代司马亮镇守关中，又派遣石鉴任安西将军，都督秦州诸军事，同时委任长安杜陵名士杜预为秦州刺史，共同征讨树机能。

石鉴令杜预出兵攻击树机能，但长于谋略的杜预认为时机不成熟，以敌军尚存战胜胡烈的声威，又值秋后马肥，而晋军远征困乏，粮草不济，力陈五不可四不须，建议等待开春再进讨。石鉴大怒，用槛车把杜预押送京师。以后石鉴自攻树机能，招致大败，果如杜预所料。③

泰始七年（271），北地羌胡响应树机能起兵围攻金城，凉州刺史牵弘赶来救援。树机能率起义军与羌胡配合作战，把牵弘围困在青山。牵弘兵败而亡。这一仗打得西晋王朝喘不过气来。此后，六年之内，朝廷无力再出师，虚以贾充都督秦、凉二州军事。④树机能控制陇西秦州，拥众数十万。镇西大将军司马骏只能偶尔从关中出兵偷袭一下金城的乞文泥部和北胡吐敦部。⑤直到咸宁三年，朝廷竭尽全力又组织西征，派文鸯⑥督统秦、凉、雍三州诸军，率大军再次讨

---

① 《晋书》卷一四《地理志上》。西晋泰始五年，以雍州陇右五郡及凉州之金城、梁州之阴平合七郡从雍州分出。太康三年，罢秦州，并雍州。太康七年，复立。晋惠帝时又置狄道郡，属秦州。州治初在冀城，后设上邽。

② 《晋书》卷五九《汝南王亮传》。

③ 《晋书》卷三《武帝纪》；《晋书》卷三四《杜预传》。

④ 《晋书》卷三《武帝纪》；《资治通鉴》卷七九晋武帝泰始七年。又据《晋书》卷四〇《贾充传》，贾充实际未赴关中。

⑤ 《晋书》卷三《武帝纪》。

⑥ 《三国志·魏志》卷二八《诸葛诞传》。《晋书》卷三《武帝纪》记为"文淑"，《晋书》卷三八《扶风王骏传》《东安王繇传》记为"文俶"。

伐树机能。起义军败退安定、北地、金城一带，"诸胡二十万口来降"。①第二年六月，树机能卷土重来，发起反攻，派起义将领若罗拔能在武威击溃凉州晋军，杀刺史杨欣。数月后，树机能乘胜攻陷凉州，势不可挡。仆射李熹请求再发兵征讨，可满朝文武全都表示无可奈何，无力对付树机能。晋武帝司马炎临朝而叹说："谁能为我讨此虏通凉州者乎？"马隆自愿请战，被晋升为讨虏护军、武威太守。公卿大臣全都摇头说："（马）隆小将妄说，不可从也。"

马隆通过比武募兵，选拔出三千五百名能拉开四钧弓、九石弩的壮士，并用精良武器装备，于咸宁五年十一月渡过温水（今甘肃武威东），征伐秦、凉。树机能率数万起义军忽而据险抵抗，忽而设伏截击。马隆发明一种偏箱车，车上架木屋，内藏弓弩手，在开阔地连车为营，在狭窄险道则且战且前，既能防御又能攻击，转战千里，无人能对付。马隆凭借偏箱车，深入凉州。起义将领猝跋韩、且万能叛变，领万余落投降马隆。十二月，树机能率起义军主力与马隆决战，失败而死。他的反晋起义长达十年，拥众数十万，给西晋统治者以沉重打击。马隆以后屯驻西平，镇戍陇右达十余年，还镇压过成奚起义。②

二、雍州氐族齐万年

西晋末年爆发的"八王之乱"，灾难深重，大大加剧了本来就十分尖锐的社会矛盾。关陇的胡汉庶民在饥荒和死亡的威胁下，掀起了更大规模的反晋斗争。在"八王之乱"的战乱中，晋惠帝元康四年五月，匈奴人郝散在谷远（今山西沁县南）造反，攻上党，杀长吏。八月，郝散率起义军西渡黄河，进入关中，在雍州冯翊被当地都尉镇压。以后，镇守长安的赵王司马伦滥施淫威，残酷杀害关中羌族酋长数十人，引起关中胡汉人民的强烈愤怒。元康六年，郝散的弟弟郝度元联合冯翊、北地的马兰羌和卢水胡再次造反，攻北地，杀太守张损，并击败冯翊太守欧阳建。赵王司马伦与雍州刺史解系争权夺利，致使解系屡被郝度元击败而免职。秦、雍二州的氐羌民众纷纷响应起义。氐人首领齐万年乘机在雍州树立造反大旗，很快组织起数十万起义军，并称帝，领导起义军围攻

---

① 《资治通鉴》卷八〇晋武帝咸宁三年。
② 《晋书》卷五七《马隆传》；《资治通鉴》卷八〇晋武帝咸宁五年。

泾阳。西晋朝廷被迫走马换将，召回赵王伦，改以梁王司马肜为征西大将军，都督雍、梁二州诸军事，赴长安镇压起义，以后又派关中名士傅祗为安西军司，率将军夏侯骏、周处增援关中。[①]

此时，齐万年又指挥起义军攻打扶风、始平、武都、阴平、天水、略阳六郡（今关中西部及甘肃东部），使西晋官军相继覆灭。元康七年（297），齐万年率义军七万进驻梁山（今陕西乾县西北）。梁王司马肜以前曾与晋将周处结怨，怀恨在心，有意命令周处只带五千兵卒进击。齐万年与周处在六陌（今陕西乾县东北）发生激战。周处被起义军重重围困，"弦绝矢尽"，不见救兵，全军覆没，周处也战死。[②]其他敌军都胆寒怯战。中书令陈准、中书监张华指责关中将士退缩不进，上下离心，难以胜敌。朝廷又加派京师骁勇强悍的禁军，由猛将孟观统率，驰援关中。起义军顽强抵抗，"大战十数"[③]，经过多次激战，不断给晋军以重创。但这一年关中正逢大旱，饥荒严重，米价一斗万钱，饿死很多人，又引起大瘟疫流行。[④]元康八年（298），秦、雍二州略阳、天水六郡氐汉数万家，"就谷入汉川"。"氐齐万年反，关西扰乱，频岁大饥，百姓乃流移就谷，相与入汉川者数万家。"[⑤]齐万年起义军大大削弱，可他并不屈服，坚持在关中战斗。元康九年正月在中亭之战败于孟观，被俘而死。朝廷召回无功的梁王司马肜，新派河间王司马颙出镇关中。[⑥]

三、略阳賨人李特、李雄

"八王之乱"及"永嘉之难"引起北方人民大量流亡迁徙，估计当时流民多达百万（见图2-5）。其中屡遭战乱的关陇最突出，元康八年，正值齐万年起义遭残酷镇压之际，略阳、扶风、始平、天水、阴平、武都等秦、雍二州六

---

① 《晋书》卷四《惠帝纪》；《晋书》卷六〇《解系传》；《晋书》卷四七《傅祗传》。
② 《晋书》卷五八《周处传》；《资治通鉴》卷八二晋惠帝元康六年、元康七年。
③ 《晋书》卷六〇《孟观传》。
④ 《晋书》卷二八《五行志》。
⑤ 《华阳国志》卷二《汉中志》；《华阳国志》卷八《大同志》；《晋书》卷一二〇《李特载记》。
⑥ 《晋书》卷六〇《孟观传》；《资治通鉴》卷八三晋惠帝元康九年。

郡胡汉数万家十余万民众流亡汉中。略阳临渭賨人大族李特兄弟和六郡大姓均在其中，成为流民首领。汉中难以容纳他们，流民又涌向巴蜀。益州刺史赵廞阴谋迫害，永宁元年（301）李特率众起义。太安元年，李特自称益州牧，都督梁、益二州诸军事，指挥义军攻占梁州和益州所属郡县。李特派次子李荡分军攻陷梁州的沔阳、梓潼、汉德、巴西诸地。① 西晋益州继任刺史罗尚、梁州刺史许雄连吃败仗。李特一度攻占成都小城。西晋急派荆州刺史宗岱、建平太守孙阜率水军三万增援益州，李特及兄战死，少子李雄继领义军战斗。永兴元年，李雄攻克成都，控制益州及梁州大部，称成都王。当时汉中郡成固一带有关中流民两千余家，首领邓定响应李雄，率众起义。李雄派李离带两万兵来援。邓定与李离大破当地晋军，攻占汉中。梁州刺史许雄因讨贼不力，被朝廷严惩，槛车送京问罪。两年后，李雄称帝，国号成。当时扶风邓定、杨虎等人各率流民数千家入蜀，天水陈安举陇右降附，武都氐王杨茂搜也"奉贡称臣"，西晋凉州刺史张骏"遣信交好"，汉嘉夷王冲归"遣子入质"，建宁爨量和湘州杜弢也

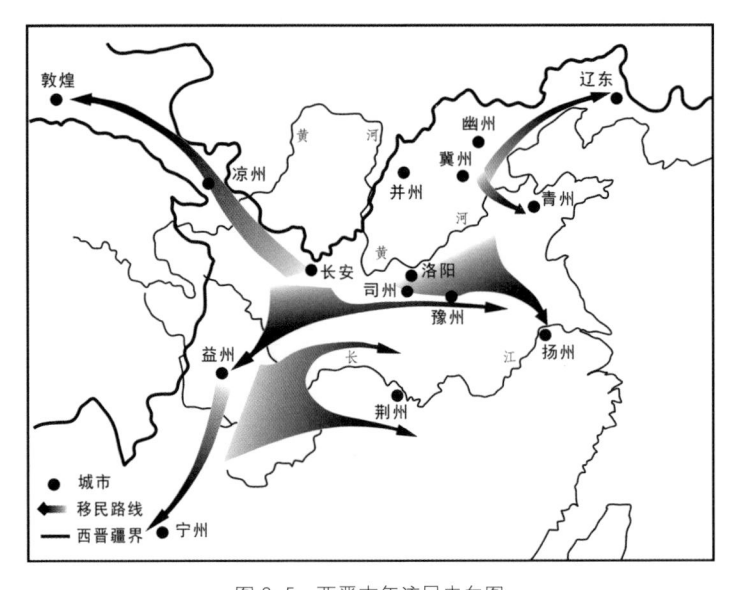

图 2-5　西晋末年流民走向图

（引自何兹全、张国安：《魏晋南北朝史》，人民出版社2013年版，第92页）

---

① 《晋书》卷一二〇《李特载记》。

派使者求援。此外，阴平郡毛深、左腾起兵攻占郡城，赶走太守王鉴，投靠李雄。"其余附者日月而至"。①

当李特起义时，关中民众还有不少逃亡到宛城，"众至四五万"，②同时，汉中也有成千上万的流民进入荆州。西晋统治者强迫流民还籍。但这批流民，以关中荒残，都不愿回乡。面临武力逼迫，宛城的部分关中流民铤而走险，在京兆新丰人王如领导下，于永嘉四年九月揭竿而起，袭击押送军队。新平人庞寔、冯翊人严嶷、京兆人侯脱等带领的关中流民全部起兵响应，人数迅速发展到四五万人。王如自称大将军，领司、雍二州牧，带部众南攻襄阳，就地"连年种谷"。③以后，王如投降晋将王敦被杀，起义军残部三千余家在李运、王建等领导下由襄阳退入汉中。镇守汉中的西晋梁州刺史张光派部将晋邀讨伐，被起义军击退，但李运和王建也战死。王建的女婿杨虎又暗请秦州武都氐王杨茂搜之子杨难敌带骑兵来汉中夹攻张光、晋邀，杀晋将息援及张光之子张孟苌。张光败退南郑自守，从夏至冬，忧郁成疾而死。雍州始平太守胡子序代领梁州，出镇南郑。建兴元年，杨虎与杨难敌又急攻南郑，胡子序抵挡不住，弃城而走。杨难敌占领南郑，自称梁州刺史。次年"杨虎掠汉中吏民以奔成（国）"。汉中豪强张咸起兵逐杨难敌，杨难敌率众退向益州，投靠李雄。张咸也"以其地归成（国），于是汉嘉、涪陵、汉中之地皆为成（国）有"。梁州、宁州、益州等三州全部归李雄成国。④

四、成汉政权对陕南的攻占与治理

李特少子李雄在"八王之乱"后期晋惠帝被关中军张方所挟被迫西迁长安时的永兴元年攻占成都，建立政权，自称成都王。两年后，即晋惠帝又被东海

---

① 《晋书》卷一二〇《李特载记》；《晋书》卷一二一《李雄载记》；《华阳国志》卷九《李特雄寿势志》；《资治通鉴》卷八九晋愍帝建兴二年。
② 《晋书》卷一〇〇《王如传》；《晋书》卷六六《刘弘传》。
③ 《晋书》卷一〇〇《王如传》；《资治通鉴》卷八七晋怀帝永嘉四年。
④ 《华阳国志》卷八《大同志》；《晋书》卷五七《张光传》；《资治通鉴》卷八八晋愍帝建兴元年；《资治通鉴》卷八九晋愍帝建兴二年。但杨虎在《晋书》卷五七《张光传》及卷五《愍帝纪》中作"杨武"。又《资治通鉴》卷八八晋愍帝建兴元年记载梁州参军晋邀攻杀李运、王建，王建女婿杨虎率众复起。今从《华阳国志》卷八《大同志》及《资治通鉴》。

王越西征长安抢回还都洛阳的永兴三年（306），李雄称帝，国号成。后来，李特侄子李寿抢夺帝位，改国号为汉。史家将这两个国号合称为"成汉"。成汉政权起于李特率关陇秦、雍二州六郡数万家十余万氐汉流民在汉中及益州的起义，不仅声势浩大，而且攻占益、梁、宁三州全部之地及荆州一部分和秦州之阴平郡，涉及今川、渝、滇大部和陕、黔、鄂、甘一部分，规模亦十分可观。成汉政权历五世凡四十四年，与西晋并存十二年，到东晋永和三年（347）亡于东晋桓温伐蜀，存在时间也不算短，远不同于寻常之民众造反，是个独立的割据王国。史家将其列为十六国之一，而且是最早建立之国。成汉政权虽都益州成都，但以汉中南郑为州治的梁州也是其长期占领和治理的最重要地盘之一，几乎是半壁天下。要理清梁州与陕南的地理关系，需简述梁州从益州分置出及所辖诸郡分合变化之概况。

秦、汉无梁州。史载梁州始置时间有二说。《三国志·魏志》卷四《陈留王纪》记载，魏景元四年（263）十一月后主刘禅降，"巴蜀皆平"，到十二月，"分益州为梁州"。《华阳国志》卷二《汉中志》记载相同，"蜀平，梁州治沔阳"。《华阳国志》卷八《大同志》记载更详细，"魏咸熙元年，蜀破之明年也"，"后主既东迁，内移蜀之大臣宗预、廖化及诸葛显等并三万家于东及关中，复二十年田租。董厥、樊建并为相国参军。冬，分（益）州置梁州，遣厥、建兼散骑常侍，使蜀慰劳"。这里所说景元四年十二月应是发布分州政令，而一个月后即景元五年，改元又称咸熙元年，应是分州的实施时间，相互是一致的。但《晋书》卷一四《地理志上》却记载不同，"汉不立州名，以其地为益州"，"（晋）泰始三年（267），分益州，立梁州于汉中，改汉寿为晋寿（郡），又分广汉（郡）置新都郡。梁州统郡八，县四十四，户七万六千三百"。好在二说前后只差四年，无须深究，今从《三国志·魏志》和《华阳国志》。

梁州范围《三国志·魏志》不载，还得依《晋书·地理志》和《华阳国志》。梁州初设只统辖八郡，即汉中（秦置）、梓潼（刘备置）、广汉（汉置）、新都（晋武帝置）、涪陵（蜀置）、巴西（刘璋置）、巴东（刘璋置）、巴（秦置）郡。到晋武帝太康六年，又罢新都郡并广汉郡。晋惠帝复分巴西置宕渠郡，并以新城、魏兴、上庸（史称"东三郡"，曹魏时从汉中郡分出划给荆州）合四郡以属梁州，

"寻而梁州郡县没于李特"。①

李特原籍本就是巴西郡宕渠县。其祖上因东汉末年天下大乱，自宕渠迁于汉中投张鲁。曹操征汉中，李特祖上带五百余家归之，后被曹操迁于陇西略阳。西晋末年全家再从略阳随秦、雍六郡流民逃入汉中。李氏自称略阳人是指现籍，而巴西宕渠是其祖籍，汉中也属祖居多年之地。②

李特、李雄父子重视对祖籍梁州之巴西郡及祖居之汉中郡的攻占，桑梓之心本在情理之中。到李雄建立成国后，梁州与益州、宁州（还有荆州一部和秦州之阴平郡）都归其所控。此时梁州所辖诸郡经过几次分合已达十一郡。这十一郡西部为梓潼、广汉二郡，即今成都以北到剑阁的新都、广汉、绵竹、德阳、梓潼、剑阁，北与陕西汉中宁强县相连。南部为涪陵、宕渠、巴郡、巴西、巴东五郡，即今川东阆中、南充、渠县、大竹及重庆涪陵、垫江、万州、巫山、奉节等地，与陕西安康相通。东部为新城、魏兴、上庸三郡，即今鄂西房县、竹山、竹溪及陕西安康大部，西与汉中相连。东三郡原本都属汉中郡，特别是其中的魏兴郡本为汉中郡之西城县，后分置为西城郡，曹魏时易名为魏兴郡，从汉中分出，其郡治安康县即在今安康西北。魏兴郡统辖六县：安康、西城、洵阳、晋兴、锡、长利，即今安康大部（今安康平利县晋时称上廉县，属上庸郡辖境）。梁州中部为汉中郡，统辖八县：南郑、蒲池、褒中、沔阳、成固、西乡、黄金、兴道，即今汉中之南郑、勉县、城固、西乡、洋县、宁强和汉中市等大部分地区。综上，梁州横跨川、陕、鄂，地盘甚广，言其占成汉政权半壁江山并不过分，关键是包含今陕南汉中、安康几近全境，并且以汉中南郑为其中心。概言之，梁州在成汉政权辖区中举足轻重，今之陕南又居梁州最重要的中心部位。

梁州人口也远不止是晋初之七万六千三百户。关中齐万年造反时，元康八年秦、雍六郡（略阳、扶风、始平、天水、阴平、武都）氐汉流民数万家十余万口流入汉中，因官府"不听（许）入蜀"，便"布散梁州及三蜀界"。以后官府再对流民限期催返秦、雍，"流民本无还意"，以致逼反。③李特攻占梁、

---

① 《晋书》卷一四《地理志上》。
② 《晋书》卷一二〇《李特载记》。
③ 《晋书》卷一二〇《李特载记》；《华阳国志》卷八《大同志》。

益后败死，李雄再占成都重新得势，正值"八王之乱"混战最剧之际，关中残破，流民愈盛，不断涌入汉中。到"永嘉之难"前后，不只关中，连战火连天的河南也有难民逃往汉中。如永嘉元年（307）三月关中流民两千余家在邓定领导下夺取汉中冬辰势（地名）造反，遭晋巴西太守张燕等带州军围攻。五月，李雄派外兄李离带李凤等将攻入汉中解围，并迫留守南郑的汉国太守杜孟治弃城而逃，遂克南郑。永嘉四年（310），宛城的关中数万流民在新丰人王如领导下造反，失败后残部三千余家万余众在李运、王建等带领下退入汉中。以后李运、王建战死，王建女婿杨虎坚持在汉中与梁州刺史张光相互攻战。在秦州氐军援助下，先后击败两任梁州刺史张光和胡子序，夺得南郑，后投李雄。①

建兴二年，西晋亡前二年，成汉政权经过多年征战，包括对梁州诸郡的反复攻伐，所控益、梁、宁、荆占领区已趋稳定和巩固。李雄坐镇益州，便同时任命梁、宁、荆三州刺史赴任。梁州刺史颇为引人注目，是曾攻取过梁州李氏祖居之地汉中郡和祖籍巴西郡等地，"数有战降之功"，深得李雄倚重的平寇将军李凤。②自此，汉中数十年间再未遭受战乱。成汉政权开始对陕南长期治理。

史载"（李）雄虚己好贤，随才授任，命太傅（李）骧养民于内，李凤等招怀于外，刑政宽简，狱无滞囚。兴学校，置史官。其赋，民男丁岁谷三斛，女丁半之，疾病又半之；户调绢不过数丈，绵数两。事少役希，民多富实，新附者皆给复除。是时天下大乱，而蜀独无事，年谷屡熟，乃至闾门不闭，路不拾遗"，"然雄朝无仪品"，"吏无禄秩；取给于民，军无部伍，号令不肃；此其所短也"。③《资治通鉴》这段记载源于《华阳国志》卷九《李特雄寿势志》之相似记述。虽然是写李雄治国，但其所述又具体指明是李骧（李特少弟、李雄叔）于内朝、李凤等于外州所为。李凤"招怀于外"，正是任职梁州刺史、出镇汉中之时。所以，这一史料就成为成汉政权治国以及对陕南地区治理的真实写照。细析其文，还可看出不少名堂。从"其赋，民男丁岁谷三斛，女丁半之，疾病又半之；户调绢不过数丈，绵数两"看，李雄在成汉全境，特别李凤在梁

---

① 《华阳国志》卷八《大同志》；《晋书》卷五七《张光传》。
② 《华阳国志》卷九《李特雄寿势志》；《资治通鉴》卷八九晋愍帝建兴二年。
③ 《资治通鉴》卷八九晋愍帝建兴二年。

州应是实施了晋初曾带来短暂小康之治的占田课田法及户调式，而且是按其最轻之"远夷"征赋。以此推之，李凤"招怀于外"，不仅是指招抚流民，而且是利用梁州广阔之土地，给流民予以"占田"，"新附者皆给复除"（即免其租赋及户调），故"其余附者日月而至"。为更清晰起见，再录此史料源头《华阳国志》卷九《李特雄寿势志》记述更详细的原文以相对照。其一，"以（李）凤为征北、梁州，任回镇南、南夷、宁州，李恭征东、南蛮、荆州，皆大将军、校尉、刺史。（李）雄、（李）骧勤恤百姓于内，（李）凤、（任）回、（李）恭招流民于外，称有功"。其二，"（李）雄乃虚己受人，宽和政役，远至迩安，年丰谷登。乃兴文教，立学官。其赋，民男丁一岁谷三斛，女丁一斛五斗，疾病半之。户调绢不过数丈，绵不过数两。事少役稀，民多富实。至乃闾门不闭，路无拾遗，狱无滞囚，刑不滥及。但为国则无威仪，官无秩禄，职署委积，班序无别，君子小人，服章不殊，货贿公行，惩劝不明。行军无号令，用兵无部伍。其战，胜不相让，败不相救；攻城破邑，动以虏获为先。故纲纪莫称"。[①] 后半段比《资治通鉴》记述详尽，尤其重要，表明成汉政权官吏无俸禄；国无威仪，班序无别，即授官吏无等级；君子小人上下不殊，即指社会贫富差别不大。这里绝无西晋门阀士族之弊，不见九品中正制的影子，以及占田制对官吏依品级的极尽优惠，更无西晋士族骄奢淫逸、斗富成风之社会腐败，胜于晋武帝不知多少了。"纲纪莫称"，看似批评，实乃称道。《华阳国志》撰者常璩是成汉政权末代皇帝李势的散骑常侍，也是力劝李势投降桓温的主谋，与成汉政权休戚相关，是不可多得的亲历者，其所记述，较其他史书更为可靠和珍贵。

李凤以良吏风范，治理梁州，成一方沃土，声望甚高。但其政绩却遭驻屯梁州梓潼郡晋寿县的李特长子李荡之子李稚（李雄侄）的忌恨，"害其功"。李凤出镇汉中只历四年而止。东晋太兴元年（318），李凤被逼而反，据梁州巴西郡以叛，直接威胁成都。太傅李骧讨之，初"久住梓潼不敢进"，李雄亲至梁州涪城督战，李骧遂诛李凤。[②] 李骧之子李寿接任梁州刺史，估计也随军参

---

① 《晋书》卷一二一《李雄载记》也有类同记载，多了"虚己爱人，授用皆得其才"。后来《资治通鉴》把这句也录入。

② 《华阳国志》卷九《李特雄寿势志》。

加平叛。此后，历任梁州刺史均由李氏亲属的重要人物出任，李寿还曾二次出任梁州刺史，可见成汉政权对梁州特别是对汉中之重视。

这是李寿第一次治理汉中，长达十年，加上以后第二次出镇汉中，前后治理汉中长达十四年，是成汉政权治理陕南更为重要的人物。

李寿凭借李特之侄、李雄从弟身份后来夺得成汉政权大位，在成汉五帝中仅次于李雄，有些作为。史载李寿"有干局，爱尚学义"，"志在功名，故东征南伐，每有效事"。①又载"敏而好学，雅量豁然，少尚礼容，异于李氏诸子。（李）雄奇其才，以为足荷重任"，"在巴西威惠甚著"，"威名远振"，性"宽俭"，"因循（李）雄政"，"好学爱士，庶几善道，每览良将贤相建功立事者，未尝不反复诵之，故能征伐四克，辟国千里"，"（李）雄既垂心于上，（李）寿亦尽诚于下，号为贤相"。②

李寿取代李凤出镇汉中，"时年十九"，满怀雄心壮志，欲一展才能。他重用处士谯秀，在汉中一待就是十年，积累下起家之本，显然要远胜于武将出身的李凤。这段治理，应是陕南最好的时期。

东晋咸和三年（328），29岁的李寿因其父李骧去世，从汉中还丧成都并依例守孝三年。③李雄任长兄李荡之子李玝代李寿为梁州刺史。咸和五年李寿服丧后复出，升任都督中外诸军事的大将军，南征宁州建宁，北伐秦州阴平，以后复征宁州，因功被李雄封为建宁王。④

---

① 《华阳国志》卷九《李特雄寿势志》。
② 《晋书》卷一二一《李寿载记》。
③ 《晋书》卷一二一《李雄载记》记载，"雄母罗氏死"，"雄欲申三年之礼，群臣固谏，雄弗许"。李雄司空上官惇说："三年之丧，自天子达于庶人。"后靠"决于行事，且上常难违其言"的宁州刺史任回返回成都与李骧流涕跪请强扶，才迫李雄"释服亲政"。
④ 据《晋书》卷一四《地理志上》，宁州始置于西晋泰始七年，晋武帝"以益州地广，分益州之建宁、兴古、云南，交州之永昌，合四郡为宁州，统县四十五，户八万三千"。太康三年晋武帝又废宁州入益州。"太安二年，惠帝复置宁州，又分建宁以西七县别立为益州郡。永嘉二年，改益州郡曰晋宁，分牂柯立平夷、夜郎二郡。然是时其地再为李特所有。其后李寿分宁州兴古、永昌、云南、朱提、越巂、河阳六郡为汉州。咸康四年（338），分牂柯、夜郎、朱提、越巂四郡置安州。八年，又罢并宁州，以越巂还属益州，省永昌郡焉。"简言之，成汉政权时宁州即今云南大部及贵州西部。

东晋咸和九年（334）三月，李寿武功赫赫凯旋成都。六月，李雄病死，"时年六十一"，自建立成国起算，在位三十一年。李雄无嫡子，只有庶子十五人。他原来看中"有名望志尚"的长兄李荡之长子李琀，"欲传以后嗣"。但李琀与大弟李稚（即忌害李凤者）皆战死，李雄"甚痛惜之"，便收李琀三弟李班为养子。永昌元年，不顾众人反对，立李班为太子。①

当李班继李雄为帝时，弟李玝回成都奔丧，曾私下劝李班，任命李雄庶子李期（李雄四子）代己出任梁州刺史，以安抚之。但李班不许。李玝只得再还汉中。由此看出，李玝具有一定政治智慧及心胸，绝非庸才。他接替李寿出镇汉中治理陕南有六年多，不会比李寿差得太远。李玝预感危机是对的。李雄另一庶子李越时镇江阳，"以（李）班非（李）雄所生，意甚不平"，借奔丧之机，返成都与其弟李期"密计图之"。很快，李期和李越兄弟发动政变，灭杀李班及其兄弟五人和李班子二人等全家，仅李玝远在汉中幸免。李雄长兄李荡这一支遭灭顶之灾。

李雄庶子李期血腥夺得帝位，是为成汉第三帝，加封兄李越为相国、建宁王，又尊封族叔李寿为汉王，使讨李玝。李玝叛投东晋，李寿以汉王继任梁州刺史。此为李寿第二次出镇汉中，再次治理陕南。这时李寿已35岁，有过成汉政权军事统帅和朝内相国的历练，文治武功均显赫骄人，且怀图位之心，再治梁州不仅游刃有余，而且必会用心慎行，视汉中为起家之本，积累政绩等待时机。陕南也由此叨光。四年后，咸康四年，李寿自梁州还成都，发动政变，先诛李越废李期，继而再杀李期及兄弟十余人，一举灭了李雄几乎所有庶子。李寿39岁时以与李期同样残酷灭门的办法抢夺帝位，是为成汉第四帝，自称"汉皇帝"，改国号为汉，改元汉兴。如此尊崇"汉"，既有受封汉王之因，也会有从汉中起家之意。他对汉中的重视与偏爱是不言而喻的。他任命帮助自己政变有功的妹夫任调为镇北将军，接任梁州刺史，②也显露出内心之迹。

---

① 《华阳国志》卷九《李特雄寿势志》。
② 《华阳国志》卷九《李特雄寿势志》；《晋书》卷一二一《李雄载记》；《晋书》卷一二一《李班载记》；《晋书》卷一二一《李期载记》；《晋书》卷一二一《李寿载记》。

李寿在位六年，于东晋建元元年（343）病死，"时年四十四"。他称帝后为政趋威，屡杀谏臣，又以"都邑空虚"，"乃徙旁郡户三丁已上以实成都"，"发州郡工巧以充之，广修宫室，引水入城，务于奢侈。又广太学，起殿。百姓疲于使役，呼嗟满道，思乱者十室而九矣"。①

李寿称帝后渐失原来贤相名藩作为，从性"宽俭"变为"务于奢侈"，受其害较深的"旁郡"，应也包含与成都相近的梁州之梓潼、广元二郡及成都以东之巴西、巴东、巴郡等。梁州之汉中郡与东三郡距成都较远，加之李寿或会有些照顾，也许受害尚浅，但陕南自李凤治理以来持续不少于二十四年（李凤四年、李寿十四年、李玝六年）的安居乐业局面必将不复存在。

李寿子李势继位，改元太和。因无子，受弟李广请求，被迫立李广为皇太弟，后又反悔，诛杀李广谋主马当、解思明，逼李广自杀。李势比李寿更糟，"骄淫不恤国事，中外离心"，"加以饥馑，境内萧条"。②李势还"性多忌害，诛残大臣，刑狱滥加，人怀危惧"，"亲任左右小人，群小因行威福。又常居内，少见公卿"。③如此治国，梁州能好？陕南躲不掉"饥馑"和"萧条"。成汉政权走向衰亡。

东晋永和三年，桓温伐蜀，在位仅两年的李势战败而降。成汉政权自李特起算，历六世四十七年，如自李雄起算，历五世四十四年。陕南随益、梁、宁三州尽归东晋。

---

① 《晋书》卷一二一《李寿载记》。
② 《华阳国志》卷九《李特雄寿势志》。
③ 《晋书》卷一二一《李势载记》。

第三章 风云骤变的十六国时期的陕西

董卓部将祸乱长安时,"来兵皆羌胡"。西晋时关中人口已是"百余万口,率其少多,戎狄居半"。晋末天下大乱,北方的匈奴、氐、羌、羯、鲜卑等所谓"五胡"先后建立割据政权,逐鹿中原,持续百年,史称"五胡十六国时期"。陕西关中正当其冲,出现数次"蛮族"内徙潮,在野蛮征服中,也产生几波汉化图新的双向改革浪潮,起伏跌宕,风云骤变。其中有价值者二。一是前秦苻坚(氐族)在长安的汉化改革与迅速崛起,成就统一北方壮举。但其南征东晋的功败垂成,也令人叹惜。二是后秦姚兴(羌族)在关中尊佛治国,再次复兴关陇,颇具特色。

第一节　前赵刘曜虎踞长安

一、匈奴刘渊起兵反晋与建立汉国及灭晋

西晋永兴元年，曾先后担任过匈奴左部帅、北部都尉、五部大都督的匈奴首领刘渊，利用"八王之乱"的机会，以招集匈奴五部之兵，帮助成都王颖抵抗宁北将军、并州刺史、东嬴公司马腾和安北将军王浚（召鲜卑参战）为借口，得到成都王准许，回到匈奴聚居的左国城（今山西吕梁市离石区东北），号召匈奴人"兴邦复业"①，起兵反晋，不到二十天聚众五万人。刘渊字元海，其父刘豹原为匈奴左贤王。曹操安置内附的匈奴，分为五部，以刘豹为左部帅，居晋阳。刘豹死，刘渊继领其众。刘渊幼年熟读经史百家和孙子兵法，后又以匈奴贵族"任子"（即质子）身份留居洛阳，汉化程度很深。他坐镇左国城，先称大单于，以鲜卑、乌桓为同盟，数月后又打起"尊汉"旗帜，自称汉王，争取汉人支持。胡汉各族人民纷纷归附，其中包括四部鲜卑陆逐延、氐族首领单征、羯人首领石勒、汉将王弥等。刘渊势力迅速壮大。司马腾派军镇压，战败退走山东。刘渊派族子刘曜攻克并州太原、长子、中都等地，继定河东（即司州河东郡）。永嘉二年，刘渊称帝，立国号为汉，次年从左国城迁都平阳，派第四子刘聪率五万大军围攻洛阳。

永嘉四年，西晋执政东海王越抵挡不住，又见援兵不至，想避难自全，便借口讨伐石勒，与太尉王衍率晋军主力四万人和诸侯王逃离洛阳东走。这一年刘渊病死，太子刘和继位。不久刘和为弟弟刘聪所杀，皇位被刘聪抢走。刘聪也汉化很深，重视儒学。关中名儒傅祇子孙傅畅、傅纯、傅粹，河北大姓卢志、崔玮等都以儒士在汉国任职。刘聪派刘曜、王弥继续围攻洛阳。洛阳粮绝，以致"人相食"②。次年（311），东海王越在项忧愁而死，四月部众在东郡遭刘渊部将石勒围歼，王衍以下十余万人及宗室四十八王均为石勒所杀。③六月，刘

---

① 《晋书》卷一〇一《刘元海载记》。
② 《晋书》卷五《孝怀帝纪》；《晋书》卷一〇二《刘聪载纪》。
③ 《晋书》卷五《孝怀帝纪》。《晋书》卷五九《东海王越传》则记为"三十六王"。

曜攻克洛阳，俘虏晋怀帝司马炽，斩杀百官士庶三万余人，还烧毁了洛阳坊市。八月，刘聪派儿子刘粲攻陷长安，杀镇守关中的南阳王司马模，长安四千余家逃难至汉中。

永嘉六年，刘粲转攻晋阳。关中的雍州刺史贾疋聚集数万众反攻长安，恢复三辅，与京兆太守梁综等人共奉秦王司马邺为皇太子，在长安另立小朝廷。以后贾疋被仇人彭夫护所杀，始平太守麴允继为雍州刺史，成为关中盟主。次年，晋怀帝在平阳为刘聪所杀，司马邺在长安称帝，改元建兴，是为晋愍帝。

愍帝在长安连年遭到刘曜攻击。建兴二年，刘曜攻新丰，逼长安。三年，又攻北地、冯翊，太守梁肃逃至长安。四年四月，刘曜转攻上郡，籍韦率众逃到南郑。

七月，刘曜在攻占粟邑（今陕西白水）、黄白（今陕西三原）后，又在北地击溃雍州刺史麴允三万主力，进至泾阳，控制整个渭北，八月开始围攻长安。到十月，长安城内粮食断绝，"米斗金二两，人相食，死者太半"。太仓中仅有数十个面饼，麴允只能磨屑煮粥供愍帝食用。当时城中"户不盈百"，"墙宇颓毁，蒿棘成林"，公私仅有四辆车。长安残破至极。愍帝忍受不了如此窘困，于十一月开城出降。刘曜进占长安，西晋灭亡。[①]从司马炎废魏立晋的泰始元年到晋愍帝出降的建兴四年，西晋历四世共五十一年，是个短祚王朝。惠帝和愍帝二次迁都，长安作为西晋都城，前后约有六年，但都处在战乱中，两次遭到浩劫，灾难深重，令人叹息。

二、刘曜建立前赵与迁都长安

刘曜字永明，是匈奴首领刘渊的族子。他从小是孤儿，被刘渊收养，读书志在广博，不求精思，尤好兵书，自比乐毅、萧何。他性格孤高坦荡，与众不同。他武艺过人，能射穿铁壁，号为"神射"。刘曜甚得刘渊偏爱，被刘渊称为："此吾家千里驹也！"[②]

刘渊起兵反晋建立汉国，刘曜为前驱，屡立战功，先后率兵攻陷两京洛阳

---

① 《晋书》卷五《孝愍帝纪》。
② 《晋书》卷一〇三《刘曜载记》。

和长安，擢升为相国，镇守长安。汉国汉昌元年（318），刘聪荒淫而死，其子刘粲继立，荒淫更胜其父。外戚靳准乘乱专权，唆使刘粲诛杀大臣。不少朝臣从汉国都城平阳逃出，投奔长安的刘曜。同年，靳准又杀刘粲及刘氏全族，自号汉天王。刘曜密切注视局势，见时机成熟，便从长安起兵讨伐靳准，在途中赤壁（今山西河津西北）称帝改元，封石勒为赵公，与石勒东西夹攻平阳，顺利平息靳准之乱。刘曜收编"平阳士女"一万五千人，次年（319）迁都长安，改国号为赵，史称前赵，列为十六国之一。他是在长安称帝的第一个匈奴人。①

关中扶风、新平胡汉民众数千人在屠各②路松多领导下起兵反抗刘曜，依附原西晋南阳王司马保。司马保命部将杨曼为雍州刺史，王连为扶风太守，据守陈仓；张颉为新平太守，周庸为安定太守，据守阴密（今甘肃灵台西）。路松多据守草壁（阴密东），又联络不少秦陇氐羌，势力强盛。刘曜先派刘雅、刘厚诸将围攻陈仓，继而又亲率精兵增援，驻屯雍城（今陕西凤翔）。前赵光初三年（320），刘曜亲攻陈仓，王连战死，杨曼逃往氐人区。刘曜再攻草壁，路松多逃往陇城（今甘肃张家川）。南阳王司马保畏惧，带领氐羌退至桑城，后被部将杀掉。刘曜平乱，凯旋回师长安。③

三、前赵政权对西北的用兵

前赵光初三年，刘曜部将、长水校尉尹车谋反，结交关中巴氐酋长句徐、库彭。刘曜怒杀尹车，还把句徐、库彭等五十余人囚于阿房，不顾关中戎族名士、光禄大夫游子远的劝谏，尽杀句徐、库彭等，陈尸示众十日。结果关中巴氐尽起反抗，推举句渠知为主，"四山羌、氐、巴、羯应之者三十余万，关中大乱，城门昼闭"。刘曜被迫采纳了游子远剿抚并用的策略，任命游子远都督雍、秦二州诸军事。游子远先在雍城成功地劝降十余万人，再至安定（今甘肃泾川北）又说服氐羌归顺。只剩下句渠知带死党五千余家固守阴密，被游子远攻破。

上郡有十余万家氐羌据险不降，首领虚除权渠自号秦王。游子远往征，五战皆捷。虚除权渠欲降，但其子伊余反对，率五万劲卒来攻游子远。游子远坚

---

① 《晋书》卷一〇三《刘曜载记》。
② 屠各即屠各匈奴，汉代休屠王部众聚居黄石者。
③ 《晋书》卷一〇三《刘曜载记》。

壁不战，乘其无备，在黎明突然发动袭击，生擒伊余。权渠被发割面而降。游子远请刘曜封权渠为西戎公，并迁徙伊余兄弟及其部落二十余万人到长安，充实这座久经战乱而荒芜的都城。权渠在西戎之中最强，自他降后，上郡一带的西戎纷纷归顺。游子远官封大司徒。①

此后，刘曜还亲自西征陇右氐羌，打败仇池（今甘肃西和南）氐族豪强杨难敌，迫仇池氐羌"遣使称藩"，封杨难敌为武都王；②又攻讨南安的原南阳王司马保部将杨韬，迫杨韬与陇西太守梁勋归降。刘曜迁徙杨韬等陇右万余户氐羌到长安。

陇右上邽地方豪强、原西晋秦州都尉陈安乘刘曜患病降而复叛，拥兵十余万，士马雄盛，自称雍、凉、秦、梁四州牧、凉王。陇西氐羌全部响应陈安，陈安曾派兵袭攻汧城（今陕西陇县南），还攻击归顺刘曜的酒泉王、秦州刺史、匈奴休屠王石武，以及驻守南安的刘曜部将刘贡。石武与刘贡联兵击败陈安，围困陈安于陇城。前赵光初六年（323），刘曜亲征陈安，自攻陇城，并分兵围上邽、平襄。陈安屡战屡败，损兵八千，后率数百精骑突围，南走陕中。刘曜派部将平先、丘中伯追击。陈安只剩十余骑，仍然殊死奋战，左手举刀，右手执矛，勇猛非凡。平先亦壮健绝人，亲与陈安搏战三次。陈安寡不敌众，被杀于涧曲。陈安败死，陇城及上邽开城投降。当地百姓感怀陈安，用民歌唱道："陇上壮士有陈安……爱养将士同心肝。……七尺大刀奋如湍，丈八蛇矛左右盘，十荡十决无当前。……西流之水东流河，一去不还奈子何！"刘曜听到如此深情地颂扬他的敌手的歌曲，深受感动，命乐府习唱。为免除后患，他下令迁徙秦州大姓杨、姜诸族两千余户到长安。③

刘曜乘胜大举西攻凉州。发兵二十八万多，自陇右至河西，沿黄河列阵，连营百里，钟鼓之声，惊天动地。史称："自古军旅之盛，未有斯比。"④凉州

---

① 《晋书》卷一〇三《刘曜载记》；《资治通鉴》卷九一晋元帝太兴三年。
② 《晋书》卷一〇三《刘曜载记》。仇池氐族杨氏，自秦汉以来世为豪族。
③ 《晋书》卷一〇三《刘曜载记》。
④ 《晋书》卷一〇三《刘曜载记》。

时由前凉政权张轨之子张茂控制。张茂以前曾抵抗过刘曜，还曾夺取过陇西南安。凉州经历张轨、张寔、张茂父子安境保民的治理，算是北方最安定之地。①在刘曜大兵压境之际，张茂自知不敌，称臣求和，送交大批贡品。刘曜封张茂为凉王。在仇池的杨难敌，虽早已称藩，但仍内怀危惧，弃地逃往汉中。刘曜令部将田崧为益州刺史，镇守仇池，自带大军班师回关中。②至此，前赵刘曜稳定了关陇局势，军事达到全盛。

四、前赵政权的治国

刘曜在长安建立的前赵政权，与刘渊在平阳建立的匈奴之汉国一脉相承，仅国号不同，其他无别。因此，史家视二者为一体，统称为汉赵国或前赵（羯族首领石勒与刘曜同年在河北襄国自称赵王建立政权，从汉国分离出来，与刘曜分庭抗礼，史称后赵），列为十六国之一。前赵政权起始时间也从刘渊建立汉国算起，定都长安也视为从平阳迁都而来。刘曜虎踞长安后控制的相对稳定的地盘包括汉国起家占领的并州一部（并州大部被后赵石勒夺占）、司州之河东郡（司州大部及洛阳也被石勒抢占）、陕北之上郡、函谷关以西的司州之弘农郡和上洛郡、雍州诸郡和陇西秦州大部。前赵政权的西部凉州河西诸郡等地归前凉政权；南部包括今陕西汉中、安康大部在内的梁州和益州归成汉政权，有匈奴骑兵难以逾越的天险秦岭和大巴山阻隔；东部尽归石勒之后赵政权；东南部为"晋室（司马睿）东渡（长江）"后建立的东晋政权。当时五个政权（国）并存，各自为政，相互战或和。刘曜前赵政权居中，为其他四国包围，实处四战之地。刘曜的地盘大部分是军事征服所得，统治的民众匈奴族占比很小，大多数是西北胡汉混杂之民，其治国必须要稳定关陇和充实长安，并招抚善待暂时降服匈奴政权的关陇氐、羌、巴、羯、汉各族民众。刘曜治国的重大举措有三：一是千方百计迁徙大量人口充填空城长安；二是努力平息关陇及上郡氐羌之叛；三是敬汉尊儒重教，安抚民心。（见图3-1）

---

① 详见本书第二章第二节第七目。
② 《晋书》卷一〇三《刘曜载记》。

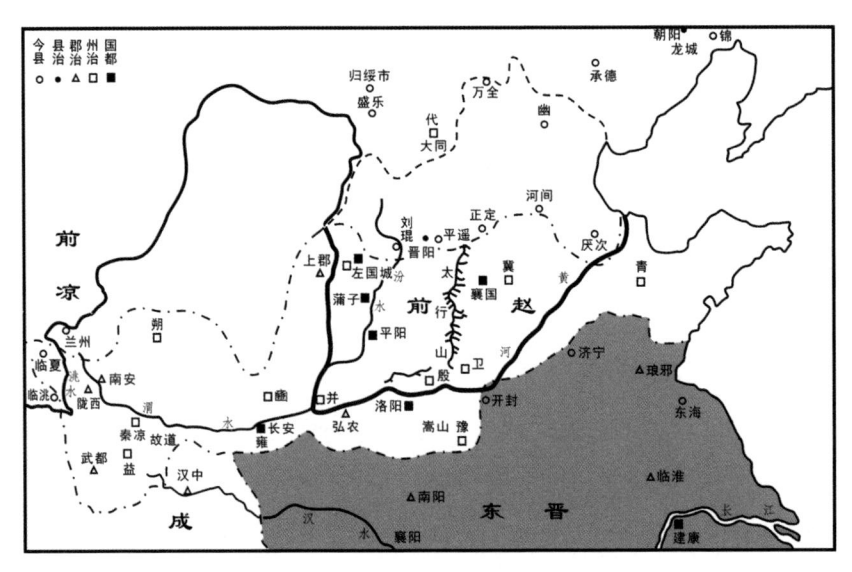

图 3-1　前赵形势图

（引自何兹全、张国安：《魏晋南北朝史》，人民出版社 2013 年版，第 101 页）

前赵时期，到底有多少人口迁入长安，史载不甚分明。刘曜攻占长安，晋愍帝出降时，长安"户不盈百"，已成空城。首批迁入者，当数刘曜自带的匈奴及"六夷"骑兵数万。长安及关中的降兵（包括长安守军、州郡官兵和各处坞壁堡主之乡兵）也有数万以上。汉国朝廷刘聪、刘粲滥施暴政及靳准之乱时，平阳朝臣士民纷纷出逃，投奔长安刘曜者甚众，连太傅朱纪、太尉范隆也出奔长安。刘曜从长安出兵讨伐靳准，又收编"平阳士女"一万五千人。据以上粗估，有十余万众。以后游子远先在雍城劝降十余万氐羌，再至安定说服氐羌归顺，平息关陇三十余万"羌、氐、巴、羯"反叛，最后攻灭顽抗的句氏宗党五千余家，依惯例要迁徙一大批降众安置到长安。游子远北征上郡，经战、抚两手，收降权渠、伊余父子及十余万家氐羌，除留权渠带部分氐羌、西戎留居原地外，还分徙"伊余兄弟及其部落二十余万口于长安"，[①] 这是史载最大且最清晰的一次迁徙人口充填长安。再以后，刘曜亲征陇西秦州南安，迁降将杨韬等陇西万余户氐羌到长安。[②] 次年刘曜再征秦州陇城灭陈安，迁徙

---

① 《晋书》卷一〇三《刘曜载记》；《资治通鉴》卷九一晋元帝太兴三年。
② 《资治通鉴》卷九二晋元帝永昌元年。

"秦州大姓杨、姜诸族二千余户于长安"。① 数年后，刘曜还派部将"刘朗帅骑三万袭杨难敌于仇池"，"掠三千余户而归"。② 综上，匈奴、氐、羌及汉族经多次充填长安，总数应有三十多万到四十万人，已恢复西晋雍州七郡"户九万九千五百"之规模。③ 不能否认，这是精心经营的治理成果，对稳定前赵政权在长安的统治有重大作用。出自关中的汉化戎人游子远居功至伟。

游子远曾被刘曜叱为"大荔奴"，《资治通鉴》卷九一晋元帝太兴三年记载此语后，胡注："大荔，戎种落之名，子远盖戎出也。"又《太平御览》卷三七九引《前赵录》记载："游子远幼有姿貌，聪亮好学，年十五至洛阳，张华见而奇之曰：'此儿雅洁洪方，精公才也。'"西晋重臣、门阀士族代表人物之一的张华慧眼识人，屡荐名士。他能赏识少年游子远，足见游子远的儒雅高士风度与才识。刘曜在长安建立前赵政权，游子远投靠，时任光禄大夫。起始，刘曜还是惯于杀戮。关中巴氐酋长句徐、库彭等聚众跟随刘曜部将、长水校尉尹车反叛失败后，五十余首领被囚于阿房，刘曜将杀之。游子远冒死固谏阻止，乃至"叩头流血"。刘曜大怒，幽闭游子远，尽杀库彭等，"尸诸街巷之中十日，乃投之于水。于是巴氐尽叛，推巴归善王句渠知为主，四山羌、氐、巴、羯应之者三十余万，关中大乱，城门昼闭"。游子远在狱中再次上表进谏，刘曜怒甚，毁其表曰："大荔奴不忧命在须臾，犹敢如此，嫌死晚邪？"叱左右速杀之。朝中匈奴重臣刘雅、呼延晏和原汉国太傅现任司徒的汉儒朱纪等全都看不下去，拼死力保曰："子远幽而尚谏者，所谓忠于社稷，不知死之将至。陛下纵弗能用，奈何杀之！若子远朝诛，臣等亦暮死，以彰陛下过差之咎。天下之人皆当去陛下蹈西海而死耳，陛下复与谁居乎！"刘曜被迫赦游子远而起用之。游子远剿抚并用，以劝降为主，终平关陇及上郡数十万羌、氐、巴、羯的反叛，因功官封大司徒，获人臣极位。④ 这也表明刘曜为政改残暴而向怀柔。

刘曜有明显的两面性，打天下时确实好战残暴，但坐天下时也能敬汉尊

① 《资治通鉴》卷九二晋明帝太宁元年。
② 《资治通鉴》卷九三晋成帝咸和二年。
③ 参阅周伟洲：《汉赵国史》，广西师范大学出版社2006年版，第177—178页。
④ 《晋书》卷一〇三《刘曜载记》；《资治通鉴》卷九一晋元帝太兴三年。

儒重教。史载他"善属文，工草隶"，"读书志于广览"，还曾"隐迹管涔山（今山西管涔山），以琴书为事"，其汉文化修养甚深，已俨然儒学名士形象。刘曜称帝后，曾"泫然流涕"地向群臣亲诉早年患难，曾得西晋汉官鼎力救助的往事。事起刘曜质居洛阳时，因犯事逃亡，诏捕甚急。曹恂助之，先投靠刘绥，"匿之于书匮"，后又藏于车，"载送于（王）忠"，"（王）忠送之朝鲜"。曹恂在艰窘困厄之中，"事（刘）曜有君臣之礼"。时任西晋朝鲜令[①]的崔岳视刘曜为"命世之才""英雄之魁"，予以收留保护，"资供书传"，"恩顾甚厚"，甚至还说："（吾）未有儿子，卿犹吾子弟也，勿为过忧。"刘曜称帝后，感怀不忘，下诏封崔岳为大司徒、辽东公，曹恂为大司空、南郡公，刘绥为光禄大夫、平昌公，王忠为镇军将军、安平侯。因崔岳等已亡，"丘墓夷灭，申哀莫由"，刘曜还下令"有司其速班访（崔）岳等子孙，授以茅土，称朕意焉。"[②]这是刘曜有别于刘聪、刘粲，特别敬汉尊儒的缘由。崔、曹、刘、王四人并非皆亡，刘绥后来从光禄大夫被刘曜晋升为大司徒，为前赵政权汉官最高官职。[③]

迁都长安后，刘曜立其妻羊氏为皇后，对之"有殊宠，颇与政事"，"羊氏内有特宠，外参朝政"。这个羊氏皇后在《晋书》卷三一《惠羊皇后传》中记载，即是晋惠帝在贾后败亡后于太安元年所立皇后，出自门阀士族泰山南城羊氏。洛阳失陷，被刘曜收纳为妻，曾赞刘曜："妾生于高门，常谓世间男子皆然。自奉巾栉以来，始知天下有丈夫耳。"[④]羊后为刘曜生三子：熙、袭、阐。长子刘熙后立为太子。羊后参政，绝非贾后般乱政，而是尽力辅佐刘曜依汉制进行治国。

刘曜尊儒重教，主要表现为，在长安"缮宗庙、社稷、南北郊。以水承

[①]《晋书》卷一四《地理志下》，曹魏平辽东，曾分辽东五郡置平州，后还合为幽州。西晋咸宁二年复置平州，下统辽东五郡国，其中乐浪郡辖六县，朝鲜县即为其一。
[②]《晋书》卷一〇三《刘曜载记》。
[③]《资治通鉴》卷九三晋成帝咸和元年。
[④]《资治通鉴》卷九一晋元帝太兴二年亦有记载："羊氏，即故惠帝后也。"胡注："即惠帝羊皇后，曜纳羊后"。

晋金行，国号曰赵"，①并"立太学于长乐宫东，小学于未央宫西，简百姓年二十五已下十三已上，神志可教者千五百人，选朝贤宿儒明经笃学以教之。以中书监刘均领国子祭酒。置崇文祭酒，秩次国子。散骑侍郎董景道以明经擢为崇文祭酒"。②

在选官用人方面，刘曜不用西晋九品中正制，而是通过太学考试在学生中进行选拔，甚至亲自当堂面试。史载他亲"临太学，引试学生之上第者拜郎中"。他还"命公卿各举博识直言之士一人"，大司空刘均举荐上洛人台产，刘曜亲临东堂以政事进行策问。③台产出自名门，是汉朝侍中台崇之后，自幼专攻《易经》，懂天文地理，善望气之术，隐居商洛南山，教授经学，胸有韬略。台产极言"政化之阙，辞甚恳至"。刘曜"改容礼之，署为博士祭酒、谏议大夫，领太史令"。以后，刘曜对台产愈加敬重，"岁中三迁"，"历位尚书、光禄大夫、太子少师"，晋爵关中侯。④前赵政权的官制，除保留匈奴一些旧制，大多承袭魏晋之制，且汉族官员占了一半以上。⑤

刘曜还能礼贤纳谏，广开言路。在重建长安时，刘曜欲遵汉制，"立西宫，建陵霄台于滴池，又将于霸陵西南营寿陵"。这需动用大量劳役，不符当时战争环境及长安尚处恢复之时宜，汉臣乔豫、和苞以"兴亡奢俭"为由加以谏阻。刘曜闻过则喜，封二人子爵，并升为谏议大夫，还下诏曰："可敷告天下，使知区区之朝思闻过也。自今政法有不便于时，不利社稷者，其诣阙极言，勿有所讳。"刘曜反对奢侈和努力减少繁役，将节省下来的劳役之资"以与贫户"。他还下达一系列禁令，如无官者不准乘马，"（俸）禄八百石已上妇女乃得衣锦绣"，秋后农耕功毕才许饮酒，"非宗庙社稷之祭"不得杀牛，等等。如有违禁，"犯者皆死"。⑥在惩治奢侈之风的历代禁令中，真可谓极致了。这与西

---

① 《资治通鉴》卷九一晋元帝太兴二年记载（前赵）群臣奏："陛下又王中山；中山，赵分也，请改国号为赵。"
② 《晋书》卷一〇三《刘曜载记》。
③ 《晋书》卷一〇三《刘曜载记》。
④ 《晋书》卷九五《艺术·台产传》。
⑤ 详见周伟洲：《汉赵国史》，广西师范大学出版社2006年版，第138—164页。
⑥ 《晋书》卷一〇三《刘曜载记》。

晋社会斗富之风形成天壤之别。

前赵刘曜治国还沿袭了刘渊汉国的"胡汉分治"之政治制度，即设置胡、汉两个系统的官制，分别统治胡族（六夷）和汉族。这是特定的历史条件下而产生的。周伟洲认为汉赵国设置单于台，实行胡汉分治，是为了改造匈奴旧制，加强对除汉族以外的大量"六夷"的管理和统治，是因地制宜的可为称道的一种创造性措施。后赵石勒以及后燕慕容盛也是如法炮制的。①

第二节　后赵石勒争雄上郡与关中

一、羯人石勒建立后赵政权

石勒字世龙，是并州上党武乡（今山西武乡县）羯人。其父、祖均为羯人"部落小率"。关于羯人族属、来源，民族史及魏晋史学界研究颇深，影响较大者有唐长孺《魏晋杂胡考》②、谭其骧《羯考》③，较新者有陈勇《后赵羯胡为流寓河北之并州杂胡说》④等。以上三文，关于羯人可大致归纳如下：（1）羯人属魏晋时期进入中原的五胡之一，且此前"前史未闻"。谭其骧说："晋世崛起中原者号五胡。匈奴、鲜卑、氐、羌皆习见经传史乘，族类源流，班然可睹；独羯族前史未闻。六朝正史载其由来者，仅《晋书·石勒载记上》：'其先匈奴别部羌渠之胄'及《魏书·羯胡石勒传》：'其先匈奴别部'二则。"（2）羯人的族类源流虽难于辨识，但不是匈奴，而可能是康居（即羌渠）后裔。谭其骧考证，"羌渠"即"康居"之古音，羯人是"康居之臣民降附匈奴"者，与匈奴"本非同种"，是"以异族而隶属之也"。唐长孺认为"当时称为（匈奴）别部，本来表示其非一族"，"只是曾经为匈奴役属而已"。（3）魏晋时"羯"与"胡"的界限相当模糊，经常混称。陈勇说："魏晋的羯胡是杂胡的一种，具有独特的部落标识，当时称为'羯'、'羯胡'，或与匈奴及其他杂胡并称'胡羯'。汉与前赵的本

---

① 周伟洲：《汉赵国史》，广西师范大学出版社2006年版，第169—172页。
② 唐长孺：《魏晋南北朝史论丛》，生活·读书·新知三联书店1955年版，第382—450页。
③ 谭其骧：《长水集》，人民出版社1987年版，第224—233页。
④ 陈勇：《汉赵史论稿》，商务印书馆2015年版，第189—211页。

部是五部屠各,羯胡则与其他杂胡一并被纳入'六夷'之中。"他据《晋书》《太平御览》《资治通鉴》等,以大量史载证"羯"与"胡""羯胡""杂胡""胡羯"经常混用。唐长孺认为,虽然"晋人称羯常常泛指杂胡",但石勒之羯胡与关陇杂胡如屠各、卢水等不同,"应限于河北区域内亦即山西、河北间的新徙诸胡"。陈勇将此说延续为更加明确的"后赵羯胡为流寓河北之并州杂胡",并予以深入考证。(4)羯胡与"西域胡"的关系密切。羯胡与"康居"(即羌渠)等"西域胡"相貌特征均为高鼻深目多须,二者甚为相像。唐长孺认为,虽然羯胡与西域胡"决不能相等同",但是西域胡在后赵羯胡中占比很大,"虽然不能说(西域胡)即是羯胡之主要成分,但所占比重相当大","羯胡的宗教、风俗与西域之昭武九姓相同","西域胡在羯胡中必占相当重要的地位"。谭其骧认为,"羯人本以康居之臣民降附匈奴,故匈奴即以康居称之",后赵政权上层"诸张"多为羌渠土著,羯胡中"多羌渠","盖晋世胡与羌渠本已难于区别","羌渠与羯,语言文化,业多同化"。陈勇对石勒起兵之"十八骑"逐一研究后,认为多是西晋末年被掠卖到河北的并州胡,判明其来自"西域胡"的羌渠、月支、天竺(今印度)人有五人,还有匈奴五人、胡人二人。陈勇还认为"后赵建国前后羯胡人口的激增,其中掺杂大量其他部族的成员,主要就是西域胡等各类杂胡","咸和末年(刘曜光初末年、石勒太和年间)刘曜、石勒决战关中,前赵的五部屠各最终消耗殆尽,后赵的杂胡却得到不断的补充。后赵在与前赵的对抗中逐渐占据优势,其根本原因也在于此。在这层意义上我们甚至可以说:前赵与后赵在北部中国的嬗代,也就是五部屠各与杂胡的政治交替"。后来冉闵"率赵人诛诸胡羯"时,史载所云,"人有高鼻多须者,无不滥死",陈勇证"在冉闵事件中被杀的'羯胡'数万人或'胡羯'二十余万人中,西域胡所占比例是颇大的"。[1]

西域胡会经商,信佛教,善骑射。石勒亦擅此道。他没有文化,14岁随同乡"行贩洛阳"。西晋太安年间"并州饥乱",并州刺史、东嬴公司马腾派部将捉拿杂胡贩卖到冀州,"两胡一枷"为奴。石勒时年20多岁,也在其中,被

---

[1] 参阅陈勇:《后赵羯胡为流寓河北之并州杂胡说》,见陈勇:《汉赵史论稿》,商务印书馆2015年版,第189—211页。

卖与冀州茌平（今山东茌平）师欢为田奴。师欢家附近有官营马牧（场），石勒因会相马，被"牧率（马场官长）魏郡汲桑"赦免奴隶身份，结为至交。汲桑还为石勒起名，"始命（石）勒以石为姓，勒为名焉"。此后，汲桑提供马匹，石勒与同卖到冀州的杂胡结为兄弟，组成"十八骑"为盗，"乘苑马远掠缯宝，以赂汲桑"。[1]

永兴元年刘渊起兵反晋时，成都王颖旧将阳平（今河北大名）人公师藩在赵魏之地响应，"众至数万"。石勒与汲桑"帅牧人乘苑马数百骑以赴之"。以后公师藩败死于濮阳太守苟晞等的围攻。汲桑与石勒自立为号，攻克邺（魏郡郡治，曾是曹操魏王之都，蔚为大城），诛石勒仇人东嬴公司马腾（掠大量并州胡贩卖到冀州为奴之元凶），"杀万余人"，焚邺城宫殿。汲桑与石勒又南击兖州（今山东中西部、河南东北部），北攻幽州（今河北北部），杀幽州刺史。西晋执政的东海王越大惧，派苟晞、王赞等攻讨，与石勒在平原（今山东平原）、阳平一带激战，"大小三十余战，互有胜负"。司马越亲自带兵到官渡增援。石勒、汲桑兵败，"（汲）桑奔马牧，（石）勒奔乐平（今山西昔阳）"。汲桑在平原遭苟晞等追杀。石勒逃往老家并州上党羯胡部落，说服数千羯胡随己投靠刘渊，被刘渊任命为辅汉将军。石勒又以计收降盘踞于乐平的乌桓张伏利度两千人马，统众增至七千。这批羯胡与乌桓兵成为石勒的基本队伍，骁勇善战。石勒先陷上党要塞壶关（今山西长治东南），再与刘零等七将率三万人马攻克"魏郡、顿丘诸垒壁"[2]，收编坞壁乡兵"强壮五万为军士"，其他"老弱安堵如故，军无私掠，百姓怀之"。[3]

永嘉二年，刘渊称帝时，升石勒为平东大将军。石勒又相继攻陷邺、三台、赵郡、中丘（河北内丘西）诸城，俘魏郡太守王粹，杀冀州西部都尉冯冲，斩

---

[1]《晋书》卷一〇四《石勒载记上》。
[2] 坞壁起于西汉末年，到东汉为防匈奴、氐、羌侵扰，在关陇及北方多置。到西晋末年，中原地区已遍布乡民聚众自守的坞壁组织，又称坞堡、垒壁、堡壁、坞、垒等，既是军事组织，又是经济组织，"耕田种地，且耕且守"。乡村修建成兵营、要塞，聚族自保，坞主多为地方豪强，属乡兵性质，小者数百家，大者数万人。详见何兹全、张国安：《魏晋南北朝史》，人民出版社2013年版，第92—95页。
[3]《晋书》卷一〇四《石勒载记上》。

曾交过手的"乞活"①帅田禋、郝亭等，再升安东大将军。石勒愈战愈强，再攻巨鹿（今河北平乡西南）、常山（今河北正定南），"害二郡守将"，"陷冀州郡县堡壁百余，众至十余万，其衣冠人物集为君子营"。石勒拥兵十余万，势力大盛，以赵郡中丘名士"张宾为谋主"，"刁膺、张敬为股肱"，"支雄、呼延莫、王阳、桃豹、逯明、吴豫（皆为'十八骑'成员）等为将率"。石勒又派将赴并州诸郡县，"说诸胡羯，晓以安危"，招安收编，补入大量并州胡。他还"攻中山、博陵、高阳诸县，降之者数万人"，在黎阳"降三十余壁，置守宰以抚之。进寇信都（今河北衡水市冀州区），害冀州刺史王斌"。魏郡太守刘矩以郡降附。刘渊再晋升石勒为镇东大将军，封汲郡公。石勒在石桥渡黄河，攻陷白马，东袭鄄城，杀兖州刺史袁孚。又攻陷仓垣、广宗、清河、平原、阳平诸县，"降（石）勒者九万余口"，逼荥阳太守裴纯南逃建业。

永嘉三年，"刘聪攻河内（郡），（石）勒率骑会之"，在武德俘杀西晋冠军将军梁巨，"坑降卒万余"，"河北诸堡壁大震，皆请降送任于（石）勒"。永嘉四年刘渊死后，刘聪授石勒征东大将军、并州刺史。石勒率两万骑与刘粲四万众合围洛阳，在襄城（今河南襄城）杀太守崔旷，在南阳击败王如、侯脱、严嶷率领的数万关中流民义军，杀侯脱，俘严嶷，"尽并其众，军势弥盛"，再进陷许昌，"害平东将军王康"。②西晋执政的东海王越胆怯，率洛阳晋军主力借口讨伐石勒逃离洛阳。永嘉五年东海王越病死于项。门阀士族首领、太尉王衍（出自琅邪王氏）率其众东逃。石勒轻骑追击，在东郡宁平城（今河南郸城东北）围歼晋军主力十余万人，俘杀王衍等公卿及襄阳王等五王，继而又在许昌东北的洧仓（今河南鄢陵西北）俘杀从洛阳出逃的东海王越之子司马毗"及诸王公卿士"，先后诛晋室四十八王。③石勒再"率精骑三万，入自成皋关（即虎牢关，今河南荥阳西北）"，助刘曜、王弥攻陷洛阳俘晋怀帝，自屯驻许昌。

---

① 原西晋并州一批州兵吏民因饥荒聚众东至冀州"就食"，号为"乞活"，有数万之众，属特殊流民，具相当战斗力。

② 《晋书》卷一〇四《石勒载记上》；《晋书》卷一〇〇《王如传》。王如败投东晋，后被杀，少量残部退入汉中，投靠成汉政权。

③ 《晋书》卷五《孝怀帝纪》；《晋书》卷一〇四《石勒载记上》。《晋书》卷五九《东海王越传》记为"三十六王"。

此后刘曜西入关中，围攻长安，经略关陇。石勒则在关东南征北战，经营个人地盘。他先攻灭在蒙城（今河南商丘东北）建立行台[①]、以前击败过自己、有"屠伯"之称、时人比之为韩（信）白（起）的西晋大将军苟晞，又诱杀比自己地位高、刘渊刘聪颇为倚重的山东青州士族豪强、号为"飞豹"的王弥。在酒宴上，"（石）勒手斩弥而并其众"。刘聪虽怒责其"专害公辅，有无君之心"，但也无奈于他，反而加授其为镇东大将军、督并幽二州诸军事、领并州刺史、幽州牧，"以慰其心"。[②]刘聪有想将他引向并州（有刘琨）、幽州（有王浚）之意，但石勒却不肯放弃兖、豫及江淮，视为粮源之地。他分军"攻掠豫州诸郡，临江而还，屯于葛陂，降诸夷楚，署将军二千石以下，税其义谷，以供军士"。此时西晋残余势力、并州刺史、汉中山靖王刘胜之后、西晋名士、"二十四友"之一的刘琨遣使示好，写信给石勒曰："将军发迹河朔，席卷兖豫，饮马江淮，折冲汉沔，虽自古名将，未足为之谕。"[③]此恰好真实地反映了石勒已控制兖州、豫州和江淮一带。在张宾主谋策划下，石勒又采取南守北攻之重要战略，"长驱寇邺"，进据"赵之旧都"邯郸、襄国（今河北邢台），以此为都，"分命诸将攻冀州郡县垒壁，率多降附，运粮以输（石）勒"。[④]西晋幽州刺史、出自名门士族太原王氏的王浚建立行台自为执政，"谋称尊号"，"唯恃鲜卑、乌桓以为强"，派鲜卑首领段就六眷、段匹䃅兄弟及堂弟段末杯率"部众五万余以讨（石）勒"。石勒用战抚两手，使鲜卑退兵，引还辽西，"专心归附"。晋建兴元年，石勒从子石虎攻克邺城西北要塞三台，邺城不战自溃。石勒攻占苑乡消灭游纶数万众，攻灭盘踞在上白（今河北威县）的"乞活"余部李恽。乌桓首领薄盛献渤海太守刘既，"率户五千降于（石）勒"，其他乌桓各部审广、郝袭等也皆叛王浚，"密遣使降于（石）勒"。自此，"司冀渐宁，

[①] 行台指代表西晋朝廷的临时机构。晋怀帝被俘后，傅祗在河阴、荀藩在密县、王浚在幽州、苟晞先在仓垣后徙蒙城各建立行台，自为执政。
[②] 《晋书》卷一〇四《石勒载记上》；《晋书》卷六一《苟晞传》；《晋书》卷一〇〇《王弥传》；《资治通鉴》卷八七晋怀帝永嘉五年。《王弥传》记石勒伏兵袭杀王弥，今从《石勒载记上》和《资治通鉴》。
[③] 《晋书》卷一〇四《石勒载记上》；《晋书》卷六二《刘琨传》。
[④] 《晋书》卷一〇四《石勒载记上》。

人始租赋"。① 石勒用张宾之计，先假意臣服麻痹王浚，然后轻骑突袭，俘斩劲敌王浚，智取幽州。又徙乌桓"三万余户于襄国"。

西晋并州刺史刘琨迁治阳曲（今山西阳曲西南），眼见要坐以待毙，便凑集十余万众派遣将军姬澹与石勒决战。石勒亲自迎战，击溃姬澹。刘琨长史李弘"以并州降于（石）勒"，刘琨逃奔辽西鲜卑段匹磾。辽西因无战事，"时司、冀、并、兖州流人数万户在于辽西"。石勒又用张宾计，不乘胜追击，反而"班师息甲"，以利招抚流亡，"流人降者岁常数千"。辽西鲜卑又发生内乱，段匹磾败于段末杯，惧刘琨害己而杀之，刘琨余众"相继降（石）勒"。段匹磾败降石虎，后在襄国被杀。山东青州的曹嶷也叛刘聪而归石勒。至此，兖、豫、冀、并、幽、青六州和司州北部诸郡尽属石勒所控。②

当石勒经营关东，刘曜称雄关陇之际，匈奴汉国都城平阳也上演着血腥的皇位之争。刘渊死后，太子刘和即位。手握重兵的刘聪杀兄刘和，抢了皇位。刘聪统治残暴，平阳士人大量外逃。石勒派石越在并州招降纳叛，吸引二十万户人投奔冀州，"平阳街巷为之空"。③ 刘聪荒淫而死，刘粲即位，荒淫残暴更甚其父，而且军国大事皆予外戚靳准裁决。汉昌元年靳准政变，杀刘粲，尽诛皇族刘氏，"刘氏男女无少长皆斩于东市"，"发掘元海、聪墓，焚烧其宗庙"，史称"靳准之乱"。石勒与刘曜相继出兵赴平阳平乱。石勒亲率五万精兵占据平阳附近的襄陵。刘曜率军进至赤壁，被部众及投靠来的汉国朝臣拥立为帝，擢石勒为大将军、封赵公。石勒攻击平阳小城，收降氐、羌、羯等归附者十余万落（户）。刘曜军至汾阴（今山西万荣西），与石勒形成夹攻合围之势。靳准下属乔泰等群起杀靳准，推靳准从弟、尚书令靳明为盟主。靳明派人奉玉玺向刘曜乞降，再率"平阳士女万五千归于曜"。刘曜杀靳明灭其族，退兵屯粟邑。石勒攻占平阳，焚掠宫室，自返襄国。次年（319）刘曜加封石勒为赵王，迁都长安，改国号为赵，建立前赵政权。同年数月后，在石虎、张宾等再三劝进下，

---

① 《晋书》卷一〇四《石勒载记上》；《资治通鉴》卷八八晋愍帝建兴元年。
② 《晋书》卷一〇四《石勒载记上》；《晋书》卷六二《刘琨传》；《晋书》卷六三《段匹磾传》。
③ 《晋书》卷一〇四《石勒载记上》。

石勒即赵王位，以襄国为都，建立赵国，与刘曜分庭抗礼，史称后赵政权。[①]（见图3-2）

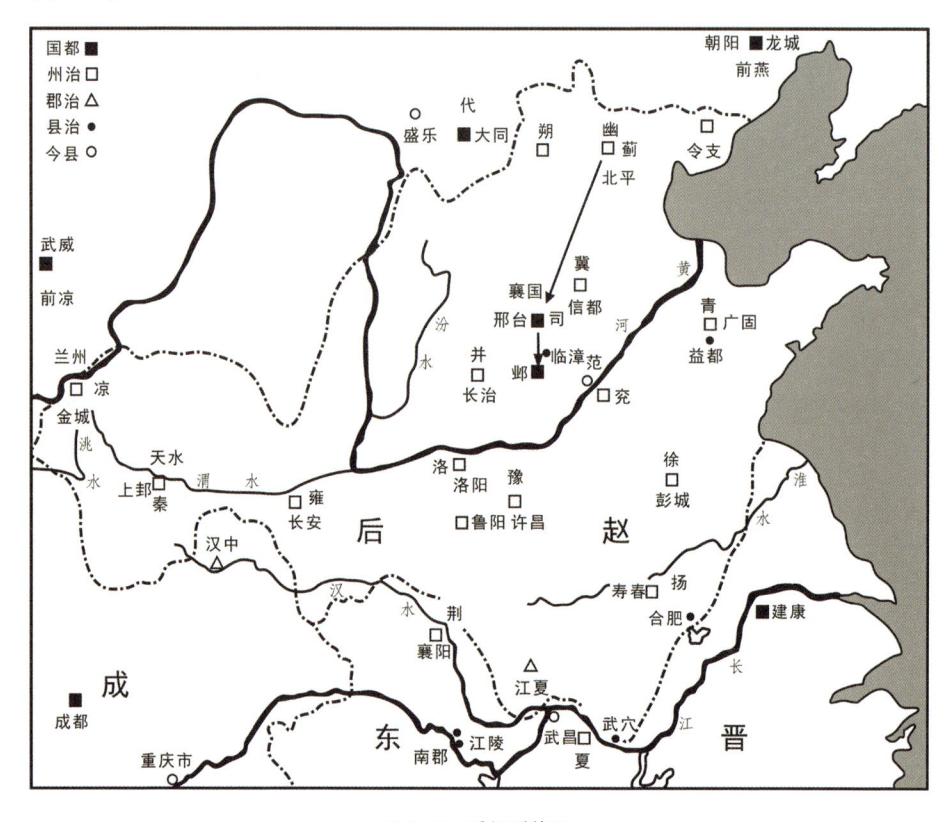

图 3-2 后赵形势图

（引自何兹全、张国安：《魏晋南北朝史》，人民出版社2013年版，第104页）

二、司州与并州的设置与变化

刘渊、刘曜起于左国城，属并州西河国（郡）。石勒为上党武乡人，属并州上党郡。刘渊汉国都城平阳，属司州平阳郡。石勒后赵都城襄国，属司州广平郡。前赵与后赵接壤之处都在司州与并州。为便于弄清楚前赵与后赵的兴亡嬗代，有必要概述司州与并州及并州所属之上郡的设置与变化。

[①]《晋书》卷一〇二《刘聪载记》；《晋书》卷一〇三《刘曜载记》；《晋书》卷一〇四《石勒载记上》。参阅李智文：《石勒评传》，国家图书馆出版社2011年版，第129—135页。石勒十年后消灭前赵，才自立称帝，迁都邺城。

（1）司州。据《晋书》卷一四《地理志上》，司州初置于魏晋。此前《禹贡》所分天下九州（冀、兖、青、徐、扬、荆、豫、梁、雍）及汉武帝所定天下十三州中均无其名。司州前身原指西汉及魏晋时期朝廷所增设的中央监察长官司隶校尉直属督察的京师附近郡县，起初仅属监察区域，称为"司隶所部"。最早为汉武帝所置，"所部三辅、三河诸郡"，"其界西得雍州之京兆、冯翊、扶风三郡（即三辅），北得冀州之河东、河内二郡，东得豫州之弘农、河南二郡，郡凡七"。到东汉，虽改都洛阳，但"司隶所部与前汉不异"。三国时，"魏氏受禅，即都汉宫（洛阳），司隶所部河南、河东、河内、弘农（郡）并冀州之平阳（郡），合五郡，置司州"。这是司州作为行政区初置之始。西晋时，"晋仍居魏都，乃以三辅还属雍州，分河南（郡）立荥阳（郡），分雍州之京兆立上洛（郡），废东郡立顿丘（郡），遂定名司州，以司隶校尉统之。（司）州统郡一十二，县一百，户四十七万五千七百"。又"晋武帝太康元年，既平孙氏，凡增置郡国二十有三，省司隶置司州，别立梁、秦、宁、平四州，仍吴之广州，凡十九州，郡国一百七十三"。由此可知，司州作为行政区起于曹魏建国，到西晋平吴后最后定名，归属司隶校尉管辖，列为西晋十九州之首。

西晋司州把原司隶所部关中三辅（京兆、冯翊、扶风三郡）归还雍州，只从京兆郡分出上洛郡留置，尽管如此，仍统辖十二郡、一百县，远远超出洛阳京畿范围。其十二郡属函谷关以西关中区域的有弘农、上洛二郡；属今山西南部的有平阳、河东二郡；属今河北南部的有广平、阳平、魏郡三郡（其中魏郡在东汉时为冀州州治所在，西晋时划归司州，郡治邺原为曹操魏王之都，在今河北临漳县西南，过漳水即属今河南安阳，魏郡属县也分跨今河北南部及河南北部）；其余五郡河南、河内、荥阳、汲郡、顿丘即今河南大部。

晋末永嘉之后，司州被汉国刘聪攻占。刘聪一度废司州，"以洛阳为荆州"，到了后赵石勒控制关东地区，重新恢复司州。后赵石虎时，"又分司州之河南、河东、弘农、荥阳，兖州之陈留、东燕为洛州"。"永和五年（349），桓温入洛（阳），复置河南郡，属司州"。[1]可知晋末到十六国时期，司州

---

[1] 《晋书》卷一四《地理志上》。

还不断有分合兴废之变化。司州被前赵、后赵瓜分，他们互为敌仇，这里当然成为战场。

（2）并州。据《晋书》卷一四《地理志上》，并州属汉武帝所定天下十三州之一。在此之前，《禹贡》所分九州没有并州。但《汉书》卷二八上《地理志上》有"天下分绝，为十二州，使禹治之"语，颜师古注曰："九州之外有并州、幽州、营州，故曰十二"。所以，《晋书》卷一四《地理志上》就依此而记："舜置十二（州）牧，（并州）则其一也。"也就是说，并州虽在《禹贡》九州之外，却在传说的十二州之内。《晋书》卷一四《地理志上》解释了并州的命名及设置，"《周礼》：正北曰并州，其镇曰恒山。《春秋元命包》云：'营室流为并州，分为卫国。'州不以卫水为号，又不以恒山为称，而云并者，盖以其在两谷之间也。汉武帝置十三州，并州依旧名不改，统上党、太原、云中、上郡、雁门、代郡、定襄、五原、西河、朔方十郡，又别置朔方刺史"。[①]到东汉，特别是东汉末年，并州变化非常大。"后汉建武十一年（35），省朔方（刺史）入并州。灵帝末，羌胡大扰，定襄、云中、五原、朔方、上郡等五郡并流徙分散。建安十八年，（并州）省入冀州。二十年，始集塞下荒地立新兴郡，后又分上党立乐平郡。魏黄初元年，复置并州，自陉岭（即西陉山，又名雁门山、句注山，在今山西代县北）以北并弃之，至晋因而不改。并州统郡国六，县四十五，户五万九千三百。"[②]东汉末年（建安十八年）并州一度省并入冀州，七年之后，到曹魏立国时才重新恢复。但恢复后的并州比西汉时统辖的十郡以及东汉时统辖的九郡[③]之地盘大大缩减，只剩六郡，少了灵帝末年"流徙分散"的"定襄、云中、五原、朔方、上郡等五郡"，而增置的新兴郡统五县为九原、定襄、云中、广牧、晋昌，即含上述北"五郡"中的四郡（已省并为县）。《后汉书》志第二十三《郡国五》并州条记载，"右并州刺史部，郡九，县、邑、

[①] 所谓"并州依旧名不改"，原有此州也；"别置朔方刺史"，西汉时不属并州，到东汉才归并。

[②] 《晋书》卷一四《地理志上》。

[③] 班固：《汉书》卷二八下《地理志下》，中华书局1962年版；《后汉书》志第二十三《郡国五》。

侯国九十八"，注引《魏志》曰："建安二十年省云中、定襄、五原、朔方（郡），（各郡）置一县领其民，合以为新兴郡。"①北"五郡"之上郡未能如其他四郡般省并为县，合置到新兴郡，应是已遭彻底废弃，下文单述。魏晋时的并州范围为今山西中北部及内蒙古一部，只剩六郡（即太原国、上党郡、西河国、乐平郡、雁门郡、新兴郡）。到晋末并州为本地匈奴刘渊控制，成为灭晋之根据地。十六国时汉赵国、后赵、前秦、后秦和大夏相继称雄北方，并州均为其重要地盘，又有很大分合变化。"及永兴元年，刘元海僭号于平阳，称汉，于是并州之地皆为元海所有。元海乃以雍州刺史镇平阳，幽州刺史镇离石（属并州西河国之郡治，今山西离石）。及刘聪攻陷洛阳，置左右司隶，各领户二十余万，万户置一内史，凡内史四十三人，单于左右辅各主六夷。又置殷、卫、东梁、西河阳、北兖五州，以怀安新附。刘曜徙都长安，其平阳以东地入石勒。（石）勒平朔方，又置朔州。自惠怀之间，离石县荒废，（石）勒于其处置永石郡，又别置武乡郡。及苻坚、姚兴、赫连勃勃，并州并徙置河东，又姚兴以河东为并、冀二州云。"②

（3）上郡。据《汉书》卷二八下《地理志下》，上郡为始皇所"分天下为三十六郡"之一，西汉时属并州十郡之一，郡治肤施（今陕北榆林东南），统辖二十三县，即肤施、雕阴（今陕西富县西）、高奴、龟兹（今陕西榆林西北）、阳周、白土、漆垣、奢延、桢林、定阳（今陕西洛川东北）等。其中阳周和高奴县，《汉书》记载非常明确，"阳周，桥山在南，有黄帝冢"，"高奴，有洧水"。《史记》卷一《黄帝本纪》记："黄帝崩，葬桥山。"《集解》引《皇览》曰："黄帝冢在上郡桥山。"《索隐》引《地理志》："桥山在上郡阳周县，山有黄帝冢也。"洧水即延水。可知，阳周即今陕北黄陵县（一说陕北子长），高奴即今延安东北。又据《后汉书》志第二十三《郡国五》记载，东汉时上郡，属并州九郡之一，郡治仍为肤施，统辖"十城"，即肤施、雕阴、高奴、龟兹属国、白土、漆垣、奢延、桢林、定阳、候官。《后汉书·郡国志》与《汉书·地理志》记载县名略有不同，"凡前志有县名，今所不载者，皆世祖所并省也。

---

① 此处注引《魏志》，即《三国志·魏志》卷一《武帝纪》。
② 《晋书》卷一四《地理志上》。

前无今有者，后所置也。"① 可知，西汉时上郡之二十三县，到东汉时并省为十县（大致为今陕北延安、榆林地区大部）。上郡不只属县遭到并省，连自身亦不能保全。东汉灵帝末（约184—189），因"羌胡大扰"，"定襄、云中、五原、朔方、上郡等五郡并流徙分散"，成为"塞下荒地"，直到建安二十年，"始集塞下荒地立新兴郡"。② 而这新兴郡是"省云中、定襄、五原、朔方郡，郡置一县领其民，合以为新兴郡"，③ 唯独少了上郡。曹丕代汉的黄初元年，"复置并州"，并州只剩下六郡，"自陉岭以北并弃之，至晋因而不改"。④ 从三国到西晋，上郡作为行政区均不再见史载，应在省并废弃之列无疑。只是上郡何时废弃的呢？《晋书》卷一四《地理志上》总叙中记载："魏武定霸，三方鼎立，生灵版荡，关洛荒芜，所置者十二（新兴、乐平、西平、新平、略阳、阴平、带方、谯、乐陵、章武、南乡、襄阳），所省者七（上郡、朔方、五原、云中、定襄、渔阳、庐江），而文帝置七（郡），……明及少帝增二（郡）（明，上庸也；少，平阳也），得汉郡者五十四焉。"可知，上郡是在并州北"五郡"之内，至迟在曹操执政时遭省弃，而同时又新置新兴郡。新兴郡设置的确切时间是在建安二十年，北"五郡"中的其他四郡缩改为县，"合以为新兴郡"，而此时上郡荒弃得更加彻底，连"置一县领其民"都做不到，拼凑无方，也就谈不上与其他四郡合并为新兴郡了。所以，实际上，上郡在东汉灵帝末年至建安初年这十多年间（184—196），因黄巾起义、董卓之乱及"羌胡大扰"，居民已"流徙分散"，属地沦为羌胡侵占，郡县荡然无存。所谓省弃，是指朝廷不再设置郡县行政机构，不委任官吏管理，耕地荒芜，居民流散。上郡原地名仍存。此后其地尽被氐羌侵占，而且人数可观。

刘曜围攻困守长安的晋愍帝时，曾征伐过上郡，但未能征服当地氐羌。以后刘曜灭晋，迁都长安建立前赵政权之后，因一度残暴引发关陇三十余万氐羌

---

① 《后汉书》志第十九《郡国一》。
② 《晋书》卷一四《地理志上》。
③ 《三国志·魏志》卷一《武帝纪》；《后汉书》卷二八下《地理志下》。
④ 《晋书》卷一四《地理志上》。

巴羯反叛，上郡"十余万落"氐羌也加入反叛，并聚集"劲卒五万"参战。后被游子远降服，从上郡分徙氐羌"二十余万口于长安"。① 当时随权渠、伊余父子一同造反的上郡其他西戎部落姑且不计，仅最强的权渠、伊余所属氐羌部众就远超东汉时上郡十县合计"户五千一百六十九，口二万八千五百九十九"，甚至将及西汉时上郡二十三县合计"户十万三千六百八十三"的规模。

概言之，上郡自秦置郡，为始皇三十六郡之一，到两汉归属并州，其属县在两汉保持不变者有九县，南起阳周，中有雕阴和高奴，北至龟兹、肤施，郡治肤施。② 东汉末年，因"羌胡大扰"，上郡之郡县机构废置，其地尽被羌胡西戎侵占。以后前赵政权虽征服控制上郡，但未在上郡原地恢复设置郡县机构，只是封降服的氐羌首领权渠为"征西将军、西戎公"，继续统众留居原地。③ 另据《十六国疆域志》卷一所列郡县，汉赵统治时，上郡寄治夏阳（今陕西韩城西南）。④ 夏阳为雍州所统冯翊郡（三辅之一）之属县，距上郡原郡治肤施及原属县较远，前赵政权即使在此设置上郡机构、委任官吏进行寄治，也更多为名义而已，实际意义不大。上郡战略地位重要，前赵与后赵的激烈战争就是从争夺上郡开其端的。

三、石勒争夺上郡与关中及灭前赵

前赵光初二年（319），上郡的北羌王盆句除依附刘曜，当了安国将军。石勒派部将石他从雁门（今山西代县西南）出兵，袭攻上郡⑤，俘羌三千余户，牛马羊上百万头。刘曜大怒，先派刘岳追击，然后自为后继，率大军出屯富平（今陕西富平）。刘岳与石他在河边大战，阵斩石他，消灭后赵士卒六千五百多人，夺回被掠走的羌人及牛羊。⑥ 上郡距石勒坐镇的襄国太远，石

---

① 《晋书》卷一〇三《刘曜载记》；《资治通鉴》卷九一晋元帝太兴三年。上郡伊余随父造反时，曾大言于众曰："往者刘曜自来，犹无若我何，况此偏师，何谓降也！"
② 也有人认为五地从南至北顺序为雕阴、高奴、阳周、肤施、龟兹。
③ 《晋书》卷一〇三《刘曜载记》。
④ 周伟洲：《汉赵国史》，广西师范大学出版社2006年版，第161页。
⑤ 此时上郡是指原址的可能性更大，即今陕北榆林东南及无定河流域。
⑥ 《晋书》卷一〇三《刘曜载记》。

勒一时无力报复。这一仗是前、后赵争雄上郡与关中的战争序幕。前赵光初七年（324），石勒子石生，攻杀驻守新安的前赵将领尹平，抢掠五千余户而归。①次年，石生屯兵洛阳。刘曜派刘岳率一万五千精兵从孟津渡黄河，出崤山（今河南三门峡东）、渑池，出函谷关攻打石生。刘岳围石生于金墉（今河南洛阳北）。后赵石虎领步骑四万赶来增援，与刘岳大战于洛西。刘岳中箭败退石梁（今河南洛阳东）。石虎挖堑围困。刘岳断粮，士卒杀马而食。刘曜亲自率主力来救刘岳。石虎指挥三万骑兵迎战。刘曜夜宿金谷（今河南洛阳西北），军中无故大惊，士卒溃散，被迫退保渑池。不料夜宿军中再惊，只得罢兵撤回关中。石虎攻拔石梁，俘获刘岳及前赵将领八十余人，坑杀全部降卒。刘曜遭此惨败，在长安郊外素服痛哭七日，忧愤成疾。此前一年前凉张茂死，侄张骏继为凉州牧。听说刘曜被石虎击败，便取消前赵官号，派遣大将韩璞带金城太守张阆等四将领，率众数万人攻掠前赵秦州诸郡。刘曜派子刘胤率步骑四万前往镇压。双方夹洮水相持七十多天。刘胤强渡洮水，击溃前凉军队，斩两万人，余众投降。凉州之叛暂时平息。②

光初十一年（328），石勒派石虎率四万人马从河内郡轵关（今河南济源西北）攻入河东。河东郡原在刘曜控制之下，此时属县及周边全部反叛了。③石虎兵不血刃直扑蒲坂（今山西永济西蒲州，隔河与潼关相对）。刘曜决心复仇雪耻，先派刘述联合氐羌屯守西线秦州，防范前凉的张骏和重回仇池的杨难敌，然后自率全部精锐十万人马，从卫关北渡黄河，援救蒲坂。石虎兵少，不战自退。刘曜紧追不舍，八月双方战于高候（今山西闻喜北）。石虎大败，部将石瞻战死，士卒横尸200里。石虎逃往汲郡朝歌。刘曜乘胜从河东郡大阳（今山西平陆西南）再渡黄河。他本应直攻朝歌，但却错误地围攻军事要塞金墉，长期屯兵于坚城之下，给敌方以喘息之机。他还分军攻打汲郡、河内郡。后赵荥阳太守尹矩、

---

① 《晋书》卷一〇五《石勒载记下》。据《晋书》卷一一四《地理志下》司州条，新安县，"函谷关所居"，即今河南新安县东。弘农县，"本函谷关，汉武帝迁于新安县"。
② 《晋书》卷一〇三《刘曜载记》；《资治通鉴》卷九三晋明帝太宁三年；《资治通鉴》卷九三晋成帝咸和二年。
③ 据《晋书》卷一一四《地理志下》，河东统九县，为安邑、闻喜、垣、大阳、猗氏、解、蒲坂、河北、汾阳。

野王（今河南沁阳）太守张进相继投降，洛阳告危。①

后赵都城襄国大震。十一月，后赵王石勒自统步骑四万援救洛阳，并命令石堪、石聪、桃豹等将会师荥阳，让石虎进据石门。战前，石勒对参军事徐光说："（刘）曜盛兵成皋关，上计也；阻洛水，其次也；坐守洛阳者成擒也。"②次年二月，后赵各路援军云集成皋，有步卒六万，骑兵二万七千人。石勒见刘曜不陈兵守卫战略要地成皋③，欢喜地指天额手称庆，说："天也！"全军卷甲衔枚，偷偷进至巩、訾之间（今河南巩义西南），顺利自宣阳门进入洛阳城。④

刘曜见石勒全军来援，有些胆怯，主动撤了金墉之围，把十余万军士集中到洛阳城西布阵。石勒谓左右曰："可以贺我矣！"双方进行了主力决战。石勒先派石虎带三万人从洛阳城北向西攻击刘曜中军，石堪、石聪各以精骑八千从洛阳城西向北夹攻刘曜前军，然后自率主力出洛阳阊阖门大举进攻。两军激战于洛阳西阳门外。刘曜临战前饮酒数斗，昏醉上阵，结果受伤被石堪所俘，后在襄国为石勒所杀。前赵大败，主力被"斩首五万余级，枕尸于金谷"。这次惨败，前赵主力丧失殆尽。⑤

刘曜之子刘熙、刘胤等见无力拒守关中，便率百官放弃长安，西逃上邽。关中大乱，前赵将领蒋英、辛恕聚众数十万，乘机占据长安，派遣使者招请石勒进关。石勒派石生率洛阳之兵赶赴关中。刘胤等人率兵数万又反攻长安，陇东、武都、安定、新平、北地、扶风、始平诸郡全都起兵响应刘胤。石生固守长安。石勒再派石虎率两万骑兵驰援关中，西攻刘胤。石虎在义渠（今甘肃宁县西北）大败前赵军队，继而乘胜攻克上邽，俘杀刘熙、刘胤及公卿百官三千余人，并迁徙秦雍大族九千余人到襄国，以后在洛阳还坑杀了前赵王公

---

① 据《晋书》卷一四《地理志下》，野王县，"太行山在西北"，为司州河内郡之治所。荥阳县为司州荥阳郡之治所。
② 《晋书》卷一〇五《石勒载记下》。
③ 《晋书》卷一四《地理志下》，成皋归司州河南郡，有虎牢关。即今河南荥阳汜水镇，形势险要，著名天下。
④ 《晋书》卷一〇五《石勒载记下》。
⑤ 《晋书》卷一〇五《石勒载记下》；《晋书》卷一〇三《刘曜载记》。

大臣及"五郡屠各"五千余人。① 前赵自刘渊至刘曜，历三世二十六年（304—329）而亡。关陇落入后赵石勒之手。石虎攻克上邽之后，还曾进军河西，打败集木且羌，俘虏数万羌人。前凉张骏恐惧异常，遣使称藩，向后赵进贡，被石勒封为武威郡公。氐王苻洪、羌酋姚弋仲俱降于石虎。石虎迁徙关陇氐羌十五万户到司州、冀州。一年后即咸和五年，石勒称帝，改元建平，营建邺都，立子石弘为太子，子石宏为大单于、秦王，都督中外诸军事，并派子石生镇守长安。②

石勒称帝后，秦州休屠王羌反叛，打败后赵秦州司马管光统率的州军，陇右氐羌纷纷响应。石勒派石生从长安西进陇城，率兵平叛。石生拉拢利用王羌的侄子王擢，使王羌败退凉州。石生为免生后患，强迁秦州胡夷豪族五千余家到关中雍州。③

四、石虎西征关中及后赵在关陇的不休征战

后赵建平四年（333）石勒病死，时年60岁，在位十五年。太子石弘继位，改元正熙。石虎凭武力控制朝政，进为魏王，石弘成了傀儡。镇守关中的石生与镇守洛阳的石朗不服，分别起兵反抗石虎。石虎自率步骑七万，先攻金墉，擒杀石朗，继攻关中。石生派部将郭权率鲜卑兵两万为前锋，自统大军东出长安迎战，屯驻蒲坂。两军在潼关大战，石虎先锋石挺战死，石虎退至渑池，损失惨重，"枕尸三百余里"。以后石虎暗中收买鲜卑，使其临阵倒戈。石生军阵溃乱，单马逃归长安，留将军蒋英守城，自己又潜藏于鸡头山。石虎挥师入关，攻陷长安，俘杀蒋英，分遣诸将进占汧城。他还迁徙雍州、秦州胡汉十余万户到关东，以削弱关陇实力。石生后为部下所杀。石虎平定关中，还师襄国。④

---

① 《晋书》卷一〇三《刘曜载记》。《资治通鉴》卷九四晋成帝咸和四年。此处胡注："五郡屠各，即匈奴五部之众。"
② 《晋书》卷一〇五《石勒载记下》；《资治通鉴》卷九四晋成帝咸和四年、咸和五年。
③ 《晋书》卷一〇五《石勒载记下》。
④ 《晋书》卷一〇五《石勒载记下附石弘载记》；《资治通鉴》卷九五晋成帝咸和八年。

石生先锋郭权先败退渭城，再退入陇右，献上邽归顺石虎，被封为秦州刺史。他在石虎撤走后又乘机反叛，打回关中，得到京兆、新平、扶风、冯翊、北地诸郡响应。石虎派遣儿子石斌及部将郭敖率四万人马再次西征关中，在华阴与郭权交战。上邽豪族大姓恐惧，合力杀掉郭权，认输投降。石虎命令再次迁徙秦州三万余户到关东青、并二州。仇池氐酋杨难敌送子为质请和。长安人陈良夫不甘心失败，出逃到黑羌区，招诱羌王薄句大攻扰北地、冯翊，与石斌对峙。石斌与郭敖合力击退薄句大。羌军退至马兰山。石、郭轻率深入羌族区，被羌人打败，损失十之七八，被迫退军。石虎勃然大怒，遣使诛杀郭敖。[①]不久，石虎废杀傀儡皇帝石弘，自称"赵天王"，改元建武。他见羌王薄句大依然据险抵抗，便再派儿子石斌率精骑两万，调秦、雍州兵合力进讨。长安守将涉归、日归密告镇西将军石广图谋不轨，石虎大怒，召石广回邺城处死。[②]前凉张骏惮畏石虎，遣使朝贡，但石虎竟令部将孙伏都率三万步骑攻打凉州。张骏派将领谢艾在河西击败孙伏都。石虎派子石鉴镇守关中，赋役苛繁，激起民怨，又派别子石苞代镇长安，征发十六万人重建长安未央宫。[③]

后赵建武十二年（346）前凉张骏死，子张重华继立。石虎乘机派后赵凉州刺史麻秋攻伐张重华，并令石宁为征西将军，率兵两万多为后继，张重华部将宋秦率两万户投降。金城太守张冲也献城投降。但河湟一带氐羌十余万户力保凉州，张重华又派将领杨康、谢艾拼死抵抗。麻秋、石宁无可奈何，石虎再派孙伏都增援。双方互有胜负。后赵将领王擢攻克武街，掠俘七千多户到雍州，但前凉杨康、谢艾相继击败敌军，迫使麻秋退归金城。以后麻秋又偷袭河陕，平息黄河以南氐羌之叛。正当此时，后赵太子石宣因谋杀石虎爱子石韬而被石虎废杀。东宫卫士万人也受牵连，全部被发配谪戍凉州。行至雍城时，众心怀怨，皆欲东归，便在首领高力、梁犊领导下发动兵变，劫持雍州刺史张茂，攻陷关中郡县，一路杀掠而还。高力有万夫莫当之勇，"攻

---

① 《晋书》卷一〇五《石勒载记下附石弘载记》；《资治通鉴》卷九五晋成帝咸和九年。
② 《晋书》卷一〇六《石季龙载记上》。
③ 《晋书》卷一〇六《石季龙载记上》。

战若神"。他得到关中民众响应，率众打到长安城下时，已有十万人马。镇守长安的石苞竭力抵御，高力、梁犊便带部众东出潼关，进至新安、洛阳。石虎急调李农指挥十万大军攻讨堵截，却连连败阵，退至成皋。高、梁继续攻掠荥阳、陈留。石虎又增调石斌率万骑统羌将姚弋仲、氐将苻洪等在荥阳东阻击，终于打败叛军，斩杀梁犊。石虎任命有功的氐将苻洪为雍州刺史，都督秦、雍州诸军事。①

五、石勒与石虎的不同治国

1. 石勒治国

羯人石勒未读过书，但其治国与精通汉儒文化的匈奴刘曜有些相似，可概括为：（1）迁徙大量胡汉人口（其中关陇氐羌胡汉占比甚大）充填司、冀二州与都城襄国；（2）重胡的同时，也敬汉尊儒重学；（3）重武的同时，也重视劝课农桑。石勒政权是靠武力征战打出来的，是以羯胡为基础的杂胡政权，尤为重视吸引诸胡依附，这成为其治国之本。

自定都襄国之后，每占据重要地域，石勒都要迁徙大批胡汉人口充填司、冀二州及襄国，既可优抚杂胡，亦可弱彼强己，又得劳力兵力，一举数得。据《晋书》卷一〇四《石勒载记上》，举其大者，平幽州时，"迁乌丸（桓）审广、渐裳、郝袭、靳市等于襄国"；"破东燕酸枣而还"时，"徙降人二万余户于襄国"；又"击甯黑于东武阳"，"徙其众万余户于襄国"；还"徙平原乌丸（桓）展广、刘哆等部落三万余户于襄国"；伐并州刘琨时，"勒迁阳曲、乐平户于襄国"；平幽州后，"时司、冀、并、兖州流人数万户在于辽西"，石勒班师息甲，纳张宾招抚之策，"辽西流人悉有恋本之思"，"流人降者岁常数千"；平靳准之乱时，石勒"据襄陵北原，羌羯降者四万余落"，攻平阳小城，"平阳大尹周置等率杂户六千降于勒"，石勒将"巴帅及诸羌羯降者十余万落，徙之司州诸县"；到石勒建国时，统辖"合二十四郡、户二十九万为赵国"。另据《晋书》卷一〇二《刘聪载记》，"平阳饥甚"，石勒派石越在并州招纳"司隶部人奔于冀州二十万户"。以后石虎西征关陇灭前赵，"秦陇悉平"，"徙

---

① 《晋书》卷一〇七《石季龙载记下》；《资治通鉴》卷九八晋穆帝永和五年。

氐羌十五万落于司、冀州"。石勒死后，石生、石朗在长安、洛阳反石虎而叛，石虎再次西征灭之，又"徙雍、秦州华戎十余万户于关东"。① 前后合计，石勒（及石虎）迁徙胡汉人口充填司、冀二州与都城襄国，超过六十万户百万人，其中大部分是乌桓、氐、羌、羯，而关陇雍、秦二州氐羌华戎有二十五万余户，超过三分之一。

石勒沿袭匈奴汉国的"胡汉分治"，设置大单于台，"号胡为国人"，以羯胡取代匈奴五部屠各，地位最高。羯胡与西域胡、乌桓、氐、羌、鲜卑等杂胡包括匈奴混称"胡羯"，在后赵政权是优于汉人的。但石勒也十分敬汉，尤重士族儒士。其军中收编有不少来自中原各地坞壁的汉族吏兵，"其衣冠人物集为君子营。乃引张宾为谋主"。张宾曾言："自将军神旗所经，衣冠之士靡不变节，未有能以大义进退者。"② 张宾是赵郡中丘"博涉经史"的汉族名士，自比张良，提剑投靠石勒，被引为谋主，"成（石）勒之基业，皆宾之勋也"。石勒"呼曰'右侯'而不名之，勒朝莫与为比也"。③ 北方汉人士族投石勒为朝臣者有三百户。石勒优厚待之，"徙朝臣掾属已上士族者三百户于襄国崇仁里，置公族大夫以领之"。"加张宾大执法，专总朝政，位冠僚首"，任用傅彪等撰《大将军起居注》，还"续定九品"，"典定士族，副选举之任"，"令公卿百僚岁荐贤良、方正、直言、秀才、至孝、廉清各一人，答策上第者拜议郎，中第中郎，下第郎中。其举人得递相荐引，广招贤之路"。"自是朝会常以天子礼乐飨其群下，威仪冠冕从容可观矣"。他还"重其禁法，不得侮易衣冠华族"。④

石勒不识汉字，但尊儒重学。他"雅好文学，虽在军旅，常令儒生读史书而听之"⑤。他据襄国不久，就"立太学，简明经善书吏署为文学掾，选将佐子弟三百人教之"。又"增置宣文、宣教、崇儒、崇训十余小学于襄国四门，简

---

① 《晋书》卷一〇五《石勒载记下》。
② 《晋书》卷一〇四《石勒载记上》。
③ 《晋书》卷一〇五《石勒载记下附张宾传》。
④ 《晋书》卷一〇五《石勒载记下》。
⑤ 《晋书》卷一〇五《石勒载记下》。

将佐豪右子弟百余人以教之"。①石勒"亲临大小学,考诸学生经义,尤高者赏帛有差"。以后又"命郡国立学官,每郡置博士祭酒二人,弟子百五十人,三考修成,显升台府。于是擢拜太学生五人为佐著作郎,录述时事"。石勒提倡经学,让"甚重之"的关中名儒傅祗之子傅畅为大将军右司马,与杜嘏"并领经学祭酒","立秀、孝试经之制"。②

石勒当过田奴,故重农轻赋。他不仅"亲耕藉田",还"遣使循行州郡,劝课农桑","以右常侍霍皓为劝课大夫,与典农使者朱表、典劝都尉陆充等循行州郡,核定户籍,劝课农桑。农桑最修者赐爵五大夫"。石勒称赵王时,下令"均百姓田租之半"。③石勒征租赋,每户出户赀二匹,租谷二斛,比魏晋时期轻了不少。④石勒占有大量荒芜土地,安置百万徙民,是依魏实行屯田,还是依晋实行占田,不得而知。但石虎曾"自幽州东至白狼,大兴屯田",还"使典农中郎将王典率众万余屯田于海滨"。⑤据此推测,后赵实行屯田的可能性更大一些。屯田更符合当时战时的经济特征。

石勒与石虎亲近西域胡,均信佛教,非常尊崇来自西域的天竺名僧佛图澄,视为国宝和帝师,敬为"大和尚",常以军国大事请教。⑥

石勒虽定都襄国,但他很看重魏郡原郡治、曹操魏王之都邺。邺屡遭战火,旧宫也被石勒焚毁。故石勒在经营襄都同时,打算重新"营邺宫",但遭廷尉续咸谏阻。石勒大怒,曰:"不斩此老臣,朕宫不得成也!"后经中书令徐光力保,石勒才放过续咸,但仍"令少府任汪、都水使者张渐等监营邺宫,(石)勒亲授规模"。不仅如此,他还看中洛阳,"勒以成周土中,汉晋旧京,复欲有移都之意,乃命洛阳为南都,置行台治书侍御史于洛阳"。⑦这开了恶端,以后石虎如法炮制,不仅迁都邺城,还在洛阳、长安大兴宫殿,役民数十万,终至败国。

---

① 《晋书》卷一〇四《石勒载记上》。
② 《晋书》卷一〇五《石勒载记下》。
③ 《晋书》卷一〇五《石勒载记下》。
④ 何兹全、张国安:《魏晋南北朝史》,人民出版社2013年版,第105页。
⑤ 《晋书》卷一〇六《石季龙载记上》。
⑥ 李智文:《石勒评传》,国家图书馆出版社2011年版,第159—163页。
⑦ 《晋书》卷一〇五《石勒载记下》。

2. 石虎治国

石虎又名石季龙，是石勒从子。"勒父（石）朱幼而子季龙，故或称勒弟焉。""永兴中，与勒相失。后刘琨送勒母王氏及季龙于葛陂，时年十七矣。"石虎"性残忍，好驰猎，游荡无度，尤善弹"，"勇冠当时，将佐亲戚莫不敬惮"，"指授攻讨，所向无前，故勒宠之，信任弥隆"。石勒打天下，石虎常为前驱，居功至伟。当石勒授大单于予其子石弘时，石虎"深恨之"，对儿子石邃说："二十余年，南擒刘岳，北走索头，东平齐鲁，西定秦雍，剋殄十有三州。成大赵之业者，我也。"咸康元年（335），石虎废石弘，抢了王位，自称"赵天王"，改元建武，立子石邃为太子。①

石虎治国，除"大兴屯田"，也尊儒重经，"下书令诸郡国立五经博士"，"复置国子博士、助教"，"颇慕经学，遣国子博士诣洛阳写石经，校中经于秘书。国子祭酒聂熊注《谷梁春秋》，列于学官"。②但石虎为政远逊石勒，可概括为两大特点，一为穷兵黩武，二为广兴宫殿，均属乱政暴政。

石虎将上台擅政之际，亲率七万大军西征不服自己而在洛阳和长安反叛的石生、石朗，还派子石斌率四万骑续征在关中降而复叛的石生部将郭权等。这姑且不计，仅石虎上台之后大规模征伐就有如下六次。其一，遣其子石斌"帅精骑二万，并秦、雍二州兵"西讨"保险未宾"之羌王薄句大。其二，北伐辽西鲜卑段辽。以桃豹、王华"统舟师十万出漂渝津"，以支雄、姚弋仲"统步骑十万为前锋，以伐段辽"。平辽后，"乃迁其户二万余于雍、司、兖、豫四州之地"。段辽诈降，联合鲜卑慕容皝在蓟之密云袭攻后赵大将麻秋，双方再战，后赵三万人马"死者十六七"。其三，北伐朔方（今内蒙古杭锦旗北）鲜卑，有两次大战。"使石宣率步骑二万"击朔方斛摩头，"斩首四万余级"；石宣又进讨鲜卑斛谷提，大破之，"斩首三万级"。其四，南攻荆扬。派夔安"统五将步骑七万"攻扬州历阳（今安徽和县），击败东晋将军毛宝，杀万余人，逼降晋将黄冲、历阳太守郑进，"掠七万户而还"。其五，再伐辽西，举国征

---

① 《晋书》卷一〇六《石季龙载记上》。
② 《晋书》卷一〇六《石季龙载记上》。

讨鲜卑慕容皝。"令司、冀、青、徐、幽、并、雍兼复之家五丁取三，四丁取二，合邺城旧军满五十万，具船万艘，自河通海，运谷豆千一百万斛于安乐城（属幽州渔阳郡，今北京顺义北），以备征军之调。徙辽西、北平、渔阳万户于兖、豫、雍、洛四州之地"。其六，西征前凉。派孙伏都"帅步骑三万"与前凉"张骏将谢艾大战于河西，伏都败绩"。[①]

石虎"志在穷兵"，"敕河南四州具南师之备，并、朔、秦、雍严西讨之资，青、冀、幽州三五发卒，诸州造甲者五十万人"，致使"百姓失业，十室而七。船夫十七万人为水所没、猛兽所害，三分而一"。石虎征兵还要求自带车牛米绢，"制：'征士五人（出）车一乘，牛二头，米各十五斛，绢十匹，调不办者以斩论。'将以图江表。于是百姓穷窘，鬻子以充军制，犹不能赴，自经于道路死者相望，而求发无已"。"时众役烦兴，军旅不息，加以久旱谷贵，金一斤直米二斗，百姓嗷然无生赖矣。"石虎最盛时，拥兵百万，"既将讨三方，诸州兵至者百余万"。[②] 以上征战多为全国动员，关陇雍、秦二州常见诏令中，甚至连东徙到襄国的关陇望族，也在戍役之列。《晋书》卷一〇六《石季龙载记上》记载："镇远（将军）王擢表雍、秦二州望族，自东徙已来，遂在戍役之列，既衣冠华胄，宜蒙优免，从之。自是皇甫、胡、梁、韦、杜、牛、辛等十有七姓蠲其兵贯，一同旧族，随才铨叙，思欲分还桑梓者听之，其非此等，不得为例。"石虎穷兵黩武真是到了极致。

石虎大兴宫殿，其规模之大、劳民之苦也于史罕见。他先在"襄国起太武殿，于邺造东西宫，至是皆就"。在邺"又起灵风台九殿于显阳殿后"。[③] 以后石虎还"使尚书张群发近郡男女十六万，车十万乘，运土筑华林苑及长墙于邺北，广长数十里"，"促张群以烛夜作。起三观、四门，三门通漳水，皆为铁扉。暴风大雨，死者数万人"。[④] 石虎"兴宫室于邺，起台观四十余所"，又"营长安、

---

① 《晋书》卷一〇六《石季龙载记上》。孙伏都后来"与麻秋率步骑三万长驱济河"二征凉州，再败于谢艾，事载《石季龙载记下》。
② 《晋书》卷一〇六《石季龙载记上》。
③ 《晋书》卷一〇六《石季龙载记上》。
④ 《晋书》卷一〇七《石季龙载记下》。

洛阳二宫，作者四十余万人"。石虎"发诸州二十六万人修洛阳宫"，"发雍、洛、秦、并州十六万人城长安未央宫"。①在这数十万役夫中，关陇之民过半。石虎子石鉴"时镇关中，役烦赋重，失关右之和"，石虎只得"征（石）鉴还邺"，又派别子"石苞代镇长安"。但石苞继征大量役夫建长安未央宫，②引发关中民变，梁犊聚众十万造反（见前文）。石虎还"贪而无礼"，对历代"帝王及先贤陵墓靡不发掘，而取其宝货焉"，"又使掘秦始皇冢，取铜柱铸以为器"。③关中及洛阳两汉帝陵难有幸免。

石虎暴政实在称不上是治国，而是乱国害国，关陇深陷水深火热。其在位十五年，最终导致自取灭亡，天下大乱。

六、冉闵之乱与后赵灭亡

石虎重病，对关中放心不下，命宠信之子石遵以大将军身份镇守关陇，统率西部诸军。后赵建武十五年（349）石虎死于宫中政变。石虎废石勒子石弘自立为"赵天王"时，起初立子石邃（郑氏所出）为太子，后因其"骄恣无道"而废杀之，郑氏亦废。石虎再立子石宣为太子，立其母杜氏为后，并立宠子石韬为太尉，立子石斌为大司马，派子石鉴、石苞先后出镇关中。④但石宣"素恶韬宠"，密遣亲信暗杀石韬。石虎查知，"悲怒弥甚"，废石宣并以酷刑处死，株连妻儿九人及属下三百五十人遭残杀，东宫卫士万余人"皆谪戍凉州"（后在谪途关中雍城造反，即高力、梁犊之叛），杜氏废为庶人。石虎第三次立太子，选中幼子、十龄童石世，立其母刘氏（刘曜幼女）为皇后，并将有战功的石斌从大司马升为丞相，委以辅政，任宠子石遵为大将军，率禁军出镇关中，欲取代时守关中的另一子石苞。但"刘氏惧（石）斌之辅政也害（石）世"，乘石虎重病"惛眩"，矫命镇卫大将军张豺及其弟张雄发动宫中政变，诛杀石斌，"俄而季龙亦死"。10岁的石世即位，升张豺为丞相，尊母刘氏为皇太后，"临

---

① 《晋书》卷一〇六《石季龙载记上》。
② 《晋书》卷一〇六《石季龙载记上》。
③ 《晋书》卷一〇七《石季龙载记下》。
④ 《晋书》卷一〇六《石季龙载记上》。

朝（听政）"。①此时，石遵带三万禁军尚未进入关中，屯于河内，联合不久前击败梁犊的姚弋仲、苻洪、刘宁、石闵等诸军九万人马反攻邺城，以石闵为先锋，废杀新帝石世及母刘氏，抢夺了皇位。"（石）世凡立三十三日"。镇守蓟州的石冲以及镇守长安的石苞都不服，相继起兵讨伐石遵。石冲率兵十余万攻邺，结果被石闵击溃，被俘赐死。石苞原来也准备率关中兵东攻邺城，但三辅豪族不支持他，纷纷叛乱，占据郡县，"有众五万"，并招引东晋梁州刺史司马勋开赴关中。司马勋出兵悬（钩），距长安仅200里。石苞尚未出师，便已自乱，被迫放弃攻邺之谋，派部将麻秋、姚国抵抗威胁长安的司马勋。邺城的石遵坐收渔翁之利，派部将王朗率两万精骑开赴关中，名为攻讨东晋司马勋，实为捉获石苞归邺。司马勋见无隙可乘，便转攻宛城，杀南阳太守袁景而归。②

石闵为石遵夺取皇位出力甚巨，虽得以"总内外兵权"，但远未满足其野心，同时又遭石遵疑惮，被"稍夺兵权"。于是石闵政变，废杀石遵及其母郑氏，扶立曾督关中的石鉴上台。石遵在位仅一百八十三天。石闵政变遭朝野上下强烈反对，连石鉴也想杀他。石鉴密令被石遵从长安捉回邺城的石苞、中书令李松、将军张才等夜袭石闵、李农（大司马），没有成功。当夜石鉴为图自保而诛杀石苞、李松、张才。在旧都襄国的石虎另一子石祗联合羌将姚弋仲、氐将苻洪，檄讨石闵。邺都朝臣多人响应，谋诛石闵，反被石闵察觉而尽诛。名将孙伏都等又率"羯士三千"再袭攻石闵，"不克"，被石闵反攻杀之，累及无辜，"流血成渠"，"一日之中，斩首数万"。邺都大乱，公卿将帅万余人出逃襄国。石闵索性亲率部卒在邺城大开杀戒，"诛诸胡羯，无贵贱男女少长皆斩之，死者二十余万"，"于时高鼻多须至有滥死者半"。③

石闵何许人也？为何如此凶悍，又如此仇羯？原来石闵不是羯胡，而是魏郡内黄（今河南内黄西北）汉人。其父瞻，本姓冉，祖先曾任黎阳骑都督，"累世牙门"为将。冉瞻在战乱中被石勒俘获，"时年十二，命季龙子之"，所以

---

① 《晋书》卷一〇七《石季龙载记下》。
② 《晋书》卷一〇七《石季龙载记下》。
③ 《晋书》卷一〇七《石季龙载记下》。

改姓石。石瞻"骁猛多力，攻战无前"，"历位左积射将军、西华侯"。石闵字永曾，小字棘奴，"幼而果锐，季龙抚之如孙"，算是石虎之养孙。石闵"及长，身长八尺，善谋策，勇力绝人"，长大后拜将封侯，曾在昌黎（今辽宁义县）之战中救过石虎，"由此功名大显"。以后又在洛阳参战剿灭梁犊，"威声弥振，胡夏宿将莫不惮之"。①

石闵血洗邺都后，又在城北击溃前来讨伐的石琨、张举、王朗七万联军，返城废杀石鉴及石季龙三十八孙。石鉴在位仅一百零三天。永和六年（350），石闵自立为帝，改元永兴，改国号为大魏，恢复冉姓，史称"冉魏政权"。同时，石祗在襄国也称帝，改元永宁，维持后赵政权，"诸六夷据州郡拥兵者皆应之"。

冉闵曾遣使联络东晋，言："胡逆乱中原，今已诛之。若能共讨者，可遣军来也。"但东晋不理睬。冉闵恢复魏晋之制，"行饮至之礼，清定九流，准才授任，儒学后门多蒙显进"，聚众二十万，与石祗主力先后大战于邯郸和苍亭，击溃石祗相国石琨所率十万大军，"尽俘其众，振旅而归"。冉闵拥"戎卒三十余万，旌旗钟鼓绵亘百余里，虽石氏之盛无以过之"。

石祗再联兵羌将姚弋仲、鲜卑慕容儁，集"三方劲卒合十余万"，与冉闵激战于襄国城外，"闵师大败"。此后，天下大乱。冉闵"与羌胡相攻，无月不战。青、雍、幽、荆州徙户及诸氐、羌、胡、蛮数百余万，各还本土，道路交错，互相杀掠，且饥疫死亡，其能达者十有二三。诸夏纷乱，无复农者"。"司、冀大饥，人相食"。②其中，原来自关陇强徙至关东的秦、雍胡汉民众近三十万户，也聚而归乡，但能返达本土者，仅"十有二三"而已。邺都禁军将领王泰（冉闵称其为"巴奴"，应为巴人）曾招集城中秦人，"将奔关中"，结果"闵怒，诛泰，夷其三族"。

石祗统帅刘显杀石祗请降冉闵，后又复叛，"还，称尊号于襄国"，被部

---

① 《晋书》卷一〇七《石季龙载记下附冉闵载记》。
② 《晋书》卷一〇七《石季龙载记下附冉闵载记》；《资治通鉴》卷九九晋穆帝永和七年。

将曹伏驹"开门为应",迎冉闵入城而遭诛。冉闵"焚襄国宫室,迁其百姓于邺"。石琨南奔降东晋被杀,"石氏遂绝"。① 至此,后赵灭亡。从石勒建国算起,到石祗败死,后赵政权历"二主(石勒、石虎)四子(世、遵、鉴、祗)"凡三十一年。石虎最为残暴,其族下场最惨,"季龙十三子,五人为冉闵所杀,八人自相残害","孙三十八人"尽亡于冉闵。② 汉人冉闵灭后赵,屠杀胡羯数十万(其中不少关陇徙户),导致天下大乱,史称"冉闵之乱"。

从石虎暴政到冉闵之乱,关陇深受其害,十几年间无宁日,"百姓失业,十室而七","五丁取三,四丁取二",军旅不息,民不聊生。伤害最重的是石虎强徙雍、秦二州数十万户胡汉民众,包括关陇望族"衣冠华胄"充填关东。③秦、雍徙户大量死于冉闵之乱,能西归返乡者仅有十之二三。曾为后赵政权屡立战功的秦州氐王苻洪及子健看准西归秦、雍徙户可以利用,乘乱屯据要津枋头(今河南浚县西),招抚流亡,扩兵十万,抢夺关陇,建立前秦政权。在此之前,后赵宿敌鲜卑慕容皝在辽西龙城(今辽宁朝阳)建立前燕政权,其子慕容儁继位乘乱南据幽蓟,虎视司、冀。后赵原兖、豫、徐、洛诸州纷纷南降东晋。东晋殷浩联络降胡,乘机进占淮阴、下邳等地,扬言北伐。④ 后赵亡后,天下割据态势大致为:冉魏政权据司、冀、并州;前燕政权据幽蓟及辽西;前秦政权据雍、秦二州;前凉政权据河西凉州;东晋刚灭成汉政权不久,不仅据扬、荆、益、宁、梁诸州,还控制原后赵之中原黄淮部分地域。

---

① 《晋书》卷一○七《石季龙载记下附冉闵载记》;《资治通鉴》卷九九晋穆帝永和八年。

② 《晋书》卷一○七《石季龙载记下》。同书又记:"季龙小男混,永和八年将妻妾数人奔京师,敕收付廷尉,俄而斩之于建康市。"《资治通鉴》卷九九晋穆帝永和八年记:"赵汝阴王琨以其妻妾来奔,斩于建康市,石氏遂绝。"则石琨即石虎小男石混,死于东晋。胡注:"自古无不亡之国,宗族诛夷,固亦有之,未有至于绝姓者。石氏穷凶极暴,而子孙无遗种,足以见天道之不爽矣。"《资治通鉴》又记"二十八孙",今从《晋书》。

③ 前文讲石虎二次西征,曾徙雍、秦二十五万余户于司、冀州。除此之外,《晋书》卷一○五《石勒载记下》记载,石虎还曾"徙秦州三万余户于青、并二州诸郡"。故关东雍、秦徙户应有二十八万余户。

④ 《晋书》卷一○七《石季龙载记下附冉闵载记》;《资治通鉴》卷九九晋穆帝永和八年。

第三节　异军突起的前秦氐族政权

一、苻健攻占长安建立前秦政权

冉闵称帝不过两年就败死。永和八年（352）冉魏政权被起于辽西的后赵宿敌鲜卑慕容儁所建的前燕政权攻灭。冉魏因历时太短，史家不列入"十六国"之内。关中被氐族首领苻洪之子苻健抢占。

氐族是西北古老民族，原居今川、陕、甘交界处，中心在陇西武都、阴平一带。氐人"俗能织布，善田种"，"多知中国语"，汉化很深。氐族聚族而居，"或颇有羌杂处"，号为"氐羌"。西汉时就有"九氐"之称。东汉初"建武中，以马援领陇西太守，讨叛羌，徙其余种于关中，居冯翊、河东空地，而与华人杂处"，"永初之元（107），骑都尉王弘使西域，发调羌氐，以为行卫"。① 东汉末年，马腾起兵凉州，利用过氐羌。韩遂、马超兵败，也曾退入武都氐人部落。曹操弃守汉中时，曾派曹真、张既迁徙武都氐人五万户到扶风、天水。三国魏雍州刺史郭淮又迁徙凉州氐人三千余户于关中。②

魏晋时氐羌乘乱大批内徙关中，时称"关中之民，半为氐羌"。西晋惠帝时关中氐人首领齐万年响应羌族造反，聚集氐羌数十万众，纵横关陇数年。"时关陇屡为氐羌所扰，孟观西讨，自擒氐帅齐万年。（江）统深惟四夷乱华，宜杜其萌，乃作《徙戎论》。"其辞曰："雍州之戎，常为国患，中世之寇，惟此为大"，"且关中之人百余万口，率其少多，戎狄居半"，"当今之宜，宜及兵威方盛，众事未罢，徙冯翊、北地、新平、安定界内诸羌，著先零、罕开、析支之地；徙扶风、始平、京兆之氐，出还陇右，著阴平、武都之界。廪其道路之粮，令足自致，各附本种，反其旧土"。③

齐万年败死前，关中饥荒严重，秦、雍二州六郡氐、羌、賨（巴）、汉十余万流民逃往关中，后在李特、李雄领导下造反，攻占益、梁，建立成汉政

---

① 《三国志·魏志》卷三〇《乌丸鲜卑东夷传》史评注引《魏略·西戎传》；《晋书》卷五六《江统传》。
② 详见本书第一章第一、三节。
③ 《晋书》卷五六《江统传》。

权。①十六国时匈奴刘曜攻占长安灭晋建立前赵，初期过于残暴，关中氐、羌、巴、羯三十余万众及上郡氐羌"十余万落"起兵反抗，声势浩大，后被游子远以剿、抚两手平定，徙上郡氐羌二十余万于长安。刘曜亲征陇西，也迁万余户氐羌于长安。②后赵石虎西征关陇灭前赵时，先"徙氐羌十五万落于司、冀州"，后又"徙雍、秦州华戎十余万户于关东"，再"徙秦州三万余户于青、并二州诸郡"。而上郡自东汉末年因"羌胡大扰"被迫省废以来，其地尽被氐羌侵占。③

概言之，氐羌在魏晋之际，已遍及关陇和上郡，为数众多，且深深卷入内争。十六国时期，氐羌崛起，先后称霸北方，绝非偶然。

苻洪原是陇西略阳临渭（今甘肃秦安）氐族酋长，骁勇多谋，诸氐畏服，遂成氐王。其家池中生蒲，因以为氏，"时咸谓之蒲家"。苻洪原称蒲洪。刘聪称帝时，曾想招安苻洪。但苻洪拒绝，自称秦州刺史。光初二年刘曜攻占长安，苻洪降顺，被封为率义侯。后赵太和二年（329）石虎灭前赵，争雄关陇，进军河西，打败集木且羌，苻洪又率氐人投降后赵，被拜为冠军将军。四年后，苻洪又自称雍州刺史，转而依附前凉张骏。石虎派部将麻秋征讨苻洪。苻洪领两万户再次投降。他到长安，建议石虎迁徙关中豪族及氐羌充实关东，被石虎委以龙骧将军，率领十余万户氐羌徙居枋头，拥雄兵五万。在石虎的不断征伐中，苻洪屡立战功，成为石虎倚重的爱将。

太宁元年（349）高力、梁犊叛乱，苻洪有讨灭之功，被石虎擢升为雍州刺史，都督雍、秦州军事，归镇关中。石虎死后，石遵杀石世自立，由于石闵提醒，疑忌苻洪，收回石虎的成命。苻洪怒归枋头。年底，石氏诸子争立的内战愈演愈烈，天下大乱，迁徙关东的秦、雍之民相继西归，路经枋头，共推苻洪为主。苻洪兵力增至十余万。苻洪之子苻健也从邺都逃出，来到枋头。苻洪进有争天下之心，退有图关陇之志，拥兵枋头，以观时变。当时在关东的原关陇羌人首领姚弋仲也有争夺关中之意，恐苻洪先得，便派其子姚襄率五万兵袭击苻洪，结果反被苻洪打败，伤亡三万余人。

---

① 详见本书第二章第三节。
② 详见本书第三章第一节。
③ 详见本书第三章第二节。

苻洪声势大振，永和六年正月自称大单于、三秦王，"遂改姓苻氏"，并给关陇冯翊、京兆、安定、南安、天水、陇西、北地诸郡实力派人物委以官职。但三月，苻洪被前来栖身的后赵降将麻秋酖杀，临死时嘱其子苻健："吾所以未入关者，以为中州可定；今不幸为竖子所困。中州非汝兄弟所能办，我死，汝急入关！"①

当时长安被京兆豪强杜洪（原后赵将领王朗司马）占据，自称东晋雍州刺史。永和六年八月，苻健密谋西归，表面上先在枋头兴建宫室，课民种麦，麻痹杜洪，然后突然率部猛攻关中。令部将鱼遵为前锋，在盟津架设浮桥。再分派其弟苻雄攻打潼关，其侄苻菁从轵关入河东。他自领主力紧随苻雄而进。杜洪派部将张先（冯翊人）率三万人在潼关之北抵抗，一触即败，张先逃遁。苻健兵分两路长驱直入：一路为苻雄，连取高陵、好畤、黄白，招降当地氐羌；另一路为苻菁、鱼遵，所过城镇无不降附。九月，苻菁在渭北擒获敌将张先，控制三辅。十月，苻健攻至长安城下。杜洪及司马张琚（冯翊人）不敢再战，逃至司竹（今陕西周至东南）。苻健进占长安，因关中"民心思晋"，便派使者到东晋都城建康（今江苏南京）报捷。"于是秦、雍夷夏皆附之"。十二月，苻健派苻雄攻杀后赵凉州刺史石宁，占领上邽（秦州州治）。至此，关陇雍、秦二州基本归苻健所有。②

永和七年（351）正月，苻健自称天王、大单于，建元皇始，设置百官，国号大秦，史称前秦。他还在丰阳（今陕西山阳）新置襄州。杜洪、张琚向东晋梁州刺史司马勋求援，四月司马勋出师三万，从汉中南郑攻入秦州。苻健在五丈原抵御，击败司马勋。司马勋无功而返。皇始二年（352）苻健称帝。杜洪、张琚龟缩宜秋，不久内讧。张琚杀杜洪，自立为秦王。但几个月后就被苻健攻杀。两年后，东晋大将桓温北伐，率四万步骑及一部分水军攻入关中。起初苻健战败，太子苻苌中箭而亡。苻健只得收麦清野，留六千兵退保长安，别派精锐三万为"游军"袭击桓温。桓温虽胜，但屯兵霸上，未能攻打近在咫尺的长安，坐失良机，

---

① 《晋书》卷一一二《苻洪载记》；《资治通鉴》卷九八晋穆帝永和六年。
② 《晋书》卷一一二《苻健载记》；《资治通鉴》卷九八晋穆帝永和六年。

后遭苻雄在白鹿原（今陕西西安东南）反攻，损失万人，被迫退兵。①（见图3-3）

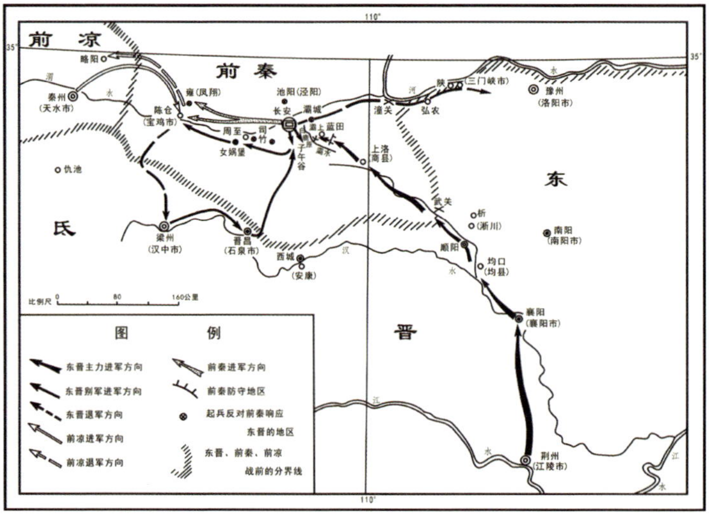

图 3-3　东晋时期桓温与前秦白鹿原之战图

（引自史念海：《河山集》四集，陕西师范大学出版社1991年版，第285页）

前秦政权经此大战，日趋巩固。苻健与关中百姓约法三章，鼓励农事，轻徭薄赋，优待老者，提倡儒学。他还在长安平朔门内建立来宾馆，招徕贤才。久经战乱的关中逐渐复兴，出现了"家给人足"的安乐景象。前秦皇始五年（355）苻健病死，其子苻生继立。苻生残忍暴虐，刚愎自用，滥杀无辜。两年后，苻健侄苻坚（苻雄之子）在氐、汉大臣支持下，发动政变，入宫杀死苻生，夺取王位，自称大秦天王。②

二、苻坚与王猛治理关中

苻坚字永固，一名文玉，从小在关东长大，精通汉族文化，博学有才气，素有大志，胆识过人。他对关中怀有感情，曾登龙门远眺关中，赞叹："美哉山河之固！"③他治理关中务求轻税，废除苛政，劝课农桑，严禁奢华，与民休息，"秦国大治"，政绩在十六国时期堪称第一。特别是他重用汉族贫寒奇

---

① 《晋书》卷一一二《苻健载记》。
② 《晋书》卷一一二《苻健载记》；《晋书》卷一一二《苻生载记》。
③ 《晋书》卷一一三《苻坚载记上》。

士王猛，知人善任，尽揽英杰，使前秦异军突起，迅速统一北方，干了一番轰轰烈烈的事业，成为千古美谈。（见图3-4）

王猛字景略，北海剧县（今山东寿光）人，"家于魏郡"。少时以贩畚为生，贫而好学，喜读兵书，"气度雄远"，成为寒族名士。他胸怀大志，一心想报效国家，云游四方，寻找英主。桓温北伐时，他曾在关中穿粗布衣服谒见桓温，扪虱而谈，旁若无人。但他发现桓温不是心目中的英雄，便愤而离去，隐居华山。苻坚即位前夕，

图3-4 前秦瓦当照片

（引自何兹全、张国安：《魏晋南北朝史》，人民出版社2013年版，原图为大秦龙兴化牟古圣瓦当）

听说王猛大名，便派大臣吕婆楼召请相见。两人推心置腹，相见恨晚，互为知己。苻坚得王猛，就像刘备之遇诸葛亮，喜出望外，如获至宝，即位后军国大事无不交王猛处理决断。王猛一年之内擢升五次，官拜司徒，权倾内外。[①]

王猛首先辅佐苻坚打击豪强，明法峻刑。开国元勋樊世是氐族大姓，恃功自傲，不服王猛，扬言要悬王猛的头于城门。苻坚立杀樊世。王猛也果敢地捕治不法皇亲，一连杀死二十多个贵戚强豪。于是"百僚震肃，豪右屏气，路不拾遗，风化大行"。苻坚赞赏说："吾今始知天下之有法也。"王猛还教苻坚广建学校，提倡儒学，命令"太子及公侯百僚之子皆就学受业"。[②]苻坚每月亲临太学，主持考试，选拔官吏。其中一次就考取了八十三人，大量人才脱颖而出。前秦办学不仅授文，还要习武，成为一大特点。苻坚在渭城设教武堂，"命太学生明阴阳兵法者教授诸将"，"更始立学舍，教人战斗之术"，"中外四禁、二卫、四军长上将士，皆令受学"，[③]还诏令："在官百石以上，学不通一经、才不成一艺者，罢遣还民。"[④]

[①]《晋书》卷一一四《苻坚载记下附王猛传》。
[②]《晋书》卷一一四《苻坚载记下附王猛传》。
[③]《资治通鉴》卷一〇三晋孝武帝宁康三年；《资治通鉴》卷一〇四晋孝武帝太元五年。
[④]《资治通鉴》卷一〇三晋简文帝咸安二年。

苻坚善于用人。他不仅慕名重用王猛、强汪、邓羌、梁平老、吕婆楼、权翼、薛瓒等王佐之才，甚至对敌方降将如姚苌（羌）、慕容垂（鲜卑）等也能知而善任，为己所用。姚苌、慕容垂"雄略冠世"，后来分别成为后秦和后燕政权的开国者，可谓异族贤杰英豪，具潜在威胁。王猛曾告诫苻坚："鲜卑、羌虏，我之仇也，终为人患，宜渐除之，以便社稷。"[①] 为此，王猛曾设计逼慕容垂降而复叛而执之，但苻坚却宽恕慕容垂，抚慰有加，信用如旧。司马光由衷感慨："故秦王坚礼之以收（前）燕望，亲之以尽燕情，宠之以倾燕众，信之以结燕心，未为过矣。"[②] 当时称雄关东的前燕政权使者梁琛评前秦："官皆称职，野无遗贤"，"观其君臣相得，自谓千载一时"[③]。在十六国中，苻坚"号称多士"。

在经济方面，前秦"劝课农桑"，奖励"孝悌力田"。前秦的田制沿袭后赵，应为屯田。《晋书》卷一一四《苻坚载记下》记载："晋将军朱绰焚践沔北屯田，掠六百余户而还。"苻坚还下令："课百姓区种"，并"发其王侯已下及豪望富室僮隶三万人，开泾水上源，凿山起堤，通渠引渎，以溉冈卤之田。及春而成，百姓赖其利"[④]。区种之法起于西汉成帝时汜胜之的总结，是适宜干旱的关陇地区较为先进的农耕方法。曹魏邓艾在上邽屯田时就搞区种，"值岁凶旱，（邓）艾为区种，身披乌衣，手执耒耜，以率将士"[⑤]。区种之法需"负水浇稼"，所以苻坚在关中地区推广区种之法，还需配以水利渠灌，终使"田畴修辟，仓库充实"[⑥]。当时"关陇清晏，百姓丰乐，自长安至于诸州，皆夹路树槐柳，二十里一亭，四十里一驿，旅行者取给于途，工商贸贩于道。百姓歌之曰：'长安大街，夹树杨槐。下走朱轮，上有鸾栖。英彦云集，诲我萌黎。'"[⑦] 意思是说英彦之士云集长安，教诲黎民。

苻坚治关中，也时遭外部挑战和内部反叛。如屠各张罔曾聚众数千，自称

---

① 《晋书》卷一一四《苻坚载记下附王猛传》。
② 《资治通鉴》卷一〇二晋海西公太和五年。
③ 《资治通鉴》卷一〇二晋海西公太和四年；《晋书》卷一一一《慕容晞载记》。苻坚自襄阳迎名僧道安至长安倍加推崇，也传为美谈。
④ 《晋书》卷一一三《苻坚载记上》。
⑤ 《三国志·魏志》卷二八《邓艾传》。
⑥ 详见蒋福亚：《前秦史》，北京师范学院出版社1993年版，第102—105页。
⑦ 《晋书》卷一一三《苻坚载记上》。

大单于，寇掠关中郡县。苻坚派部将邓羌率七千兵平叛。建元元年（365）前燕慕容晖派军攻克洛阳，进逼崤、渑，苻坚亲自率兵在陕城（今河南三门峡西）防御。同年，匈奴左贤王刘卫辰、右贤王曹毂在关中反叛，率两万众攻占杏城（今陕西黄陵西南）以南郡县，盘踞马兰山。苻坚倾巢出动，在同官川（今陕西铜川一带）大败匈奴，斩首四千余，逼曹毂投降。苻坚迁徙匈奴酋长豪族六千余户到长安。继而，苻坚部将邓羌又在木根山生擒刘卫辰，彻底平息匈奴之叛。苻坚从骢马城至朔方，巡抚匈奴驻地，以贰城（今陕西黄陵县境）为界，分为东、西二部，各置两万余户，由曹毂二子分领，号称"东、西曹"。以后，苻双据上邽、苻柳据蒲坂、苻庾据陕城、苻武据安定联合反叛。蒲坂距长安仅百里，苻柳率两万卒直攻长安。苻坚临危不乱，派王猛、邓羌率七千骑乘夜袭击，击退苻柳，然后调遣大军各个击破，相继攻克安定、上邽、蒲坂、陕城，俘斩叛将，稳定了关陇局势。

三、前秦的中央官制及地方官制

前秦政权的中央官制承袭魏晋及前、后赵，朝廷设司徒、太尉、司空，还设太傅、太保、太宰等尊崇之职，再加上大将军、大司马，即所谓之"八公"。其中司徒最具实权，相当于相权。司徒之上有时还设丞相，职权最高。司徒之下，中央机构主要为三省（含六部）、御史台（掌律令及诏狱，长官为御史中丞）等。三省即中书省（掌机要，长官为中书监、中书令）、尚书省（统管六部，长官为尚书令、尚书仆射）、门下省（直侍天子，长官为侍中）。此外，还有九卿，如太常、光禄、卫尉、宗正、司农等，以及集中央监察权和京畿地区（即司州）行政权于一身的司隶校尉。权臣往往身兼数职。从苻坚最为倚重的王猛的任职，可见前秦中央官制之概况。苻坚初见布衣王猛时，就"自谓如刘玄德之遇诸葛孔明"，即位后付之以军国大事。王猛"时年三十六，岁中五迁，权倾内外"，身兼辅国将军、司隶校尉、侍中、中书令，集军权、监察权及三省大权于一身。胡三省注曰："猛自尚书左丞迁咸阳内史；又迁侍中、中书令，领京兆尹；又迁吏部尚书；寻迁太子詹事，为（尚书）左仆射；及今凡五迁。"[①]前秦伐前燕，

---

① 《资治通鉴》卷一〇〇晋穆帝升平六年、升平三年；《晋书》卷一一四《苻坚载记下附王猛传》。

王猛再升为司徒，为东征总指挥。灭燕后，王猛功拜车骑大将军、清河郡侯，兼冀州牧，督邺城，统关东六州军事。①前秦灭前凉后，王猛权势极盛，升为丞相，同时兼中书监、尚书令、太子太傅、司隶校尉，并仍带"车骑大将军、清河郡侯印绶"。②

前秦为笼络、安抚汉族士族大姓，依照后赵，继续恢复魏晋时建立的九品中正制和五等爵制，给自晋末以来屡遭战乱而落难的汉族士族以仕进优先权。如苻坚在关中"复魏晋士籍，使役有常"；③灭前凉后还下诏："雍州士族先因乱流寓河西者，皆听还本。"④这让流亡河西凉州已历数世的长安名门杜氏家族等得以"始还关中"。王猛镇邺城时，秉承苻坚旨意，重用清河房旷、房默及崔逞、崔宏、郝略，北平阳陟、阳瑶等人，"皆关东士望"。⑤

前秦为氐族政权，亦如匈奴政权前赵及羯胡政权后赵一样，实行"胡汉分治"，在朝廷设立单于台机构及大单于官职，专门统辖五胡六夷部众。但前秦的"胡汉分治"维持时间较短。到苻生统治时，中央的大单于、单于辅相等官职已不见史载，表明"胡汉分治"可能废止。⑥

前秦的地方官制沿袭魏晋及前、后赵，分州、郡、县三级，长官分别为州刺史（带兵者加将军衔）、郡太守、县令。有些州长官也称州牧（如冀州牧、益州牧）。前秦地方官制中，值得重视的是在一些少数民族聚居地区（特别是关陇），增加了护军制。蒋福亚在其《前秦史》中引清人洪亮吉《十六国疆域志》所载，前秦全盛时，其治域分为"22州，135郡，8个护军，734县"。这八个护军有五个设在雍州冯翊和北地二郡，即抚夷（今陕西泾阳北）、铜官（今陕西铜川南）、宜君（今陕西铜川市耀州区东北）、土门（今陕西富平西北）、三原（今陕西三原东北）。另外三个是，在秦州有勇士护军（今甘肃榆中东北），

---

① 《资治通鉴》卷一〇二晋海西公太和五年；《晋书》卷一一四《苻坚载记下附王猛传》。
② 《资治通鉴》卷一〇三晋简文帝咸安二年；《晋书》卷一一四《苻坚载记下附王猛传》。
③ 《晋书》卷一一三《苻坚载记上》。
④ 《资治通鉴》卷一〇四晋孝武帝太元元年。
⑤ 《资治通鉴》卷一〇三晋简文帝咸安二年。
⑥ 蒋福亚：《前秦史》，北京师范学院出版社1993年版，第64页。

并州有云中护军（今内蒙古托克托东北），凉州有中田护军（今甘肃张掖南）。蒋福亚说前秦护军不止八个，他举《晋书·苻坚载记》中记有甘松护军（今甘肃迭部东），《资治通鉴》卷一〇〇中谈到略阳有平羌护军等。另据前秦所立《邓太尉祠碑》和《广武将军□产碑》（现存西安碑林），在今陕西洛水西还设有冯翊护军。①

有史家认为护军制始于前秦。蒋福亚在其《前秦史》第三章第一节专就前秦护军制有详细论述。他认为前秦护军有三大特点：其一有实际的辖地；其二是军政合一的特有建制；其三护军所辖主要是少数民族。蒋还认为前秦的护军制对后世颇有影响，北魏军镇制与前秦护军制有渊源关系。②但对护军制有更深入研究的则是稍晚些的周伟洲之《魏晋南北朝时期的护军制》③。他认为护军制这一特殊的地方行政体制并非十六国五胡所建政权的发明和最先采用，此制形成和确立，应在三国曹魏时期。曹操破马超，在云阳（今陕西泾阳西北）、美阳（今陕西武功北）首置抚夷、安夷二部护军。抚夷护军后来在"刘（前赵）、石（后赵）、苻（前秦）、姚（后秦）"都"因之"而沿袭。周伟洲认为护军制的主要特征为：设置于少数民族聚居或多民族杂居、易生动乱的地区；取消了郡县的地方行政体制，代之以军政合一、以军统民的护军机构。他还认为西晋时护军制基本废置，只保留了个别护军。但到十六国时期，护军制得到发展和成熟，至少有十一个国均实行了护军制（其中以建国于关中的前、后秦设置较多和较为完备），而且一直沿袭到北魏初年，而后废置。其与军镇制本质上基本相同，是并行存在的，其渊源有相同地方，也有各自的特点。周伟洲还特别指出不少学者多引用的前秦建元四年（368）所立之《广武将军□产碑》，因马长寿考证，辨明碑主并非抚夷护军，所以不能作为研究前秦护军制的依据。马长寿撰《碑铭所见前秦至隋初的关中部族》一书，对原立于陕西蒲城县东北70里东河川之前秦《邓太尉祠碑》（现移入西安碑林）碑文所记前秦冯翊护军

---

① 蒋福亚：《前秦史》，北京师范学院出版社1993年版，第65—69页。
② 蒋福亚：《前秦史》，北京师范学院出版社1993年版，第66—71页。
③ 见侯仁之、周一良主编：《燕京学报》新6期，北京大学出版社1999年版，第19—35页。

进行了最早考据和研究，可知碑主冯翊护军华山人郑能进于前秦甘露四年（362）十二月到任，于立碑之建元三年（367）六月去职，"在职六载"。其辖吏有"一百五十人"，其领民为屠各、黑羌、白羌、西羌、卢水胡、白虏（鲜卑）、支胡（月氏胡）、粟特等十二种"夷类"，另有"杂户七千"。其辖地"统和宁戎（即和戎和宁戎，在今陕西三原北）、鄜城、洛川（今陕西洛川）、定阳五部"，"兼统夏阳治"。① 这是有关前秦护军制最为可信的实证。

护军制虽非前秦首创，但在前秦时得到发展和成熟，特别是在关中地区，设置较多。其主要原因是前秦时关中京畿地区不断迁入大量五胡六夷，而且大多保留部落组织，聚族而居。马长寿对前秦关中少数部族的分布及数量进行了深入研究和考证。举其要点，关中羌族主要分布在冯翊郡，"冯翊护军和鄜城等县的羌族最多"。氐族集中在扶风郡和咸阳郡的西北。氐族在关中的户口，在二十万户以上。北地、新平二郡和冯翊郡的西部则为屠各、卢水胡、西羌、北羌所杂居。在中部县的西北有貳城，貳城的东、西为屠各匈奴的分布所在，有两万多落。羌入关中甚早，而且与氐早为互婚之族，进入前秦政权的羌人为数不少。"前秦一代氐、羌的上层阶级自始至终联合起来共同统治关内外广大的各族人民的。羌族的统治阶级继苻秦之后，成立后秦政权，又统治了西北三十多年。这一事实也可说明羌族的势力仅次于氐族。"②

前秦时期五胡六夷大量迁入关中，在《晋书》卷一一三《苻坚载记上》、卷一一四《苻坚载记下》有明确记载。其一，当前秦东灭前燕后，苻坚"徙关东豪杰及诸杂夷十万户于关中，处乌丸杂类于冯翊、北地，丁零翟斌于新安"。其二，平匈奴刘卫辰之叛后，"（苻）坚徙其酋豪六千余户于长安"。其三，前秦西灭前凉后，"徙豪右七千余户于关中"。其四，平皇族苻洛之叛后，苻坚曾欲分徙关陇众多的氐族到关东，"凡我族类，支胤弥繁，今欲分三原、九嵕（今陕西礼泉）、武都、汧、雍十五万户于诸方要镇，不忘旧德，为磐石之宗"。后因遭族内抵制，实际分徙关东邺城和并州的户数不足万户。绝大多数氐族仍

---

① 马长寿：《碑铭所见前秦至隋初的关中部族》，中华书局1985年版，第12—38页。
② 马长寿：《碑铭所见前秦至隋初的关中部族》，中华书局1985年版，第34—36页。

留居关中,不少于十四万户。其五,长安附近,"宠育鲜卑、羌、羯,布诸畿甸"。

西晋时期,江统奏文说:"关中之人百余万口,率其少多,戎狄居半"①。此后晋末大乱,又经前赵、后赵屡次战火,关中之五胡六夷人口流动仅于史有据的大势如下:(1)前赵刘曜初期,带数万匈奴进入关中,关中本地氐、羌、巴、羯已达三十万众,上郡氐羌也有"十余万落"。游子远平乱后,除安抚关中氐羌,又徙上郡氐羌二十余万于长安。关中氐、羌、巴、羯、匈奴等总数超过四十万众。(2)后赵灭前赵,石虎先"徙氐羌十五万落于司、冀州",后又"徙雍、秦州华戎十余万户于关东"。②(3)前秦初期,苻健率十万氐人打回关中,苻坚灭前燕后,先迁鲜卑四万户于长安,又再迁关东豪杰及"诸杂夷十万户于关中",③以至关中仅氐族已有"十五万户"。北地、新平、安定还有"羌胡降者十余万户"。④苻坚灭前凉及平刘卫辰后又先后两次共迁一万三千余户酋豪于关中。前秦时期,以氐羌为主的五胡六夷大量迁回关中,占关中人口比例应远不止一半,其总数应在三十万户百余万口以上。与此同时,前秦初期的"胡汉分治"渐被废止,取而代之的以治理五胡六夷为特点的护军制开始得到发展和成熟,就成为时势之必然。

四、前秦统一北方

经过苻坚、王猛励精图治、苦心经营,关中得到迅速复苏,前秦开始国富兵强。苻坚遂有统一北方乃至统一天下之雄心壮志。当时,国家处于四分五裂、群雄割据状态:前秦南部有东晋,东部有前燕,前燕地域、人口及兵力均大大强于前秦;前秦西部有前凉及仇池国,北部有代国等,都是不容忽视的劲敌。苻坚以大无畏的精神积极向外开拓,及时抓住了几个关键战机,果决地发动东征、西征、北征、南进一系列征讨战争,从公元369年至376年,仅用七年,终于击败所有敌手,统一北方,使前秦的疆域超过十六国任何一国,后来的北魏、西魏、北齐、北周也不能与之比拟。

---

① 《晋书》卷五六《江统传》。
② 详见本节第一目。
③ 《资治通鉴》卷一〇二晋海西公太和五年;《晋书》卷一一三《苻坚载记上》。
④ 《资治通鉴》卷一〇四晋孝武帝太元五年;《晋书》卷一一六《姚苌载记》。

1. 东征灭前燕

前燕源于北方鲜卑族慕容部首领慕容廆率部众定居大棘城（今辽宁义县西北），从游牧走向农耕，趁晋末中原大乱，招抚吸引北方冀、豫、青、并诸州流人"数万家"（含世家大族）而兴起。① 公元333年慕容廆世子慕容皝即立。公元342年，慕容皝建都龙城，史称前燕。慕容皝曾数次击败强敌后赵石虎来犯，还东兼高句丽，北取鲜卑宇文氏，拓地3000里。② 以后其子慕容儁继位后，趁后赵内乱，于公元352年出兵消灭冉闵，自称燕皇帝，初都蓟城，后迁都于后赵国都邺，并抢占后赵在关东的地盘，南与东晋、西与前秦分庭抗礼，俨然强邦。③ 前燕全盛时，"南至汝、颍，东尽青、齐，西抵崤黾，北守云中"④，控幽、冀、并、豫、青、徐六州一百五十七郡，近千万人口，实力远胜于前秦。

公元365年，前燕皇族、大都督慕容恪领兵攻占洛阳，进至崤谷和渑池，"秦中大震"。苻坚亲临潼关，布防陕城。此时前燕对前秦是有相当大威胁的，成为头号敌国。公元369年十一月，前燕抗击东晋桓温北伐的大功臣、皇族慕容垂不为专权的叔父慕容评所容，遭排挤迫害而出逃，投靠苻坚。这给了前秦以天赐良机。王猛受命为帅，立即出兵，十二月便攻占洛阳、荥阳等战略要地。半年后，公元370年，苻坚调集杨安、邓羌等十员战将、六万步骑，交王猛统率，大举东征伐燕。苻坚亲至霸上送行，嘱曰："今委卿以关东之任，当先破壶关，平上党，长驱取邺，所谓'疾雷不及掩耳'。"⑤

王猛依计先取壶关，后克晋阳，"悬军深入"。前燕倾全国之兵，以慕容评率"三十万"众迎战。⑥ 双方在潞川⑦（今山西黎城西南）决战。王猛面对数倍无斗志的敌军，激励部众奋勇冲杀，以少胜多，俘斩燕军五万余人，燕军

---

① 《资治通鉴》卷八九晋愍帝建兴二年；《晋书》卷一〇八《慕容廆载记》。
② 《晋书》卷一〇九《慕容皝载记》。
③ 《晋书》卷一一〇《慕容儁载记》。
④ 《读史方舆纪要》卷三《历代州域形势三》。
⑤ 《晋书》卷一一一《慕容暐载记》；《晋书》卷一一三《苻坚载记上》；《资治通鉴》卷一〇二海西公太和五年。
⑥ 此据《资治通鉴》卷一〇二海西公太和五年。《晋书》卷一一三《苻坚载记上》及《晋书》卷一一〇《慕容暐载记》记为"四十万"。
⑦ 《资治通鉴》卷一〇二胡三省注："据《水经注》：潞川在上党潞县北。"

溃散。秦军追击中，又杀及俘者十万余人。王猛长驱而进，包围燕都邺城。苻坚闻潞川大捷，亲统十万精锐赶来增援。王猛一举克邺，并乘胜追击到辽东，追俘出逃的前燕君臣慕容暐、慕容评等，无一漏网。前燕立国三十四年，历三世而亡。前燕一百五十七郡，一千五百七十九县，户二百四十六万，人口九百九十九万，尽归前秦。这是前秦空前的胜利。王猛因功以司徒兼冀州牧，镇邺城，都督关东六州军事。苻坚迁燕主慕容暐及王公百官并鲜卑四万余户于长安，后又下令"徙关东豪杰及诸杂夷十万户于关中"，原关中因乱流亡关东者，悉听归还旧业。[1]

2. 西取前仇池国

略阳仇池位于今甘肃成县一带，自汉以来，世为氐族所居。汉献帝曾封其首领杨千万为"百顷氐王"。西晋武帝时，杨千万之孙杨飞龙曾官拜"假平西将军"。晋末，杨飞龙养子杨茂搜自封为王，割据自立，史称前仇池国。永嘉时期，其子杨难敌率氐兵赴梁州参战，助成汉一臂之力，曾自称梁州刺史。西晋亡后，杨难敌先依违于成汉和前赵之间，后又依违于成汉和后赵之间，仇池曾失国又复国，还曾称藩于东晋。以后，杨难敌之子杨毅被抢夺王位的杨初所杀。自此仇池国在三十多年间无宁日，内乱不已。杨初及子杨国先后死于政变，杨国子杨安投靠前秦。[2] 其后政归杨世，降于苻坚，署为秦州刺史。杨世之子杨纂继立，又归顺东晋，与前秦断交为敌。[3]

苻坚忍无可忍，在东征灭燕后，立即调兵七万西向，于建元七年（371）三月，命苻雅、杨安、王统、徐成、朱肜、姚苌诸将，讨伐杨纂。杨纂率仇池兵"五万拒之"。东晋梁州刺史杨亮还派千骑来援。双方在鹫峡（仇池北）激战，"纂兵大败，死者什三四"。杨纂退守仇池。其叔武都太守杨统不战而降。苻雅进围仇池，杨纂走投无路，"面缚出降"，被送长安。前仇池国立国七十五年，历九主

---

[1] 《资治通鉴》卷一〇二晋海西公太和五年；《晋书》卷一一三《苻坚载记上》。
[2] 《魏书》卷一〇一《氐传》；《宋书》卷九八《氐胡传》。详见蒋福亚：《前秦史》，北京师范学院出版社1993年版，第125—127页。
[3] 《晋书》卷一一三《苻坚载记上》。

而亡。①苻坚"徙其民于关中,空百顷之地"②,命先后降己的杨安、杨统留镇仇池。

当时远在今甘南、青海一带的吐谷浑首领碎奚闻仇池国灭,五月遣使主动归顺,献马五千匹、金银五百斤。苻坚任其为安远将军。③

参加灭仇池国的前秦益州刺史王统,移师陇西,继续进攻横亘在前秦与前凉之间度坚山的另一股割据势力鲜卑乞伏部。其首领乞伏司繁亲率三万骑前拒王统于苑川(今甘肃榆中大营川)。王统暗遣一军突袭度坚山,尽俘乞伏部众五万余落。乞伏司繁老巢被端,归无所投而请降。苻坚拜乞伏司繁为南单于,留居长安,以司繁叔父吐雷为勇士护军,统领乞伏余部。以后又放回乞伏司繁,授镇西将军职,留镇陇右勇士川(即苑川内原筑的勇士城)。④至此,前秦以西的前凉就孤立无助了。前凉政权在晋亡后,友于成汉,远尊东晋为正朔,也曾臣服过前赵和后赵政权。到前秦时,前凉经历过十年内乱,三易其主,最后政归张天锡(即前凉最后一主)。张天锡与前秦时和时战。眼见近邻仇池国、吐谷浑及鲜卑乞伏部逐一归顺前秦,慑于前秦声威,主动"遣使谢罪称藩"。苻坚"大悦"而封之为凉州刺史、西平公,都督河右诸军事。⑤西线战事渐息。

3. 南进东晋之梁、益诸州

东晋是西晋宗室渡江南下再建的政权。原西晋宗室琅邪王司马睿(司马懿曾孙)在"八王之乱"时奉执政的东海王委派,任安东将军,都督扬州江南诸军事。永嘉元年,司马睿用王导计,由下邳移镇吴国旧都建业(后避晋愍帝讳易名建康),在大士族王导、王敦为代表的几户世家大族拥立下,于西晋愍帝被俘后,先称晋王,次年称帝(史称晋元帝),开创东晋王朝。⑥东晋形成士族与皇权共治的门阀政治,延续一百多年,与北方十六国并存,南北对峙,相互

---

① 《晋书》卷一一三《苻坚载记上》;《资治通鉴》卷一〇三晋简文帝咸安元年。
② 《宋书》卷九八《氐胡传》。
③ 《晋书》卷一一三《苻坚载记上》。《资治通鉴》卷一〇三晋简文帝咸安元年记为"献马千匹"。据《晋书》卷九七《西戎·吐谷浑传》及《魏书》卷一〇一《吐谷浑传》,吐谷浑原属鲜卑慕容部分支,起于辽东,后来西迁,在今甘、青、川交界处自成一族。参阅周伟洲:《吐谷浑史》,宁夏人民出版社1985年版。
④ 《晋书》卷一二五《乞伏国仁载记》。
⑤ 《晋书》卷一一三《苻坚载记上》。
⑥ 《晋书》卷六《元帝纪》。

不断战争。直到公元420年，出身寒门的军事统帅刘裕篡位，代晋自立，东晋被刘宋王朝取代。历史也从东晋十六国进入南北朝时期。

东晋以恢复中原为己任，多次兴兵出征。桓温、刘裕都是以北伐争取政治资本，积蓄军事实力，进而争权夺利直至擅政和篡权。东晋永和三年，时任安西将军、荆州刺史的桓温西征伐蜀，一举消灭成汉政权。原成汉的梁、益诸州归属东晋。到前秦初期，东晋永和十年（354），桓温统四万步骑以长安为目标，自江陵大举北伐，走武关，战蓝田，一度进军霸上，后败于苻健而退。[1] 苻坚上台不久，东晋太和四年（369）桓温第三次北伐，率五万人马伐燕，一度攻至邺城以南的枋头，后败于慕容垂。苻坚曾派两万秦兵救燕，击败过桓温（这也是苻坚次年东征灭燕的前奏）。当苻坚西取仇池之际，东晋太和六年（371），大司马桓温在建康有擅政专权的重大行动，废晋帝司马奕（后降为海西公），立司马昱为简文帝。次年，简文帝病死，孝武帝司马曜继立，桓温辅政。紧接着，桓温又病死，东晋政局动荡。这给了苻坚可乘之机。

偏偏东晋梁州刺史杨亮不识安危，不自量力，竟然遣子杨广偷袭前秦之仇池，遭杨安反击，一败涂地。杨安顺势直扑汉川。苻坚抓住战机，立即挥师南进。前秦建元九年（373），苻坚令灭仇池有战功的王统、徐成、朱彤、姚苌及杨安诸将领兵五万，分两路攻取东晋梁、益诸州。

王统和朱彤为一路，带两万人马出汉川，与杨安会合，在青谷（今陕西南郑南）大败东晋扬州刺史杨亮，夺占汉中。杨亮退守西城。另一路徐成、毛当率三万步骑轻取天险剑阁。朱彤、杨安从汉中进军梓潼，逼东晋西蛮校尉周虓开城投降。东晋益州刺史周仲孙在绵竹前来迎战时，风闻另一路秦军毛当已逼近成都，便临阵而逃（后遭执政的桓冲罢官）。杨安、毛当不战而取成都。西南夷邛、莋、夜郎等全部望风归降。不到两个月，东晋之梁、益、宁诸州（即今陕西汉中、四川和重庆全部及云贵一部分）归属前秦。有功者杨安任益州牧镇成都，毛当任梁州刺史镇汉中，姚苌为宁州刺史屯垫江（今四川合川），王

---

[1] 详见本章第六节第一目。

统为南秦州刺史镇仇池。①

4. 西征灭前凉

苻坚结束南进梁、益诸州战事,便要彻底解决心腹之患前凉政权了。尽管前凉张天锡已谢罪称藩,但仍通东晋,脚踏两只船,想左右逢源,见机行事。苻坚以其"臣道未纯",在建元十二年(376),调集十三万步骑的空前兵力,以武卫将军苟苌为帅,统毛盛、姚苌诸将,辅以中书令梁熙,大举西征伐凉。时任前秦梁州刺史王统、秦州刺史苟池、河州刺史李辩等三州之兵为后继。苻坚在长安城西亲自犒军饯行。②

前凉张天锡倾全国之兵,动员十万人马,亲率迎战。东晋也调兖州、江州、豫州诸刺史及淮南太守分三道出兵,声援前凉。执政的桓冲仍欲乘机北伐,对前秦形成夹攻之势。前秦采兵贵神速、分进合击战法,梁熙、姚苌、王统为一路,在清石津(黄河与湟水交汇处)渡过黄河,兵逼河会城,前凉守将梁济不战而降。姚苌率精骑前驱,锐不可当,前凉龙骧将军马建带万人临阵投降。苟苌统中军为另一路,在石城津(今甘肃兰州西北)渡河,与梁熙军会攻缠缩城(今甘肃永登南),"拔之"。苟、梁两军继而攻向洪池(今甘肃武威洪池岭谷口),前凉征东将军掌据领兵三万,战败自杀。张天锡又调劲卒五万,交司兵(相当于晋五兵尚书)赵充哲统率,在赤岸(枹罕东南)与前秦决战,结果惨败。赵充哲阵亡,前凉兵被"俘斩三万八千级"。张天锡只剩数千骑逃回都城姑臧,无力抵抗,自缚出降。前凉政权自西晋末年张轨霸凉州以来,在乱世危局中,力撑关陇之河西陇右七十六年,曾兴盛一时,至此历五世八主而亡。前秦这场西征仅用时一月,令东晋无机可乘而"皆罢兵"。苻坚以梁熙持节任凉州刺史,镇姑臧;下令"徙豪右七千余户于关中","雍州士族先因乱流寓河西者,皆听还本";封张天锡为归义侯,专为他在长安筑第。河西西边还有氐羌部落杂居,此时"降附贡献者八万三千余落"。③

---

① 《晋书》卷一一三《苻坚载记上》。
② 《资治通鉴》卷一〇四晋孝武帝太元元年。
③ 《晋书》卷一一三《苻坚载记上》;《晋书》卷八六《张天锡传》;《资治通鉴》卷一〇四晋孝武帝太元元年。

5. 北伐灭代国

代国是起源于大兴安岭的鲜卑族拓跋部所建政权。西晋末年，首领拓跋猗卢曾被晋愍帝封为"代王"，以盛乐（今内蒙古和林格尔）为都，有"控弦骑士四十余万"。其侄孙什翼犍曾在晋亡后为质于后赵，居邺城而汉化。公元338年，什翼犍即代王位，称建国元年，"始置百官"，初具国家形态，史称"代国"，是数十年后强盛起来的北魏王朝的前身。[①]

代国与前秦通使往还，本相安无事。但其族游牧壮悍，"控弦之士数十万，马百万匹"[②]，且什翼犍是"一时之雄主，常有并吞天下之志"[③]，对前秦具有潜在威胁。前秦建元元年，与鲜卑拓跋部世通婚姻，加入拓跋部落联盟的原南匈奴铁弗部首领刘卫辰（左贤王）联手匈奴右贤王内侵，率众两万大掠杏城以南郡县。苻坚被迫亲征，"率中外精锐以讨之"，在同官川激战。后擒刘卫辰，"徙其酋豪六千余户于长安"，又分匈奴两万余落于贰城以西，两万余落于贰城以东，号为东、西曹，[④]封刘卫辰为阳夏公，驻屯朔方，牵制代国什翼犍，摩擦冲突不断。苻坚还建置云中护军，以丞相长史贾雍为长官，驻屯云中南；以亲信梁平老为镇北大将军，驻屯朔方西。在和龙（今辽宁朝阳）、蓟城、晋阳设三镇，屯重兵，兵力达十三万之多。这些都是为防范代国而设。

建元十二年十月，河西战事刚平息，苻坚派遣安北将军、幽州刺史苻洛为北讨大都督，率幽州兵十万讨代王什翼犍。再加派并州刺史俱难及将军邓羌等诸将率步骑二十万东出和龙，西出上郡，增援苻洛。[⑤]以刘卫辰做向导，秦军十一月便攻至代国都城盛乐西南。什翼犍外甥、南部大人刘库仁率十万骑在此之石子岭激战，刘库仁大败。什翼犍败逃阴山（位于内蒙古中部）。因遭高车部（属北狄）抗击，十二月又返回云中。其庶长子拓跋寔君与其侄拓跋斤联手

[①] 详见本书第四章第一节。
[②] 据《魏书》卷二四《燕凤传》。《资治通鉴》卷一〇四晋孝武帝太元元年苻坚诏书云"控弦百万"，有夸大之嫌。
[③] 《魏书》卷二四《燕凤传》。
[④] 《晋书》卷一一三《苻坚载记上》。
[⑤] 《晋书》卷一一三《苻坚载记上》；《资治通鉴》卷一〇四晋孝武帝太元元年。

政变，什翼犍被害。① 苻洛乘机攻占云中、盛乐，尽俘拓跋部众。拓跋寔君与拓跋斤被俘送长安处死。苻坚将代国部众分为二部，"散其部落于汉鄣边故地"，黄河以东归什翼犍外甥刘库仁，以西归匈奴铁弗部刘卫辰管辖。②

前秦威名震天下，所向无敌。东北的肃慎、新罗（今朝鲜境内）等国，西域的大宛、康居诸国，甚至天竺都遣使来长安与前秦通好。来朝献贡之国多达六十二个。当时"四夷宾服，凑集关中，四方种人，皆奇貌异色"③。在王猛的佐助下，苻坚基本统一了北方。

王猛成了关中第二个姜太公。苻坚说姜太公也比不过王猛。史称前秦之盛，"兵强国富"，全赖"猛之力"也。王猛操劳国事，呕心沥血，51岁便劳累而死。苻坚曾多次到郊外及宗庙亲祈神灵，想尽挽救办法。王猛死后，苻坚悲痛欲绝，对太子苻宏说："天不欲使吾平一六合邪？何夺吾景略之速也！"长安朝野"巷哭三日"。④

五、苻坚亲征东晋与吕光远征西域

前秦统一北方后，全国仅剩遥远的西域诸国（已遣使通好）和偏安东南的东晋王朝尚未征服。苻坚久有一统天下之雄心，且所向无敌，难以收敛武力征伐的冲动。灭代后只隔一年多，建元十四年（378）二月，苻坚便任命庶长子苻丕为征南大将军、都督征讨诸军事，调兵十七万，开始大规模对东晋用兵。首要夺取目标就是"北通汝、洛，西带秦、蜀，南遮湖、广，东瞰吴、越"的战略重镇襄阳。

苻丕兵分四路，自带名将苟苌、杨安统主力七万从中路直攻襄阳；以悍将

---

① 有关什翼犍结局有两说。《晋书》卷一一三《苻坚载记上》记"其子翼圭缚父请降"，还记载苻坚与什翼犍的对话。但《魏书》及《北史》均记载什翼犍被拓跋寔君杀害。唐长孺的《魏晋南北朝史论丛》（生活·读书·新知三联书店1955年版，第203页）认为后者可信："于是内乱发生，什翼犍被儿子所杀，部落被前秦征服。"蒋福亚的《前秦史》（北京师范学院出版社1993年版，第158—159页）也持唐说。

② 《晋书》卷一一三《苻坚载记上》；《资治通鉴》卷一〇四晋孝武帝太元元年。此后十年（386），什翼犍之孙拓跋珪纠合旧部复国，建立北魏，逐步强大。语在本书第四章第一节。

③ 李昉等：《太平御览》卷三六三《人事部四》，中华书局1960年版。

④ 《晋书》卷一一四《苻坚载记下附王猛传》。

石越率一万精骑东出鲁阳关（今河南鲁山西南）；以骁勇的姚苌、慕容垂统领步骑五万西出南乡；以战将苟池、毛当领兵四万出武当（今湖北丹江口西北）。四支大军合围襄阳。同时，梁州刺史韦钟从汉中策应攻击魏兴。

石越一马当先，首先攻破襄阳外城，苻丕主力强渡汉水，进围襄阳中城，慕容垂攻占南阳，来势汹汹。但东晋守将朱序智勇双全，率两万晋军凭借坚城拼死抵抗。苻丕久攻不下，朱序坚守达一年之久。苻坚严令催攻，还派亲信持尚方宝剑督战。到建元十五年（379）二月，因襄阳城内督护李伯护内应叛晋，秦军终于攻克襄阳。前秦此仗虽胜，但受挫。苻坚先后任梁成和都贵为荆州刺史，留兵万余镇守襄阳，还礼遇厚待襄阳名流，逼迫败将朱序接受前秦"度支尚书"官职。① 偏师韦钟攻魏兴同样不顺利，竟用了三年才攻破。

与襄阳之战同时，在淮南一线，前秦兖州刺史彭超主动上书请战，苻坚调七万兵力给他围攻另一战略要地彭城（今江苏徐州）。东晋兖州刺史谢玄率北府兵数万驰援。到建元十五年五月，彭超又得到苻坚从襄阳调来的两万援兵，夺得彭城后进围三阿（今江苏宝应）。此地距扬州仅百里。东晋执政的谢安调其弟谢石统水陆军迎战，并再次急调谢玄北府兵驰援三阿。谢玄大败彭超。这是前秦罕有的惨败。彭超羞愤自尽，秦将俱难被追责削职为民。苻坚重新部署，以攻襄阳的战将毛当为徐州刺史，镇守新得的彭城；名将毛盛为兖州刺史，镇守湖陆（今山东鱼台东南）；王显为扬州刺史，戍下邳（今江苏睢宁西北）。秦、晋双方在淮南形成对峙。②

襄阳方面，东晋南平太守桓石虔等将率水陆两万兵曾反攻秦军小胜，俘斩万余。数年后，到建元十九年（383）五月，东晋荆州刺史兼七州大都督桓冲亲自统兵十万，大举反攻襄阳、武当、筑阳（今湖北谷城）等地。苻坚分路抵抗，桓冲未能得手。③

秦、晋双方经襄阳和淮南两场会战，互有胜负，形成相持局面数年，必然导致最后的大决战。在击退桓冲反攻两个月后，建元十九年七月，经过激烈廷

---

① 《晋书》卷一一三《苻坚载记上》。
② 《晋书》卷一一三《苻坚载记上》；《晋书》卷七九《谢玄传》。
③ 《晋书》卷一一四《苻坚载记下》。

议，苻坚下达全面进攻东晋的总动员令，十丁抽一，征发戍卒六十万、骑兵二十七万，命太子苻宏守国，自己要御驾亲征。王猛死前最后之言是阻戒苻坚不要急于图晋，显然担忧接连不休的军事征服不利于稳定。皇族苻融、太子苻宏、尚书左仆射权翼和攻襄阳而知东晋实力的石越等将相也极力反对伐晋，认为"阻险长江，未可图也"，深惧关陇鲜卑、羌、羯有"不虞之变"，甚至说出"穷兵极武，未有不亡"的话。朝臣见攻晋不易，亦多持反对。但苻坚不为所动，一意孤行，曰："吾统承大业垂二十载……四方略定，惟东南一隅未宾王化。吾每思天下不一，未尝不临食辍哺，今欲起天下兵以讨之。……吾将躬先启行，薄伐南裔"。还说："今天下垂平，惟东南未殄。朕忝荷大业，巨责攸归，岂敢优游卒岁，不建大同之业！每思桓温之寇也，江东不可不灭。"并坚定而自信，此"吾之志也"。对于长江天堑，他豪迈地说："投鞭于江，足断其流。"①

苻坚亲征东晋有操之过急之弊，且远不及司马炎当年伐吴，功在水军（此时东晋水师明显占优）。但其以统一天下为己任，甘冒风险，勇于一搏，表现出难能可贵的英雄气概，彰显魏武雄风，不宜以成败论之。

建元十九年八月，苻坚命同母弟苻融为征南大将军，统苻方、梁成、慕容暐、慕容垂等步骑二十五万为前锋先行，同时命羌将姚苌督梁、益二州水师由巴蜀顺江而下。九月苻坚亲率主力自长安出发。八十七万多大军"前后千里，旗鼓相望"，"（苻）坚至项城，凉州之兵始达咸阳，蜀汉之军顺流而下，幽冀之众至于彭城，东西万里，水陆齐进。运漕万艘，自河入石门（今河南荥阳石门），达于汝颖"。②

苻融先陷寿春，慕容垂克郧城，梁成、王显率众五万进屯于洛涧。东晋谢安调弟大都督谢石、侄徐州刺史谢玄及子谢琰等率水陆七万"去洛涧二十五里"迎战。苻坚亲带八千轻骑秘密赶往寿春前线。晋军前锋谢玄遣北府兵悍将刘牢之领精锐五千夜袭洛涧，阵斩梁成等十员秦将。③谢石挥师水陆继进。苻坚与苻

---

① 《晋书》卷一一四《苻坚载记下》。
② 《晋书》卷一一四《苻坚载记下》；《资治通鉴》卷一〇五晋孝武帝太元八年。
③ 北府是指京口（今江苏镇江），谢玄在此招募北方侨民之骁猛之士，选刘牢之为参军，领精锐为前锋，百战百胜，号为"北府兵"，见《晋书》卷八四《刘牢之传》。

融登寿阳城远望"晋兵部阵严整","又望八公山上草木皆以为晋兵",叹曰:"此亦勍敌,何谓弱也!"两军隔淝水而阵。苻坚派东晋原襄阳守将朱序劝降,朱序乘机与谢石等谋计。苻坚与苻融中计,麾军后退欲使晋军济水半渡而击之。未料,秦军一退而不可制止,谢玄渡水猛攻。朱序在阵后大呼:"秦兵败矣!"苻融"驰骑略阵,马倒被杀,军遂大败"。苻坚"为流矢所中,单骑遁还于淮北"。

秦军兵败如山倒,"闻风声鹤唳,皆谓晋师之至"。① 晋军收复寿阳。此即历史上著名的淝水之战。苻坚功亏一篑,前秦帝国随之大乱,陷于分崩离析。

苻坚亲征东晋前半年,还有一个重大行动,即选中秦州略阳氐人、威名赫赫的虎将吕光远征西域,令其"率将军姜飞、彭晃、杜进、康盛等总兵七万,铁骑五千,以讨西域。以陇西董方、冯翊郭抱、武威贾虔、弘农杨颖为四府佐将"。②

三国时曹魏及西晋承袭两汉,派驻西域长史对西域经营均颇为经心,"西域流通,无烽燧之警"。③ 晋末到十六国初期,中原大乱,对西域控制削弱,鄯善(今新疆若羌附近)、焉耆(今新疆焉耆)、龟兹(今新疆库车)等称雄西域。前凉张骏时,曾遣将杨宣远伐龟兹、鄯善、焉耆,"于是西域并降"。④ 苻坚灭凉后第二年,曾派使臣通西域,凉州刺史梁熙也"遣使西域",于是"朝献者十有余国"。⑤ 苻坚还曾迁徙江汉万户于敦煌。⑥ 此后,西域各国向前秦大规模朝贡有三次,即建元十四年、十七年、十九年,"鄯善王、车师前部王(王廷在今新疆吐鲁番交河故城)来朝,大宛献汗血马……康居、于阗及海东诸国,凡六十有二王,皆遣使贡其方物"。⑦ 由此而知,前秦本不必兴师动众远征西域。当时苻融等朝中大臣都反对,但苻坚不听,曰:"垂芳千载,不亦美哉!"⑧

---

① 《晋书》卷一一四《苻坚载记下》;《资治通鉴》卷一〇五晋孝武帝太元八年。晋军有"七万"说(《苻坚载记下》)和"八万"说(《资治通鉴》),今从《晋书》。
② 《晋书》卷一二二《吕光载记》;《晋书》卷一一四《苻坚载记下》。
③ 《晋书》卷九四《隐逸·范粲传》。
④ 《晋书》卷八六《张骏传》;《晋书》卷八《穆帝纪》。
⑤ 《晋书》卷一一三《苻坚载记上》。
⑥ 《晋书》卷八七《凉武昭王李玄盛传》。
⑦ 《晋书》卷一一三《苻坚载记上》。
⑧ 《晋书》卷一一四《苻坚载记下》。

建元十九年正月，吕光出师长安。苻坚亲自在建章宫饯送，嘱曰："示以中国之威，导以王化之法，勿极武穷兵，过深残掠"，并让来朝的鄯善王、车师前部王"率其国兵为（吕）光乡导"。① 苻坚话虽如此，但远征本身已有穷兵黩武之嫌。

吕光部将多关陇之人，远征路线是经河西走廊，由敦煌出玉门。此后路线，胡三省注曰："自玉门出，渡流沙，西行至鄯善，北行至车师。"② 因有鄯善、车师二王带路，应为可信。焉耆不战自降，但龟兹王据城不降，并求"狯胡"等国救兵"合七十余万以救之"。吕光大军围攻半年，经城西大战击溃援兵而克城，"王侯降者三十余国"，"桀黠胡王昔所未宾者，不远万里皆来归附"。苻坚闻捷，加授吕光持节都督玉门以西诸军事、安西将军、西域校尉。③ 此时苻坚已遭淝水之败，前秦大乱，"道绝不通"，也许诏命未能送达。吕光有心霸据西域，后从西域名僧鸠摩罗什之劝，于建元二十一年（385）三月班师，"以驼二万余头致外国珍宝及奇伎异戏、殊禽怪兽千有余品，骏马万余匹"于当年九月返归凉州姑臧。后在凉州自立，建立后凉政权，在位十一年，62岁而死。④ 鸠摩罗什随军东来关陇，成就了佛教东传的一番盛事。⑤

第四节　西燕政权的短暂兴亡

一、慕容垂谋复燕国

前秦建元十九年苻坚败于淝水，诸军皆溃，只有鲜卑慕容垂一军三万人得以保全。慕容垂本是前燕王慕容皝第五子，曾任前燕的吴王，击败过东晋的桓温北伐。但遭专权的叔父、前燕太傅慕容评妒忌迫害，被逼投降前秦苻坚，深受苻坚器重。苻坚逃回北方时，身边只剩千骑。先投慕容垂军。慕容垂的世子

---

① 《晋书》卷一一四《苻坚载记下》。
② 《资治通鉴》卷一〇五晋孝武帝太元八年。
③ 《晋书》卷一二二《吕光载记》；《资治通鉴》卷一〇五晋孝武帝太元九年。
④ 《晋书》卷一二二《吕光载记》。
⑤ 《晋书》卷九五《鸠摩罗什传》。本节第四、五目参阅蒋福亚：《前秦史》，北京师范学院出版社1993年版，第108—205页。

及弟弟都劝他乘机杀掉苻坚,他不但不从,还把所辖人马交给苻坚指挥。苻坚归至洛阳时,已收集溃军十余万众。再西归到渑池时,慕容垂心怀复国之志,不愿随入关中,便以拜墓为名请求回到前燕故地。苻坚虽然允许,但也产生了戒心,派遣亲信猛将石越援助淝水战前就留守邺城的庶长子苻丕共同镇守邺城,毛当戍守洛阳,张蚝戍守并州,防范慕容垂生变,然后率军回到长安。①

此时,迁徙在新安的原前燕归义王、丁零首领翟斌乘机反叛,聚众围攻洛阳。镇守邺城的苻丕派驻在邺西的慕容垂领兵讨伐翟斌。慕容垂兵至洛阳时,突然倒戈,杀尽军中的氐族兵将,自称燕王,召集前燕旧部,很快聚众三万。翟斌遣使来联络,愿奉慕容垂为主。慕容垂回师反攻邺城,兵至荥阳时,邺城内他的子侄数人也起事响应,斩杀石越。次年二月,慕容垂联合丁零、乌丸等族,汇集二十余万大军,围攻邺城。②

二、慕容泓起兵华阴

消息传到关中,正在北地郡当长史的原前燕帝慕容𬀩(慕容皝之孙、慕容垂之侄)之弟慕容泓,召集在关中的鲜卑慕容氏,聚众数千人,起兵于华阴,自称雍州牧、济北王。苻坚派遣部将强永镇压,反被慕容泓击败。慕容泓势力日盛。苻坚紧急调兵遣将,派儿子苻熙为雍州刺史,镇戍蒲坂,守住关中大门,再派另一子苻叡为统帅,领兵五万,带羌将姚苌、窦冲等围攻华阴,想一举歼灭慕容泓。但在平阳任太守的慕容冲(慕容𬀩另一弟)起兵河东,率众两万,进攻蒲坂,要援救慕容泓。苻坚令窦冲讨之。③

苻叡在华阴战场,不听姚苌劝告,轻率出战,被慕容泓击败而死。姚苌派下属赵都向苻坚谢罪,赵都为盛怒的苻坚所杀。姚苌恐惧,叛逃渭北,被"西州豪族"尹详、赵曜等率五万余家推为盟主。姚苌自称"万年秦王",盘踞北地郡厉兵秣粮,以观时变,来依附的华阴、北地、新平、安定诸郡县羌胡多达

---

① 《晋书》卷一二三《慕容垂载记》;《晋书》卷一一四《苻坚载记下》;《资治通鉴》卷一〇五晋孝武帝太元八年。
② 《晋书》卷一二三《慕容垂载记》;《晋书》卷一一四《苻坚载记下》;《资治通鉴》卷一〇五晋孝武帝太元九年。
③ 《晋书》卷一一四《苻坚载记下》;《资治通鉴》卷一〇五晋孝武帝太元九年。

十余万户。苻坚亲率两万人前来攻讨,被姚苌击退。同时苻坚派部将窦衡增援蒲坂,反击慕容冲。窦衡攻入河东,大破慕容冲。慕容冲带残部与华阴慕容泓合军。慕容泓众至十万,自封雍州牧、都督陕西诸军事,挥师进攻长安,要救出尚被苻坚监视的原前燕降帝慕容暐。但慕容泓持法苛峻,引起部下不满,在进军途中被谋臣高盖等杀掉。①

三、慕容冲建立西燕攻占长安

众将拥立慕容冲为主。在慕容冲距长安只有200里时,苻坚被迫停止对姚苌的战争,从渭北回保长安。他派苻方戍守骊山,速调苻晖带洛阳、陕城守军七万人马回援长安,还派苻琳、姜宇率兵三万驻屯霸上。不料,慕容冲来势汹汹,接连击败苻晖、苻琳,杀姜宇,抢占了长安西北重要据点阿房城。当初苻坚灭前燕时,"冲姊为清河公主,年十四,有殊色,(苻)坚纳之,宠冠后庭。冲年十二,亦有龙阳之姿,(苻)坚又幸之。姊弟专宠,宫人莫进。长安歌之曰:'一雌复一雄,双飞入紫宫。'咸惧为乱。王猛切谏,(苻)坚乃出冲。长安又谣曰:'凤皇凤皇止阿房。'……冲小字凤皇,至是,终为(苻)坚贼,入止阿房城焉"。苻坚登长安远望慕容冲的军阵,叹息说:"此房何从出也?其强若斯!"②这一年(384)十二月,当苻坚杀掉在城中密谋起事的前燕降帝慕容暐父子及其宗族和长安城内全部鲜卑千余人后,慕容冲在阿房城称帝即位,改年更始。他建立的政权从慕容泓起兵华阴称济北王开始,史称西燕。

慕容冲攻长安甚猛,曾亲自率众登城。苻坚也身穿盔甲,上城督战。激战中,他满身中箭,血流遍体。当时"关中堡壁三千余所,推平远将军冯翊赵敖为统主,相率结盟,遣兵粮助坚",但途中均被慕容冲截杀。长安久被慕容冲围困,以致"人相食"。慕容冲"毒暴关中,人皆流散,道路断绝,千里无烟"。苻坚不愿坐以待毙,便于建元二十一年五月,携妻带子,率数百精骑离城突围,出逃到五将山(在今陕西岐山)。留在长安的太子苻宏也带数千人逃离长安,投

---

① 《晋书》卷一一四《苻坚载记下》;《晋书》卷一一六《姚苌载记》;《资治通鉴》卷一〇五晋孝武帝太元九年。

② 《晋书》卷一一四《苻坚载记下》;《晋书》卷一一六《姚苌载记》;《资治通鉴》卷一〇五晋孝武帝太元九年。

降东晋,曾任晋梁州刺史,后以谋反被诛。六月,慕容冲占领长安,"纵兵大掠,死者不可胜计"。①东晋乘乱收取梁、益诸州。

盘踞北地郡的姚苌听说慕容冲占据长安,预料其鲜卑部众怀旧思乡,不能久待关中,便移师九嵕山之北,攻克新平、安定诸郡。坑杀新平守将苟辅及新平民一万五千口。八月,他派部将吴忠围攻五将山,俘虏苻坚,后缢死于新平佛寺。"(苻)坚强盛之时,国有童谣云:'河水清复清,苻诏死新城。'"苻坚死时48岁,在位二十九年,英雄一世,虽然败死,但仍不失为关中氐族最杰出的领袖。司马光评之曰:"论者皆以为秦王坚之亡,由不杀慕容垂、姚苌故也。臣独以为不然。许劭谓魏武帝治世之能臣,乱世之奸雄。使(苻)坚治国无失其道,则垂、苌皆秦之能臣也,乌能为乱哉!(苻)坚之所以亡,由骤胜而骄故也。"②

西燕慕容冲畏惧关东慕容垂势力强大,不敢东归,想长期割据关中。但部下鲜卑人本出自河北,前燕亡后被强迁到关中,现在皆欲归乡,怨气很大。次年(386)二月,长安城中的鲜卑人出现火并。慕容冲部将韩延攻杀慕容冲,拥立段随为燕王。但慕容恒、慕容永又袭杀段随,立慕容𫖮为主,率领鲜卑四十余万人离长安东归。西燕攻占长安,仅半年多便撤出,途经临晋,再次大规模火并,慕容永新立慕容忠为主。这批西燕军队走到山西闻喜后,听说慕容垂已称帝建立后燕,不敢再向东,便就地筑燕熙城屯驻。不久,内讧再起,将领刁云杀慕容忠,推举慕容永为河东王、雍秦梁凉四州牧。③

现在,再回头叙述关东邺城之战。苻丕死守邺城,慕容垂久攻不下,便网开一面,退屯新城,让开西奔之路,希望苻丕自动撤走。苻丕与外界联系,才得知长安被慕容冲围攻,危在旦夕。苻丕走投无路,便向东晋求援。晋将刘牢之率两万军解围入城,苻丕率众至枋头就食。但不久,刘牢之连战皆败于慕容垂而撤回。苻丕率邺城六万余口军民西撤到并州晋阳,得知长安失守,苻坚已

---

① 《晋书》卷一一四《苻坚载记下》;《资治通鉴》卷一〇六晋孝武帝太元十年。
② 《晋书》卷一一四《苻坚载记下》;《晋书》卷一一六《姚苌载记》;《资治通鉴》卷一〇六晋孝武帝太元十年。
③ 《资治通鉴》卷一〇六晋孝武帝太元十一年。

死,遂在晋阳称帝,建元太安。当时,前秦在陇右的势力仍控制着秦州、河州、南秦州。前秦太安二年(386),苻丕率众四万离开晋阳西归欲赴陇右。进至平阳,遭遇西燕慕容永从闻喜东下,双方大战于襄陵。苻丕大败,南逃东垣(河南新安东),又遭东晋荆州刺史桓石民部将冯该截击,临阵被杀。苻丕余众数万先逃往杏城,后投奔在关陇坚持战斗的南安王苻登(苻丕族子)。同年十一月,苻登在陇东称帝,拥众十余万,不断与姚苌在关中激战。而西燕慕容永打败苻丕后,进据长子(今山西长子西),在此称帝,割据一方。①

四、慕容垂建立后燕攻灭西燕

慕容垂在晋太元十一年(386)正月便已称帝,定都中山(今河北定县),恢复燕国,改元建兴,史称后燕。八年后,后燕慕容垂讨伐慕容永,经数次激战,攻占晋阳和长子,杀慕容永,消灭西燕。从慕容泓在华阴起兵到慕容永在长子被灭,西燕政权前后仅维持十年(其中八年只控晋阳长子弹丸之地)。关中的鲜卑慕容部随着西燕的兴亡,饱经战乱,损失惨重,最后剩下七万多户归依后燕,总算回到关东。②

鲜卑慕容部从关中东撤,氐羌外逃,长安空虚。卢水胡郝奴带四千人进占长安,在此称帝。扶风人王骕聚众数千占据马嵬。姚苌从新平赶来,先赶走王骕,逼往汉中,后打败郝奴,抢夺了长安,"徙安定五千余户于长安",称帝建国。③

第五节 后秦时期的陕西

一、羌人姚苌称帝长安建立后秦

后秦开国者姚苌,字景茂,本出南安赤亭(今甘肃陇西)羌酋世家。其父姚弋仲在西晋末年乘乱率数万羌人东迁到关中榆眉(今陕西千阳),自称雍州刺史、扶风公。后赵时,石虎西征后迁徙秦雍豪族到关东,姚弋仲及部众数万人被迁徙到清河(今山东临清),曾率八千余人助石虎平息梁犊之乱,深

---

① 《晋书》卷一一五《苻丕载记》;《晋书》卷一一五《苻登载记》;《资治通鉴》卷一〇六晋孝武帝太元十一年。
② 《晋书》卷一二三《慕容垂载记》。
③ 《晋书》卷一一六《姚苌载记》;《资治通鉴》卷一〇六晋孝武帝太元十一年。

受重用。后赵灭亡以后，姚弋仲投奔东晋，与其子姚襄同受东晋官职。姚襄在姚弋仲死后，继领羌族部众，倒戈北归，自称大单于，与前秦苻生争抢关中，进屯杏城，略地鄜城，招安北地诸戎，拥众五万余户，后在三原被苻坚、邓羌击败而死。姚苌是姚襄之弟，兵败之后，率部投降前秦，在征仇池、前凉及梁、益诸州时，屡建战功。当苻坚发动淝水大战时，姚苌被封为龙骧将军，督益、梁诸州军事，统水师参战（见图3-5）。苻坚败归关中后，慕容泓起兵反叛。姚苌与苻坚子苻叡前往镇压。苻叡战败而死，姚苌获罪于苻坚，叛逃到渭北，得到当地豪族五万余户支持，自称"万年秦王"，又聚羌胡十万余户，以后在五将山围杀苻坚，攻占长安，称帝建国，年号建初，国号大秦，改长安为常安。史称后秦。[①]（见图3-6）

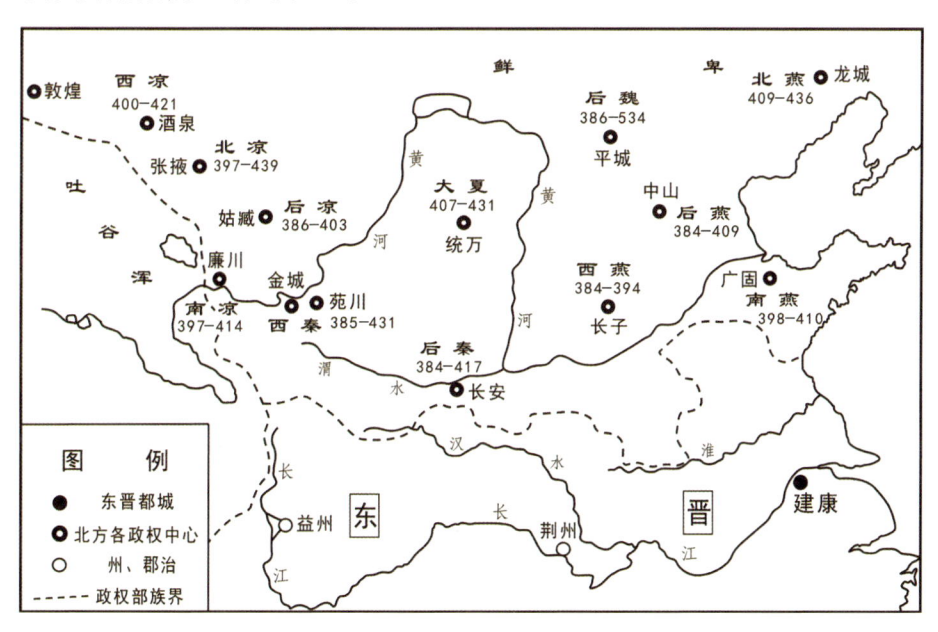

图 3-5 淝水战后北方形势图

（引自何兹全、张国安：《魏晋南北朝史》，人民出版社2013年版，第129页）

[①] 《晋书》卷一一六《姚弋仲载记》；《晋书》卷一一六《姚襄载记》；《晋书》卷一一六《姚苌载记》；《资治通鉴》卷一〇六晋孝武帝太元十年。史家一般以姚苌称"万年秦王"为后秦之始。

图 3-6　彬州市水口乡九田村前秦苻坚墓
（李向群摄）

二、后秦政权征战关陇

姚苌称帝后，修德政，重节俭，重用人才，兴建太学。可惜他虽有治国安邦之心，却没有安宁的局面。他不得不与陇东前秦残余势力苻登连年激战。苻登是苻坚族孙、苻丕族子，勇猛无比。苻坚死后，晋太元十一年苻登称帝，改元太初，在军中立苻坚神主，派三百壮士保卫，每战之前，必祷告神主。苻登将士多敢死之士，在铠甲上刻字"死休"，以示决死之志，冲锋陷阵，所向无敌。原苻坚、苻丕旧部纷纷归附苻登，"戎夏归之者十有余万"。苻登分派部将苻师奴攻上郡，苻纂攻关中泾阳，窦冲攻汧、雍二城，兰犊自频阳（今陕西富平）入和宁，威胁长安。以后苻师奴、苻纂内讧，才被姚苌击退。

苻登自带主力进占胡空堡（今陕西彬州西南），与姚苌相持，互有胜负。姚苌退守安定，苻登率万骑包围姚苌军营，四面齐声大哭，"哀声动人"，瓦解敌军。姚苌命三军以哭应战，逼苻登撤退。这是一次以奇对奇的战斗。以后苻登攻占平凉（今甘肃平凉），但在安定遭姚苌三万骑兵夜袭，被掠五万余口。苻登退守胡空堡，喘息之后，又大举反攻，分派前锋窦冲从繁川攻长安，杨定率陇右诸军随后策应，自率主力从新平攻占新丰之千户固。姚苌分军迎战，仍然是互有胜负。新平是苻登的重要据点，以后部将叛变，新平失守，苻登又以雍城为据点。

冯翊郭质曾在广乡起兵响应苻登，传檄三辅。但郑县苟曜不从，聚众数千投姚苌抵抗郭质，最终击败郭质。苻登从雍城渡渭水，进据曲牢，姚苌率骑兵抵御，击败苻登。苻登又与姚苌争夺安定，抢麦于清水（今甘肃清水），再还雍城。

苻、姚相持日久，内部生变。勇将窦冲叛离苻登，自称秦王，与姚苌联合。苻登退据胡空堡。后秦建初八年（393）姚苌病死，太子姚兴即位，改元皇初。苻登大喜，说："姚兴小儿，吾将折杖以笞之。"他留弟苻广守雍，留子苻崇守胡空堡，自带主力倾巢东攻。但姚兴与部将尹纬在废桥大败苻登。苻登单马逃往雍城，再逃平凉，退入马毛山。姚兴从安定至泾阳穷追不舍。苻登送质子请求陇西鲜卑乞伏乾归援救，得到两万鲜卑救兵。苻登与姚兴在山南大战，再遭败绩而死。其子苻崇逃往湟中，败死于鲜卑乞伏乾归。前秦残余势力至此彻底被消灭。前秦从苻健至苻登，传五世，凡四十四年而灭。姚兴迁徙阴密三万户至长安，分为四营，置四军。①

但关陇并未平宁。后秦皇初元年（394），安南及镇远豪族强熙、杨多叛乱，推举窦冲（先叛前秦，再叛后秦）为盟主。姚兴率军平叛，进据武功。杨多之侄杨良国杀杨多投降。窦冲逃往汧川，被当地氐帅仇高俘获送姚兴。强熙率两千户逃往秦州。当时平凉胡金豹割据洛城，上邽姜乳也据城反叛，自称秦州刺史。姚兴派叔父姚硕德西征，攻克洛城和上邽。姚硕德因功拜为秦州牧，镇守上邽。强熙联合略阳豪族权千城，率众三万围攻上邽，被姚硕德击败。权千城投降。强熙无路可逃，假道仇池归顺东晋。以后姚兴又遣姚绪东攻，自龙门渡黄河，攻占蒲坂。西燕河东太守柳恭、东晋弘农太守陶仲山、华山②太守董迈先后投降。姚兴"徙新平、安定新户六千于蒲坂"，再东进陕城、上洛，遣姚崇继攻洛阳。东晋河南太守夏侯宗之固守洛阳要塞金墉。姚崇攻之不克，"乃陷柏谷，徙流人西河严彦、河东裴岐、韩袭等二万余户而还"。此时，鲜卑薛勃又在岭北（今

① 《晋书》卷一一五《苻登载记》；《晋书》卷一一六《姚苌载记》；《晋书》卷一一七《姚兴载记上》。

② 东晋分弘农之华阴、京兆之郑县、冯翊之夏阳置华山郡。

陕西礼泉九嵕山北)①叛乱，上郡杂胡响应。姚兴先派姚崇、尹纬进讨，双方大战金城，姚兴率两万步骑亲征。薛勃恐惧，弃众逃往高平公鲜卑没奕于，被没奕于俘送姚兴。不久，武都氐人屠飞带三千余家又据方山叛乱，杀陇东太守姚回。姚兴派姚绍（姚兴从弟）平叛。还"遣狄伯支迎流人曹会、牛寿万余户于汉中"。以后，姚兴再派姚硕德率陇右诸军五万西征，讨伐鲜卑乞伏乾归，自己秘密随军，俘获其部众三万六千人、军马六万匹，逼乞伏乾归自动请降，拜为河州刺史，"复以其部众配之"。姚兴大军"军无私掠，百姓怀之"。②至此，后秦已独霸关陇，无人可敌。

三、姚兴尊佛治国与复兴关陇

姚兴力图复兴关陇，治国宽明，知人纳谏，有一言之善，即授美官。"京兆杜瑾、冯翊吉默、始平周宝等上陈时事，皆擢处美官。"姚兴还规定地方郡县必须每年选拔进贡优秀人才。他非常重视教育，在长安兴建官学，召请名儒讲经，使关中儒风大盛。冯翊郭高、天水姜龛、东平淳于岐都是儒学大师，各有门徒数百。姚兴请他们"教授长安"，"诸生自远而至者万数千人"。姚兴每于听政之暇，也召请"（姜）龛等于东堂，讲论道艺，错综名理"。姚兴注意轻刑，经常亲自听决疑狱，"号无冤滞"。他还大量放免奴婢，"班命郡国，百姓因荒自卖为奴婢者，悉免为良人"，深得人心。为恢复关中人口，他除不断迁徙边民到关中之外，还极力吸引流亡之民，特别是原关中之民流亡在外者。他除命姚崇自洛阳柏谷徙流人两万余户而还之外，还曾派部将狄伯支率兵迎"流人曹会、牛寿万余户于汉中"。还遣将敛俱"徙汉中流人郭陶等三千余家于关中"。当京兆人韦华、始平人庞眺等率流亡襄阳的关中民万人叛晋回归关中时，他喜出望外，亲自召见韦华等，并擢拜韦华为中书令。姚兴注重鼓励农耕，生活俭约，"车马无金玉之饰，自下化之，莫不敦尚清素"。为了长治久安，他特别提倡佛教，曾派叔父姚硕德西征后凉吕隆，迎请名僧鸠摩罗什到长安，尊为国师，"奉之如神"。姚兴不仅率群臣亲听鸠摩罗什讲经，还亲自参与译经。

---

① 《晋书》卷一三〇《赫连勃勃载记》。
② 《晋书》卷一一七《姚兴载记上》。

鸠摩罗什持胡本，姚兴执旧经，新旧对照，互相考核，先后译经"三百余卷"。由于他的尊崇，"公卿已下莫不钦附，沙门自远而至者五千余人"。关中各州郡掀起佛教传播高潮，"事佛者十室而九矣"，对安定与复兴关陇起了重大作用。鸠摩罗什讲经译经的草堂寺，成为关中佛教圣地之一，鸠摩罗什也成为关中佛教祖师。[1]

四、后秦的对外扩张及与北魏的战与和

姚兴在十六国中，是较有才能的皇帝。关中很快复兴起来，后秦也因此国富兵强，逐步向外扩张。

在西线，有苻坚淝水之败后纷起的后凉、西秦、南凉、仇池以及从后凉分出的北凉和西凉等地方割据政权。先是吕光远征西域大军东归后，击败前秦凉州刺史梁熙，进占姑臧，据凉州拥兵自立。苻坚死后，吕光自称大都督、凉州牧、酒泉公，建元大安，史称后凉。吕光死后，后凉内乱，庶子吕纂杀嫡子吕绍，侄子吕隆又杀吕纂，"内外嚣然，人不自固"。吕隆又与南凉秃发傉檀（陇西鲜卑分支，都乐都，今青海东部）、北凉沮渠蒙逊（属卢水胡，自后凉分出）屡经伐战，"姑臧谷价踊贵，斗直钱五千文，人相食，饿死者十余万口"。[2]后秦弘始五年（403），姚兴发兵六万，派姚硕德、姚穆西征吕隆。姚硕德在姑臧大败吕隆，"俘斩一万"。后凉将领吕他等率众"二万五千，以东苑来降"。吕隆投降，姚兴"徙（吕）隆及其宗室僚属于长安"。姚硕德"抚纳夷夏，分置守宰"，"军令齐整，秋毫无犯，祭先贤，礼儒哲，西土悦之"。据守西平的秃发利鹿孤（属南凉）、据守张掖的北凉沮渠蒙逊、据守敦煌的西凉李玄盛，"至是，皆遣使降"。姚兴分别封其为车骑将军、镇西将军、安西将军，并令赵曜率兵两万西屯金城，令王尚"行凉州刺史，配兵三千镇姑臧"。王尚"绥抚遗黎，导以信义，百姓怀其惠化，翕然归之"。[3]以后南凉王秃发傉檀主动上

---

[1]《晋书》卷一二二《吕光载记》；《晋书》卷一二二《吕隆载记》。
[2]《晋书》卷一二二《吕光载记》；《晋书》卷一二二《吕隆载记》。
[3]《晋书》卷一一七《姚兴载记上》。

表称臣，献"马三千匹，羊三万头"，姚兴任其为凉州刺史，召王尚归长安。[1]西秦政权起于淝水之战后，是鲜卑乞伏国仁召集陇西乞伏司繁旧部聚众十万而立，控有秦、河二州之地，先后都金城和苑川。此时也降于姚兴（后复叛，攻灭南凉，终败亡于大夏）。[2]仇池羌酋杨氏在淝水之战后复国。姚兴派姚硕德率兵三万西伐仇池，击败杨盛而纳其降。至此，姚兴尽占河西陇右，并"徙河西豪右万余户于长安"。[3]

在东线，姚兴遣将攻占河东，夺取东晋控制的洛阳，继攻顺阳、南乡诸地，迫使淮、汉二水以北东晋诸城纷纷请降。东晋桓玄、刘裕先后专权时，都遣使与后秦通和。桓玄执政时，曾"遣使来聘"。"晋顺阳太守彭泉以郡降（姚）兴，（姚）兴遣杨佛嵩率骑五千，与其荆州刺史赵曜迎之，遂寇陷南乡，携建威将军刘嵩，略地至于梁国而归。""晋汝南太守赵策委守奔于（姚）兴。"以后，刘裕诛桓玄，迎复安帝，东晋内乱，桓玄下属将相新安王桓谦、雍州刺史桓蔚、将军何澹之等逃奔后秦，投降姚兴。"刘裕遣大参军衡凯之诣姚显，请通和"，"自是聘使不绝"。东晋请求后秦归还南乡诸郡，姚兴"遂割南乡、顺阳、新野、舞阴等十二郡归于晋"。[4]

在南线，姚兴遣将敛俱攻陷汉中城固，"徙汉中流人郭陶等三千余家于关中"。姚兴还以武力逼迫蜀王谯纵俯首称臣。[5]

在北线，南匈奴铁弗部刘卫辰乘前秦败于淝水，占据朔方之地，"控弦之士三万八千"[6]。后秦姚苌曾封他为河西王大单于。以前被前秦灭掉的代国拓跋鲜卑旧部复起，拥什翼犍之孙拓跋珪恢复代国，攻灭刘卫辰，夺走其三十余万匹马、四百余万头牛羊而强大起来。拓跋珪因援西燕而与后燕反目，在参合陂（今内蒙古北凉城西北）大败后燕主力，坑杀降卒数万。以后拓跋珪又率四十

---

[1]《晋书》卷一一七《姚兴载记上》。
[2]《晋书》卷一二五《乞伏国仁载记》；《晋书》卷一二五《乞伏乾归载记》。
[3]《晋书》卷一一七《姚兴载记上》。
[4]《晋书》卷一一七《姚兴载记上》。
[5]《晋书》卷一一七《姚兴载记上》。
[6]《晋书》卷一三〇《赫连勃勃载记》。

余万步骑大举征伐后燕，攻克后燕都城中山及晋阳、真定、信都、邺城等重镇，尽取其地。北魏天兴元年（398），拓跋珪称帝（即北魏道武帝），迁都平城（今山西大同东北），改国号为魏，史称北魏。自此，北魏据关东，后秦据关陇，二者比肩称雄北方。①

不久，北魏袭攻高平没奕于，"于弃其部众，率数千骑与赫连勃勃奔于秦州。魏军进次瓦亭，长安大震，诸城闭门固守"。同时，"魏平阳太守贰尘入侵河东"。北魏两路来犯，姚兴在关中积极练兵讲武，招募壮勇，"大议伐魏"。后秦弘始四年（402），他先派姚平、狄伯支率四万兵为先锋，东进河东。姚平攻克北魏乾壁（今山西襄汾西北），进据柴壁（今山西临汾西南）。八月，北魏道武帝拓跋珪亲率大军包围柴壁。姚兴急调"杏城及岭北突骑"及"关中劲卒"增援，并调河东之兵、洛阳之兵、朔方之兵，会战于柴壁，然后率领四万七千甲士出长安亲征，坐镇蒲坂。北魏主力筑长围，防止姚平突围，阻拒姚兴进入。姚平坚守到十月，"粮竭矢尽，将麾下三十骑赴汾水而死，狄伯支等十将四万余人，皆为魏所擒"。姚兴临危不乱，固守蒲坂，击退北魏军队的进攻。四年后，拓跋珪与姚兴重归通好，释放狄伯支等后秦战俘。这是两国实力相当，一时谁也无法战胜对手，形成均势所致。又过三年，拓跋珪被杀，其子拓跋嗣即位，是为北魏明元帝。拓跋嗣遣使求婚，姚兴同意，出嫁西平长公主。此后两国无大战。②

五、后秦与大夏的征战

姚兴后期，北线受到匈奴赫连勃勃的不断挑战。赫连勃勃是南匈奴铁弗部左贤王刘卫辰之子。刘卫辰曾助前秦苻坚灭代国，并驻屯代国旧地，管辖余众。十年后，拓跋珪复起，攻灭刘卫辰。赫连勃勃投奔后秦高平公没奕于，被没奕于收为女婿。姚兴封他为将军，给三万人马，助没奕于守高平。后秦弘始八年（406）赫连勃勃袭杀岳父没奕于，并其部众反叛后秦，"众至数万"。次年自称天王、大单于，"自以匈奴夏后氏之苗裔也，国称大夏"。他看到后秦实力雄厚，

---

① 《魏书》卷二《太祖道武帝纪》。
② 《晋书》卷一一七《姚兴载记上》；《晋书》卷一一八《姚兴载记下》。

恐被剿灭，不敢"专固一城"，只得"云骑风驰"，对后秦北境进行袭扰。他先攻破鲜卑薛干三部，又攻掠岭北诸戎。姚兴派部下齐难率两万人马讨伐赫连勃勃，反为其所败，赫连勃勃"俘其将士万有三千，戎马万匹"。姚兴又派弟姚冲与狄伯支领兵四万再攻赫连勃勃。姚冲有野心，想反袭长安，被狄伯支制止，姚冲便谋杀了狄伯支。姚兴闻讯从平凉赶到朝那，赐死姚冲，亲自带兵到贰城与赫连勃勃激战，击退赫连勃勃。以后，赫连勃勃派部将胡金纂率万骑再攻平凉。姚兴又亲征到贰城，击败并擒杀胡金纂。他还派侄子姚提攻克定阳、清水。赫连勃勃败归，姚兴自安定追击。

以后，赫连勃勃又逼扰杏城，迫后秦守将姚详南逃大苏（今陕西大荔县境）。姚详被赫连勃勃遣将追斩。当时姚兴派姚显接应。及姚详败，姚显遂屯守杏城，都督安定、岭北二镇军事。姚兴又派部将杨佛嵩出任雍州刺史，后秦弘始十三年（411）被赫连勃勃击败而死。不久，赫连勃勃又攻克杏城，俘虏守将姚逵，坑杀两万秦兵。还派数千骑兵攻入平凉和新平。后秦将领姚弼在龙尾堡（今陕西岐山东）战败大夏军，俘虏其将领赫连建。而赫连勃勃这时正围攻石堡，听说赫连建兵败，便带兵回归新筑都城统万城（今陕北靖边白城子）。姚兴多次调遣关中兵征讨赫连勃勃，数次亲征，在贰城、安定等地不断与赫连勃勃激战。[1]

六、后秦内乱与衰败

姚兴在位二十二年。其晚年，诸子争立，政局不稳。本来姚兴立姚泓为太子，但又宠爱姚弼，任命姚弼为雍州刺史，镇守安定。姚弼结交天水姜纪，密谋还朝。后来内调长安任尚书令、大将军，位居将相，结交朝臣，控制机要，有夺嫡之势。弘始十六年（414）姚兴患病，姚弼聚集数千人藏于府第，阴谋政变。姚兴诸子姚懿从蒲坂起兵，豫州牧姚洸从洛阳起兵，姚谌从雍城起兵，声讨姚弼。姚兴免姚弼之职，诸皇子罢兵还镇，又纷纷来朝要问罪姚弼，被姚兴阻拦。次年姚弼谗告驻屯杏城的皇子姚宣，姚兴大怒，收姚宣下狱，令姚弼带三万兵镇守秦州。姚弼称疾不朝，集兵于府，继续要发动政变。姚兴挣扎而起，逮捕姚弼。与姚

---

[1] 《晋书》卷一一七《姚兴载记上》；《晋书》卷一一八《姚兴载记下》；《晋书》卷一三〇《赫连勃勃载记》。

弼通谋的皇子姚愔率甲士攻打皇宫端门。姚兴身临前殿，赐死姚弼。姚愔兵溃，出逃至骊山。①

不久，姚兴病死，太子姚泓继位，先杀姚愔，又令从弟姚恢杀姚弼党羽安定太守吕超。姚恢暗藏兵甲，准备争夺帝位。北地太守毛雍据赵氏坞叛乱，禁军将领姚绍出兵平息。皇子姚宣镇守李闰（今陕西大荔东），派部将姚佛生冲击长安。李闰的诸羌也反叛。姚绍再出兵平乱，一并杀了移镇邢望（李闰南40里）的姚宣。平阳数万胡人这时也乘机叛乱，推举匈奴曹弘为大单于。姚懿从蒲坂出兵讨平之，迁胡人一万五千户至雍州。仇池杨盛也起兵攻陷祁山，进逼秦州。姚泓调大军将其击败。

大夏赫连勃勃见关中局势混乱，出兵攻克上邽，进陷阴密，杀秦兵一万五千余人。安定守将姚恢弃城逃往新平，再逃长安。安定豪强胡俨、华韬占城，率五万户投降赫连勃勃。赫连勃勃留羊苟儿镇守安定，再攻雍城。守将姚谌也弃城逃往长安。赫连勃勃再进至郿城。姚泓派姚绍率五万军队抵抗。赫连勃勃退至安定。但安定豪强胡俨等又袭杀羊苟儿，重新归降姚泓。在姚绍追击下，赫连勃勃再退杏城。与此同时，仇池杨倦入寇陈仓，氐酋苟渴叛乱于五丈原，姚泓穷于应付。

这一番内争，破坏了姚兴苦心经营的关中复兴局面。后秦永和二年（417），东晋刘裕北伐，蒲坂姚懿、安定姚恢相继叛乱，威胁长安。姚泓内外交困，刘裕乘乱攻入长安，夺取长安。姚泓出降，后秦灭亡。②赫连勃勃先抢占安定，后攻长安。关中落入大夏国控制。③

第六节　东晋桓温、刘裕两次北伐关中

一、桓温北伐进军霸上

东晋时，南逃过江的原江北大姓王、谢、庾、桓等侨姓士族轮流垄断朝政。

---

① 《晋书》卷一一八《姚兴载记下》。
② 《晋书》卷一一九《姚泓载记》。
③ 详见本章第六节第二目及第七节第二目。

他们都有收复中原之志，不断组织一次又一次的北伐。其中与关中有关的是殷浩北伐、桓温北伐和刘裕北伐。

殷浩是东晋豫章太守殷羡之子，时人比之管仲、诸葛亮，以恢复中原为己任。东晋永和八年他以都督扬、豫、徐、兖、青五州诸军事身份，率军自寿阳北伐。出师前，他曾暗中策反关中前秦苻健的大臣梁安、雷弱儿（南安羌酋），许诺如能杀苻健，就让他们镇守关中。当时苻健诛杀大臣，其侄苻眉从洛阳急归关中。殷浩误认为是梁安起事，估计苻健已死，便进军洛阳。前军途经许昌时，他的督统谢尚部下原降将张遇倒戈复叛，击溃谢尚，杀一万五千人，谢尚逃回淮南，殷浩被迫退屯寿阳。张遇西归关中，苻健纳其后母韩氏为昭仪，经常当众对张遇说："卿，吾子也。"张遇羞愧怀恨，又联络关中诸将造反，想献出雍州，重新降附东晋。张遇与苻健近侍刘晃密谋夜袭苻健，事泄被杀。[①]

东晋永和九年（353），殷浩又率众七万再次北伐。进至山桑（今安徽蒙城），前锋羌族将领姚襄突然兵变，袭击殷浩。殷浩措手不及，损兵万人，逃到谯城，辎重全失。殷浩政敌桓温乘机上疏罪责殷浩，殷浩被废为庶人。[②]

桓温出自一流侨姓士族桓氏，是东晋明帝的驸马。永和元年（345）任荆州刺史，永和三年出师四川消灭成汉，都督荆、司、雍、益、梁、宁、交、广八州诸军事。殷浩败废，内外大权都归桓温独揽。为了立功树威，巩固权势，桓温迫不及待地要进行北伐。他选择关中氐人前秦苻健为打击目标，于永和十年二月，统率步骑四万及一部分水军，号称十万，从江陵出师，进军关中。水军自襄阳入均口（今湖北丹江口西），至南乡，步骑从淅川上岸后，攻入武关。

桓温命梁州刺史司马勋为偏师，从南郑出子午道攻关中，自率主力攻上洛。首战告捷，俘虏前秦荆州刺史郭敬。大军再进击青泥，又取得胜利。苻健急派太子苻苌、三子苻生、弟苻雄等领兵五万火速增援，在峣柳、愁思堌一带（今陕西蓝田东南）建立防线，阻击桓温。太子苻苌中流矢而死。三子苻生雄勇好杀，击刺骑射，冠绝一时。他带头冲锋陷阵，亲手刺杀十数员晋将。前秦军队

[①]《晋书》卷七七《殷浩传》；《晋书》卷一一二《苻健载记》。
[②]《晋书》卷七七《殷浩传》；《晋书》卷九八《桓温传》。

斩杀东晋大将应诞、刘泓及数千士卒。但桓温死战不已，最终迫使苻生溃退。苻生部将强怀战死。苻健又派苻雄"领骑七千"，在白鹿原设防。桓温大将桓冲经过一番恶战，死伤万人，冲破防线。苻雄避实就虚，转而奔袭从子午道来犯的晋军司马勋，迫使司马勋退至女娲堡。桓温大军长驱直入，进军霸上。"三辅郡县多降于温"。长安城中的苻健仅有六千人马，只得坚壁清野，退缩小城，深挖沟以自固，准备死守，另派精兵三万在外为游军以拒敌。关中居民特别是汉族百姓，欢迎桓温大军，"持牛酒迎温于路者十八九"，六七十岁的老人流泪感言："不图今日复见官军！"①

当时流落关中的北海剧县贫寒奇士王猛，曾穿粗布衣服夜见桓温，"谈当世之事"，"扪虱而言，旁若无人"。②王猛力劝桓温立即渡灞水，攻打近在咫尺的长安，以不负关中之民的期待。但桓温没有采纳这个建议，反而欲带王猛同回南方。王猛由此认为桓温不足与谋，愤而离去，隐居华山，后来转而投依前秦，成了苻健之侄苻坚的谋士，辅佐前秦富国强兵，统一北方，成就霸业。桓温为何不攻打长安？这是一个历史之谜。也许他北伐的真正目的是要立威定霸于江东，并非真想收复中原，如若攻占长安，就会变成沉重的包袱，使他无法全力内顾。或许他的军队经过接连血战，损兵折将过半，仅剩两万，已大伤元气，他不愿再付出代价去攻坚夺城，而只图坐观待变，不战而取关中。还有，桓温北伐军的粮饷有问题。他本想长期屯军霸上做持久之计，依靠关中麦熟，就近取粮。但此时恰值春季，青黄不接，苻健又在他到来之前芟苗清野，桓温无法久待，只得粮尽退军，收取关中三千余户一同南归。以后桓温虽屡兴北伐，但再没有进入关中。③

二、刘裕北伐攻灭后秦

东晋末年，北府兵出身的军事统帅刘裕又一次北伐关中，占领长安，消灭了后秦政权。刘裕字德舆，原籍彭城。他出身寒门，后投刘牢之，参加了北府

---

① 《晋书》卷九八《桓温传》；《晋书》卷一一二《苻健载记》。
② 《晋书》卷一一四《苻坚载记下附王猛传》。
③ 《晋书》卷九八《桓温传》；《晋书》卷一一二《苻健载记》。

兵。在讨灭桓玄之乱，镇压孙恩、卢循起义，北伐南燕的战争中，靠军功起家，迅速升迁。东晋义熙七年（411）擢为太尉，掌握兵权，控制朝政。他还想建立新的军功，树立更高的威望，以便取代东晋王朝，夺权称帝。

义熙九年（413），刘裕派部将朱龄石为益州刺史，攻伐蜀王谯纵，占领成都，把原为后秦藩属的蜀地收归东晋控制。义熙十一年（415）刘裕击败政敌荆州刺史司马休之和雍州刺史鲁宗之，由都督二十二州军事再进位为中外大都督。司马休之、鲁宗之兵败投降后秦姚兴，在荆襄一带骚扰东晋。这一年，姚兴病死，姚泓新立，兄弟相杀，内讧不休，关中大乱。刘裕抓住时机，想再立奇功，兴师北伐后秦姚泓。

义熙十二年（416）八月，刘裕从京师建康出兵，九月到达彭城。他兵分五路：派部将王仲德为前锋，领水师开巨野入河；派刘遵考、沈林子率另一水师出石门，自汴入河；派王镇恶、檀道济带步兵攻洛阳；派朱超石、胡藩攻半城（今山东聊城西北）；派沈田子、傅弘之直趋武关。王镇恶、檀道济所向披靡，连克后秦的漆丘、项城、新蔡、许昌。十月，诸军到达洛阳。

刘裕大举北伐之时，后秦禁军统帅姚绍正在安定攻讨赫连勃勃。他回长安，建议姚泓迁徙安定军户，加强长安实力，可新增精兵十万。但姚泓畏惧赫连勃勃深入鄜、雍一带，不敢撤安定之民。刘裕军队将攻洛阳，后秦守将姚泓弟姚洸向长安告急。姚泓派阎生率三千骑兵、姚益男率步卒一万驰援洛阳。又令并州牧姚懿从蒲坂进屯陕津，声援姚洸。姚洸也分遣部将赵玄驻守柏谷坞，石无讳驻守巩城，自己固守要塞金墉。晋军王镇恶、檀道济发起进攻，连克阳城、成皋、荥阳诸城，赵玄战死，石无讳临阵脱逃。晋军进围金墉。姚洸惧而出降。此时，关中援军阎生刚出函谷关至新安，姚益男也才到湖城，知姚洸败降，便就地驻屯。把守陕津的姚懿乘乱举兵造反。姚泓增派军队防守陕津和潼关，以防姚懿袭击长安。姚懿自立为帝，传檄州郡。临晋数千户响应姚懿。姚泓派姚绍前往镇压，从蒲津渡河，攻入蒲坂，生擒姚懿。①

---

① 《晋书》卷一一九《姚泓载记》；《宋书》卷一《武帝纪上》；《宋书》卷二《武帝纪中》。

义熙十三年（417）正月，刘裕从彭城出发亲自率主力来到洛阳。王镇恶不等大军到齐，抢先攻打潼关，遭到后秦守军顽强抵抗。王镇恶军粮不济，向刘裕求援，还亲至弘农一带征集军粮，"百姓竞送义粟"，"军食复振"①。此时，关中镇守安定的姚恢策动安定镇户三万八千人造反，以清君侧为名，进攻长安，一路连克阴密、新支、郿城，军势强盛。扶风太守姚隽等将领相继向姚恢投降，京师大震。姚泓一面派军把守沣西，一面急召抵抗晋军的姚绍。姚绍从东部前线轻骑赴难，令部将带三万人马回救长安。坚守潼关的姚讚也留部将把关，自率精兵回援长安。姚绍与姚恢相持于灵台。姚恢军心不稳，部将齐黄投降。姚恢不敢拖迟，只好拼死进军。姚绍与姚讚前后夹击，大破恢军，诛杀姚恢，终于平叛。

关外晋军会齐，加紧攻击。檀道济、沈林子攻占襄邑，北渡黄河，进攻蒲坂。王镇恶也在潼关激战。姚泓又急派姚绍率五万步骑驰援潼关，另派姚驴救蒲坂，夹击檀道济。檀道济弃攻要塞蒲坂，挥师南向潼关，与王镇恶合力攻打潼关姚绍。刘裕又派沈田子、傅弘之率万人攻入上洛，再进击青泥，姚泓派姚和都固守峣柳，刘裕再派姚珍攻子午道，窦霸攻洛谷。姚泓分军姚万、姚强抵御。

潼关之战最为激烈。姚绍先集中兵力以方阵攻敌，逼檀道济退却，再分军守关成掎角之势。他派姚洽屯守黄河北岸，胡翼度据守中原，姚鸾扎营于大路。晋军沈林子选精兵乘夜袭攻姚鸾，杀九千余人，姚鸾战死。继而，沈林子又袭破防守黄河渡口的姚讚，再歼灭驻屯黄河北岸九原的姚洽。坚守潼关的主将姚绍得知各处败讯，急得吐血而死。刘裕亲自赶来督战，经湖城进据陕城，命令沈林子率万名精兵从武关越山开道，进入关中，与沈田子会师于青泥，合攻峣柳。姚泓派姚裕率八千人马抵御，然后亲自带大军数万人赶来迎战。沈田子奋勇冲击，大败姚裕，斩获万人，姚泓被迫退守霸上。关中郡县多暗通晋军。此时，刘裕进抵潼关。姚讚自姚绍死后成为潼关主将，殊死抵抗。姚难屯守香城（在渭水北蒲津口），互相呼应。刘裕派王镇恶、王敬自秋社渡渭河，逼攻姚难，

---

① 《宋书》卷四五《王镇恶传》。王镇恶是王猛之孙，得王猛在关中声望之惠。

姚难败退，引军西归。王镇恶伐木为舟，沿渭水水陆兼进，追击姚难，直指长安。姚泓带霸上军，还守石桥（今陕西西安东北），策应姚难。姚难溃退，姚赞成孤军，被迫弃守潼关，退保郑城（今陕西渭南市华州区）。刘裕挥师入关，进攻郑城。姚赞再退向长安。①

姚泓、姚难、姚赞相继逃回长安，姚泓部署守城，准备决一死战。他派姚裕、庞统守皇宫，姚洸屯沣西，姚丕守渭桥，姚赞屯霸东，胡翼度守石积，姚泓自守逍遥园（今陕西西安东北）。晋军王镇恶夹渭水进军，在渭桥击破姚丕，直扑长安北门。姚泓从逍遥园来援，正逢姚丕溃败，将士相践而逃。将领姚谌、姚烈、姚进等战死，姚泓匹马还宫。王镇恶乘胜从平朔门攻入长安。姚泓、姚裕突围出逃到石桥。姚赞得知败讯，全军失声痛哭。姚赞夜率诸军，来到石桥，要与姚泓会师。但被晋军封锁道路，姚赞部众惊吓而散。胡翼度也向刘裕投降。

姚泓无可奈何，带家小及群臣投降。他的一个儿子姚佛念，年仅11岁，宁死不屈，登宫墙自坠而死。姚赞也率宗室百人投降。长安"城中夷、晋六万余户，（王）镇恶以国恩抚慰，号令严肃，百姓安堵"。刘裕九月进入长安，搜尽珍宝，奖赏将帅，送姚泓到京城建康斩首，就地诛杀姚赞等皇族。后秦传三主，历三十四年而亡。②

刘裕攻占关中后，关中羌众十余万人西逃陇上。刘裕令沈林子追击至槐里，便停止进攻，不再西进陇右秦州，而是着眼于建康的权力之争，匆匆南归。仅留12岁的次子刘义真为雍州刺史，镇守长安，并留心腹将佐、北伐功臣王镇恶、沈田子等将分领冯翊太守、始平太守。当时三秦父老哭诉军门，挽留刘裕，但刘裕全然不顾。他南归心切，表明他北伐是假，篡位是真。连大夏国赫连勃勃君臣也看透刘裕的心思，王买德说他："关中形胜之地，而以弱才小儿守之，非经远之规也。狼狈而返者，欲速成篡事耳，无暇有意于中原。"③

---

① 《晋书》卷一一九《姚泓载记》；《宋书》卷四五《王镇恶传》。
② 《晋书》卷一一九《姚泓载记》；《宋书》卷四五《王镇恶传》；《资治通鉴》卷一一八晋安帝义熙十三年。
③ 《晋书》卷一三〇《赫连勃勃载记》；《宋书》卷二《武帝纪中》。

义熙十四年（418）正月，刘裕回至彭城，不放心关中，又派族弟刘遵考为并州刺史，镇守蒲坂，以助刘义真。赫连勃勃见刘裕东归，便派儿子赫连昌东扼潼关，切断晋军东归退路；又派王买德南守青泥，切断晋军南逃之路；再派儿子赫连璝率两万骑兵直取长安，自己率大军继后。刘义真派沈田子和王镇恶在北地抵抗。沈、王争功，矛盾很深。沈田子设计谋杀了王镇恶。长史王修又以擅杀罪名，将沈田子杀掉，刘义真再杀王修，并调回晋军，全力固守长安。关中郡县纷纷降于大夏。赫连勃勃乘机进占咸阳，包围长安。十月，刘裕得知关中情况，急命朱龄石代刘义真为雍州刺史，而让刘义真迅速东归。十一月，刘义真大掠长安，满载珍宝向东撤退。长安百姓愤怒，驱逐朱龄石，迎接赫连勃勃入城。赫连璝率三万骑兵，在青泥追上刘义真。晋军全军覆没，刘义真单骑逃遁。朱龄石撤退到潼关曹公故垒，也被大夏军队围攻，兵败被杀。赫连勃勃又遣将东攻蒲坂，刘遵考南逃。到此，关中全部落入赫连勃勃之手。刘裕北伐关中，得而复失，损兵折将，但他的真正意图却实现了。就在丢掉关中之际，他缢死晋安帝司马德宗，新立晋恭帝司马德文。[①]一年多以后，公元420年，刘裕夺取帝位，改国号为宋，史称刘宋。东晋历一百零三年，传十一帝灭亡。

第七节 大夏政权的兴亡

一、赫连勃勃建立大夏国

赫连勃勃字屈孑，是匈奴右贤王去卑的后代，刘渊的族人。曾祖刘武，在刘渊所建的汉国以宗室身份封楼烦公、安北将军。祖父刘豹子，在后赵时期被石虎封为平北将军、左贤王。父刘卫辰，先投靠拓跋鲜卑，做了首领什翼犍的女婿，后来投靠关中前秦苻坚，被封为西单于，驻屯代来城（今内蒙古鄂尔多斯市东胜区）。苻坚失败时，刘卫辰乘乱占据朔方之地，拥有三万八千骑兵。后秦姚苌封他为河西王大单于。后秦建初六年（391），北魏拓跋珪攻灭刘卫辰，

---

① 《资治通鉴》卷一一八晋安帝义熙十四年；《晋书》卷一三〇《赫连勃勃载记》，《宋书》卷二《武帝纪中》。

夺走三十余万匹马、四百余万头牛羊，"国用由是遂饶"。赫连勃勃是刘卫辰第三子，辗转亡命，归于后秦高平公没奕于，做了没奕于的女婿。赫连勃勃腰宽体大，身高八尺五寸，生性聪慧。姚兴十分喜爱，说"勃勃有济世之才，吾方收其艺用，与之共平天下"，封他为安远将军，给他三万人马，帮助没奕于镇守高平。①

以后，姚兴又封赫连勃勃为五原公，让他率领五部鲜卑及杂虏两万余户，镇守朔方。后秦弘始八年，河西鲜卑社仑给姚兴献马八千匹，过河路过大城，赫连勃勃贪心与野心俱发，擅自扣留贡马，召集三万余人伪猎高平川，袭杀岳父没奕于，吞并了他的部众，开始拥兵数万，反叛后秦。次年，赫连勃勃自称大夏天王、大单于，设置百官，建元龙升。他自谓夏后氏大禹的后裔，如今要复兴大禹的事业，所以定国号为大夏。又认为刘姓不尽如人意，他要"系天为子"，"是为徽赫，实与天连"，故改姓赫连。②（见图3-7）

赫连勃勃首先征讨鲜卑薛干三部，收众万人。他的部将建议先以险固的高平为都，再南取长安，"经营宇内"。但他认为，姚兴是"一时之雄"，实力尚强，关中还不能去夺取，大夏也不能"专固一城"，否则姚兴必定全力来战，大夏不是后秦的对手，会招致覆灭。现在应凭借"云骑风驰"，以游击方式打击后秦，这样不用十年，便可尽占岭北、河东之地。等姚兴死后，再图长安不迟。此后，赫连勃勃不断袭扰后秦，"救前则击其后，救后则击其前"，使姚兴疲于奔命，接连损

图3-7　西安碑林博物馆藏大夏石马
（王大华摄）

---

① 《晋书》卷一三〇《赫连勃勃载记》；《资治通鉴》卷一〇七晋孝武帝太元十六年。

② 《晋书》卷一三〇《赫连勃勃载记》；《资治通鉴》卷一一四晋安帝义熙三年。

兵折将失地。赫连勃勃先在安定之青石原和木城击败后秦将领齐难两万众,"俘其将士万有三千,戎马万匹","岭北夷夏降附者数万计"。又在三城①、平凉、定阳、清水城等地与后秦军大战,重创后秦。继而,赫连勃勃率三万骑再攻安定,击败姚兴大将杨佛嵩,"降其众四万五千,获戎马二万匹","进攻姚兴将党智隆于东乡,降之,署智隆光禄勋,徙其三千余户于贰城。姚兴镇北参军王买德来奔。……勃勃善之,拜军师中郎将"。②

赫连勃勃称天王后,曾向南凉秃发傉檀求婚,遭到拒绝,便率两万骑兵攻伐南凉,斩杀万余人,抢掠两万七千人、牛马羊数十万头而还。秃发傉檀率众追击。赫连勃勃回师再战,虽左臂受伤,但击败秃发傉檀,又杀敌兵万人,斩大将十余员,使南凉名臣勇将,死者十之六七。他把敌尸筑为京观,号"髑髅台"。③

二、大夏营建统万城与暴虐三秦

赫连勃勃势力日益强大,后秦弘始十五年(413),他改元凤翔,自称要"统一天下,君临万邦",下令营建都城,命名为统万城,让酷吏叱干阿利役使岭北"夷夏十万人"日夜施工。叱干阿利性巧而残忍,"蒸土筑城,锥入一寸,即杀作者",令重新再筑。因此统万城的城墙非常坚固,时隔一千六百多年,夯土建筑的城堡遗址仍存,而且是我国现存最完整的古代城堡。(见图3-8)史载统万城"城高十仞,基厚三十步,上广十步,宫墙五仞,其坚可以砺刀斧。台榭高大,飞阁相连,皆

图3-8 大夏统万城遗址
(李向群摄)

---

① 《晋书》卷一三〇《赫连勃勃载记》注八考证"三城"地在今延安东,距战地甚远,当是"贰"写作"二",又伪作"三"。《资治通鉴》卷一一五胡注:"贰城,贰县城也,在杏城西北,平凉东南。"
② 《晋书》卷一三〇《赫连勃勃载记》。
③ 《晋书》卷一三〇《赫连勃勃载记》;《资治通鉴》卷一一四晋安帝义熙三年。

雕镂图画，被以绮绣，饰以丹青，穷极文采"①。统万城耸立于陕北和内蒙古交界的无定河一望无垠的沙漠之中，位于陕西榆林市横山区西，距靖边县50公里的白城子，有内外二城。内城完整无损，城高10米，四角有楼，高30米，周长2000多米。城内钟楼、鼓楼夯土建筑遗迹历历可数。赫连勃勃把统万城四门分别命名为"招魏""朝宋""服凉""平朔"。赫连勃勃当时还下令打造兵器，"精锐尤甚"，制成后，如射甲不入就杀制弓人，如能射入，就杀制铠人，"凡杀工匠数千"。他曾令能工巧匠为他专造"百炼刚刀"，上有龙雀大环，号为"大夏龙雀"，在刀背上铸有铭文："古之利器，吴楚湛卢。大夏龙雀，名冠神都。可以怀远，可以柔逋。如风靡草，威服九区。"②

后秦弘始十七年（415），姚兴病死，赫连勃勃率四万骑兵大举进犯关陇，一度攻克雍城、郿城，逼近长安，后被姚绍击退。后秦永和二年，东晋刘裕北伐关中，消灭后秦，占领长安后，又匆匆南归，把关中留给未成年的儿子刘义真镇守。已经进据安定的赫连勃勃立即亲率大军南下抢夺关中。他兵分三路，一支东趋潼关，一支南断商洛，主力直扑长安。东晋义熙十四年，赫连勃勃亲取咸阳，大军压境，逼刘义真东撤，继而又遣子赫连璝率众三万追歼逃敌，仅剩刘义真单骑东奔洛阳。"关中郡县悉降"，赫连勃勃进据长安。十一月，他在霸上筑坛，即位称帝，改元昌武。赫连勃勃另一子赫连昌在潼关俘获晋雍州刺史朱龄石、晋将王敬送于长安。赫连勃勃还遣将"叱奴侯提率步骑二万攻晋并州刺史毛德祖于蒲坂，德祖奔于洛阳"。叱奴侯提被任为并州刺史，镇蒲坂。次年，大夏群臣请迁都长安，但赫连勃勃说："朕岂不知长安累帝旧都，有山河四塞之固！但荆吴僻远，势不能为人之患。东魏与我同壤境，去北京（统万城）裁数百余里，若都长安，北京恐有不守之忧。朕在统万，彼终不敢济河"。于是在长安设置南台，以儿子赫连璝为南台尚书、雍州牧，镇守关中，然后自

---

① 《魏书》卷九五《铁弗刘虎传附赫连昌传》。
② 《晋书》卷一三〇《赫连勃勃载记》。据周伟洲考证，大夏在今内蒙古河套南、陕北和宁夏等地曾筑城十座，有重大作用和影响。

己仍回统万城。以后宫殿建成，再改元真兴，刻石纪功。[1]至此，陇右、关中、陕北都落入赫连勃勃之手。

赫连勃勃治国非常残暴，平时弓剑在身，谏者截舌，笑者决唇，使得"夷夏嚣然，人无生赖"[2]。大夏真兴七年（424），赫连勃勃想要废太子赫连璝而立幼子酒泉公赫连伦，赫连璝听说后，从长安起兵七万攻讨赫连伦。赫连伦率三万骑兵迎战，双方激战于高平。结果赫连伦败死。第三子太原公赫连昌领一万骑兵又出其不意袭杀赫连璝，吞并其部众八万五千人。赫连勃勃很满意，便立赫连昌为太子。次年，赫连勃勃便去世了。赫连昌继位，改元承光。[3]

三、大夏与北魏的战争

大夏承光二年（426），北魏太武帝拓跋焘利用大夏换主之机，大举西征。九月，派司空奚斤为先遣，率四万五千人袭攻蒲坂。十月，拓跋焘从平城出师，亲征大夏。十一月，黄河冰冻，拓跋焘从君子津带两万轻骑过河，屯军黑水（今陕西横山西北），距统万城仅30里。大夏上下惊扰，乱成一团。赫连昌出战失败，退入统万城固守。魏将豆代田乘胜追击，紧跟入城，焚烧皇宫西门，再逾城而出。当天，魏军夜宿城北，分兵四掠，诛杀大夏臣民四万多，抢走牛马十余万。拓跋焘见统万城太坚固，一时难以攻克，便下令撤军，掳掠万余户而归。[4]

与此同时，大夏蒲坂守将赫连乙升遭到魏将奚斤攻击，急向统万城告急，当得知京师也危在旦夕时，便弃城逃往长安。大夏弘农太守曹达也临阵脱逃。奚斤进占蒲坂，并乘胜追击，长驱直入三辅。失魂落魄的赫连乙升溃逃到长安后，又与镇守长安的赫连昌之弟赫连助兴放弃长安，西奔安定。十二月，奚斤不战而克长安，秦雍氐羌皆降奚斤。[5]

大夏承光三年（427）正月，拓跋焘归至平城，掳掠来的战俘沿途大量死亡，到达平城的才有十之六七。赫连昌见魏军主力撤回，便派其弟赫连定（赫

---

[1] 《晋书》卷一三〇《赫连勃勃载记》。
[2] 《晋书》卷一三〇《赫连勃勃载记》。
[3] 《资治通鉴》卷一二〇宋文帝元嘉元年、二年。
[4] 《魏书》卷四上《世祖纪上》；《魏书》卷九五《铁弗刘虎传附赫连昌传》。
[5] 《魏书》卷二九《奚斤传》。

连勃勃第五子）率两万人反攻长安。奚斤死守长安，拓跋焘闻讯大怒，再次兴师伐夏。他命长孙翰率三万骑为先锋，拓跋素带三万步骑为后继，拓跋伏真领三万人输送攻城器具等军资，并命桓贷在君子津造桥。五月，拓跋焘发兵平城，从君子津渡黄河，至拔邻山筑城，然后舍掉辎重，带三万轻骑倍道先行。六月，拓跋焘再次到达统万城下，藏军于深谷，只带少数兵力诱敌出城。赫连昌果然中计，自率步骑三万出城迎战。拓跋焘佯败撤退，赫连昌鼓噪出击，贪进不止。离城五六里，拓跋焘隐蔽的主力从左右两侧出击，他亲手刺杀夏将斛黎文和十余救兵，掌中箭伤，仍奋战不休。魏军人人决死力战，杀得夏军大溃而败。[1] 赫连昌之弟赫连满、侄赫连蒙逊相继阵亡，士卒战死万余人。赫连昌仓皇逃走，因追兵紧逼，来不及入城，被迫远遁上邽。守城的大夏尚书仆射问至领精兵保护太后突围而走，魏将长孙翰率八千骑追击至高平（今宁夏固原），不及而归。次日，拓跋焘不战而进统万城，俘获大夏王公将相及后妃万人、战马三十余万匹、牛羊数千万头。[2]

此时，奚斤与赫连定仍在长安对峙。拓跋焘派部将娥清、丘堆率兵攻拔陇右贰城。赫连定听说统万城失守，立即从长安撤兵，西逃上邽。奚斤追击到雍城，他再三请求西征陇右。拓跋焘给他增援万名士兵和三千匹马，并令娥清、丘堆也归他指挥，然后留拓跋素与桓贷镇守统万城，自己班师回平城。[3]

次年（428）二月奚斤进军安定，与丘堆、娥清会师。但军马多患疾而死，士卒也乏粮。他派丘堆就地征粮，遭夏军袭攻，败归安定。赫连昌乘胜反攻，天天来安定挑战，奚斤闭门不出。奚斤部将安颉暗中挑选两百匹马，招募敢死之士，乘赫连昌再来城下时，突然出城袭攻，直取赫连昌。这天正值大风扬尘，遮天蔽日，赫连昌兵乱败逃。安颉穷追不舍，乘赫连昌马失前蹄，竟生擒赫连昌。[4] 赫连定急忙敛众退军，逃往平凉，即位称帝。

---

[1] 《魏书》卷四上《世祖纪上》；《魏书》卷九五《铁弗刘虎传附赫连昌传》。
[2] 《魏书》卷四上《世祖纪上》。
[3] 《魏书》卷二九《奚斤传》。
[4] 《魏书》卷三〇《安同传附安颉传》。

奚斤身为统帅，耻于安颉独获大功，便扔掉辎重，只带三天口粮，不顾一切地亲率魏军追击赫连定，直趋平凉。当追至平凉马髦岭时，赫连定得知魏军食少无水，便回师伏击追兵，一战而擒毫无防备的奚斤、娥清、刘拔，魏军战死六七千人。①留守安定的丘堆势单力孤，被迫弃城逃往长安，再奔蒲坂。三月，关中又被夏军收复。

拓跋焘闻讯大怒，命功臣安颉斩杀临阵脱逃的丘堆，代领其众，镇守蒲坂。这一年四月，赫连定精疲力竭，遣使向北魏朝贡投降，拓跋焘一时也无力再次兴师，便同意接受投降。第二年，赫连定登阴槃山，眺望统万城，流着泪说："先帝以朕承大业者，岂有今日之事乎！"他并不甘心失败。九月，赫连定部署叛魏，派其弟谓以代攻伐北魏控制下的鄜城，被魏军击退。赫连定亲率数万人再攻鄜城，并遣使到南方请求刘宋出兵相助，约定灭魏后，黄河以北自恒山以东归刘宋，恒山以西属大夏。②

拓跋焘无法容忍赫连定降而复叛，再次出师，第三次亲至统万城指挥征讨。他命部将王斤镇守蒲坂，防范刘宋军队袭攻，自带主力西征平凉赫连定的老巢。十一月，魏军围攻平凉。赫连定急从鄜城撤兵，回到安定，再率三万步骑解救平凉。途中与魏将古弼遭遇。古弼佯败诱敌，赫连定追击。拓跋焘乘机派将领高车侧击夏军，夏军大败，折兵数千。赫连定逃往鹑觚原，组成方阵抵抗。魏军重重包围赫连定于原上，断其水草。夏军人马饥渴，赫连定又率众下原突围，战死万余人。赫连定身负重伤，单骑逃走，以后收敛溃众，西保上邽。赫连定之弟乌视拔以下公侯百余人被俘。魏军乘胜攻克安定。拓跋焘进驻安定，再进至平凉，掘堑围攻，同时发布招降令，大赦秦、雍二州之民，免除租税七年。③

十二月，大夏平凉守将赫连社干、度洛孤出降，魏军占领平凉。此后，关中长安、临晋、武功的大夏守将纷纷弃城西逃，魏军占领关中。拓跋焘任命部将王斤镇守长安，自率主力东归。王斤骄矜不法，任意调役百姓，民不堪命，

---

① 《魏书》卷二九《奚斤传》。以后拓跋焘攻克平凉，奚斤得归。
② 《魏书》卷九五《铁弗刘虎传附赫连昌传》。
③ 《魏书》卷四上《世祖纪上》；《资治通鉴》卷一二一宋文帝元嘉七年。

关中有数千家民众南逃汉川。拓跋焘得知后,将王斤斩首。

四、大夏的灭亡

大夏胜光四年(431)六月,赫连定挟持关陇民众十余万人西逃,途经枹罕,消灭鲜卑乞伏部建立的西秦政权,杀死秦王乞伏暮末及宗族五百人。在北魏追击下,赫连定从治城渡黄河,想要袭攻卢水胡沮渠蒙逊建立的北凉而夺其地。沮渠蒙逊时称河西王,控制凉州酒泉、敦煌、西平诸郡。但赫连定指挥夏军半渡时,突遭占据陇右之地的吐谷浑①三万骑兵的攻击。赫连定兵败被俘。次年三月,吐谷浑王慕璝向北魏上表称臣,把赫连定送交魏主拓跋焘。赫连定被杀,大夏历二十五年,传三主灭亡。其兄赫连昌自三年前在安定被魏将安颉俘获后,送往平城,被拓跋焘招为妹夫,封为秦王,侍从左右。但大夏灭亡三年后他叛魏西逃,在河西被追杀。②匈奴族在我国历史舞台上的最后一幕,就这样落幕了。③

第八节 十六国时期的陕西民变

一、十六国时期陕西民变特点

十六国时期陕西战祸连绵,关中残破不堪,陕北出现了一定程度的"重新游牧化"。陕西农业生产与整个社会经济受到严重破坏。

然而在"产出"锐减的情况下,统治阶级的贪欲与国家机器的聚敛需求却无法相应地得到节制。首先,入居并统治内地的各少数民族贵族集团的"汉化"过程从制度上说,无疑是由游牧部落宗法制向封建地主制转化的进步过程,但从生活方式上说却是从质朴古风向奢华侈靡发展的"腐化"过程。统治者对人

---

① 据《晋书》卷九七《西戎·吐谷浑传》、《魏书》卷一〇一《吐谷浑传》,吐谷浑本是辽东鲜卑徒河涉归的庶长子,与其弟若洛廆各率一部分离。若洛廆即为鲜卑慕容部,改名慕容廆。吐谷浑西走陇上,在今甘肃、青海、四川之交地区逐水草而居,自成一族,子孙以王父之名为氏。到慕璝继位时,吐谷浑南通蜀汉,北交凉州,部众转盛,因得以袭灭大夏残部。参阅周伟洲:《吐谷浑史》,宁夏人民出版社1985年版。
② 《魏书》卷四上《世祖纪上》;《魏书》卷九五《铁弗刘虎传附赫连昌传》。
③ 此后不久,出自匈奴的卢水胡所建立的北凉政权亦亡于北魏。

民的聚敛在这一过程中会有所加强。其次,这一时期频繁的割据与争霸战争也使诸国在军事方面的人力物力支出大量增加,人民负担更加沉重。最后,割据状态下的国家官僚机器相对于小国寡民的状态来说显得更为庞大和累赘,所取之于民者也更加苛繁,从而加深了人民的苦难。

而这一时期陕西境内频繁的政权更迭和汉族与诸胡族统治集团的交替兴衰,也把统治者集团间的矛盾与民族矛盾的因素与劳动人民和统治者的矛盾搅到了一块。无论是匈奴刘氏灭晋兴赵、羯石灭刘二赵更替、氐苻前秦继赵而兴、鲜卑叛秦、羌姚崛起、匈奴赫连暴虐三秦,还是东晋的二次北伐关中,都曾得到对前朝统治者怀有怨恨的人民尤其是征服者的同族人民的起而响应,同时也都受到仇视新统治者的人民尤其是与征服者并非同族的人民的反抗。这就使这一时期陕西的民变很少具有"纯粹"阶级斗争的形态,而更多地同民族斗争或诸统治政权间斗争混在一起。此外,这一时期神秘主义文化勃兴,道教由原始形态转入成熟形态,佛教则由传入之初而渐趋鼎盛,因而许多民变又具有浓厚的神秘主义与宗教结社的色彩。这一切都使这一时期的陕西频繁地发生的民变事件具有复杂的背景与多重的性质。

二、后赵李子扬

后赵石虎统治时期,陕西发生了李子杨的起事。李子杨原名侯子光[①],他"自称佛太子,从大秦国来,当王小秦国"。鄠县人爰赤眉信而敬之,遂以鄠为基地传教于邻境,"转相扇惑"。很快便有京兆人樊经、竺龙、严谌、谢乐子等小股民变团体前来投附,于是"聚众数千人于杜南山(今陕西终南山),子杨称大黄帝,建元曰龙兴"。以爰赤眉、樊经为左右丞相,以竺龙、严谌为左右大司马,以谢乐子为大将军,远近大震。时为后赵建武三年(337)。后赵政权派遣镇西将军石广率羯军前来镇压,在鄠县境内击溃了起事者,李子杨等皆被杀。但民间仍崇敬这些失败的豪杰,纷纷传说子杨被斩首后"颈无

---

① 此据《晋书》卷一〇六《石季龙载记上》。另据李昉等撰《太平御览》卷三七九《人事部》,李子扬作"季子",侯子光作"刘光"。名异而事同。

血，十余日而面色无异于生"等异状。①李子杨起事政治影响不算大，却具有文化上的象征意义。它是我国历史上第一次以佛教为旗帜的民间起事，而且充分体现了佛、道初兴之时教义混沌难分、"三教"对立尚不明显的特征。李子杨一面自称是西天"大秦国"来的"佛太子"，一面又沿用道教崇拜中黄太乙、黄天、黄帝的传统而自称"大黄帝"，同时还立了个充满世俗帝王气的年号"龙兴"，这种多元文化色彩之鲜明是历史上少见的。

三、后赵梁犊、马勖

李子杨起事后十余年，陕西又爆发了梁犊、高力领导的东宫谪卒造反，众至十万，横扫八百里秦川。这次兵变因统治者宫廷内变而起。后赵石虎时期，太子石宣因谋杀石虎爱子石韬而被石虎废杀。太子东宫卫士万人亦受牵连，全部被发配谪戍凉州。行至雍城时，众心怀怨，皆欲东归，便在首领高力、梁犊领导下发动兵变，劫持雍州刺史张茂，"秦雍间城戍无不摧陷，斩二千石长吏"。高力有万夫莫当之勇，"攻战若神"。他得到关中民众积极响应，率众打到长安城下时，旬日之内蜂起附从者多达十万。可见不满后赵军事征服的关中民众已成为这支造反兵马的主要成分。这是由于羯族后赵政权在关中倒行逆施，"秦、雍严西讨之资"，"百姓穷窘，鬻子以充军制，犹不能赴，自经于道路死者相望，而求发无已"，终至官逼民反。而梁犊兵变如导火索，也因而演化成为一场关中民众反对后赵暴政的斗争。镇守长安的石苞竭力抵御。高力、梁犊便率众东出潼关，攻至新安、洛阳。石虎急调李农率十万大军攻讨堵截，却连连败阵，退至成皋。高力、梁犊乘胜攻掠荥阳、陈留。石虎再增调石斌率万骑统羌将姚弋仲、氐将苻洪等羌氐部落人马合力阻击，终于打败叛军，斩杀梁犊等。氐族首领苻洪因功出任雍州刺史，都督秦、雍州诸军事，为日后建立前秦政权奠定基础。②

梁犊起兵失败后，后赵在关中的统治更加暴虐，"或盛功于耘艺之辰，或

---

① 《晋书》卷一○六《石季龙载记上》；《太平御览》卷三七九《人事部·美丈夫上》。

② 《晋书》卷一○七《石季龙载记下》；《资治通鉴》卷九八晋穆帝永和五年。

烦役于收获之月，顿毙属途，怨声塞路"；"兼公侯牧宰竞兴私利，百姓失业，十室而七"。于是又有关中始平人马勖在葛谷起兵，自称将军，再次举起了反赵的旗帜。但很快，后赵长安守将石苞派大军前来进剿，始平一带无辜民户被屠杀者达三千余户。[1]然而民心怨赵、民变四起的局面并未改变，一直持续到后赵灭亡。

四、前秦关中数次民变

继后赵而统治陕西的前秦氏苻政权虽然有苻坚、王猛这样的英主明臣，有淝水之战前统一北方的辉煌霸业，但对民众的压榨并没有缓解。因而陕西民众的反抗也没有停止。早在苻健皇始三年（353），前秦宫廷中发生张遇的未遂兵变，引起了关中兵民豪庶各阶层的一系列造反事件。张遇事发后，与他通谋的孔特起兵池阳（今陕西泾阳西北），刘珍、夏侯显起兵鄠县，乔景起兵雍城，胡阳赤起兵司竹，呼延毒起兵霸城（今陕西西安市灞桥区），众达数万人。[2]从姓名看这些起兵者多为汉人，他们的发难有民族斗争背景。因此当这年七月东晋北伐时，他们纷纷遣使向晋军统帅殷浩、桓温求援。但殷浩当时鞭长莫及，而桓温另有打算，迟迟不发兵入陕。于是前秦得以放手镇压起事者。

这年九月，前秦丞相苻雄、清河王苻法与苻飞等分路征讨义军各据点。经两个月战斗之后，苻雄于十一月间攻克池阳城，斩孔特。十二月间苻法、苻飞也攻陷鄠县，刘珍、夏侯显皆败死。次年正月，苻雄又攻破司竹，胡阳赤弃城奔霸上依呼延毒。呼、胡二人坚守霸城，乔景坚守雍城，在关中成掎角之势，使前秦军在半年之内难以进展。

前秦皇始四年（354）二月，桓温的北伐军终于从武关进入关中地区，同时陕南的东晋军司马勋部也出子午道而入秦。关中义军对东晋北伐军给予了热烈的支持。但桓温却使他们的期望终成泡影。这年五月，心不在焉的桓温在白鹿原之役中被秦帅苻雄打得大败，狼狈退出关中，呼延毒率霸城义军一万随之南

---

[1] 《晋书》卷一〇七《石季龙载记下》。
[2] 《晋书》卷一一二《苻健载记》，又《资治通鉴》卷九九晋穆帝永和九年条乔景作乔秉，霸城作灞城。

下归晋，而隔在西府的乔景则成了一旅孤军。这年七月，前秦太子苻苌围攻雍城。乔景坚持至八月，终于力竭败死。历时一年多的关中汉民反抗至此被全部镇压下去。

然而关中民众的反抗并没有因这次失败而停止，小规模的斗争依然绵延不绝。甚至在淝水之战前的前秦全盛之时，史籍中仍有"关中骚动，盗贼并起"的记载。到淝水之战后，关中民众的反抗与鲜卑、羌族等军阀的叛乱终于瓦解了显赫一时的前秦王朝。

五、后秦刘厥、李弘

前秦末年的大乱中崛起了羌族姚氏的后秦王朝，关中各族民众反抗斗争仍时有发生。后秦弘始十一年（409）有冯翊人刘厥聚众数千人，据万年县（今陕西富平、临潼间）起兵反后秦，被后秦太子姚泓派镇军将军彭白狼率东宫禁军扑灭。[①] 此后又有托名李弘的"妖贼"（道教首领）反于贰原，并得到了氐族仇常的起兵响应。姚兴亲自率军镇压了这次反抗。

总之，十六国时期陕西各族人民的反抗斗争此伏彼起，不断打击当时各割据政权的统治者。（见图3-9）

图3-9 西安少陵塬十六国贵族大墓鼓吹仪仗俑

---

① 《资治通鉴》卷一一五晋安帝义熙五年。

第四章 重新崛起的北朝时期的陕西

关东的北魏、东魏、北齐和关中的西魏、北周这五朝都是拓跋鲜卑族政权，史称"北朝"，与南方汉族政权的宋、齐、梁、陈四朝形成约一百六十年的南北对峙，合称"南北朝"。北魏政权以更加野蛮征服和更追求汉化改革而著称于史，其最大贡献是锐意而深刻地实行"均田制"。北魏分裂为东、西魏后，进入关中的六镇军人集团中法汉派领袖宇文泰在西魏更加彻底推行"均田制"与创立"府兵制"，以关中为本位，造就出生机勃勃的胡汉关陇军事贵族集团，使关中迅速强大崛起。其后的北周武帝宇文邕通过改革府兵制、释奴与毁佛，将汉化改革再推向高潮而强大起来，成为隋唐大一统盛世伟业的奠基人。

第一节　拓跋鲜卑平定关陇

一、拓跋鲜卑的由来与拓跋珪建立北魏

鲜卑是东北游牧民族，属东胡的一支。当东胡为匈奴所破后，其中一支别居鲜卑山，因山为号，称"鲜卑"①。两汉期间匈奴战败远遁后，鲜卑得以逐渐强大，分为鲜卑诸部。活动于西喇木伦河和老哈河流域的称为东部鲜卑，仍留在鲜卑山的称为北部鲜卑。东部鲜卑大量内迁，又分为慕容、宇文、段氏、乞伏及吐谷浑诸部。西晋灭亡之后，中原大乱，东部鲜卑在北方先后建立前燕、西燕、后燕、南燕、西秦等国，大多已变牧为农，走向封建化，汉化程度很深。但是北部鲜卑远离中原，继续游牧，仍然野蛮落后，此即拓跋鲜卑。②

拓跋鲜卑所居的鲜卑山就是大兴安岭。1980年在大兴安岭北段内蒙古鄂伦春自治旗阿里河镇境内发现拓跋鲜卑祖先祭天的石室及北魏太武帝拓跋焘的刻石祝文。③据《魏书》卷一《序纪》，拓跋鲜卑始祖为拓跋毛，"统国三十六，大姓九十九"，过了七代，到拓跋邻时期，"七分国人"。其子拓跋诘经历"九难八阻"，率领拓跋鲜卑"始居匈奴之故地"。拓跋诘长子秃发匹孤率一支从塞北西迁，称为鲜卑秃发部（秃、拓同声，发、跋音近），在河西定居，"务农桑"，其后裔秃发乌孤在十六国时曾建立南凉国，但不久就被西秦吞灭。拓跋诘次子拓跋力微率拓跋鲜卑本支游牧于云中一带，兼并了鲜卑没鹿回等部。以后迁居盛乐，在此举行祭天大典。这次大会，正式形成部落联盟，拓跋力微巩固了世袭大酋长的地位。至此，拓跋鲜卑结束传说时代，开始有了信史。拓跋力微被后世尊为始祖神元皇帝。

西晋后期，拓跋力微之孙拓跋猗卢被晋愍帝封为"代王"，以盛乐为都，有"控弦骑士四十余万"。西晋以后，拓跋猗卢侄孙什翼犍继为代王，"始置百官"，

---

① 《三国志·魏志》卷三〇《鲜卑传》。
② 详见王大华：《崛起与衰落——古代关中的历史变迁》，陕西人民出版社1987年版，第153—154页。
③ 米文平：《大兴安岭北部发现鲜卑石室遗址》，载《光明日报》1980年11月25日第4版；米文平：《鲜卑石室的发现与初步研究》，载《文物》1981年第2期。

初具国家形态,史称"代国"。正当拓跋鲜卑向国家转变的关键时刻,突遭前秦苻坚的大举进攻而亡国。淝水之战后,登国元年(386),什翼犍之孙拓跋珪纠合旧部,恢复代国。拓跋珪拥有"中军精骑十有余万,外军无数",军事十分强大,曾东破库莫奚,西破高车,又攻灭匈奴刘卫辰部,还在参合陂大破后燕主力。到北魏皇始二年(397),拓跋珪已攻克后燕都城中山以及晋阳、真定、信都、邺城等,尽取黄河以北之地。北魏天兴元年,拓跋珪称帝,迁都平城,改国号为魏,史称北魏。当时,北魏据关东,后秦据关陇,二者并肩称雄北方。拓跋珪死后,其子拓跋嗣继立,是为北魏明元帝。拓跋嗣死,其子拓跋焘继立,是为北魏太武帝。[①]这三帝都是打天下的"马上皇帝",武功赫赫,史称"北魏三帝"。拓跋焘的重要功绩是不断西征,平定关陇,统一北方,并南攻刘宋,一直打到长江边,形成南北朝对峙局面。(见图4-1)

图 4-1　北魏石刻中的园林

(引自何兹全、张国安:《魏晋南北朝史》,人民出版社2013年版,第230页)

二、拓跋焘西征关陇

拓跋焘西征大夏,攻占统万城以及长安,控制关中,已见第三章第七节所述。此后,他进一步对关陇用兵,逐一削平各割据势力。

拓跋焘攻灭大夏,威震关陇。各地割据势力争相归附,其中有上郡休屠酋长金崖、上郡屠各首领隗诘归、上洛巴氏首领泉午触等。他们各拥万户。吐谷浑王慕璝执获赫连定后,遣使奉表,请送赫连定,向北魏称藩,被拓跋焘封为

[①]《魏书》卷二《太祖纪》;《魏书》卷三《太宗纪》;《魏书》卷四上《世祖纪上》。详见王大华:《崛起与衰落——古代关中的历史变迁》,陕西人民出版社1987年版,第155—157页。

西秦王。同年，公元431年，割据张掖、武威、姑臧、酒泉、敦煌等七郡的北凉河西王沮渠蒙逊也遣子安周入侍，归附北魏，被封为凉州牧、凉王。第二年，以前被西秦所灭的南凉（曾都乐都、西平、姑臧）王秃发傉檀之子秃发保周脱离沮渠蒙逊，投奔北魏，被封为张掖公。拓跋焘任命乐安王拓跋范都督秦、雍、泾、梁、益五州诸军事，镇守长安。但不久，公元433年，被封为征西将军的内附的金崖与北魏安定镇将延普及泾州刺史狄子玉争权，发生火并。金崖退保胡空谷，据险自固。拓跋焘调兵征讨，并亲巡河西。为防不测，他令镇守长安的拓跋范加强戒备，调发秦雍之兵一万人，在长安城内再筑小城。他还封割据陇右仇池的氐族首领杨难当为南秦王，使其南征汉中。这一年，陇西休屠首领王弘祖率众内属；北凉王沮渠蒙逊死，拓跋焘改封其子沮渠牧犍为凉州刺史、河西王。

北魏延和三年（434），杨难当攻克汉中，送流落在汉中的原雍州民七千家回归长安。据胡空谷自立的金崖已死，部众推其从弟金当川为首领。金当川率众围攻阴密魏将彭文晖。拓跋焘调常山王拓跋素前往镇压，并亲自随军至河西。一战俘获金当川，押至长安斩首。

北魏太延二年（436），南秦王杨难当割据上邽自立。拓跋焘亲至河西，并派乐平王拓跋丕督河西、高平诸军进讨。杨难当惧怕，又接受北魏管辖，带上邽守兵还镇仇池。拓跋丕大军行至略阳罢兵。这一年，吐谷浑王慕瓆死，次年拓跋焘改封慕瓆弟慕利延为西平王。[①]

太延五年（439），上洛割据势力巴泉内降，镇守长安的拓跋范派雍州刺史葛那乘机攻取刘宋控制下的上洛，赶走刘宋守将镡长生。不久，拓跋焘任命投靠北魏的杨难当侄杨保宗为秦州牧、武都王，镇守上邽。拓跋焘决心征讨"外修臣礼，内实乖悖"的沮渠牧犍。七月，他令太子留守平城，亲率群臣及大军西渡黄河到上郡属国城（今陕北），在此储备辎重，"大飨群臣，讲武马射"。然后，部署诸军：令永昌王拓跋健、常山王拓跋素各领一军为前锋，两道并进，乐平王拓跋丕督平凉、鄜城诸军为后继，大举进攻凉州。八月，魏军长驱直入，

[①] 《魏书》卷四上《世祖纪上》。

很快攻至北凉都城姑臧城南，沿途俘获牛马二十余万。沮渠牧犍派弟沮渠董来率万余人抵抗，但一触即败。拓跋焘亲至姑臧城下，指挥大军围城。九月，沮渠牧犍侄沮渠祖及沮渠万年先后投降，姑臧城防瓦解。沮渠牧犍被迫带五千文武官吏及城内二十余万众投降，"面缚军门"。拓跋焘亲解其缚，"待以藩臣之礼"。他又晋封随军而来的秃发保周为张掖王，带北魏军队攻略凉州诸郡。北凉张掖太守是沮渠牧犍弟沮渠宜得，他烧掉仓库，西逃酒泉；乐都太守安南也弃城投奔吐谷浑。魏军再攻酒泉。酒泉太守是沮渠牧犍另一弟沮渠无讳，他与沮渠宜得双双逃往晋昌。魏军相继攻占张掖、酒泉、乐都诸城，招降数十万众，北凉灭亡。十月，拓跋焘留拓跋丕镇守凉州，自带主力凯旋，并迁徙沮渠牧犍宗族及凉州三万余户至平城。"是岁，鄯善、龟兹、疏勒、焉耆、高丽、粟特、渴盘陁、破洛那、悉居半等国并遣使朝贡。"①

但拓跋焘刚一撤军，张掖王秃发保周便据张掖反叛。南秦王杨难当亦乘机偷袭上邽，被守将元勿头击退。北魏太平真君元年（440），西逃的沮渠无讳也反攻酒泉，俘虏守将弋阳公元洁，并进寇张掖。魏军在永昌王拓跋健率领下，同时进剿秃发保周和沮渠无讳。秃发保周兵败番乐，走投无路而自杀。沮渠无讳畏惧，交还所俘获的魏军将士，请求投降。拓跋焘封沮渠无讳为凉州牧、酒泉王，暂时稳住他，继而令魏军围攻酒泉，沮渠无讳西走流沙②，抢据鄯善，以后又袭取高昌，遣使向刘宋称臣。与此同时，为北凉所攻灭的西凉公李暠之孙李宝（汉族）复据敦煌，遣使朝贡北魏。拓跋焘封他为敦煌公。

仇池也不平宁。北魏太平真君三年（442），刘宋梁州刺史刘康祖进犯仇池，氐王杨难当战败，逃往上邽。拓跋焘令部将古弼率陇右魏军与武都王杨保宗从祁山反攻，令皮豹子、司马楚之率关中魏军从散关反攻，会师仇池。皮豹子等将领在乐乡大破刘宋军，俘获其将王奂之、王长卿等，斩杀其将强玄明、辛伯奋，顺利收复仇池，并追击刘宋军于浊水。不久，武都王杨保宗谋反，被魏军诸将擒送平城。当地氐羌推举杨保宗弟杨文德为首领，围攻仇池。魏将古弼大破反

① 《魏书》卷四上《世祖纪上》。
② 位于玉门关以西，是浩瀚无边的大戈壁，又称"沙河""白龙堆沙漠"。

叛的诸氐，解仇池之围。①（见图4-2）

太平真君五年（444），西平王吐谷浑慕利延杀侄纬代，举兵叛乱。纬代弟叱力延逃至平城求兵。拓跋焘封他为归义王，派晋王伏罗指挥高平、凉州诸军讨伐吐谷浑慕利延。慕利延兵败逃往阴平白兰，其从弟伏念及部众一万三千户投降。次年，魏军在高凉王拓跋那率领下追击慕利延于白兰。慕利延穿越流沙，逃入西域于阗国（今新疆和田一带）。其侄什归原驻屯枹罕，拓跋焘令秦州刺史封敕文攻夺枹罕，徙千家至上邽。什归等西逃雪山，后被魏将杜丰追俘。魏将万度归领凉州兵还西袭鄯善，生擒鄯善王。②

太平真君六年（445），卢水胡盖吴在杏城起事，关中大乱，拓跋焘率大军亲征，一年后方才平息。③太平真君九年（448），仇池氐酋杨文德投靠刘宋，招诱武都、阴平五部氐民叛乱。北魏仇池镇将皮豹子出兵镇压。刘宋白水太守郎启玄率兵增救杨文德。结果郎、杨兵败，逃往汉中。这一年，拓跋焘还派魏将韩拔出任鄯善王，镇守鄯善；并派魏将万度归出兵焉耆，西讨龟兹。西域龟兹、疏勒、破洛那、员阔诸国都臣服北魏。至此，关陇乃至西域基本被北魏平定。（见图4-3）

图4-2　兴平文庙藏北魏石狮
（李向群摄）

图4-3　兴平杨贵妃墓博物馆藏北魏石虎
（李向群摄）

---

① 《魏书》卷四下《世祖纪下》。
② 《魏书》卷四下《世祖纪下》。
③ 详见本章第二节。

第二节 北魏初期的关中反抗斗争

一、北魏初年社会动荡原因

从北魏太武帝拓跋焘西征入陕，攻灭大夏国，到北魏基本统一北方，拓跋鲜卑这股野蛮落后的旋风从漠北游牧之地刮进关陇农业文明地区，与汉族及汉化的五胡之民，包括鲜卑人中文明程度较高的慕容、段、乞伏等部在内，都发生了激烈冲突。这时的拓跋鲜卑国无田制，唯事掠野；官无俸给，专务豪夺；掳人为奴，迫民胡化。其成为一股新兴的但却是反文明的、生气勃勃的但却是逆历史潮流而动的力量。拥有先进文化的中原各族人民不堪忍受尚未摆脱原始文化状态的征服者的野蛮掠夺及奴役，为捍卫文明与尊严进行了英勇的反抗，从而形成了北魏初年社会上的动荡局势。这种延续数十年的动荡促进了民族融合，迫使原先野蛮落后的"索虏"接受了中原先进的农业文明，同时又以拓跋人的新锐之气，为沉疴日深的中原社会开辟了进取之机。

在这几十年的无数次反抗中，关中的盖吴起义是规模最大、影响深远的一次。

二、卢水胡盖吴杏城揭竿

盖吴起事前，拓跋魏政权与关中百姓的关系已很紧张。早在拓跋焘入关中后，便以镇西将军王斤镇守长安，王斤"骄矜不法，信用左右，调役百姓；民不堪命，南奔汉川者数千家"[①]。很快，关中人民的反抗从大规模逃亡发展到起兵造反，而卢水胡（来自河西陇右的杂胡）的一位29岁青年首领盖吴应运而出，成为杰出领袖。

北魏太平真君六年九月，盖吴在陕北的杏城揭竿起事[②]。当时，民间流传着"灭魏者吴"的谶语，人们都认为此语应在盖吴身上，因此他的声望大增，"诸戎夷普并响应，有众十余万"。盖吴在杏城天台山建立政权，自称天台王，署置百官，并派遣使者赵绾上表南朝刘宋文帝刘义隆，称臣于宋。盖吴在表中自陈心迹说："猃狁侏张，侵暴中国……士女能言，莫不叹愤。倾首东望，仰希

[①] 《资治通鉴》卷一二一宋文帝元嘉七年。
[②] 杏城是卢水胡聚居地。

拯接，咸同旱苗之待天泽，赤子之望慈亲。"他自信地说，"臣以庸鄙，仗义因机，乘寇虏天亡之期，藉二州思奋之愤……义风一鼓，率土响同"。盖吴在陈述了起事的大好形势后，请求刘宋派军北伐，"给一旅之众，北临河、陕，赐臣威仪，兼给戎械，进可以压捍凶寇，覆其巢窟，退可以宣国威武，镇御旧京"。① 显然，盖吴虽为卢水胡，此时已完全以汉臣自居，并把自己的起事与南迁汉族政权北伐驱"虏"的民族斗争联系起来，显示出在经历了十六国的民族融合之后，北方汉族与汉化胡人的畛域早已淡化，在新一轮"蛮族征服"面前，他们的反抗立场已日趋一致。

然而，当时的刘宋王朝并无北伐的雄心与实力，在接到盖吴奉表之后仅下令沿边雍、梁诸郡采取象征性的行动，"遣军界上，以相援接"，并遥封盖吴为都督关陇诸军事、安西将军、北地郡公、雍州刺史，还遣使把雍、秦二州属郡及金紫以下诸将的印信共一百二十一颗授予盖吴，供他相机封授部下。这些象征性行动在军事上不能帮盖吴什么忙，但在政治上扩大了盖吴的影响力，使他俨然成了南方汉族正统王朝在北方的敌后代表，加强了他在其他反魏力量中的盟主地位。

在取得南方的道义支持的同时，盖吴在军事上也愈战愈强。这年十月，北魏长安镇副将拓跋纥率军前来镇压，被盖吴一举歼灭，拓跋纥阵亡。盖吴乘胜进攻，其部将白广平西进新平，安定郡诸"夷酋"皆聚众响应，随即连克汧、陇，杀北魏汧城守将。盖吴本人则亲率主力攻下华州州治李润堡（今陕西大荔西北），"控弦五万，东屯潼塞"②。又转攻长安，连败魏军。这时关中以东的河东汉人耿青、孙温、薛永宗、薛安都等起兵响应，接受盖吴所授秦州刺史之职，控制了平阳、弘农间的大片地区，截断了崤函战略要道，与盖吴军隔黄河相呼应。关中西端的散关氏族也响应盖吴，杀北魏陈仓守将，攻城夺地。陕北以至河套一带的游牧部落首领胡兰洛生等也与盖吴结盟反魏。一时间陕西渭河以北各地几乎尽为盖吴所据，北魏官民纷纷过渭逃入南山。拓跋氏政权"东西狼顾，

---

① 《宋书》卷九五《索虏传》。
② 《宋书》卷九五《索虏传》。

威形莫接,长安孤危,河、洛不戍"①,陷入空前的危机之中。

三、拓跋焘再征关中镇压造反

在平城的拓跋焘接到陕西报急,连忙部署镇压。十月间,拓跋焘急调高平镇骑兵增援长安,十一月间,长安魏将叔孙拔在渭北截击盖吴军,魏将章直击败了华州以东沿黄河的义军部队,使盖吴不能威胁长安,盖吴与河东薛永宗义军的联系也被隔断。

十二月间,拓跋焘进一步向义军全面反扑:在河东方面,遣尚书、扶风公拓跋处真,尚书、平阳公慕容嵩率两万骑兵讨薛永宗;在陕北方面,遣尚书乙拔率三万骑兵由长安北攻盖吴的大本营杏城;在西府方面,遣西平公寇提将一万骑进攻白广平。不久,拓跋焘又亲率六万精骑西征。次年(446)正月,拓跋焘在河东击败义军,薛永宗举族投汾水自杀,薛安都弃弘农逃入宋境。拓跋焘遂进入关中。盖吴闻讯,从长安以北90里处撤兵北归,魏军扑了个空。二月,拓跋焘入长安后,听说城内佛寺僧众私藏武器勾通盖吴,遂大开杀戒,"诏诸州坑沙门,毁诸佛像"。从此开始了中国历史上第一次"灭佛"浪潮。②

拓跋焘扫荡了关中义军据点,先后进军鳌屋(今陕西周至),击灭了耿青、孙温部义军,下陈仓,打败支持盖吴的散关氏族部落。同月,魏将乙拔等大破盖吴义军主力,攻陷了杏城。盖吴退入山中。

不久,盖吴又整军再战,于五月间复聚杏城,重建政权,自号"秦地王",军势复振。拓跋焘再次向盖吴发动围剿,"倾资倒库"筹集军费,令永昌王拓跋仁、高凉王拓跋那督军进攻。盖吴率义军顽强抵抗,大小数十仗,"接刃交锋,无日不战,伏尸蔽野"③,双方都损失惨重。到六月间,北魏再增派援军,调河北两万精骑驰援关中。盖吴也再次向南朝遣使求援,但南朝仍然无所作为,义军的形势日益恶化。

八月间,杏城再次失陷,魏军拓跋那、陆俟俘获了盖吴的两个叔叔。当时诸魏将都想把这两人献俘平城,狡猾的陆俟却认为不如把他们放回去作为内奸

---

① 《宋书》卷九五《索虏传》。
② 《魏书》卷四下《世祖纪下》。
③ 《宋书》卷九五《索虏传》。

更为有利。结果这两人获释后入深山诱杀了盖吴。①不久，盖吴的部将白广平、路那罗在安定先后被魏将拓跋那击灭。盖吴的弟弟盖吾生在盖吴死后率余众进入木面山，又坚持了很久，才被最后镇压下去。

盖吴起事历时一年，终于失败。但它的余波在关陇绵延不绝。盖吴死后不久，秦州境内的休官、屠各（皆匈奴支系）诸部接踵而起，推王官兴为秦地王，接过盖吴的旗号继续反魏。安定卢水胡人刘超也起兵响应。直到二十五年之后，盖吴的族人盖平定又在杏城重举义旗，并大败魏将杨钟葵，后被魏将唐玄达击败。然而很快杏城民成赤李又聚党，自号为王，又一次起事。

盖吴造反及其余波既加强了关中各族人民的团结与融合，也沉重地打击了北魏政权，迫使拓跋鲜卑不得不改弦更张，推行汉化运动，从而为以后魏孝文帝变法打下了基础。②

第三节　拓跋鲜卑的汉化与改革及其对关陇的影响

一、北魏的氏族组织与汉化运动

拓跋鲜卑入主中原以前，十分野蛮落后，社会性质可属带有深厚的原始社会遗存的氏族奴隶制，具体表现有如下六方面。

（1）氏族组织仍然保留。拓跋鲜卑社会组织皆按氏族划分，《魏书》卷一一三《官氏志》记载："初，安帝统国，诸部有九十九姓。至献帝时，七分国人，使诸兄弟各摄领之，乃分其氏。自后兼并他国，各有本部，部中别族，为内姓焉。""天兴元年……十二月，置八部大夫……谓之八国。""以八国姓族难分，故国立大师、小师，令辩其宗党，品举人才。"大部落凡分八部，置八部帅，也称"八部大夫"或"八部大人"。八部帅的监临地区，称为"八

---

① 《魏书》卷四〇《陆俟传》；《魏书》卷四下《世祖纪下》。一说盖吴死于内部的屠各胡叛乱，见《宋书》卷九五《索虏传》。
② 拓跋焘在平乱后当年就罢关中三原、宜君、铜官、土门、抚夷五护军，改为县，入北地郡。四年后又在关中分置岐、华二州与原来雍、泾二州互为掎角，恢复并强化了郡县制。详见戴卫红：《盖吴起义与关中地方行政体制变革》，载《中国史研究》2009年第3期，第131—142页。

国"。八部既是氏族组织,又是行政组织,也是军事组织,还是经济组织。拓跋鲜卑军队皆按氏族血亲关系编制,依八部设八军,分归八部大人指挥。拓跋鲜卑变牧为农,也是按照氏族八部分土定居。八部大人的职责之一即"劝课农耕,量校收入"①。《魏书》卷一一三《官氏志》有"登国初,太祖散诸部落,始同为编民"语,有人理解为是取消部落组织,其实理解为"分散"更恰当,分散并不等于解散,事实上也并没有解散。

（2）氏族平等关系仍然存在。拓跋鲜卑虽已有私有观念,出现贫富之分,但仍存平等意识,贫穷氏族成员还被称为"八国良家""国之肺腑"。分土定居时,贵族与一般氏族成员也一视同仁,都是计口授田。《魏书》卷八三上《外戚·贺讷传》记:"分土定居……其君长大人皆同编户"。甚至对一小部分被征服的中原之民也能按平等原则计口授田,进行安置。如天兴元年,徙山东六州十余万人到平城,"诏给内徙新户耕牛,计口受田"②。永兴五年（413）,徙两万余家"降人","置新人于大宁,给农器,计口受田"③。

（3）父子世袭制出现很晚。拓跋力微的儿子章帝死后,继位的是其弟平帝。平帝死,侄子思帝即位。思帝死,其叔昭帝继立。这表明拓跋鲜卑的父家长制还不完善巩固,直到拓跋珪以后才开始父子相袭。

（4）婚制落后。直到拓跋珪为止,拓跋鲜卑仍是落后的族外婚制。据《魏书》卷一《序纪》,拓跋力微的子孙与贺兰、宇文、慕容等部族,经常互为婚姻。如什翼犍聘慕容元真妹为后,几年后又迎元真之女为后,并以烈帝之女妻元真。元真死后,其子又来拓跋部请婚,许之。到慕容昉时,又荐其女为拓跋王室后宫。不只如此,拓跋鲜卑虽然族内不婚,但却容许同姓为婚。这更落后,反映了从母系社会向父系社会转变过程中的混乱。直到魏孝文帝变法时才下令禁绝同姓婚姻,"有犯以不道论"④。

---

① 《魏书》卷一一〇《食货志》。
② 李延寿:《北史》卷一《魏道武帝纪》,中华书局1974年版;《魏书》卷二《太祖纪》。
③ 《北史》卷一《魏明元帝纪》。
④ 《魏书》卷七上《高祖纪上》。

（5）野蛮杀人。拓跋鲜卑残杀极重。如公元395年参合陂一仗，坑杀后燕战俘四五万人。再如公元434年，屠西河城，"斩数千人，虏其妻子，班赐将士"①。还如公元471年一次杀敕勒族三万人。又如拓跋焘南征刘宋时，残杀江淮丁壮，甚至刺穿婴儿于槊上，盘舞为戏。刘宋盱眙太守沈璞说："贼（魏军）之残害，古今之未有，屠剥之刑，众所共见，其中有福者，不过得驱还北国作奴婢耳。"②北魏军队仅破邵陵一县，就"残杀二千余家，尽杀其男丁，驱略妇女一万二千口"③。

（6）奴隶数量很多。拓跋鲜卑在战争中掠夺极强，战俘多成为奴隶，用来赏赐贵族和军士。多则一次可得二百口，少则也有十数口。这类记载大量见于《魏书》各列传中。贵族家内都拥有成群奴婢、隶户，《魏书》卷一一三《官氏志》载各家"皆立典师，职比家丞，总统群隶"。④

拓跋鲜卑由于野蛮落后，具有十足的残忍性和狂热的掠夺性，所以战斗力甚强。从拓跋珪到拓跋焘，历经三帝打天下，北魏在四十年内成功地征服黄河流域，入主中原（包括关中和关东），从而形成南北朝长期对峙局面。但是野蛮的征服者总是要被先进的文明所征服。北魏这股野蛮落后的旋风刮进中原之后，在先进文明面前就转化成一股汉化势头，而且来得猛烈，形成汉化运动。这是五胡所不及的。究其原因，一则是中原之民对拓跋鲜卑野蛮征服反抗激烈，有如鼎沸，使其不得不改弦更张。如本章第一、二节所述，拓跋鲜卑征服关陇后，始终未获真正的平宁，反叛不断，特别是关中卢水胡盖吴造反，形成斗争高潮。这是促成拓跋鲜卑汉化的外动力。二则是拓跋鲜卑自身对先进文明的渴求之心。由于野蛮落后，所以汉化要求远胜过五胡，汉化内动力最强。

拓跋鲜卑的汉化运动初期表现为对中原文化的全盘接受。

其一，积极效法中原先进技术。拓跋珪营建都城平城时，仿效洛阳、长安、邺城之制，还迁中原"百工伎巧十万余口，以充京师"⑤。其中仅在拓跋焘镇压

---

① 《魏书》卷四上《世祖纪上》。
② 《宋书》卷一〇〇《自序·沈璞传》。
③ 《宋书》卷九五《索虏传》。
④ 王大华：《崛起与衰落——古代关中的历史变迁》，陕西人民出版社1987年版，第157—160页。
⑤ 《魏书》卷二《太祖纪》。

盖吴起义之后，一次就"徙长安城工巧二千家于京师"①。平城云集全国能工巧匠，手工业发展很快。例如金银器皿的制造，已经相当精致。如拓跋焘时，"作黄金合盘十二具，径二尺二寸"，"若化若神"。因此，北魏上层社会对黄金需求量很大，而汉中就有金户千余家，常于汉水洗沙淘金，以供京师。②

其二，变牧为农，鼓励农耕。拓跋鲜卑一进入中原，就分土定居，计口授田，其范围"东至代郡，西及善无，南极阴馆，北尽若合，为畿内之田；其外四方四维置八部帅以监之"③。显然，关陇亦在其中。拓跋嗣曾正式下诏，要求本族人"夫耕妇织"，变牧为农，鼓励农耕。北魏初期曾在各地州郡取农户 1/10，经营屯田。各地镇戍之兵也都从事屯田。仅河西的薄骨律镇（南秦州、河州、灵州一带）镇将刁雍就管理屯田四万顷，岁供沃野镇军粮数十万斛。他还造城储谷，被拓跋焘命名为"刁公城"。此外，为恢复遭战争破坏的经济，北魏初期曾多次减免租税。如拓跋焘灭夏时，曾大赦秦、雍二州之民，免除租税七年。再如拓跋焘在延和三年南秦王杨难当攻克汉中，送原雍州流民七千户回长安后，曾下诏，"铁弗（匈奴）肆虐于三秦。……频年屡征，有事西北，运输之役，百姓勤劳，废失农业"，决定放宽徭赋，"与民休息"，特令各州郡县将民户划分三等，"其富者租赋如常，中者复（免税）二年，下穷者复三年"，并亲巡河西。④这一次减免租税二三年，虽然是带有全国性的，但明显主要是针对三秦之民。

其三，重用汉族地主，重视儒学。拓跋珪对汉族士族特别"留心慰纳"，对"诸士大夫诣军门者，无少长，皆引入赐见，存问周悉"。不少汉族名士倍受重用，"入讲经传，出议朝政"。拓跋嗣"好览史传"，"分遣使者，巡求俊逸"，下诏要州闾推荐"豪门强族"，送到京师，"随才叙用，以赞庶政"。⑤拓跋焘更加重视广招人才，刚刚平定关中和凉州，就下诏征召中原（包括关中）第一

---

① 《魏书》卷四下《世祖纪下》。
② 《魏书》卷一一〇《食货志》。
③ 《魏书》卷一一〇《食货志》。
④ 《魏书》卷四上《世祖纪上》。
⑤ 《魏书》卷二《太祖纪》；《魏书》卷三《太宗纪》。

流士族数百人，都分别叙用。他还亲祀孔子、颜渊，下令王公大臣子孙全要进太学接受儒学教育。

其四，照搬中原各项制度。拓跋珪曾令汉士族崔宏主持立官制，制礼仪，定律令。但对四海五方之民，却"修其教不改其俗，齐其政不易其宜"①，可见被征服地区的各项制度都得到保留。其中最为重要的是，北魏政府承认魏晋形成的中原士族地主的种种特权，主要表现为推行宗主督护制和九品混通法。宗主就是大田庄主，由于他们都是聚族而居，是田庄的宗族之长，故称宗主。北方宗主多建坞壁自卫，搞武装割据，因此宗主又叫坞主。北魏政府承认这些坞壁，把坞壁当作基层地方政权，委托宗主（坞主）行使政权职能，代为督护农民，从而形成"宗主督护制"。在五胡较多的关陇地区，加上民族色彩，这种督护代管的现象更为普遍。拓跋焘对降顺的关陇地方实力派多依原职委任，辖原民原土。九品混通法是把天下户按九等分列，再按户等征税。这就使一户普通农民与一姓拥有成千上万佃客的宗主等同，都作为一个纳税单位，极不公平。中原（包括关中）士族地主经济明显受到照顾和鼓励。

全盘接受中原文化固然使拓跋鲜卑迅速封建化，很快先进起来，但是也带来严重挑战：在汉化过程中，中原腐朽文化以先进文明的面孔来同化新的中原之主，这导致了一系列弊端和后果，主要有三条。一是中小地主及自耕农大量破产，阶级矛盾激化，政局动荡不宁。"北境自染逆虏，穷苦备罹。征调赋敛，靡有止已。所求不获，辄致诛殒，身祸家破，阖门比屋"②。拓跋焘下诏承认："朕……欲令百姓家给人足……而牧守令宰不能……勤恤民隐，至乃侵夺其产，加以残虐"③。关中盖吴大起义与此有关。到其子文成帝即位时，更是"朝野楚楚"，民怨沸腾了。再到孝文帝即位后，农民起义更加频繁，仅延兴元年（471）至太和五年十年中，就发生过十八次农民起义。孝文帝曾下诏："县令能静（靖）一县劫盗者，兼治二县"，"能静二县者，兼治三县，三年

---

① 《魏书》卷一一〇《食货志》。
② 《宋书》卷六七《谢灵运传》。
③ 《魏书》卷四下《世祖纪下》。

迁为郡守";郡太守亦如是,"能静二郡上至三郡","三年迁为刺史"。①这反映出北魏已国无宁日。全国尚且如此,原来就矛盾重重、积怨较深的关陇就更危机四伏了。二是宗主势力强大,朝廷反而虚弱。各地实力派隐匿大量农户,影响政府税收,双方争夺剥削对象的斗争激化,争权夺利的斗争也随之尖锐。如拓跋焘因政见不同而诛除汉族大士族崔浩,牵连甚大。其他名门士族,卢、郭、柳诸姓被杀两千多人,以致"虽参用赵魏旧族,往往以猜忌夷灭"②。这表明拓跋鲜卑贵族与各地宗主势力的利益冲突已不可调和。三是拓跋鲜卑官吏沾染中原恶习,贪赃枉法,走向腐化。孝文帝诏书说各地守宰"肆法伤生,情所未忍",五年后又下诏说:"诸州刺史,牧民之官","纵奸纳赂,背公缘私,致令贼盗并兴,侵劫兹甚,奸宄之声屡闻朕听"。③

因此,北魏上层统治者纷纷产生了改革要求,要强化王权,稳定统治,取消全盘汉化,要求调整与士族地主的利益关系。这样,拓跋鲜卑的汉化运动便走向变法运动。变法目的是拓跋鲜卑与中原士族争夺利益,进行重新再分配。因此矛头直指中原旧有生产关系,乃至大土地所有制,这必将引起对中原文化的深刻改造。变法反对全盘汉化,主张有改造的汉化。变法不是汉化运动的倒退,而是汉化运动的深入。

二、冯太后与魏孝文帝变法

北魏皇兴五年(471),有作为的政治家、太皇太后冯氏执政,下定变法决心,与其孙魏孝文帝相继领导了一场重大改革,史称"魏孝文帝变法"。④这次变法的最大特点是既鲜明地坚持汉化,又毫不含糊地对中原文化中的腐朽因素进行彻底改造。孝文帝名叫拓跋宏,是北魏第七位皇帝。他的父亲是献文帝拓跋弘,热衷事佛,不问国政,十八岁便自动放弃皇位,让只有五岁的长子拓跋宏即位,

---

① 《资治通鉴》卷一三三宋苍梧王元徽元年。
② 《魏书》卷末后附《旧本魏书目录叙》。
③ 《魏书》卷七上《高祖纪上》。
④ 据《魏书》卷一三《文成文明皇后传》,冯太后是信都人,与长安渊源颇深。其父冯朗曾任"秦、雍二州刺史",故冯太后"生于长安"。她"年十四"选为贵人,后立为高宗(拓跋濬)皇后,"多智略,猜忍,能行大事,生杀赏罚,决之俄顷"。在临朝听政独掌大权后,还很眷念长安,曾为其父(追赠为燕宣王)立庙于长安。

由拓跋宏的祖母冯太后临朝称制。冯太后有丰富的政治经验。在她的主持下，从太和八年（484）开始变法。此时孝文帝已十八岁，显然也参与领导了改革。从此，他在政治上很有成就，终成为具有雄才大略的一代明君。

变法以吏治改革为开端，整肃官僚机构，颁行俸禄制，严禁贪污，规定贪赃一匹帛，即处死刑。同时在爵位和食邑方面也进一步汉化和封建化。这表明北魏在政治上既要汉化，又要严防腐化。公元485年，大臣李冲（陇西人）建议推行三长制，废除宗主督护制。这是重大的政治改革措施。三长制就是在地方基层重建乡官系统，规定五家立一邻长，五邻立一里长，五里立一党长。邻、里、党三长代替宗主行使基层行政权。三长制推行后的第一项工作就是搜括荫户，校比户口，"定民户籍"，大大改变"民多隐冒，五十、三十家方为一户"的荫庇状况，其实质是北魏政府与地方豪强争民。这一措施沉重打击了自魏晋以来豪族大姓在中原盘根错节的垄断和割据。中原"豪富并兼者，尤弗愿也"，大士族郑羲和高祐反对最力。但冯太后坚定地说："立三长，则课有常准，赋有恒分，苞荫之户可出，侥幸之人可止，何为而不可？"[①]

三、北魏均田制与华州的均田

与立三长制约略同时，大臣李安世因"时民困饥流散，豪右多有占夺"[②]上疏建议均田。冯太后于太和九年（485）颁布均田令，具体规定如下：（1）男子15岁以上受露田（一般农田）40亩，桑田（带种树的田）20亩；妇人受露田20亩。露田可加倍授给，以备休耕。年满70岁，还田于官。桑田可为私田，不须还官。（2）露田不准买卖。原有桑田超过20亩的，超出部分可以出卖。（3）地主的奴婢、耕牛都可受田。奴婢与农民相同，耕牛每头受田30亩，限四牛。[③]（4）地方官按官职授给6顷到15顷的公田。公田不准买卖。与均田制相适应，北魏政府又废除九品混通法，推行有"轻税"性质的新的租调制，规定一夫一妻出帛一匹、粟二石，比原来户调帛二匹、粟二十石轻多了，"于是海内安之"。

---

① 《魏书》卷五三《李冲传》；《魏书》卷七下《高祖纪下》。
② 《魏书》卷五三《李孝伯传附李安世传》。
③ 《魏书》卷一一〇《食货志》。有人考证"四牛"乃"四年"之误。"牛""年"之辩长期未决。

均田首先从平城开始。当年十月，北魏政府派遣使者巡行各州郡，"与牧守均给天下之田"，"劝课农桑，兴富民之本"。①北魏均田确曾推行到全国，不过各地执行情况有差别。由于冯太后与长安渊源颇深，关陇地区执行均田法令比较彻底，致使一些侵夺民田的地方官僚受到惩处。如华州〔北魏太和十一年（487）始分泰州之华山、白水、澄城置华州〕刺史杨播（出自名门华阴杨氏）在本州"借民田"，就被御史王基弹劾，"削除官爵"。杨播弟杨椿（曾任雍州刺史）与华州穷民史底争田，寇儁判定杨椿横夺民田，规定退还史底。若华州没有均田法令，很难想象朝廷会有这种坚决保护民田的行为。以后杨播另一弟杨津亦出任华州刺史，发现当地官员"受调绢匹，度尺特长……百姓苦之"，便"令依公尺度其输物"，并赐酒鼓励表现好的官吏，"于是人竞相劝，官调更胜旧日"。此时的官调应即与均田制相匹配的租调制，严格度量租调即严格执行均田制。②

均田制使封建国家在一定程度上解决了农民的土地问题（包括使用权和所有权）。与之相应的租调制也有明显的"轻税入官"的性质。北魏均田制是拓跋鲜卑残存的氏族制度的原始因素与中原封建因素相融而产生的。它具有原始农村公社的特征，受到拓跋鲜卑早期原始土地制度的影响，并直接从"计口受田"制发展而来。在均田制中保留着原始土地制度的一些原则，如土地公有与私有并存而以公有为主，计口授田和土地的定期分配与还授，互通有无的互助关系和对老弱的照顾，等等。但均田制又不等于是原始土地制度的简单推广。拓跋鲜卑进入中原长达六代近百年，在变法之前并没有产生均田制。把拓跋鲜卑的土地制度引向均田制的另一重要因素是受中原封建生产关系的启示，这包括中原封建土地制度的直接影响和拓跋鲜卑在社会经济结构深刻变动之中自身的发展要求。均田制只能由入主中原的野蛮落后的拓跋鲜卑推行。它是落后文化与先进文化相互改造、相互结合的产物。

---

① 《魏书》卷七上《高祖纪上》。
② 《魏书》卷五八《杨播传》；《魏书》卷五八《杨椿传》；《魏书》卷五八《杨津传》。

均田制的建议人李安世就曾在上疏中明言："井税之兴，其来日久；田莱之数，制之以限。"①孟子的井田思想可能是均田制的重要思想来源。西周井田制、秦国授田制、曹魏屯田制都是国有土地，采取分种形式，均田制显然受其影响。拓跋鲜卑在汉化与封建化过程中，变牧为农，产生了强烈的土地要求和发展农业的意识，在自身文化意识的基础上，二者相互结合，便产生了进步、合理而富有生命力的崭新的封建土地制度——均田制。这是重大的经济改革措施，对中原文化的腐朽根源大土地私有制具有清算和改造作用，是对我国封建土地制度的一种创新和重要补充。

均田制一经出现就显示了巨大的活力。小农可以得到永业田，并具法律保障。这使大地主田庄的佃客、隐户等依附农民大量投靠政府，争当均田户，从农奴身份恢复为自耕农身份。政府控制的编户激增。北魏虽只占有北方，但人口比西晋时南北方合计还增加了1倍多，达到五百多万户，三千多万人口。②农民有了生产积极性，农业经济得到迅速发展，社会呈现繁荣兴盛局面。原来"中原萧条，千里无烟"，到孝文帝末年，已经是"公私丰赡""府藏盈积"，③"百姓殷阜，年登俗乐""国家殷富，库藏盈溢，钱绢露积于廊者，不可较数"。④关陇虽比不上洛阳，但也相差无几。均田制使关中过去一向发达的小农经济得到复苏和发展。其中关陇的人口复苏是显著的。东汉以来兴盛过的大地主田庄由于失掉剥削对象而遭受致命打击，赖以生存的士族经济走向衰败。均田制对拓跋鲜卑贵族更为有利（因官职高低，县令可授给公田6顷，刺史15顷），使之成为中原新兴大地主（包括关陇大地主）。这不仅使野蛮落后的拓跋鲜卑迅速摆脱落后走向封建化向先进跳跃，而且给中原地主阶级补充了大量新鲜血液，为以后形成取代中原腐朽士族集团的新兴的关陇军事贵族集团打下了经济基础。均田制在关陇地区的推行，加上以后历代沿袭，成为我国封建时代的顶峰——

---

① 《魏书》卷五三《李孝伯传附李安世传》。
② 《通典》卷七《历代盛衰户口》。
③ 《魏书》卷一一〇《食货志》。
④ 尚荣译注：《洛阳伽蓝记》卷四《永明寺》，中华书局2012年版。

隋唐盛世的渊源。[①]

四、北魏孝文帝迁都洛阳带旺关陇

太和十四年（490），冯太后死，孝文帝亲政，继续领导改革。他上台后第一项重大措施，就是把都城从平城迁到洛阳。为何要迁都呢？一来平城处在贫瘠落后的代北地区，交通不便，人口日增，粮食供应困难。二来平城为都已近百年，存在守旧势力的干扰，不利于深入改革。三来平城远离中原，难以有效力地全面控制国家。四来北方柔然开始强大，有一定军事威胁。五来洛阳自古就是东都，东汉以来更为重要，要"光宅中原"，非据此不可。总之，迁都对能否继续深入改革和进一步汉化有重要意义。孝文帝克服"旧人怀土，多所不愿"的阻力，巧妙地利用南征的军事行动完成了迁都，还下令"迁洛之民，死葬河南，不得还北"，使南迁者绝了归心。迁都虽不属制度改革，但却是改革总体的一个重要环节，应属变法大事。孝文帝迁都后变法的重点是文化上的移风易俗。这是对拓跋鲜卑自身落后旧俗的改造，可以概括为禁胡服、断北语、改姓氏、定族姓以及礼乐仪刑的汉化。皇族拓跋改元姓，贵族八大姓也改成汉姓，自此以下共有118个鲜卑姓改为汉姓。同时废除拓跋鲜卑同姓相婚的陋俗，鼓励与汉女通婚，规定汉女高于鲜卑女。元宏自己带头把汉族五大姓（卢、崔、郑、王、李）之女纳为后宫，还为五个弟弟娶名门汉女。[②]这一切在关陇的最显著作用，是大大缓和了紧张已久的民族矛盾，并对民族融合起了促进作用。关陇出现了难得的安定。

关陇的安定，确保了商业的复苏与繁荣。北魏迁都洛阳后，中断多年的丝绸之路又兴旺起来，途经关陇从西域至洛阳的胡商不可胜数，"自葱岭已西，

---

① 西魏宇文泰改革，重新颁布均田制，使其在关中执行更为彻底。北周武帝宇文邕继续在关中力行均田制和府兵制，并在征服北齐后，把关中更加彻底的均田制推向关东，取代不完备的北齐的"河清均田"。到隋文帝上台第二年就再颁均田制和租调新令，平陈后在全国范围深入推行均田制和府兵制。唐承隋制，李渊在基本统一全国当年（624）即颁布比隋更为成熟的均田制和租庸调制，并将府兵制与均田制进一步结合，完成"兵农合一"。终于实现关中在历史上继西周和秦汉两次崛起后的第三次崛起，即隋唐盛世。

② 《资治通鉴》卷一三八齐武帝永明十一年；《资治通鉴》卷一四〇齐明帝建武二年、建武三年。

至于大秦，百国千城，莫不款附，商胡贩客，日奔塞下"，其中仅居住洛阳的胡商，竟达万有余家。《洛阳伽蓝记》卷四记载："市东有通商、达货二里。里内之人，尽皆工巧，屠贩为生，资财巨万。有刘宝者，最为富室。……舟车所通，足迹所履，莫不商贩焉。是以海内之货，咸萃其庭。产匹铜山，家藏金穴。宅宇逾制，楼观出云，车马服饰，拟于王者。"到孝明帝时，"魏累世强盛，东夷、西域贡献不绝。又立互市以致南货。至是府库盈溢"[1]。从表面看，如果没有关陇的安定与复兴，就不会有洛阳的繁华。但实质是，迁都洛阳带旺了关陇。[2]

第四节　北魏末年关陇再度反抗

一、始平四县与秦、雍七州义军

盖吴起义及其余波平息后，陕西民众对统治者的反抗并没有停止。北魏和平年间（460—465），咸阳民赵昌接受南朝龙骧将军之封，在鄠县、盩厔一带聚众数百人，据赤谷（今陕西西安市鄠邑区、周至间秦岭山中）造反，"始平、石安（今陕西咸阳东）、池阳、灵武四县人皆应之，众至五千，据治谷堡（今陕西淳化东南）"[3]，后被魏将陆真、刘邈所败。

北魏孝文帝太和十七年（493），魏军于淮、泗间积粮屯兵，准备南侵萧齐。这时关中北地郡人支酉聚众数千，于长安城北西山[4]起事，牵制魏军，并遣使通告萧齐梁州刺史阴智伯。秦州人王广[5]也起兵响应支酉，并活捉了魏秦州刺史刘藻等。秦、雍之间七州军民皆发生骚动，众至十万，各筑坞壁自保，并向萧齐求援。魏将河南王元幹（孝文帝之弟）、尚书卢阳乌率军前往镇压，被义军

---

[1]《资治通鉴》卷一四九梁武帝天监十八年。何兹全、张国安：《魏晋南北朝史》，人民出版社 2013 年版，第 228 页。

[2] 本节第二至五目，详见王大华：《崛起与衰落——古代关中的历史变迁》，陕西人民出版社 1987 年版，第 165—173 页。

[3]《魏书》卷三〇《陆真传》。

[4] 萧子显：《南齐书》卷五七《魏虏传》，中华书局 1972 年版。"西山"，《资治通鉴》作"石山"。

[5]《资治通鉴》卷一三八齐武帝永明十一年。"王广"，《南齐书》作"王度人"。

打得大败。支酉乘胜南下，进至咸阳境内的浊谷，围攻北魏司空、长洛王缪老生①，又一次取得大胜。缪老生逃回长安。萧齐梁州刺史阴智伯见义军连胜，也派席德仁、张弘林等数千军队接应支酉进攻长安，一时军威大振，"所至皆靡"。魏廷得知关中危急，调来悍将卢渊、薛胤等率精锐大举反扑，②支酉、王广相继战败牺牲。

二、秦州莫折念生进兵关中

到了魏孝明帝元诩统治时期，北魏王朝已处处显示出衰败景象，政治腐败，赋敛苛繁，徭役频兴，社会上的阶级矛盾和其他矛盾也日益激化。我国魏晋南北朝时期规模最大的一次民众反抗斗争——北魏末年六镇、河北葛荣、关陇民变，就在这种情况下爆发了。其中，由莫折念生、万俟丑奴等领导的关陇胡汉起义，坚持最久，战绩最辉煌。

六镇起义③爆发后不久，北魏正光五年（524）初，西北各地胡汉民众群起响应。四月间，高平镇（今宁夏固原）民暴动，推酋长胡琛为首，号称高平王。六月，秦州治所上邽氐羌民众以刺史李彦"政刑残虐，在下皆怨"而造反，

---

① 《南齐书》卷五七《魏虏传》。《魏书》"缪老生"作"穆亮"。
② 《资治通鉴》卷一三八齐武帝永明十一年。《南齐书》称此役魏将为杨大眼、张聪明等。
③ "六镇"是指平城以北塞上沿边为抵御漠北柔然、拱卫京师平城而设的六个军事重镇，自西而东为沃野、怀朔、武川、抚冥、柔玄、怀荒（位于从今河套西北到河北张北县）。六镇镇将均为拓跋鲜卑贵族，镇兵多是号称"国之肺腑"的拓跋鲜卑氏族成员。还有镇户多为鲜卑化汉人和五胡流落此地为生的部落之民。魏孝文帝改革之前，北魏朝廷重视武功，镇将镇兵"进仕路泰"，成为权贵的荣耀和晋升捷径。但改革后，特别是迁都洛阳后，六镇地位下降。朝廷只重用随迁洛阳的那批权贵和改革派，镇将镇兵"进仕路难"，心怀不满，抱怨改革。镇户也因塞上贫瘠连年旱灾生活困苦而不满。因此，六镇起义甚为复杂，有镇兵与镇将的矛盾，也有阶级和民族矛盾，还有野蛮落后敌视改革（汉化）的愤怒。

北魏正光四年（523）柔然入侵，怀荒镇民要求开仓取粮遭拒而造反，杀了镇将。不久，沃野镇民破六韩拔陵杀镇将聚众起事。各镇"华夷之民"群起来附。随之夏、幽、汾、秦、凉各州纷纷响应。这场大起义延续八年，声势浩大，席卷黄河流域，业内称为"六镇起义"。柔玄镇民杜洛周这一支军攻占幽州而强盛起来，其部下葛荣抢夺领导权，又吞并沃野镇义军，自称天子，众至百万，攻占河北冀、定、沧等五州之地。业内又称为"葛荣起义"或"河北起义"，可视为"六镇起义"的组成或余波。关陇民变也是从"六镇起义"而来。

杀死李彦，推举德高望重的羌族城民莫折太提为首领。莫折太提自称秦王，派部将卜朝北上攻取高平镇，杀死北魏镇将赫连略、行台高元荣，初步打下了一些地盘。就在此时莫折太提病逝，他的儿子莫折念生接掌了义军的领导权，改称天子，建元"天建"，设置百官，建立政权，随即展开了一系列攻势。①

八月，莫折念生派弟弟莫折天生率军东下，挺进关中。北魏征西都督、雍州刺史元志率军御之于陇口，被义军打得大败。元志弃军逃回岐州（今陕西凤翔南），义军乘胜进击，北魏政府见形势危急，下令"镇改为州"，赦军户"悉免为民"②，企图笼络镇民为其火中取栗，用以镇压义军。但无人理睬，而关陇起义军已打到岐州城下。魏廷急调吏部尚书元修义组织西征军增援关陇。但元修义好酒贪杯，沉醉连日，到了长安便"遇风病，神明昏丧"。魏廷被迫临阵易帅，改以尚书左仆射齐王萧宝夤为西道行台大都督，率悍将崔延伯来拒莫折天生。正当魏军走马换将部署未定时，岐州城民已于十一月初响应起义，开城迎接莫折天生，元志与魏岐州刺史裴芬之都被义军擒杀。紧接着义军又从岐州东下，直逼雍州，屯兵黑水。与此同时，莫折念生又派遣部将卜朝、王庆云北攻泾州（今甘肃泾川），大败魏光禄大夫薛峦与将军卢祖迁等部于平凉以东，与莫折天生相呼应。一时雍、泾二州危急，关中动摇。

这时，南秦州（今甘肃西和西）的氐民也已揭竿反魏，俘杀州刺史崔游，据骆谷城以响应莫折父子。莫折念生遂派杨伯年、樊元、张朗等先后进攻仇鸠、河池等地（今陕甘边徽县一带），企图接应南秦义军，但因北魏东益州（今陕西略阳）刺史魏子建的截击而未能成功。同年，河西地区的凉州城民也起义响应秦州，但几起几踣，始终未能与莫折念生相沟通。这样到北魏正光五年十一月，莫折念生义军据有秦、岐二州和高平镇，前锋直抵雍、泾之郊，兵势之盛形成了起义的第一个高潮。③

十一月末，高平镇民袭杀卜朝，莫折念生失去了这一北面重镇，到十二月间，

---

① 《资治通鉴》卷一五〇梁武帝普通五年，《魏书》卷九《肃宗纪》。
② 《魏书》卷九《肃宗纪》。
③ 《魏书》卷九《肃宗纪》；《资治通鉴》卷一五〇梁武帝普通五年、普通六年。

南秦州城民起义也被魏子建镇压下去。这时魏廷又第三次组织西征军，以京兆王元继为太师、大将军坐镇长安，指挥对秦州义军的反扑。北魏孝昌元年（525）正月十八日，莫折天生与魏将萧宝夤、崔延伯在黑水以西决战。义军十余万对官军五万，处于优势，但莫折天生骄矜轻敌，被北魏名将崔延伯出奇制胜，一举击溃。近十万义军被俘杀，莫折天生率余部退出关中，岐州等地又为魏有。①

到这年二月时，秦州义军在北、南、东、西四个方向都遭失利，形势日渐困难。在这紧急关头义军又发生了严重的内讧。天水氐族豪强吕伯度兄弟初投莫折念生，后又改投高平义军胡琛，并挑起了秦州、高平两支义军的内争。在莫折念生与胡琛两败俱伤之际，吕伯度又勾结魏军发动进攻。莫折念生在连遭大挫、腹背受敌的险境中被迫于孝昌二年（526）九月向萧宝夤诈降。②

三、万俟丑奴泾州之战与称帝建元

当秦州义军由盛转衰时，高平义军却迅速发展壮大起来。北魏正光五年十月，高平义军首领胡琛派部将宿勤明达等率军东征豳（今陕甘边宁县一带）、夏（今陕北内蒙古交界的靖边一带）、北华（今陕西黄陵一带）三州，被魏北海王元颢与夏州刺史源子雍击败。次年四月，胡琛又派万俟丑奴为帅，统领宿勤明达等将再次东征，进攻泾州。刚刚击败了莫折天生的北魏主力萧宝夤、崔延伯军赶来迎战，会同驻防泾州的魏军卢祖迁等，在州治安定附近与高平义军发生了决战。此役的规模比黑水之役更大，官军方面甲卒十二万，铁马八千匹，军威甚盛，实力占有优势，但黑水之胜后气骄轻敌。而义军统帅万俟丑奴不仅骁勇善战，而且足智多谋。他在泾州西北70里的当原城扎下大营，先是佯败诱敌，后又以轻骑诈降，迷惑敌军。萧宝夤、崔延伯信以为真，戒备松弛。义军突然发动袭击，与诈降的战友前后夹攻魏军，大败崔延伯。数日后崔延伯恼羞成怒，不报告萧宝夤便率所部再次向义军进攻。魏军初获小胜，便到处剽掠。义军乘机回师猛攻，大获全胜，阵斩北魏名将崔延伯，魏军"士卒死者万余人"。义军则士气大振，完全控制了泾水上游地区。黑水之败后的颓局顿告改观，关

---

① 《魏书》卷五九《萧宝夤传》；《魏书》卷七三《崔延伯传》。
② 《资治通鉴》卷一五一梁武帝普通七年。

陇起义又进入了衰而复盛的第二次高潮。泾州之捷后不久，一度诈降的莫折念生便在秦州重举义旗，并执北魏所派监军大臣行台左丞崔士和缚送高平处死。此后胡琛与莫折念生联合，高平、秦州两大义军集团由前期互相火并而演变为互相支持的盟友，而高平义军则取代前一阶段的秦州义军成为这一阶段关陇反魏战争的主力。不久，高平义军首领胡琛去世，万俟丑奴继领其众，他从此也继莫折父子之后成为关陇起义中最有影响力的首领。①

北魏孝昌三年（527）正月，万俟丑奴又向北魏大举进攻，再次大败萧宝夤、元恒芝于安定。这次歼灭战的成果比上次泾州之役更为辉煌，魏西征军全部主力十余万大部就歼。败讯传来，北魏防守陇山北段的大陇都督南平王元仲冏、防守陇山南段的小陇都督高聿相继溃逃，义军东出陇口，再度出现在八百里秦川。魏将元恒芝仓皇渡渭水狼狈败走，萧宝夤退回长安，残兵仅剩万余。魏廷将萧宝夤治罪，另派弘农大族、雍州刺史杨椿为西道行台，统率西北诸军。

这时义军乘胜继续东进，攻汧城，北魏在此新置的东秦州刺史潘义渊以城降。再逼岐州，州治雍城城民执刺史魏兰根开城迎附。义军一路无敌，军威大振，一直打到长安城下。与此同时，宿勤明达率领的另一路高平义军也从泾州东取豳、北华二州，豳州刺史毕祖晖、行台羊深弃城逃走，北华州胡引祖反正附义。宿勤明达又先后占领北地郡、华州、白水。北魏夏州刺史源子雍突围南走，东、西二夏州及陕北大片地方也归义军所有。东进、南下的两路义军横扫关中，除长安附近外，几乎尽有八百里秦川之地。孝昌三年二月，高平义军一举攻占天险潼关。关陇起义达到了它的极盛时期。

魏都洛阳大震，魏帝元诩下诏亲征。但这时北魏已无兵可调，关中各地的士族豪强武装便担负了主要的镇压功能，起而与义军为敌。弘农名门杨椿之弟、长安县令杨侃招募私兵，突袭冯翊郡，义军惊散，酋帅毛鸿宾叛降杨侃。源子雍也乘机从河东卷土重来。义军撤出潼关西退，雍、华二州又归于魏。魏廷重新起用萧宝夤为雍州刺史、西讨大都督，总领西线战事。萧宝夤卖力地进攻义

---

① 《魏书》卷五九《萧宝夤传》；《魏书》卷七三《崔延伯传》。

军。在不利的形势下,义军内部变乱再起。岐州城民叛杀义军刺史,推原魏刺史魏兰根复任。魏廷任魏兰根为行台尚书。九月,秦州义军常山王杜粲突然袭杀莫折念生,并诛其满门,向萧宝夤请降。①

继杜粲之后,南秦州城民首领辛琛也遣使降魏。于是二秦义军只剩下王庆云一支余部,关中平原乃至二秦首义之地都被北魏占领。

不久官军阵营里也发生了更大的变乱。辞职后的杨椿向魏廷诬告萧宝夤有异心,引起魏廷对萧的猜忌,并派郦道元为关中大使,到长安监视萧宝夤的行动。萧宝夤见魏廷衰微,朝廷又不能容己,终于逼上梁山。在河东大族柳楷等支持下,派人杀郦道元于阴盘驿(今陕西临潼东)。这个《水经注》的作者、古代卓越超群的地理学家,就这样在官场内耗中枉送了性命。

十月底,萧宝夤起兵反魏,称齐帝,改元隆绪,大赦境内,署置百官。并杀死南平王元仲冏等一批魏臣。旋即出兵进攻潼关、华州等地,河东豪强薛凤贤、薛修义等也起兵响应,兵逼蒲坂,隔河遥附萧宝夤。魏廷闻变大惊,急以尚书仆射长孙稚为帅,发兵讨伐萧宝夤。经过数月混战,萧宝夤终于失败,逃出长安去投奔他昔日的对手关陇义军,被万俟丑奴封为太傅。经过这场变乱,北魏虽再度收复雍、华诸州,但元气已大丧。从此魏廷的正规军与地方豪强武装都一蹶不振。关陇义军势力又有了一次高涨的机会。万俟丑奴收降萧宝夤后,于北魏建义元年(528)七月称天子于泾州,置百官,立政制。恰逢波斯国向北魏献狮子一头,万俟丑奴截留,以为祥瑞,因而建元"神兽"。次年九月,万俟丑奴第三次派军南下,攻克汧城,杀魏东秦州刺史高子朗。义军再度控制八百里秦川。②

在万俟丑奴称帝于关中时,关东的北魏朝廷出现内乱。河东秀容(今山西原平南)人、契胡族(羯人之一部)酋长尔朱荣在镇压六镇起义及余波河北葛荣起义的过程中,因收降六镇军人而成为新兴军阀。魏廷中执政的胡太后深恐

---

① 《魏书》卷五九《萧宝夤传》;《资治通鉴》卷一五一梁武帝大通元年。
② 《魏书》卷五九《萧宝夤传》;《资治通鉴》卷一五二梁武帝大通二年;《资治通鉴》卷一五三梁武帝中大通元年。

其尾大不掉，而儿子孝明帝却想借尔朱荣之势摆脱胡太后的专制，改变傀儡地位。于是胡太后毒杀孝明帝。尔朱荣则以替孝明帝复仇为名，从晋阳打到洛阳，杀胡太后及幼帝，并滥杀北魏王公大臣及汉士族两千余人，史称"河阴之变"。魏廷中腐朽的汉族士族及汉化之后日益腐败无能的鲜卑旧贵族几乎被一网打尽，尔朱荣扶立孝庄帝元子攸为傀儡，北魏政权于是被野蛮剽悍的代北豪酋军人集团所控制。①

北魏永安三年（530），尔朱荣在平定了关东地区的起义之后，派其从子尔朱天光为都督二雍二岐诸军事、雍州刺史，率贺拔岳与侯莫陈悦两个精锐军团西入关中镇压起义。贺、侯所部军官多为拓跋鲜卑代北六镇的军人与豪强，不习汉化，粗野凶悍。他们曾参加反对魏廷的六镇起义，后来投降尔朱荣，又与契胡军阀合流，成为对内反对汉化、对外镇压民众的强大力量，远非已汉化但也腐化的地方官僚及军队可比。所部人数虽不多，但骑兵比例大，战斗力强，因而成为关陇义军的克星。

这年三月。万俟丑奴率大军围攻岐州，并派部将尉迟菩萨率两万余军自武功渡渭而南，向长安进军。贺拔岳率千骑突击，义军恃众轻敌，遇伏大败，两万之众竟为千骑所歼，尉迟菩萨也被俘杀。万俟丑奴闻报大惊，解岐州之围北归泾州，立栅屯兵为守御之计。

四月间，尔朱天光自雍、岐与贺拔岳合兵北上，至汧、渭之间牧马，并放风说要待秋后马肥再行进攻。万俟丑奴上当松懈，也把义军分散于百里细川，屯田立栅，且耕且守。尔朱天光便趁义军不备，于夜间发动奇袭，大败义军，并乘胜攻至泾州州治安定城下，义军泾州刺史侯几长贵以城降，"神兽"政权的首都遂告沦陷。万俟丑奴被迫逃往高平。贺拔岳军团以精骑昼夜穷追，在平凉长平坑追上并再次击溃义军主力。义军主帅万俟丑奴也被贺拔岳部将侯莫陈崇所俘。紧接着，尔朱天光率军西取高平，城内土豪与义军叛将开城并缚萧宝夤出降。尔朱天光下令把萧宝夤与万俟丑奴押送洛阳处死。关陇义军主力至此失败。②

---

① 《魏书》卷七四《尔朱荣传》；《资治通鉴》卷一五二梁武帝中大通元年。
② 《魏书》卷七五《尔朱天光传》；《魏书》卷八〇《贺拔岳传》；令狐德棻等：《周书》卷一四《贺拔岳传》，中华书局1971年版；《资治通鉴》卷一五四梁武帝中大通二年。

四、高平义军

高平、秦州两支义军的余部仍在坚持战斗。万俟丑奴部将万俟道洛在高平陷落前出走入山，不久又趁尔朱天光出城牧马，率军反攻高平，杀死尔朱氏留守高平的都督长孙邪利。魏军主力来救，道洛再次入山，拒绝尔朱天光的招降，誓死抵抗到底。不久，万俟道洛率余部转移入陇，投归秦州义军余部王庆云。两大义军的残余力量至此合而为一，军势稍振。王庆云得到勇敢善战的万俟道洛，以为大事可济，遂称帝于水洛城（今甘肃庄浪），建国"大赵"，设百官，以万俟道洛为大将军。关陇胡汉起义中第三个造反政权，在危急存亡之秋建立了。

北魏永安三年七月，尔朱天光集中兵力对水洛城展开总攻。义军拼死坚守，战斗异常惨烈。水洛东城陷落后，义军仍坚守西城。西城无水不能久守，王庆云、万俟道洛突围失败而死。尔朱天光又残忍地坑杀了城民一万七千人以泄愤。"于是三秦、河、渭、瓜、凉、鄯州皆降"。

水洛城陷后，义军余部只有宿勤明达一军仍在活动。当这年四月万俟丑奴兵败时，部将宿勤明达被迫降魏，但魏军西去高平之际他乘机北走，再举义旗。辗转而至东夏州（今陕西子长、宜川两县间）境内。不久，孝庄帝在洛阳杀尔朱荣。尔朱天光回师洛阳，重新控制朝政后，又北伐夏州，镇压宿勤明达。北魏普泰元年（531）四月二十五日，宿勤明达战败被俘，遇害于洛阳。历时七年之久的关陇胡汉民众反魏造反，至此彻底失败。[①]

关陇造反是北魏末各族民众反抗斗争的重要组成部分。与六镇、河北葛荣的造反相比，它同样给予北魏汉族士族与汉化鲜卑士族统治者以沉重打击，但却没有六镇、河北葛荣造反那种浓厚的反汉化倾向。相反，从"大赵神平二年"起义政权所立的《五司徒墓志》[②]看来，他们对孝文帝的汉化政治是颇为景仰的，对孝文帝变法中的功臣还要予以追加赠衔。在整个十六国到北朝时代，"汉化"

[①] 《魏书》卷七五《尔朱天光传》；《资治通鉴》卷一五四梁武帝中大通二年；《资治通鉴》卷一五五梁武帝中大通三年。

[②] 秦明智、任步云：《甘肃张家川发现"大赵神平二年"墓》，载《文物》1975年第6期。

与腐败往往密不可分，统治阶级在改变野蛮习俗接受汉族先进文化的同时，也就丢弃了部落的原始民主余泽和质朴古风，而同化于汉族士族的腐朽积弊。怎样使社会既摆脱野蛮又葆其进取之朝气，既接受汉化又少染其积代之腐风，做到以文明战胜野蛮，以新锐取代陈朽，是这一历史时期的重要难题。关陇各族反抗斗争显然是对解决这一问题起了积极作用的。腐败的北魏拓跋鲜卑贵族在造反的风暴中被荡涤殆尽，而新锐的拓跋鲜卑代北豪酋又在大乱荡涤后的关陇大地上接受了汉族文明，从而孕育了不久由关陇胡汉豪强与代北拓跋鲜卑军人合流而形成的"关陇军事贵族集团"。正是这个既生气勃勃又趋向文明的新兴力量，成为日后中国重新统一再现盛世的主导政治势力——西魏、北周、隋、唐四朝皇族及权贵。

第五节 东、西魏分立及战争

一、北魏分裂为东、西魏

宇文泰字黑獭，代北武川镇人。宇文氏奉远祖是炎帝后裔，雄武多谋略，受一部分鲜卑族仰慕，拥戴为主，总领十二部落，世为大人，自号宇文氏，寓意为天君。后来鲜卑宇文部被鲜卑慕容部吞并，宇文氏多仕于前燕、后燕。再以后拓跋鲜卑崛起，统一北方，宇文氏又归降北魏，迁居到长城沿线的六镇之一的武川镇，世代为兵户，与拓跋鲜卑浑然无别。北魏末年六镇军民起义时，18岁的宇文泰随父宇文肱参加起义，后降于北魏，被安置在河北中山，再参加河北起义。宇文肱战死定州，宇文泰转入葛荣部下。当葛荣失败后，宇文泰投靠山西契胡族首领尔朱荣，以军功受到重用，编进贺拔岳军团。北魏永安三年宇文泰随尔朱天光指挥下的贺拔岳与侯莫陈悦两军团开入关中，镇压万俟丑奴起义。贺出任雍州刺史，侯莫出任岐州刺史。[①]（见图4-4）

---

① 《周书》卷一《文帝纪上》。

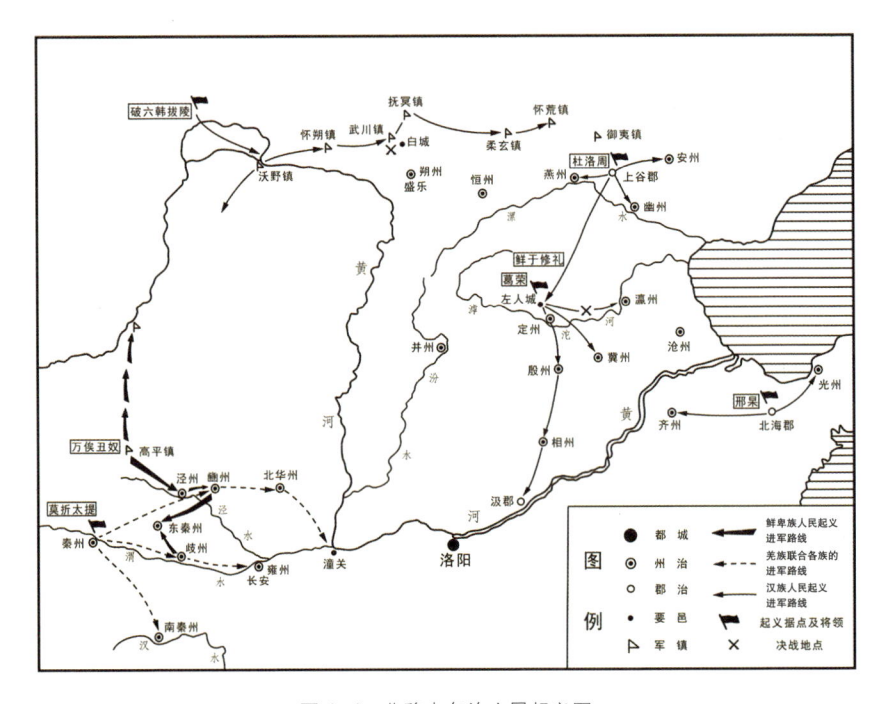

图 4-4　北魏末各族人民起义图

（引自何兹全、张国安：《魏晋南北朝史》，人民出版社 2013 年版，第 232 页）

　　这一年，由于尔朱荣在洛阳专横跋扈，他所扶立的北魏傀儡皇帝孝庄帝子攸被欺凌得实在忍无可忍，便利用朝见的机会，亲手杀死尔朱荣，又杀其党羽上党王元天穆。尔朱荣的侄子尔朱兆从山西出兵攻克洛阳，诛杀孝庄帝及大臣，另立宗室元恭为帝。在长安的尔朱天光也被召赴洛阳。次年，原尔朱荣部将、冀州刺史高欢（鲜卑化汉人）起兵河北信都，其部众多为葛荣的六镇降户，战斗力很强，反叛尔朱氏集团，在邺城附近击溃尔朱兆主力二十万，俘杀尔朱天光等人，继而攻克洛阳，杀元恭，另立宗室元修为帝，是为孝武帝。以后高欢又从洛阳出兵晋阳，攻灭尔朱兆，控制关东。①

　　此时，关中的贺拔岳与侯莫陈悦起兵响应高欢，联合袭攻长安，在华山追杀镇守长安的尔朱天光弟尔朱显寿。北魏永熙元年（532），高欢以贺拔岳为关

---

　　① 《资治通鉴》卷一五四梁武帝中大通二年；《资治通鉴》卷一五五梁武帝中大通三年、中大通四年；《魏书》卷七五《尔朱兆传》；李百药：《北齐书》卷一《神武帝纪上》，中华书局 1972 年版。

西大行台镇守关中，宇文泰也升为关西行台左丞，掌握军政大权，"事无巨细，皆委决焉"。

北魏永熙二年（533），孝武帝不堪忍受专权的高欢欺凌，密令长安的贺拔岳暗图高欢。宇文泰曾被贺拔岳派往洛阳，与孝武帝密谋。贺拔岳先出兵平定陇右。秦州、南秦州、河州、渭州等四州刺史都接受贺拔岳节度，唯独灵州刺史曹泥不服，派人与高欢联络。高欢乘机派使者拉拢侯莫陈悦，离间他与贺拔岳的关系。永熙三年（534）贺拔岳被侯莫陈悦诱杀，余众推时任夏州刺史的宇文泰为新统帅。贺拔岳军团主要由六镇军人组成，其中武川镇军人势力最大。二十几岁的宇文泰能以降将身份当上贺拔岳助手，并在贺死后继领其众，全依仗武川镇军人。宇文泰率军攻讨侯莫陈悦，连克水洛、略阳。南秦州刺史李弼本是侯莫陈悦的姐夫，但反戈一击，率众占据秦州归顺宇文泰。侯莫陈悦溃败，被追杀于牵屯山。宇文泰进据上邽，遣将分镇原州、南秦州、渭州、秦州、幽州、泾州、东秦州、岐州，抢占关陇。据武兴的氐王杨绍先也送质子称藩。

北魏孝武帝晋升宇文泰为关西大都督，令他率军东征高欢。宇文泰派部将梁御进据河、渭交汇处，准备出兵向东。在此之前，高欢为援救侯莫陈悦，曾派部将韩轨率军一万屯据蒲坂。雍州刺史贾显度暗与韩轨里应外合。宇文泰觉察后，逼召贾显度随军，派梁御为雍州刺史，入据长安，并任命李弼为秦州刺史、寇洛为泾州刺史、张献为南岐州刺史，牢牢控制关中。

此时，孝武帝与高欢在洛阳河桥公开冲突，再升宇文泰为关西大行台。宇文泰派部将骆超、李贤率精骑出关赶赴洛阳，派赵贵攻蒲坂并渡河趋并州，自带大军发高平，前军屯驻弘农，策应孝武帝。孝武帝率朝臣与禁军逃离洛阳，西奔关中。高欢再立新傀儡孝静帝，迁都邺城，史称东魏。北魏孝武帝至关中后，宇文泰先迎后杀，另立同入关的孝武帝的孙子元宝炬为帝（西魏文帝），都长安，史称西魏。自此，北魏分裂为东、西魏，关东大权归高欢，关陇大权归宇文泰。[1]高欢与宇文泰同出于尔朱荣新军阀集团，其部众核心成员同样是六

---

[1] 《北齐书》卷二《神武帝纪下》；《周书》卷一《文帝纪上》；《资治通鉴》卷一五六梁武帝中大通五年、中大通六年。

镇拓跋鲜卑军人，所不同的是高欢为反汉派首领，宇文泰为法汉派首领，为争天下，双方恶战十几年。奇妙的是，从高欢、高洋父子治理关东和宇文泰治理关陇来看，他们走的不是一条路，大相径庭，却异途同归，从正反两方面都继承了他们的共同政敌北魏孝文帝的改革事业，并将对中原腐朽士族的经济与文化之改造和对六镇拓跋鲜卑野蛮落后之改造推向深入。

高欢原本是汉人，但累世居六镇，早已鲜卑化，"故习其俗，遂同鲜卑"，意识野蛮落后，十分仇汉，对部下宣称"汉民是汝奴"，纵容抢夺汉人。治河时，汉民"役夫多溺死"，拓跋鲜卑贵族竟言："一钱汉，随之死。"[1]其子高洋废东魏自己称帝，建立北齐，更加仇汉。北齐将相大臣中，十之七八为鲜卑贵族。权臣韩凤在朝廷上公然大骂汉臣："狗汉大不可耐，唯须杀却。"[2]果然，一些高欢为在关东立足而曾笼络的汉族名门望族如杨愔、崔季舒、祖珽等都遭诛杀或流配。北齐汉族士族纷纷破产，甚至到了"卖女纳财"的境地。东汉、魏晋以来形成的腐朽的中原门阀士族，在自十六国再到北朝的野蛮民族轮番入主中原的反复冲击下，已无可挽回地衰败了。高欢、高洋父子的仇汉与北魏孝文帝改革的尊汉、法汉在表象上虽然背道而驰、大相径庭，但二者在本质上从正反两个方面都对中原旧生产关系进行彻底改造，最后终能异途同归。所以，到北齐武成帝高湛时在关东重新颁布均田制和三长制就不难理解了。北魏孝文帝改革事业的最重要成果均田制在其政敌手中得到继承。这一年是北齐河清三年（564），史称"河清均田"。[3]与关中比，只不过来得晚了二十多年。

宇文泰在西魏走的是法汉（汉化）之路，直接从正面继承了北魏孝文帝改革事业。他在关中重新颁布均田制，从考古实证资料看，不晚于西魏大统十三年（547）。而且宇文泰还将改革深化并加以创新，从经济与文化推向军事和政治，在均田制基础上创立府兵制，形成关陇军事贵族集团，终成大业。[4]这也是

---

[1]《北齐书》卷一《神武帝纪上》；《资治通鉴》卷一五七梁武帝大同三年。
[2]《北齐书》卷五〇《韩凤传》。
[3] 王大华：《崛起与衰落——古代关中的历史变迁》，陕西人民出版社1987年版，第175—177页。
[4] 详见本章第六、七、八节。

较弱的西魏能与兵力和地盘占明显优势的东魏激烈抗衡形成均势，以及后来北周终灭北齐的根本原因。

二、东、西魏战争

北魏孝武帝入关时，高欢曾亲自率军尾追西克潼关，侵入华阴，派部将薛瑜守关，并派薛绍宗为华州刺史，在蒲津西岸筑城驻守，然后自还洛阳。高欢一走，宇文泰立即反攻潼关，夺回失地，俘敌七千。从此拉开东、西魏战争序幕。西魏大统元年（535）正月，西魏渭州刺史可朱浑道元率众投降东魏，东魏将领司马子如乘机再攻潼关。宇文泰在霸上调集军队，准备迎战。司马子如撤走，途中从蒲津攻华州，又被西魏华州刺史王罴击退。

西魏大统二年（536）正月，高欢亲率万骑袭攻夏州，俘虏西魏刺史斛拔弥俄突，留部将张琼、许和据守，并迁徙夏州民众五千户东还。此时，陇西灵州刺史曹泥与女婿凉州刺史刘丰依附东魏，宇文泰派兵围攻，以水灌城。高欢派部将阿至罗率两万兵从背后攻击西魏军队，逼西魏军解围，掩护曹泥、刘丰及五千户民众东归。二月，高欢再派阿至罗袭攻秦州，诱其刺史万俟普拨投降。宇文泰率轻骑追击，逐出关陇。此时，东魏虽然攻势不断，但西魏在关中的统治已颇牢固，不是挑诱一二叛将所能动摇的。就兵力和地盘而言，东魏都占绝对优势。高欢不甘心坐视宇文泰称雄关陇，于是决定大举西征。东、西魏军队主力在关中沙苑（今陕西大荔南）进行了一场空前规模的大决战，史称"沙苑之战"。

西魏大统二年十二月，高欢主力先发制人从晋阳出征，在蒲津造三道浮桥，摆出强渡黄河的架势，吸引西魏的注意力。同时暗派猛将窦泰从中路攻打潼关，大将高昂从南路迂回攻击上洛，对关中形成三面围攻。大统三年（537）初，宇文泰率西魏军队主力从长安前抵广阳（今陕西大荔县境），准备迎战。当时宇文泰兵不满万人，势孤力单，处于明显劣势。他判定：高欢主力是虚张声势，实是佯攻；中路窦泰打仗最卖命，一向是高欢的前锋，手下都是精兵强将，肯定担任主攻。窦泰自恃常胜不败，已成骄兵，有轻我之心，必然大意。我军出其不意突袭窦泰，定能取胜。如能打败窦泰，高欢主力就不战自退了。但他的这个分析遭到诸将一致反对，认为正面高欢主力威胁太大，把兵力从这里调走，舍近求远，万一出了差错，就后悔莫及了。宇文泰自信，眼前的高欢虽然强大，但未准备真攻，不会马上就渡河。若争取五天时间，必将打败窦泰。最后，他甚为倚重的谋臣苏绰和能征善战的勇将达奚武接受了他的策略。于是，宇文泰留少数人马虚张声势在广阳与黄河对岸的高欢对峙，亲率六千精骑暗中绕道车行，迅速扑向潼关。刚刚占领潼关小关的窦泰毫无戒备，仓促应战，未及到阵就被宇文泰骑兵击溃，窦泰绝望自杀，部众万人全部被俘。窦泰全军覆没，吓得已攻陷洛州（今陕西商洛市商州区）的高昂南路军弃城而逃，北路高欢亦撤桥而退。宇文泰首战告捷。这一仗史上也称为"小关之战"，是双方主力决战的前哨战。

这次战役的第二阶段，西魏转守为攻。六月，宇文泰派大将于谨乘胜追击，攻取盘踞华阴的地头蛇堡垒——杨氏壁。七月，宇文泰在咸阳大会诸军，与李弼、于谨、独孤信、赵贵、侯莫陈崇、达奚武、李远等十二将领誓师东征。队伍开出潼关，攻占弘农，杀东魏陕州刺史李徽伯，俘八千兵卒。宇文泰耀武扬威五十余天，严重威胁东魏的河南腹地及都城邺城。此时，高欢主力都在晋阳，河南只有高昂的三万军队，抵挡不住。高欢闻讯紧急南下，亲率十万人马出壶口（今山西临汾西南），再趋蒲坂，又要渡河，想拦腰切断宇文泰的退路。宇文泰被迫回保渭南。高欢渡河后，进围华州，遭王罴拼死抵抗，又涉洛河，抢占渭北许原（今陕西大荔县境）。

战役进入第三阶段，西魏再取守势。宇文泰部将因兵力太少，全都建议退兵，诱敌深入，寻机歼敌。但宇文泰看出高欢进攻有轻进、轻战和临战无策的弱点，犯了兵家大忌，有可乘之机，如让高欢深入咸阳、长安，关中就很危险，因此坚持正面迎战。同时下令征发各州兵驰援。十月，宇文泰下令在渭河搭造浮桥，留辎重于渭南，全军将士只带三天粮，轻骑渡渭，进至渭北沙苑，背水作战，高欢大军自60里外的许原赶来会战。宇文泰听从李弼的建议，选择沙苑以东10里的渭曲，利用地势和芦苇的遮掩，埋伏下李弼、赵贵两支精兵。高欢赶来时，只见到宇文泰少数人马，于是不顾列阵，争相围攻。突然鼓声震天，杀声动地，李弼、赵贵铁骑从左右杀到，把高欢军队分割围歼，高欢被打得措手不及，死亡六千余人，被俘七万，丢弃兵器铠甲18万件，余众溃散，他本人仓皇夜渡黄河逃回。宇文泰大获全胜，从战俘中挑选出两万甲士充实西魏军队。

宇文泰凯旋渭南，各州援兵才刚刚赶到。为了纪念这次决战胜利，宇文泰下令将士每人在沙苑种植一棵树，以旌武功。这一仗波澜起伏，惊心动魄，显示出宇文泰杰出的军事天才和关中军队的英勇善战。从此东魏丧失优势，再也无力攻进关中了。[①]

次年（538），宇文泰分军三路反攻东魏：大将独孤信率步骑两万东取洛阳；洛州刺史李显南攻荆州；大将贺拔胜、李弼渡河进围蒲坂。东魏蒲坂守将弃城逃跑，被西魏军追获。宇文泰主力跟进蒲坂，分兵攻克汾州（今山西吉县）、绛州。夏州东魏守将许和杀张琼投降西魏。独孤信军也节节胜利，连克新安、洛阳。东魏颍州、梁州、荥阳、阳州诸州郡都有人起兵擒拿刺史、太守，向西魏投降。

东魏主力在高欢亲自指挥下，分两路反击，夺回南汾州、颍州、阳州。七月，东魏大将高昂、侯景进围独孤信于金墉。八月，宇文泰亲至谷城（今河南洛阳北），解金墉之围。东、西魏主力激战于洛阳河桥、邙山一线，东魏高昂、李猛、宋显诸将全部战死，士卒阵亡数万，而西魏独孤信、李远、赵贵也混战失利，与宇文泰失去联系，纷纷撤退。双方各自收兵。宇文泰留王思政镇守弘农，[②]烧营而归。

宇文泰兵归关中之际，正逢关中出现叛乱。原东魏降将赵青雀勾结雍州人于伏德，分别夺占长安子城和咸阳。长安大城军民日日与赵青雀激战。留守的华州刺史宇文导攻破咸阳，生擒于伏德，南渡渭水，与宇文泰会师，再合力攻破长安子城的赵青雀。关中恢复安定。西魏大统五年（539）冬，宇文泰"大阅于华阴"。

西魏大统六年（540），东魏大将侯景出三鸦（今河南南召），将侵荆州。西魏李弼、独孤信率万骑从武关出战，逼侯景退走。大统八年（542）十月，高欢出兵围攻弘农玉璧城（今山西稷山西南），被王思政击退。次年东魏北豫州

---

① 《周书》卷二《文帝纪下》；《资治通鉴》卷一五七梁武帝大同三年。
② 华阴为弘农郡属县，关中名族华阴杨氏亦称弘农杨氏。

刺史高慎反叛，献虎牢关以西地区于西魏。宇文泰派李远为前驱，亲自率大军前往接应。高欢率十万军来拒，双方主力再次决战于洛阳邙山。西魏中军、右军皆捷，但左军赵贵失利，被迫撤兵。高欢乘胜追击到弘农，西魏损兵折将达六万人，所占河南地盘尽失。此为著名的"邙山之战"。①

西魏大统十二年（546），高欢再次兴师西进，又一次围攻弘农玉璧城。在此之前弘农守将王思政已调任荆州刺史，在他的荐举下，宇文泰任命长安杜陵人韦孝宽镇守军事要塞玉璧城。高欢昼夜不停地攻城。先在城南筑土山攻击，又在四面挖十多条地道攻击，最后再以攻城车撞城，还再挖二十条地道施以火攻，极尽当时的一切攻城之术。但韦孝宽随机应变，守御有方，依赖地险城固，兵食有余，成功地抵抗了五十多天。东魏士卒战死及病死者多达七万人。高欢力竭患病而退，次年便死去了。②长安名门韦孝宽守弘农玉璧城是南北朝历史上最艰苦的攻防战役，功劳甚大。

此后，东、西魏以弘农玉璧城为界，形成均势对峙局面，一时谁也吞并不了对方。几年后，双方为争夺长社还有一战，但已属尾声。东、西魏各取守势，争战逐渐转弱。

第六节　宇文泰改革与西魏崛起

一、《六条诏书》与西魏均田

宇文泰称雄关陇后，为了振兴久已破败的关中，富国强兵，以便进一步争夺天下，下决心进行改革。他本来就是六镇军人中法汉派首领，此时重用关中武功汉人苏绰，在关陇大刀阔斧地进行汉化改革。

苏绰字令绰，出身武功郡名门望族。他的父亲苏协当过武功郡守，从兄苏让是汾州刺史。他从小聪颖好学，博览群书，尤善算术，出类拔萃。由从兄推荐，苏绰当了宇文泰的行台（为适应战争需要而在京城之外设立的临时中央）

---

① 《周书》卷二《文帝纪下》；《资治通鉴》卷一五八梁武帝大同九年。
② 《北齐书》卷二《神武帝纪下》；《周书》卷二《文帝纪下》；《资治通鉴》卷一五九梁武帝中大同元年。

郎中。起初他并未受到特别器重，但行台官员凡有疑难事情都找苏绰帮助解决，交口称赞他博学多才。一次宇文泰与公卿出游，途中询问历代兴亡之事，只有苏绰滔滔不绝，应对如流。宇文泰惊喜苏绰的才智，立即带他回府，认真请教治国之道。苏绰为之陈述帝王权术以及韩非子和申不害的法家要旨，通宵达旦。宇文泰听得入神，不觉膝盖都跪在席子上了，叹服不已。次日，宇文泰对仆射周惠达说："苏绰真奇士也，吾方任之以政。"随即擢升苏绰为大行台左丞，"参典机密。自是宠遇日隆"。[1]

宇文泰久欲克服中原的腐化以及拓跋鲜卑六镇军人的蛮荒习气，他需要一把剑两面刃进行双向改革，但苦于没有谋士。这下他得到苏绰的支持和帮助，如鱼得水，只恨相知太晚。在苏绰倡议下，宇文泰首先建立计账（租赋预算）和户籍制度，以保证赋税收入。继而苏绰又在长篇奏章中详尽阐述了改革思想和具体改革措施，提出六条原则：先治心，敦教化，尽地利，擢贤良，恤狱讼，均赋役。宇文泰如获至宝，马上以此颁布《六条诏书》，命令百官作为座右铭，人人习诵，遵照执行。还下令"其牧守令长，非通六条及计帐者，不得居官"。苏绰草拟的《六条诏书》，实质就是汉化改革纲领。[2]

经济方面，在《六条诏书》尽地利、均赋役的基础上，宇文泰以罕见的魄力，继承他所取代的政敌——北魏政府未竟的改革事业，重新颁布均田令和租调制。宇文泰均田比北魏孝文帝更照顾自耕农，规定：有家室者授田140亩，丁男授田100亩，还给宅田2至5亩。这在自古就有"天府""陆海"之称的关中地区，确实是很优厚的。西魏租调比以轻税著称的北魏还轻得多。在敦煌石室资料中发现的《邓延天富等户户籍计帐残卷》(《斯坦因汉文书》第613号)，被学术界考订为西魏大统十三年的户籍或计帐资料，记载了当地授田情况，是西魏实行均田的确证。宇文泰极为重视农耕，《六条诏书》中规定地方官要诚励百姓，无论少长，"但能操持农器者，皆令就田，垦发以时"，还要求地方官对贫穷农户给予接济，教民农艺。这对关中农业复兴以及仍很落后的拓跋鲜

---

[1] 《周书》卷二三《苏绰传》。
[2] 《周书》卷二三《苏绰传》。

卑六镇军人的迅速封建化，都起了巨大的推动作用。[1]

二、"罢门资之制"的政治改革

政治方面，苏绰教宇文泰仿照周官制度，参用秦汉官制改革西魏的官制朝仪，以天地春夏秋冬六官制建立中央政权。地方官任命收归中央，强化王权。苏绰在"擢贤良"的基础上，还通过《六条诏书》提出了选官用人的新精神："惩魏、齐之失，罢门资之制"[2]（借鉴北魏、南齐诸朝用人的失策，罢废只凭门第取士的选官制度），"今之选举者，当不限资荫，唯在得人"[3]。这是中古选官制度的关键性变革，是对中原自魏晋以来在九品中正制下形成的以门第取士之风气的大胆否定，切中时弊，有曹操"唯才是举"的遗风。门阀士族凭借门资长期把持垄断的选官依据被取消，就斩断了门阀政治及其特权的生命线。这为以后隋文帝废九品中正，创立科举制开了先河。苏绰求才若渴，竭力提拔人才。他所荐举的人才，全都成为西魏、北周的栋梁之材。

三、西魏创立府兵制的军事改革

宇文泰改革的最大功绩还是在军事方面，这就是改革军制，创立府兵制度，并由此形成无敌天下的关陇军事贵族集团。拓跋鲜卑原有军制是原始部落八大人制，凡有八军，设立军府，每军五千人，[4]战士之间有血缘关系，战士与主将有身份上的从属关系。这种原始兵制一直沿袭到北魏末年。魏孝文帝改革未触及它，显然是个缺陷。六镇起义与此不无关系。宇文泰治西魏开始把部落兵制的军制形式及部落大人军事民主原则与汉族军制的等级制结合起来，仿周官六军之制把鲜卑军队改编为六军，由柱国大将军统领。下分十二军，设十二大将军。十二军下再分成二十四军，设二十四开府将军。二十四军下再分成四十八军，设四十八仪同将军。每个仪同将军领兵一千人，共约四万八千人。新军制起名叫府兵制，是依从旧名军府（即兵府）而来。为了在形式上与八大人制相似，宇文泰共封八柱国大将军，除统领六军的六个柱国大将军之外，另外一个

---

[1] 《周书》卷二三《苏绰传》。
[2] 《通典》卷一四《选举典》。
[3] 《周书》卷二三《苏绰传》。
[4] 《魏书》卷五八《杨播传》。

是宇文泰本人，都督中外诸军事，是最高统帅，再一个是西魏宗室广陵王元欣，只挂虚名。八人平起平坐，成为最高军政核心。从西魏大统三年宇文泰首先自封为柱国大将军开始，到大统八年初置六军，再到大统十六年（550）八柱国大将军全部封完，府兵制经过十几年才确立下来。①（见图4-5）

府兵不入一般户籍，而是另立军籍。当府兵者，需自备弓刀，其他如甲、槊、戈、弩则由官府供给。府兵战时打仗，平时屯田，轮番宿卫。不当番时，讲武教战。府兵主将和兵士都改从拓跋鲜卑旧姓，甚至汉兵也要从主将的鲜卑旧姓，身份上的从属关系仍然很深。府兵制是从原始部落兵制发展而成，又是汉化改革的产物，因此府兵制是落后因素与中原先进的封建因素相互改造相互结合而成，很类似均田制的产生，是富有生命力和合理性的崭新制度。②

图 4-5　重装骑兵俑
（引自王炜林主编：《陕西古代文明》，陕西师范大学出版总社 2019 年版，第 198 页）

府兵系统上层的核心将领几乎都是六镇拓跋鲜卑，特别是武川镇军人。较著名的有李弼、李虎（唐高祖李渊祖父）、于谨、赵贵、独孤信、侯莫陈崇（此六人为六柱国大将军）、念贤、寇洛、若干惠、王德、韩果、杨忠（隋文帝杨坚之父）等，俱出身武川镇。为了进一步汉化和改造汉族士族，宇文泰又把关陇汉族士族及关陇五胡的私兵部曲陆续征募收编到府兵中，广募关陇豪右，以关陇地方豪强为乡帅。如关陇名门裴文举、韩雄、陈忻、魏玄、卢光均为府兵将军，郭彦原、韦瑱、苏椿都任大都督。这样，

---

① 《资治通鉴》卷一五八梁武帝大同八年；《资治通鉴》卷一六三梁简文帝大宝元年。详见谷霁光：《府兵制度考释》，上海人民出版社 1962 年版，第 22—55 页。
② 府兵制从西魏创立，直到盛唐天宝年间才趋破坏，前后维系二百多年，由此生成关陇军事贵族集团，意义深远重大。对府兵制研究比较全面深入的学术专著有岑仲勉：《府兵制度研究》，上海人民出版社 1957 年版；谷霁光：《府兵制度考释》，上海人民出版社 1962 年版。

一来可削弱兵士对主将身份上的从属关系，使府兵落后色彩大为冲淡，民族差异相对减少；二来可融合地方实力派的军事实力，化私为公，瓦解了士族豪强的私人武装，削弱了割据动乱因素。这也使府兵从兵牧合一走向兵农合一。野蛮落后的拓跋鲜卑六镇军人与关陇五胡酋长和汉族士族，通过府兵系统融为一体，相互改造，共同组成新兴的关陇军事贵族集团。其性质大异于原来的成分，既不同于以前的六镇军人——因为它已是汉化的关中新地主，也不同于以前的中原旧士族——因为它的经济基础不是大地主田庄而是均田制。关陇军事贵族集团的兴起，意味着魏晋以来出现的中原士族地主集团的衰落和即将被淘汰。它生机勃勃，活跃异常，从一产生就不可战胜，以后左右中国政局长达数百年。除西魏之外，北周、隋、唐的皇族以及大批权臣将相都出自这个集团。它成为我国封建文明的顶峰——隋唐王朝的领导力量。腐朽的中原士族被迫退出历史舞台，奄奄一息。这很类似商鞅变法设立二十等军功爵制之后秦国关中军功地主集团崛起而六国关东贵族地主衰败的历史重演。关陇获得了重新崛起的巨大动力。这便是府兵制出现的重大意义。宇文泰治理关陇的最大贡献也正在于此。陈寅恪先生最早提出"关陇集团"的概念，并且指出从西魏至唐初，关陇集团实行了"关中本位政策"，而府兵制是"关中本位政策"最主要之一端。①

宇文泰与苏绰珠联璧合，他对苏绰言听计从，"推心委任"。有时出征，就授权苏绰代他处理军国大事。苏绰则以天下为己任，鞠躬尽瘁，年仅49岁便积劳成疾，死于行台任上。苏绰官位显赫，但生性俭朴，不置产业，死时家无余财。宇文泰万分痛惜，对公卿说："苏尚书平生谦退，敦尚俭约。吾欲全其素志，便恐悠悠之徒，有所未达；如其厚加赠谥，又乖宿昔相知之道。进退惟谷，孤有疑焉。"尚书令史麻瑶建议尊重苏绰操行清白，不夺其志。宇文泰便以素布灵车一乘载苏绰归葬武功，亲率群臣隆重地步行送出行台所在地同州（今陕西大荔）城外。宇文泰举声恸哭，曰："尚书平生为事，妻子兄弟不知者，吾皆知之。惟尔知吾心，吾知尔意。方欲共定天下，不幸遂舍我去，奈何！"他们上下情深，异族相知，于史罕见。苏绰之子苏威后来成为北周和隋朝名臣，

---

① 陈寅恪：《唐代政治史述论稿》，上海古籍出版社1982年版，第15—18页。

弟苏椿屡建军功，官至大都督，从兄苏亮是"秦中才学可以抗山东"的第一名士，与苏绰并称"二苏"。①苏氏一家为关中的重新崛起做出了卓越的贡献。

四、西魏崛起

原来西魏远比东魏弱小，更比江南齐、梁政权落后，但宇文泰改革后，迭经战乱、残破衰败的关中以惊人的速度振兴起来，由弱变强，由落后变先进。西魏废帝二年（553），宇文泰遣甥尉迟迥率甲士万骑南征攻取巴蜀，"围成都五旬"而克，"以迥为大都督益、潼等十二州诸军事、益州刺史"。次年遣侄宇文护、于谨、杨忠将兵五万攻破江陵，杀梁元帝萧绎，立昭明太子萧统第三子岳阳王萧詧为新主，控制只辖江陵一州之地的后梁（又称西梁），"尽俘王公以下及选百姓男女数万口为奴婢，分赏三军，驱归长安"②。西魏疆域向南扩展到今四川、湖北一带。萧绎之子萧方智被陈霸先迎至建康，成为梁敬帝，两年后又被陈霸先所废。梁朝灭亡，陈朝建立。以后宇文泰之子宇文邕又以雷霆万钧之力横扫关东，顺利消灭北齐，统一北方，并形成自北而南进一步统一中国（南灭陈朝）的不可抗拒之势，为隋朝大一统奠定了基础。这是关中自西周、秦汉两次崛起之后第三次崛起之开端。③

第七节 关陇军事贵族集团初期构成

关陇军事贵族集团最初究竟是由哪些人组成的？成员来历、族属、数量、居住分布及其权力地位状况又是怎样呢？陈寅恪先生曾在《唐代政治史述论稿》中宏观地概括为"宇文泰所鸠合之六镇关陇胡汉混合集团"，而且是以关陇地区为本位。实际应分三种人：拓跋鲜卑进入关中的六镇军人及贵族；关陇五胡（匈奴、鲜卑、氐、羌、羯）；关陇汉族士族（包括土著、原关东大姓和江南降人）。下面详细讲述这个集团的初期构成。

---

① 《周书》卷二三《苏绰传》；《周书》卷三八《苏亮传》。
② 《资治通鉴》卷一六五梁元帝承圣二年、承圣三年。
③ 详见本章第八节。

一、拓跋鲜卑占绝对优势

拓跋鲜卑的大致人数据《魏书》卷一《序纪》，拓跋力微拥众"控弦上马二十余万"，拓跋猗卢统有"大众二十万"，拓跋郁律有"控弦上马将有百万"。据《魏书》卷二四《燕凤传》，什翼犍有"控弦之士数十万"。据《魏书》卷三三《张济传》，拓跋珪拥"中军精骑十有余万，外军无数"，他攻取后燕都城中山时，部众"三十余万"。《魏书》卷二《太祖纪》记为"六军四十余万"。据《魏书》卷七下《高祖纪下》，魏孝文帝南伐并迁都洛阳，从者"步骑百余万"。但《北史》卷三《高祖纪》则记为"步骑三十余万"。北魏是原始部落兵制，成年男丁即为战士，由此估计拓跋鲜卑成丁当有数十至百万，以一户不少于一成丁计，户数大致有数十万。

北魏建国不久，拓跋珪下令："离散诸部，分土定居，不听迁徙，其君长大人皆同编户。"① 按原始部落军事组织八大人制，每一部落占有一块土地，氏族组织向地域组织转化，凡分"八国"，都集中于都城平城及周围地区，置"八部帅"（也称"八部大夫"）进行监管，"劝课农耕"。② 分土定居就是变牧为农，因此史书又称分土定居为"屯田"。屯田地区还有五原（今内蒙古包头西北）。以后，拓跋鲜卑又从各处强迁大批被征服的汉民及五胡到平城及代北地区定居，计口授田。移民区东起濡源（今河北沽源），经大宁（今河北怀安）、代郡、阴馆（今山西山阴），西至五原、稒阳，长约1500公里，均在塞北。③

魏孝文帝从平城迁都洛阳，带去数十万人，并"诏迁洛之民，死葬河南，不得还北。于是代人南迁者，悉为河南洛阳人"，还"以代（北）迁（洛）之士皆为羽林、虎贲"，而"羽林、虎贲"的规模多达"十五万人"。④ 但留居平城以北塞上六镇的军民仍有数十万（包括徙居代北之汉民及五胡）。⑤

---

① 《魏书》卷八三《贺讷传》。
② 《魏书》卷一一〇《食货志》；《魏书》卷一一三《官氏志》。
③ 《北史》卷一《魏道武帝纪》；《北史》卷一《魏明元帝纪》；《北史》卷二《魏太武帝纪》。
④ 《魏书》卷七下《高祖纪下》。
⑤ 六镇起义军民众至数十万。

北魏始光三年（426）拓跋焘攻占关中，是拓跋鲜卑进入关中之始，但徙居者为数不多，仅留有少量驻军和官吏。北魏太平真君六年关中爆发盖吴起义，拓跋焘亲征，调六万骑兵赴关中镇压，方才平息。这次起义对北魏统治震动很大，北魏必然加强对关中的控制，增派驻军、官吏。但这部分人数也不多，而且在几十年后北魏末年关陇第二次大规模起义中悉数被歼。北魏政府曾拼凑十万西征军，开赴关中进行镇压，但全军覆没。① 至此，北魏拓跋鲜卑在关中的势力荡然无存。

与此同时，以契胡酋长尔朱荣为首的新军阀豪强武装在关东崛起。尔朱荣虽为契胡族，但其实力主要依赖代北拓跋鲜卑，特别是六镇军人。如进军洛阳发动河阴之变的谋主为元天穆，先锋为高欢。与葛荣决战的代北豪强、六镇军人有元天穆、高欢、贺拔胜、贺拔岳、斛律金、侯景、蔡儁、高书贵、叱列平、司马子如、步大汗萨、侯莫陈崇、侯莫陈顺、陆腾、侯渊、彭乐等。镇压山东邢杲起义的有元天穆、高欢、窦泰、孙腾、慕容绍宗、侯莫陈崇、侯莫陈顺、宇文贵等。北魏永安三年，尔朱荣命尔朱天光率贺拔岳、侯莫陈悦军团西入潼关，镇压关陇起义。贺拔岳军团主要由六镇军人组成，其中武川镇军人势力最大。这批人仅在《周书》入传的就有贺拔岳、宇文泰、寇洛、赵贵、赵善、侯莫陈崇、侯莫陈顺、梁御、若干惠、王德、王盟、韩果等。29岁的武川"雄杰"宇文泰能在贺拔岳死后被推为新统帅，完全依仗武川镇军人。贺拔岳军团中除武川镇之外的六镇军人及代北豪族还有于谨、于翼、达奚武、梁椿、刘亮、念贤等。侯莫陈悦军团构成比贺拔岳军团复杂，六镇军人不占优势，但绝大部分仍为拓跋鲜卑。两军团共三四万人。这是北魏末年拓跋鲜卑继西征军覆灭之后第二次大规模开入关中。以后两军团火并，所剩人马不过两万人。永熙三年，北魏孝武帝元修不堪高欢欺凌，率拓跋鲜卑宗室、贵族及禁军从关东西逃长安投奔宇文泰。禁军总数有十万，但中途逃者过半，"从武帝而西者，不能万人"②。随行宗室元炬、元赞、元孚、元欣、元伟等及贵族长孙稚、斛斯椿、越勒肱、

---

① 详见本章第四节。
② 魏徵等：《隋书》卷二四《食货志》，中华书局1973年版。

独孤信（武川镇军人）等都带有吏丁、部曲。特别是以后从荆州辗转奔赴关中的武川镇将领贺拔胜拥有不少人马。这是拓跋鲜卑第三次大量进入关中，总数也有几万人。西魏大统三年东魏高欢军队进犯关中，宇文泰在沙苑决战大胜，收降高欢将士数万人，使自己的兵力达到十万。高欢军队主体为拓跋鲜卑。这是拓跋鲜卑第四次大量进入关中。但大统九年（543）宇文泰在洛阳邙山与高欢大战，损兵六万，仅剩四万。此后宇文泰便再无拓跋鲜卑兵源，不得不从关陇当地人（汉族及五胡）中招募士兵。《周书》卷二《文帝纪下》载：邙山之战，诸将失律，"于是广募关陇豪右，以增军旅"。但汉人多为乡兵，编入府兵者不多。几年后，到公元550年，宇文泰最后完成府兵系统的建立，总兵力还不满五万人，其中有邙山之役保存下来的四万拓跋鲜卑，可见最初府兵中的汉兵与五胡合计不足万人。

综上，从公元426年至550年这一百多年间，拓跋鲜卑先后多次大规模进入关中，兵丁总数超过二十万，但最后仅剩四万左右。如以一丁一户计，当有四万军户。以后北周平齐后，宇文邕曾将北齐拓跋鲜卑军人四万多编入府兵，移置关中，这是拓跋鲜卑第五次也是最后一次大规模进入关中。至此，关中拓跋鲜卑军户应为八万。西魏北周府兵军户最高数目，王仲荦估计为"近二十万"[①]，谷霁光估计为"三十万以上"[②]。这应指北周后期包括关陇五胡及汉族和关东、江南降卒在内的所有军户数目。拓跋鲜卑在关中总人口中能占多大比重？西魏、北周时军户不入编户，有关户籍资料仅指民户。据《通典》，北周平齐后，公元579—580年有户三百五十九万。北齐户数，《周书·武帝纪》记为三百三十万，但《隋书·地理志》和《资治通鉴》及《通典》均记为三百零三万。关于关陇民户，前者记为二十九万户，后者记为五十六万户。加上二十万至三十万军户，则关陇总人口应为四十九万至八十六万户之间。隋文帝统一全国后，全国编户为四百零九万户。次年隋文帝诏令府兵军户落籍州县，编户激增，但此时京师所在的关陇地区全部人口也才刚满一百万户。这证实西

---

① 王仲荦：《魏晋南北朝史》下册，上海人民出版社1980年版，第619页。
② 谷霁光：《府兵制度考释》，上海人民出版社1962年版，第67页。

魏、北周时关陇总人口只能是数十万户，不会超过一百万户。[1] 拓跋鲜卑在关陇总人口中所占比重应为 1/6—1/10 之间。

府兵制大体是在公元 537—550 年建立的。《玉海》卷一三八引《邺侯家传》记西魏初期府兵"六柱国共有众不满五万"。府兵系统最高官品是柱国大将军和大将军，为右正九命，第二级官品是开府、仪同将军，为正九命。最初只封八柱国大将军和十二大将军，以后越封越多，再加上人数更多的开府、仪同将军，这些府兵系统上层将领构成了关陇军事贵族集团。拓跋鲜卑在其中占有绝对优势，而且越往上优势越明显。据《周书》卷一六《侯莫陈崇传》记载，最早受封的八柱国大将军为宇文泰、侯莫陈崇、独孤信、李虎、赵贵（以上五人均为武川镇军人）、李弼（代北豪族）、于谨（怀荒镇军人）、元欣（西魏宗室）。这八人都是拓跋鲜卑。最早受封的十二大将军为侯莫陈顺、宇文导（宇文泰侄）、贺兰祥（宇文泰外甥）、杨忠（以上四人为武川镇军人）、达奚武（怀荒镇军人）、李远（高平镇军人）、宇文贵（代北豪族）、元赞、元育、元廓（以上三人为西魏宗室）、豆卢宁（鲜卑慕容氏宗室支庶、原侯莫陈悦军团降将、柔玄镇军人）、王雄（高丽人）。以上二十人中武川镇军人九人，其他六镇及北镇军人四人，代北豪族二人，拓跋鲜卑宗室四人，合计拓跋鲜卑为十九人，占 95%。此外还封念贤和王思政为大将军，念贤作牧陇右，王思政出镇河南，都不在十二军领兵之限。念贤曾"拜第一领民酋长"[2]，当为拓跋鲜卑。王思政为太原祁人，但据姚薇元《北朝胡姓考》，疑其非汉族著姓太原王氏，而是高丽人或乌丸人。史学界对这二十人的族属问题尚有不同看法。宇文氏就其氏姓起源而言，本出自匈奴[3]，但宇文部早在魏晋时期（相当于拓跋鲜卑祖先檀石槐时代）即为东部鲜卑慕容、宇文、段氏、乞伏诸部之一，当属鲜卑族。宇文泰这一支的祖先，久居代北武川，"鲜卑慕之，奉以为主"[4]，世袭拓跋鲜卑大人，

---

[1] 西魏、北周、隋唐均实施三长制和均田制，而且越来越彻底和深化，因此政府编户统计较为可信。
[2] 《周书》卷一四《念贤传》。
[3] 姚薇元：《北朝胡姓考》，科学出版社 1958 年版。
[4] 《周书》卷一《文帝纪》。

早已被拓跋鲜卑同化融合,因此可以视为拓跋鲜卑。独孤氏就其氏姓起源而言,是匈奴屠各之异译,入魏后即为拓跋鲜卑三十六部之一,号独孤部,以部为氏。如从拓跋珪算起,历时也有一百五十年,因此独孤信应属拓跋鲜卑。独孤信祖父独孤俟尼以"良家子自云中镇武川,因家焉","父库者,为领民酋长",①三世为武川镇军人。贺兰氏本称贺赖,是汉末匈奴入塞十九种之一。但《周书》卷二〇《贺兰祥传》记"其先与魏俱起",可知贺兰部早已归属拓跋鲜卑。其酋长贺讷曾官居北魏尚书令,"封贺兰国君,赐姓贺兰氏"②。《魏书》卷二《太祖纪》载拓跋珪从独孤部"北逾阴山,幸贺兰部"。可见贺兰部与独孤部一样,均属拓跋鲜卑三十六部之一,则贺兰祥亦属拓跋鲜卑。拓跋鲜卑自鲜卑山南下后,不断吸收同化异族部落,使其族迅速强大,人数激增。《三国志·魏志》卷三〇《鲜卑传》注引鱼豢《魏书》云:"鲜卑亦东胡之余也,别保鲜卑山,因号焉。……匈奴及北单于遁逃后,余种十余万落,诣辽东杂处,皆自号鲜卑兵。"《南齐书》卷五七《魏虏传》称拓跋鲜卑为匈奴。《北朝胡姓考》元氏条认为拓跋氏为匈奴与鲜卑混血族。由此而知,拓跋鲜卑本身包含匈奴成分,甚至有血统关系。因此,凡已被拓跋鲜卑同化融合的,其族属不宜再以原族确定。同理,李虎、杨忠、赵贵三姓也许原本是汉族,但这三姓的祖先很早就徙居代北武川镇,被拓跋鲜卑同化融合。赵贵"祖仁,以良家子镇武川,因家焉"。③杨忠"高祖元寿,魏初,为武川镇司马,因家于神武树颓焉"。④《旧唐书》卷一《高祖纪》载,北魏时李虎之祖李熙"领豪杰镇武川,因家焉",到李虎已历三代。则李虎和杨忠、赵贵都已拓跋鲜卑化,与宇文泰一样同为武川镇拓跋鲜卑军户,故其族属也应为拓跋鲜卑。宇文泰给拓跋鲜卑贵族李弼赐姓徒河氏的同时,也给李虎赐姓大野氏,杨忠赐姓普六茹氏,赵贵赐姓乙弗氏,让他们当部落酋长,以表示他们是拓跋鲜卑三十六大部落或九十九(姓)大氏族的嫡系子孙。不少学者

---

① 《周书》卷一六《独孤信传》。
② 转引自姚薇元:《北朝胡姓考》,科学出版社1958年版。
③ 《周书》卷一六《赵贵传》。
④ 《周书》卷一九《杨忠传》。此句注文《魏书》卷一〇六上《地形志上》,"树颓"作"殊颓",是朔州神武郡属县。

都已论证杨坚及其父杨忠出身弘农杨氏是伪冒，李渊及其祖李虎既非出身陇西李氏，也非出自赵郡李氏，确认他们都是武川镇军人世家。陈寅恪曾感慨地说："隋唐皇室……自称弘农杨震、陇西李暠之嫡裔，伪冒相传，迄于今日，治史者竟无一不为其所欺，诚可叹也。"[1]

《周书》列传人物共有三百多人，大体都是西魏、北周时期关陇军事贵族集团中的显赫者，一般官品均在仪同将军以上。其中出身武川镇军户者九十六人，约占全部入传人物的1/3。这九十六个武川镇军人官居大将军和柱国大将军者多达三十六人。武川镇之外的六镇军人及北镇军人在《周书》入传者为三十七人，其中官居大将军和柱国大将军者多达二十一人。非六镇军人出身的其他拓跋鲜卑贵族及豪姓在《周书》入传者为五十四人，其中官居大将军和柱国大将军者三十七人。

综上，拓跋鲜卑在《周书》入传者共计一百八十七人，约占《周书》全部列传人物的56%，其中官居大将军和柱国大将军者多达九十四人，占《周书》列传人物中大将军和柱国大将军一百二十九人中的73%。由此可证拓跋鲜卑在关陇军事贵族集团中占有数量优势，而且越往上优势越大，其中武川镇军人特别占有优势。值得注意的是，这些拓跋鲜卑往往一个家族出几个柱国大将军或大将军，形成强大的家族势力。他们不仅在西魏、北周显赫，而且其权势一直影响到隋唐。如高平镇军人出身的李贤、李远、李穆兄弟，一家出六个大将军和柱国大将军。《周书》说李贤一族"声彰内外，位高望重，光国荣家……冠冕之盛，当时莫比焉。自周迄隋，郁为西京盛族，虽金、张在汉，不之尚也"。又如柱国大将军李虎之孙是唐高祖李渊，大将军杨忠之子是隋文帝杨坚。柱国大将军独孤信长女为北周皇后，四女为李渊之母，七女为隋文帝皇后。大将军杨宽从孙杨素是隋朝权倾朝野的重臣。大将军窦炽从孙女为唐高祖皇后。柱国大将军于谨是唐初宰相于志宁的曾祖。此外，唐大将军侯君集的祖父侯植，唐宰相杨思道、杨恭仁的祖父杨绍都是宇文泰的得力干将、拓跋鲜卑勋贵。唐开

---

[1] 陈寅恪：《唐代政治史述论稿》，上海古籍出版社1982年版，第16页。

国元勋长孙无忌也是迁洛拓跋鲜卑后裔,其妹即唐太宗皇后长孙氏。难怪司马光在《资治通鉴》卷一〇八中说:"自隋以后,名称扬于时者,代北之子孙(指拓跋鲜卑)十居六七矣。"正是这些世代不衰的拓跋鲜卑家族层出不穷地涌现杰出的政治家和军事家,表现出关陇军事贵族集团蓬勃的朝气和旺盛的生命力。①

二、关陇五胡的地位

关中自两汉以来不断徙入少数民族。东汉末年董卓之乱后,关中残破,少数民族大量涌入,主要有匈奴、鲜卑、氐、羌、羯,时称"五胡"。从西汉到东汉,匈奴曾两次大批安置在属于关陇地区的上郡、安定和北地诸郡。西晋末年,匈奴人刘渊起兵灭晋,大将刘曜攻克长安,匈奴再次大量进入关中。五胡十六国时期,匈奴人在关陇建立的政权有前赵、大夏和北凉。《晋书》卷一一三《苻坚载记》记载前秦时期,匈奴在泾洛之间贰城驻有四万户,一二十万人,其中仅被苻坚徙于长安的酋豪就达六千余户。西羌进入关中始于东汉建武年间(关中早周姜姓部族是否属于羌人文化未有定论,由于历时久远,早已融入周族,暂且不论)。马援平羌之乱,徙羌于关中。越到后来,西羌进入关中者越多,到西晋之际,除扶风、冯翊、京兆三辅外,关陇的北地、新平、安定、上郡无地不有羌。五胡十六国时期,关中建有羌人政权后秦。晋人江统的《徙戎论》说:"关中之人百余万口,率其少多,戎狄居半"②。戎狄即指羌、氐,超过关中人口一半。③氐人进入关中,应始于建安初年,韩遂、马腾割据关陇。到建安十六年马超起兵,氐人数万响应。以后曹操徙"氐五万余落出居扶风、天水界"④。五胡十六国时期,氐人在关陇建立的政权有前秦和后凉。前秦曾经十分强大,苻坚统一黄河流域,氐人势力达到鼎盛。据《晋

---

① 王大华:《论关陇军事贵族集团之构成》,载《陕西师大学报》(哲学社会科学版)1990年第1期,第39—46页。
② 《晋书》卷五六《江统传》。
③ 马长寿《碑铭所见前秦至隋初的关中部族》(中华书局1985年版)有专篇《渭河以北各州县的羌民和他们的汉化过程》及附录《关于关中羌村羌姓的札记》详细考证了羌人进入关中之过程。此不赘述。
④ 《三国志·魏志》卷一五《张既传》。

书》卷一一三《苻坚载记上》,苻坚曾拟将关中氐族十五万户迁往关东。可见关中氐人至少应有数十万人。因此,五胡人数在关中总人口中大大超过半数,远较拓跋鲜卑为多。五胡在关陇分布状况也可从姓氏落籍的州县上反映出来。据姚薇元《北朝胡姓考》,关陇南安姚氏、雷氏,枹罕彭氏,冯翊王氏、党氏、不蒙氏,关西莫折氏、同蹄氏、屈男氏,夏州弥姐氏,宁州荔非氏,天水罕井氏,皆为西羌族。其中不少在前秦、后秦时得势,即使在西魏、北周时也犹为大姓豪族,如苻秦修《邓太尉祠碑》、前秦《广武将军□产碑》、北周《圣母寺四面造像碑》所刻题名之雷氏、弥姐氏、钳耳氏(即冯翊王氏本姓),北周《同蹄氏造像记》题名之同蹄氏,北周《荔非道庆造像》《昨和拔祖等造像记》所题之罕井氏、屈男氏等等。关陇地区略阳苻氏、吕氏,仇池杨氏,武都齐氏,枹罕啖氏,均为氐族大姓。河西靳氏、平凉金氏、长水卫氏、夏州贺遂氏,皆为匈奴族。除羌、氐、匈奴三族外,其他少数民族进入关陇的也不少。如张掖沮渠氏、安定彭氏,出自匈奴左沮渠之后,号卢水胡,均为羯族。鲜卑分支乞伏部、秃发部也西迁关陇,在五胡十六国时期建立过西秦和南凉政权。另外,在关中的鲜卑曾有两万人参加过后赵石氏内战。① 据马长寿《碑铭所见前秦至隋初的关中部族》,考证二幢存世前秦碑铭,证实关中还有不少"白虏"(鲜卑)、支胡(西域月氏胡)、康居人(西域粟特族)、龟兹人(西域龟兹族)和苦水人(未定何族)等。马长寿又证关中北周碑铭《合方邑子百数十人造像记》所题渭河北岸之白氏即西域胡人,为唐代大诗人白居易之远祖。姚薇元《北朝胡姓考》也证西域白氏本龟兹族,亦证安定支氏本月氏胡,蓝田康氏本康居胡,武威安氏本安息胡,京兆裴氏本疏勒胡,等等。北魏末年,关陇起义领袖为羌人莫折太提父子及鲜卑人万俟丑奴,参加者有羌、鲜卑、匈奴、氐、汉等数十万各族人民。当贺拔岳、宇文泰率军开入关中镇压起义后,起义者多被收编,分驻关中各地。自此,关陇各少数民族与拓跋鲜卑混居、通婚、融合,成为府兵系统的组成之一。如《周书》卷三三《赵昶传》记载,宇文

---

① 《晋书》卷一〇五《石勒载记下》。

泰"徙其（氐）豪帅四十余人并部落于华州，太祖（宇文泰）即以昶为都督领之。……十五年，拜安夷郡守，带长蛇镇将。氐族荒犷……乐从军者千余人。加授帅都督"。《周书》卷三一《韦孝宽传》记载："凡此诸军，仍令各募关、河之外劲勇之士，厚其爵赏，使为前驱。"

关陇五胡虽然在总人口中占多数，但能进入关陇军事贵族集团上层者为数甚少。据《周书》列传人物统计，出身五胡及其他少数民族者共十三人，其中官居大将军和柱国大将军者六人，只及拓跋鲜卑1/16。其名为：李和（夏州酋长）、高琳（高句丽人）、扶猛（白兽蛮渠帅）、豆卢宁（鲜卑慕容部宗室支庶）、赫连达及赫连迁父子（匈奴）。其余七人有六人官居开府、仪同，即侯植、申徽、怡峰及诸子昂、光、春。值得注意的是，这些人多与拓跋鲜卑有特殊关系，如赫连达和怡峰是原贺拔岳军团将领，豆卢宁是原侯莫陈悦军团将领，都协助过拓跋鲜卑镇压关陇五胡起义。这也许能解释关陇五胡在关陇军事贵族集团中为数甚少的原因，即关陇起义的镇压者拓跋鲜卑对起义的主要参加者关陇五胡怀有戒心。还有一家氐族名门不见史载却见于碑刻。据马长寿考证，刻于公元570年的《建崇寺造像记》，像主宇文建崇原姓吕，祖父为秦州氐族大酋长，宇文泰赐姓宇文氏。像主母亲元姓，显然出于拓跋鲜卑宗室。这个能与拓跋鲜卑皇族联姻的氐族之家出现在天水还有《宇文广墓志铭》，在岷州有《宇文贵纪功碑》，可见是个显赫家族。但这样能跻身关陇军事贵族集团上层的五胡家族凤毛麟角。关陇五胡进入府兵系统中下层者却为数不少。如《合方邑子百数十人造像记》是存世北周碑铭，从造像题名看，充任关中各州刺史、各县县令及统兵都督、统军、别将者有不少是关陇五胡之姓。渭河北岸发现的北周《邑主同琮龙欢合邑子一百人等造像记》，表明羌族与拓跋鲜卑、氐、汉诸族杂居一村。蒲城《圣母寺四面造像碑》，表明羌族诸姓在北周居文武官职者颇多。[①]总之，关陇五胡与拓跋鲜卑从敌对趋向融合，在府兵系统中下层占有一定

---

① 马长寿：《碑铭所见前秦至隋初的关中部族》，中华书局1985年版，第54—72页。

地位，并有少数进入上层，是关陇军事贵族集团的组成之一，但在数量和权势上都远逊于拓跋鲜卑。

三、汉族士族的地位

关中自东汉末年董卓之乱后，汉民非死即逃，所剩无几。《后汉书》卷七二《董卓传》记载："初，（汉献）帝入关，三辅户口尚数十万，自催汜相攻，天子东归后，长安城空四十余日，强者四散，羸者相食，二三年间，关中无复人迹。"以后虽经曹魏、西晋、前赵、前秦、后秦、北魏诸朝不断经营，力图复振，无奈关中屡遭战乱，兵火不绝，又惨遭后赵、大夏、北魏初期多番暴虐，因此汉民比例大大下降，只占关陇人口的少数，少于五胡，多于拓跋鲜卑。

汉族虽为少数，但聚族而居，多依附士族门下。关陇汉士族垄断乡曲，根深蒂固，极有势力，迁徙关中的原关东著姓多拥部曲家兵，实力也很强大。因此宇文泰一进关中，就尽力笼络汉族士族，力行汉化政策。例如武功大姓苏绰倍受重用，成为宇文泰的重要谋臣，官居大行台。自邙山战败，拓跋鲜卑士兵遭受严重损失后，宇文泰进一步依靠汉族士族，"广募关陇豪右，以增军旅"，把关陇著姓和迁居关中的关东强宗子弟作为府兵发展对象。[1]到北周时，宇文邕索性按均田户籍征发府兵，"六户中等以上家有三丁者，选材力一人"[2]，还"诏荆、襄、安、延、夏五州总管内，有能率其从军者，授官各有差"[3]，奖励地方豪右率私兵部曲集体编入府兵。汉人从军者激增，"是后夏人（汉人）半为兵矣"[4]。汉族中有"材力"者成丁的一半被征为府兵，其在府兵系统中的地位是举足轻重的。陈寅恪说："即在关陇所增收编募，亦止限于中等以上豪富之家，绝无下级平民参加于其间"[5]。关陇士族京兆韦氏、杜陵杜氏、弘农杨氏、武功苏氏、上谷侯氏、三原李氏、陇西李氏及关东士族进入关中的分支河东裴氏、

---

[1] 《周书》卷一《文帝纪上》；《周书》卷二《文帝纪下》。
[2] 王应麟：《玉海》卷一三八引《邰侯家传》，上海书店1990年版。
[3] 《周书》卷五《武帝纪上》。
[4] 《隋书》卷二四《食货志》。
[5] 陈寅恪：《隋唐制度渊源略论稿》四《兵制》，生活·读书·新知三联书店1954年版，第132页。

柳氏、薛氏，博陵崔氏，清河崔氏，范阳卢氏，荥阳郑氏，赵郡李氏，顿丘李氏等，其私兵部曲多被编为府兵系统之乡兵。士族子弟也多出任乡帅，不少人还在西魏、北周朝中官居要职。关陇名门如裴文举、韩雄、陈忻、魏玄、卢光均为府兵将军，郭彦、韦瑱、苏椿、田式都任大都督。关东士族如崔士谦、崔说、崔猷、崔彦穆、卢柔、卢辩、卢光、郑孝穆、郑译、李子雄、李昶、柳敏等也都仕于西魏、北周。宇文泰"初置六军"是在公元542年，"广募关陇豪右，以增军旅"在公元543年，"初置乡帅"在公元546年。可见府兵系统初步形成的同时，汉士族私兵部曲就被吸收进来，使乡兵逐步中央化、正规化，实际上是对汉士族私兵部曲的改造整编。乡兵为数甚众，如京兆蓝田王悦募乡里千余人从军，授都督，曾率所部兵从杨忠出征。弘农杨㯿与本郡豪右王覆怜组织义兵三千人举事归附宇文泰，授大都督，后又率义兵万人出征洛阳。[①] 宇文泰力争豪右乡兵纳入府兵系统，原在陇右的鼓励入朝，原在关东的鼓励入关。一些关东汉族著姓被吸引到关中。如温城司马裔率四千余义兵归附宇文泰，授帅都督，并以本兵镇关中。

针对汉族在府兵系统中比例增大，宇文泰为使这一支由拓跋鲜卑、五胡和汉族混合组成的军队团结一致，便积极采取措施泯没其民族成见和地域差别。比如赐汉士族领兵将领以鲜卑复姓，如苏绰弟苏椿赐姓贺兰氏，李远弟李穆赐姓拓跋氏，令狐整赐姓宇文氏等。他们所率乡兵也以统将的鲜卑赐姓为姓氏。为了一致起见，宇文泰把拓跋鲜卑中原已改为汉姓的兵将又重新恢复旧姓，或赐予新的鲜卑复姓。这样，拓跋鲜卑军与汉军在姓氏上的民族差别便消除了。以后，又使代北拓跋鲜卑以关中为籍贯，改其贵姓为"京兆"人，消除地域差别，与关中汉族相融。[②] 汉士族纳入府兵系统，其性质也被改造，成为关陇军事贵族集团主要组成之一。据《周书》列传人物统计，关陇汉族士族入传四十一人，其中官居大将军以上者十二人：陇西辛威、梁台，金城王杰，天水赵文表，

[①] 《周书》卷三三《王悦传》；《周书》卷三四《杨㯿传》。
[②] 《周书》卷二《文帝纪下》；《周书》卷四《明帝纪》；《北史》卷五《西魏文帝纪》。

临洮刘雄，华阴杨绍、杨雄，京兆韦孝宽，安定梁士彦及子刚，梁士彦之苍头（奴隶）梁默，商洛首望阳雄。官居开府、仪同将军者二十人：京兆著姓韦瑱及子峻，京兆山北韦祐，京兆著姓杜杲、杜叔毗，京兆蓝田王悦，武功苏亮及弟椿、侄威，安定望族梁昕及弟荣，安定著姓皇甫璠，陇西著姓辛庆之及族子昂和族人仲景，商洛世雄泉企及子仲遵及孙贞、晊，商洛首望阳雄之子长宽。关东汉士族入传五十一人，其中官居大将军以上者九人：陈留著姓蔡祐，高阳豪族常善，巨鹿耿雄，河东名门柳敏，太原冠族王庆、王轨，河阴阎庆及子毗，河内司马消难。官居开府、仪同将军者二十七人：河东柳昂，河东闻喜裴宽及弟汉及族弟鸿，河东闻喜裴文举，河东汾阳薛舒、薛明、薛寘，河东解人柳庆及子机、侄带韦，河东猗氏樊深、乐逊，太原冀儁，河南东垣韩雄，河南河阳阎庆，洛阳赵刚，河南阳翟褚该，南阳赵文深，河北文安周惠达，范阳卢光、卢诞，渤海李棠，河间黎景熙，巨鹿耿豪，宜阳陈忻，平河蒋升。汉族中还有一批人是江南梁、齐降人及江陵萧詧傀儡集团。这批人在《周书》列传人物中共四十四人，其中官居大将军以上者八人：薛晖、许孝敬及子世武、李广、王操、尹正、魏益德、席世雅。官居开府、仪同将军者十五人：山南豪族李迁哲及弟显及子敬猷，傥城豪族杨乾运及子端、侄略、婿乐广，南安豪族任果，襄阳著姓席固及子世英，士族魏玄、陆通、甄诩、姚僧垣、沈重。

综上，在《周书》入传的汉族合计一百三十六人，约占全部列传人物40%，其中大将军和柱国大将军二十九人，约占全部大将军、柱国大将军的23%。开府、仪同将军六十二人。这证明汉士族进入关陇军事贵族集团者为数不少。他们中有些家族累世显赫，影响远及隋唐。如秦府十八学士中就有京兆杜陵杜如晦，武功苏世长和苏勖，万年姚思廉、颜相时等人。武德四十三功臣及贞观二十四功臣中也有不少关中汉士族。可见，关中汉族士族在关陇军事贵族集团中确有重要地位，而且权势长期稳定。关陇军事贵族集团吸收汉族成员并不仅仅限于有实力的士族，对一些卓有军功的庶族地主，甚至包括奴隶，都能给予殊遇。如梁默是安定梁士彦的苍头（奴隶），凭军功位进柱国大将军，跻身于关陇军事贵族集团最上层。这突出地表现出关陇军事贵族集团的新兴特征和军功特征。[①]

第八节　统一大业奠基人北周武帝宇文邕

一、北周建立与宇文邕上台

生气勃勃的关陇军事贵族集团形成之后，沿着汉化改革、复兴关陇和富国强兵、再现大一统的两个目标继续前进，使关中的经济、军事实力与政治、文化影响不断增长，逐步具备统一全国的基地的资格。在这一过程中，关陇集团继续宇文泰的改革路线，涌现了一批励精图治、锐意进取、敢作敢为的御国英主、治国之才。北周武帝宇文邕，就是其中的佼佼者，也是后来杨隋王朝统一大业的奠基人。

宇文邕是宇文泰第四子，西魏大统九年生于同州，自幼聪敏过人。宇文泰特别偏爱他，曾对人说："成吾志者，必此儿也。"[②]

当时西魏的朝政已完全掌握在宇文泰之手，取而代之的时机已渐成熟。然而宇文泰没有等到这一天。西魏恭帝三年（556），宇文泰在长安云阳宫病死，其第三子宇文觉实现了他的夙愿，次年废除西魏，自立为帝，改国号为周，史称北周（六年前，高欢之子高洋废东魏自立为帝，建立北齐）。但北周王朝一

[①] 王大华：《论关陇军事贵族集团之构成》，载《陕西师大学报》（哲学社会科学版）1990年第1期。到隋唐时期，关陇军事贵族集团中的汉族士族有较大上升。史念海《两〈唐书〉列传人物本贯的地理分布》（载《河山集》五集，山西人民出版社1991年版）有一章专论唐代汉世族。他考证两《唐书》列传中的人物，王姓一百二十一人，出自山西太原王氏三十人，其中关中分支有三人；出自山东琅邪王氏十五人，其中关中分支有五人。卢姓四十六人，出自范阳卢氏三十三人，其中关中分支有九人。至于清河、博陵二崔，在两《唐书》有传的共为七十九人，其中关中分支有六人。此外，河东柳氏关中分支有十二人上列传，陇西李氏关中分支有十三人上列传。至于关中土著世族万年韦氏、杜陵杜氏，两族皆居长安城南，是世代簪缨的大族，在唐代极为显赫，当时俗谚有"城南韦杜，去天尺五"之说。韦家出过皇后、宰相，上列传的有五十七人。杜家累世出宰相，上列传的有十九人。武功苏氏上列传的有十一人，弘农杨氏也有十八人入传。参见王大华：《崛起与衰落——古代关中的历史变迁》，陕西人民出版社1987年版，第191—192页。

[②] 《周书》卷五《武帝纪上》。

建立便陷入内乱之中,从公元557年到572年连续发生宫廷政变。宇文泰之侄宇文护专权,废杀闵帝宇文觉,立宇文泰庶长子宇文毓,是为明帝。不久宇文护又杀明帝,立宇文泰第四子、19岁的宇文邕为帝(即北周武帝),自己仍然把持朝政。以后在长达十一年里,宇文邕一直没有实权。但他"性沉深有远识"①,不甘当傀儡,尤其不满于宇文护伐齐屡败,而且"诸子贪残,僚属纵逸,恃护威势,莫不蠹政害民"②。于是在建德元年(572)三月,他发动宫廷政变,趁宇文护进宫朝见太后之际,杀掉宇文护。30岁的北周武帝才得到了政由己出的地位。他立即施展抱负,大刀阔斧地改革,雷厉风行地用兵,在短短六年之内取得了内政与军事上的一系列成就。

二、宇文邕改革府兵制

宇文邕改革首先是改革府兵制。宇文泰在西魏建立的府兵制,本从鲜卑人的部落兵制发展而来,当时充府兵的主要是六镇鲜卑与关陇豪右,与一般农民无关。北周武帝宇文邕亲政后继续改革,扩大府兵的基础,开始以均田制中的农民充当府兵,从而把府兵制与均田制初步结合起来。均田户为府兵,可以免除赋役,人乐为用;而从民户招募来的府兵持有均田,足以自养,国家无须支饷。这样就大大扩充了北周的军事力量。建德二年(573)"改军士为侍官,募百姓充之,除其县籍。是后夏人(汉人)半为兵矣"③。到宇文邕灭齐时,北周府兵已扩展到二十万人,到隋文帝灭陈时更扩大到五十万之多。均田制与府兵制的初步结合不仅为北周统一大业创造了条件,也成为后来隋唐王朝强盛的军事与经济基础。④宇文邕在改革府兵制的同时,把对均田制和三长制的贯彻也进一步推向深入和彻底,对隐田、隐户现象予以严厉打击,下令凡"正长隐五

---

① 《周书》卷五《武帝纪上》。
② 《周书》卷一〇《晋荡公护传》。
③ 《隋书》卷二四《食货志》。此时,大量民户招募为府兵,是要"除其县籍",改为军户,但仍保留其均田,而原府兵军户尚未落籍州县变为民户,故二者的结合仅在初期阶段。
④ 据《资治通鉴》卷一七七隋文帝开皇十年,隋文帝灭陈后,下令府兵军户在州县落籍,"凡是军人,可悉属州县,垦田、籍帐,一与民同",最终完成府兵制与均田制的彻底结合。

户及十丁以上，隐地三顷以上者，至死"①。这一死刑法令是北魏孝文帝实施均田制、三长制以来，历西魏至北周，推行最为彻底、制裁世族乡绅荫庇土地人口最为严厉的一次，也为府兵制与均田制走向结合，府兵分授均田、均田户变为府兵提供充足的土地与人口保障。

通过改革府兵制，武帝使这一制度初创时具有的浓厚的部落、民族色彩归于消失，也提高了府兵的地位，使它从一种原始"鲜卑化"的蛮族军事组织变成了适应中原农耕经济社会兵农一体化的封建兵制。这不仅有军事上的意义，也有社会进化方面的价值。在宇文泰、宇文护时代，府兵虽名为"禁旅"，实际上控制在各自军府将领手中，皇帝是无法直接调度的。北周武帝杀宇文护后，"收兵符及诸簿书等"②，不久又"改诸军军士并为侍官"③，从此府兵成为名副其实的直辖于皇帝的禁卫军。这对于进一步强化皇帝的集权也有重要意义。

三、宇文邕释奴与毁佛

宇文邕改革其次是释奴与毁佛。北周武帝对社会经济文化制度也做了许多改革。北魏以来，由于拓跋鲜卑族落后野蛮习俗的影响，奴隶制残余仍很浓厚。西魏、北周时也常把成千上万战俘与被征服民众作为奴隶分赐功臣。这些不合历史潮流的做法危害着社会的正常发展。武帝即位及亲政之后，前后五次下诏，释放官私奴婢。北周保定五年（565），下诏："江陵人年六十五以上为官奴婢者，已令放免。其公私奴婢有年至七十以外者，所在官司，宜赎为庶人。"建德元年再诏："江陵所获俘虏充官口者，悉免为民。"④灭北齐后建德六年（577）立即下诏："自伪武平三年（571）以来，河南诸州之民，伪齐被掠为奴婢者，不问官私，并宜放免。其住在淮南者，亦即听还，愿往（住）淮北者，可随便

---

① 《周书》卷六《武帝纪下》。
② 《周书》卷一二《齐炀王宪传》。
③ 《周书》卷五《武帝纪上》。
④ 《周书》卷五《武帝纪上》。仅此一次释奴数量可能达数万人。据《资治通鉴》卷一六五梁元帝承圣三年记载，于谨攻克江陵时，"尽俘王公以下及选百姓男女数万口为奴婢，分赏三军，驱归长安，小弱者皆杀之"。宇文泰"亲至于谨第，宴劳极欢，赏（于）谨奴婢千口及梁之宝物并雅乐一部，别封新野公；（于）谨固辞，不许"。十八年后，宇文邕此诏把江陵俘奴"悉免为民"。

安置。"①同年又下诏："自永熙三年七月已来，去年十月已前，东土之民，被抄略在化内为奴婢者；及平江陵之后，良人没为奴婢者：并宜放免。所在附籍，一同民伍。若旧主人犹须共居，听留为部曲及客女。"宣政元年（578）诏："柱国故豆卢宁征江南武陵、南平等郡，所有民庶为人奴婢者，悉依江陵放免。"②。释奴年限上溯四十三年，涉及关中与关东整个北方及江陵地区，对消除奴隶制残余，发展封建制经济，是有巨大贡献的。（见图4-6）

毁佛是北周武帝改革中最为得意之举。当武帝亲政时，关陇地区有佛教寺院万余所，僧侣百万人，占编户人数的1/10，成为关中的重负。③

图4-6 华阴西岳庙北周庙碑
（王大华摄）

北周天和四年（569），宇文邕召集名儒、名僧、名道士及文武百官两千人在宫内大德殿展开了三教大辩论，结果"儒教"战胜了佛、道二教。第二年，大臣甄鸾上《笑道论》三十六条，指斥道教经书的剽窃和虚诞。佛、道二教对此都很惊慌。长安名僧释道安作《二教论》，请求皇帝为教主，想借此保全佛教。建德元年，武帝来到长安的道教玄都观，亲自主持公卿与道士的辩论。经过长时间的争论和酝酿，宇文邕于建德二年召集百官及沙门、道士，宣布"以儒教为先，道教为次，佛教为后"。建德三年（574）正式下诏废毁佛、道二教，"初断佛、道二教，经像悉毁，罢沙门、道士，并令还民"。④还将寺院土地没收，寺院财富分给群臣，寺观塔庙赐给王公，从而得到关陇军事贵族集团的大力拥护。一时之间，关陇佛法芟夷略尽。

毁佛给关中人民与北周政府都带来很大好处。武帝自己总结为："自废以

---

① 《周书》卷六《武帝纪下》。
② 《周书》卷六《武帝纪下》。
③ 王仲荦：《魏晋南北朝史》下册，上海人民出版社1980年版，第864页。
④ 《周书》卷五《武帝纪上》。

来，民役稍稀，租调年增，兵师日盛，东平齐国，西伐妖戎，国安民乐，岂非有益？"①毁佛后仅三年，北周便完成了灭齐大业，占领关东，统一北方。以后宇文邕又把毁佛运动推行到关东北齐辖境，而且规模更大。共废除寺庙四万所，迫使三百多万僧尼"还归编户"。"尔时魏齐东川佛法崇盛，见成寺庙出四十千，并赐王公充为第宅。五众释门减三百万，皆复军民还归编户。融刮佛像，焚烧经教。三宝福财，簿录入官，登即赏赐，分散荡尽"②。北周武帝发动的这场毁佛运动，给黄河流域的佛教传播以致命的打击，北方佛教几乎湮灭无存，是我国历史上有名的四次毁佛运动即所谓"三武一宗"（北魏太武帝、北周武帝、唐武宗及周世宗）之中最为彻底的一次。

宇文邕毁佛的原因有三：

一是在思想方面。关陇军事贵族集团既然积极推行汉化改革，势必要提倡儒家学说，而儒家思想的核心是仁义、忠孝。因此儒家常视佛教为无君无父、不忠不孝，儒、释之间极为对立。北周要尊崇儒学，确保其统治思想的主导地位，就得抑制对儒家地位提出挑战的、拥有广泛信徒的佛教。在毁佛运动前夕，宇文邕曾召集百官及众多僧道于宫内，在大德殿亲自宣讲《礼记》。当这种温和方法无效时，他就势必采取极端手段。

二是在政治方面。北周武帝一心要强化皇权，而佛教虽然宣扬忍受苦难，顺从世俗统治，但最根本之点还是要鼓吹出世、脱离皇权的。佛教太盛，必危及皇权威信，这对统治阶级是利少弊多，甚至有弊无利。封建统治者对待宗教的态度往往以专制集权利益为尺度，有助于建立和巩固统治权威的就提倡，有害于统治权威的就镇压。北周时的佛教狂热显然更多地属于后者。

三是在经济方面。毁佛的必要性尤为突出。当时北方寺院经济太盛，占田荫户而又不纳赋役，把国家的剥削对象都争夺走了，严重影响国家财政收入与兵役来源。无怪乎"求兵于僧众之间，取地于塔庙之下"③便成了宇文邕毁

---

① 释道宣：《广弘明集》卷一〇《叙任道林辩周武帝除佛法诏》，上海古籍出版社1991年版。
② 《广弘明集》卷一〇《叙释慧远抗周武帝废教》。
③ 《广弘明集》卷二四《谏周太祖沙汰僧表》。

佛的一个重要目的。毁佛运动使他夺回几百万劳动力和无数良田及四万所寺庙财产，增加几十万兵源，大大充实了国家支配的人力物力，为以后完成南北统一大业奠定了基础，也为以后的隋唐文化仍然是儒家占主导地位奠定了基础。（见图4-7）

图4-7　陕西兴平出土北周石刻舞乐图案

（引自何兹全、张国安：《魏晋南北朝史》，人民出版社2013年版，第277页）

四、北周武帝东征灭齐

北周武帝第三个大成就就是东征灭齐，统一北方。北周初年，北周、北齐继西魏、东魏之后继续互为敌国，屡起战端。无论人、地、兵、粮诸方面，北齐均优于北周。在宇文护专权时期，北周伐齐并未占到便宜。因而从北周天和三年（568）起，双方由互相奈何对方不得，而转向通好，开始互相遣使聘问。但北周武帝并未放弃一统之志。他于建德元年亲政后，见"齐氏昏暴，政出多门，鬻狱卖官，唯利是视，荒淫酒色，忌害忠良，阖境嗷然，不胜其弊"[①]，便准备趁机消灭北齐。他整军习武，蓄锐扬威，同时施展远交近攻的谋略，北与突厥和亲，娶突厥可汗女为后，约突厥联兵伐齐；南与陈朝[②]通好，

---

① 《周书》卷三一《韦孝宽传》。
② 江南刘裕废东晋所建刘宋王朝，历六十年（420—479）后被权臣萧道成篡位，建立萧齐王朝，史称南齐。又历二十四年（479—502），皇室萧衍举兵废齐建梁，史称南梁。再五十六年（502—557）后，军阀陈霸先举兵废梁自立为帝，建立陈朝（557—589）。历史上所谓北朝是指北魏、东魏、西魏、北齐、北周五个王朝；南朝是指刘宋、南齐、南梁、陈朝四个王朝。西晋之后，大体上江南东晋与北方十六国相对应，南朝与北朝相对应。如从西晋末年十六国最初的李特、李雄成汉政权和刘渊的汉赵国算起，国家分裂二百八十六年，至隋文帝灭陈，重新统一。

密约中分关东，使陈进兵淮南，牵制北齐。到了建德四年（575），他开始对齐大举出击。（见图4-8）

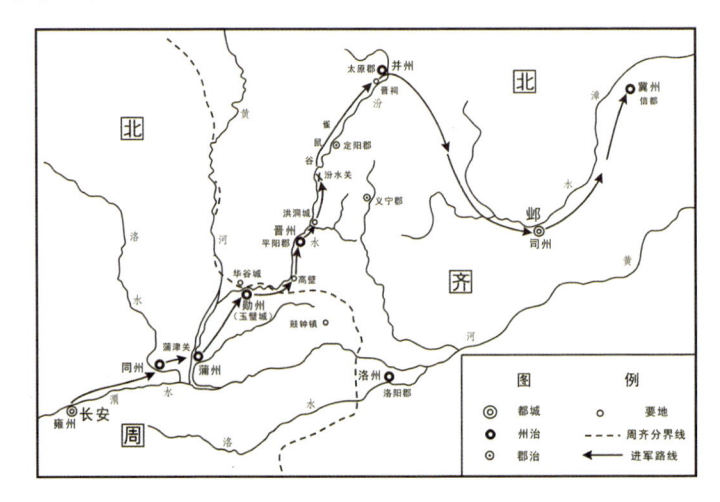

图 4-8　北周灭齐线路图

（引自何兹全、张国安：《魏晋南北朝史》，人民出版社2013年版，第272页）

这年，宇文邕调兵十八万，分两路发动东征。他亲率一路攻下河阴（今河南孟津东北）大城，其弟齐王宇文宪率另一军攻下了洛口东西二城（今河南巩义东北）。接着宇文邕麾军进围洛阳，不克。周军主力转攻河阳（今河南孟州西南）南城之后，进攻中潭城，历时二十天未能得手。北齐派右丞相高阿那肱从晋阳统率大军来援河阳，而北周武帝此时又染重疾，只好退兵。

北周建德五年（576），北周再议伐齐。当时北周的谋臣认为从河阳一路进攻会遇到北齐的重兵堵御，不如避实击虚，改从河东一路突入。武帝遂定计"进兵汾、潞，直掩晋阳"①。

十月三日，北周武帝率步骑十四万五千人大举东征，经由蒲津关渡黄河，沿汾水溯流北上。二十七日，北周军兵临晋南重镇平阳，北齐守将晋州刺史崔景嵩献城投降，北齐坐镇平阳的行台仆射海昌王尉相贵被俘。随后北周武帝命齐王宇文宪率精兵两万为前锋，北取洪洞、永安（今山西霍州），直趋鸡栖原；柱国宇文盛所部步骑一万则前出至汾水关（今山西灵石南）。

---

① 《隋书》卷六六《鲍宏传》。

当北周军长驱北进时,北齐后主高纬正驻跸晋阳,终日寻欢作乐,醉生梦死,带着宠妃到祁连池(今山西宁武西南管涔山上)行猎。①唐朝诗人李商隐《北齐》诗遂有讥讽:"巧笑知堪敌万机,倾城最在著戎衣。晋阳已陷休回顾,更请君王猎一围。"

十月二十五日,高纬调集在晋祠一带的十万北齐军主力救援平阳。但还未离晋阳,平阳就已陷落。

然而这十万北齐军本是代北六镇鲜卑的精锐,来势十分凶猛。当其兵临鸡栖原时,北周前锋宇文宪受武帝之令,主动后撤,一直退到平阳以南,只留梁士彦带精兵一万坚守平阳,以阻滞齐军并寻机"避其锐气,击其惰归"。胸有成竹的北周武帝为示沉静,甚至还忙里偷闲,从河东回长安住了三天,颁诏重申伐齐之志。十二月三日才回到前线。

这时,十一月三日兵临平阳的北齐军已经屯兵坚城之下达月余之久,虽百计猛攻而不可得手,士气渐趋低落,已处在再衰三竭之窘境。武帝抓住这一时机决定反攻。十二月六日,八万周军主力与十万齐军精锐隔壕对阵展开决战。高纬下令齐军填壕而进。两军相搏,齐军东翼稍动,登高观战的宠妃和佞臣便吓得惊呼起来,要高纬赶快先逃。结果本来胜负未定的战局急转直下,北齐后主前脚刚走,全军便涣散不支。兵败如山倒,"军资甲仗,数百里间,委弃山积"。②北齐主力至此一蹶不振。北周军乘胜北进,十二月十日取高壁(今山西灵石东南),十二日取介休,十四日便包围了晋阳。经过关键性的平阳之役,北齐灭亡的结局已定。③

北齐后主高纬逃回晋阳后无心坚守,又要出逃北朔州(今山西朔州),投奔突厥。但此时他已众叛亲离,一出晋阳,随从便四散,他只得改奔都城邺城。他所宠幸的城阳王穆提婆降周,北周武帝虽心鄙其人,却仍封以高爵。在此优待政策感召下,北齐众臣纷纷降附。

高纬逃跑时令北齐宗室安德王高延宗为相国、并州刺史,留守晋阳。高纬

---

① 《北齐书》卷八《后主纪》;《资治通鉴》卷一七二陈宣帝太建八年。
② 《周书》卷六《武帝纪下》;《北齐书》卷八《后主纪》。
③ 《资治通鉴》卷一七二陈宣帝太建八年。

走后，晋阳将帅拥立高延宗为帝。然而不二日，北周军已入城，宝座尚未坐热的高延宗也成了俘虏。

高纬逃回邺都，看到国亡在即，急忙"禅位"给8岁的儿子高恒（北齐幼主），自为太上皇帝。建德六年正月，北周军占领邺城，俘齐幼主。高纬先一日出逃，想去南朝（陈）流亡，但北周军紧追不舍。他从济州（今山东茌平西）逃往青州（今山东青州），终被北周将领尉迟勤俘获。北周武帝曾"与抗宾主礼，并太后、幼主、诸王俱送长安"，至建德七年（578）以谋反罪赐死，"神武子孙所存者一二而已"。北齐任城王高湝在冀州起兵抗周，被宇文宪所歼。北齐范阳王高绍义逃到北朔州，北依突厥，犹自称齐帝，建元"武平"。然而不久突厥便与北周议和，把他引渡给北周，武帝将他流放于蜀，旋即卒于蜀中，北齐自高洋天保元年（550）至此历二十七年彻底灭亡了。北齐所辖五十五州、一百六十二郡、三百八十五县，户三百三十万，口两千万，都归属北周。[①]

当魏分东、西，以后齐、周并立时，北齐本来在地盘、人口、兵力等许多方面是拥有优势的。但由于统治者内政不修，君荒臣佞，终至亡国。而锐意进取的关陇军事贵族集团，在其杰出代表宇文邕的努力下，则引导着北周完成了统一北方的历史重任。

五、北周伐陈与宇文邕抱憾早逝

北方统一之后，北周武帝宇文邕把目光移向了全国统一的最后一个对象——南方的陈朝。武帝伐齐时曾采取过联陈的策略，陈朝宣帝乘北周进军之机派大将吴明彻北上取北齐淮南之地，以便分一杯羹。但北齐一亡，武帝立即兵锋南向，大举伐陈。北周军挟灭齐之锐气，在彭城歼灭了陈军三万余人，俘虏陈朝大将吴明彻，不仅全部夺取了淮南之地，而且饮马长江，把"南北朝"之间的边界前所未有地推移到了仅与陈都建康一水之隔的地步。[②]《周书》卷六《武帝纪下》记：北周武帝"破齐之后，遂欲穷兵极武，平突厥，定江南，一二年间，

---

① 《周书》卷六《武帝纪下》；《北齐书》卷八《后主纪》；《北齐书》卷八《幼主纪》；《资治通鉴》卷一七三陈宣帝太建九年。

② 《资治通鉴》卷一七三陈宣帝太建十年。

必使天下一统，此其志也"。按当时形势看，经过再改革而使关陇军事贵族集团无敌天下的北周要灭陈统一全国已是不可抗拒之势。然而天不假年，平齐之后仅过一年，北周宣政元年，武帝即因病抱憾早逝，年仅36岁。[1]而他在位的十七年中能施展才略的只有杀掉宇文护之后亲执朝政的五年多。在短短五年之间他完成了改革府兵制、释奴、毁佛、灭齐等一系列大事，其作为与气魄的确不凡。无疑，倘若他能享足中年，则统一全国大业就无须留待隋文帝杨坚来完成，或许也无须要延至十一年之后了。《周书》卷六《武帝纪下》末尾"史臣曰：'……五年之间，大勋斯集。……若使翌日之瘳无爽，经营之志获申，黩武穷兵，虽见讥于良史，雄图远略，足方驾于前王者欤。'"所以，北周武帝宇文邕是当之无愧的统一全国大业的奠基人。[2]

可惜命运没有给他这个机会。当北周武帝在而立之年赍志以殁时，他的王朝出现了危机。在一人兴邦、一人丧邦的家天下时代，武帝不幸有个败家之子——北周宣帝宇文赟。他在当太子时就以荒唐闻名，武帝并非不知。而武帝之弟齐王宇文宪则是个文武全才，德识兼备，战功、政绩与威望都很突出。然而封建帝王宇文邕终于没有英明到舍子立弟的程度。结果宣帝一即位，就立即妒杀了叔父宇文宪，接着又拿武帝所信任的一大批宗室重臣与国之栋梁开刀。他喜谀杀谏，纵情声色，刑法苛虐，为政荒怠，行事乖戾，把朝政弄得一塌糊涂。所幸这个昏暴荒淫的皇帝在位不到两年，22岁就病死了。他那年方8岁的儿子宇文阐继位做了小皇帝，即北周静帝。于是外戚专权以至篡位的一幕又在北周上演。北周武帝的姻亲、宣帝的岳父、静帝的外公（静帝虽尊杨皇后为皇太后，但非其亲生，实为朱皇后所出）杨坚先是把持了朝政，继而轻而易举地废杀北周静帝，夺取了北周的天下，黄袍加身，建立隋朝。于是北周武帝未竟的统一大业，就白白送与杨坚来完成，杨坚坐享而成为历史上辉煌的隋唐时代

---

[1]《周书》卷六《武帝纪下》。
[2]《资治通鉴》卷一七四陈宣帝太建十二年记载，宇文邕死后一年多，即公元580年，"是岁，周境内有州二百一十一，郡五百八"。而江南一隅之陈朝仅有"州三十，郡一百"，已远非强盛无敌的北周的对手。

的开创者。① 清人赵翼评曰："古来得天下之易未有如隋文帝者。"②

六、北周赵贵、独孤信事件

杨坚抢了北周静帝的天下，以隋代周，固然是外戚专权使然，但也是关陇军事贵族集团存在深刻的内部派系矛盾所致，是北周皇室宇文氏集团与府兵系统最早的几个柱国大将军长期相互制衡的演变结果。其远因可上溯到北周初年在都城长安发生的赵贵、独孤信事件。

赵贵与独孤信都是宇文泰创立府兵制最早封授的八柱国大将军之一，与宇文泰、西魏皇室元欣、李虎、李弼、于谨、侯莫陈崇等人几乎平起平坐，时称"八柱国家"，权势颇高。③（见图4-9）尤其赵贵，出身武川镇军户，与宇文泰同为贺拔岳军团旧将，在贺拔岳被侯莫陈悦诱杀后，力主诸将迎拥时任夏州刺史的宇文泰为新统帅，功莫大焉。以后赵贵又屡建军功，与独孤信、于谨、李弼、侯莫陈崇同为沙苑决战打败强敌东魏主力的大功臣，在关陇军事贵族集团上层可谓当

图4-9 独孤信多面体煤精组印
（引自王炜林主编：《陕西古代文明》，陕西师范大学出版总社2019年版，第195页）

图4-10 咸阳北原正阳街道后排村北周李昞墓
（李向群摄）

---

① 《周书》卷七《宣帝纪》；《周书》卷八《静帝纪》；《隋书》卷一《高祖纪上》。
② 赵翼：《廿二史札记》卷一五隋文帝杀宇文氏子孙，商务印书馆1958年版，第302页。
③ 刘昫等：《旧唐书》卷一《高祖本纪》，中华书局1975年版。

之无愧的开国元勋。①（见图4-10、图4-11）

独孤信有所不同，虽然也是武川镇酋帅之一，曾随贺拔胜（贺拔岳之兄）出镇荆州，一度兵败降梁，再归西魏后，出任秦州刺史，但与宇文泰关系较疏，又因对魏室态度不同而存有矛盾。②大统十三年东魏讨梁檄文中有一段说西魏的话："独孤如愿（独孤信本名如愿）拥众秦中，治兵劫胁。黑獭（指宇文泰）北备西拟，内营腹心，救首救尾，疲于奔命。"③檄文为炫耀自己后方巩固，说西魏不足对东魏形成威胁，对宇文泰和独孤信之间的矛盾做了夸大，甚至可能包藏离间祸心，但二人有嫌，也已是天下共知。宇文泰封独孤信为首批柱国大将军，又令长子宇文毓纳独孤信长女为夫人（后为明帝独孤皇后），有缓解矛盾予以笼络用意，但始终怀有戒心。他派侄子宇文导接替独孤信为秦州刺史，长期伴其左右，不能不说是一种防范和监视。④所以，独孤信虽然位高权重也属元勋，但可谓与宇文泰和赵贵均为不同的派系。其部下最为倚重的亲信大将就是杨忠（武川镇军人，最早受封的十二大将军之一）。独孤信将14岁小女嫁给杨忠之子杨坚，即后来的隋文帝独孤皇后。

宇文泰虽然对赵贵、独孤信等元勋非常倚重，但实际上也一直精心培植自己的嫡系，主要是亲族宇文导（侄）、宇文护（侄）兄弟，尉迟纲（外甥）、尉迟迥（外甥）兄弟，贺兰祥（外甥），王盟（皇后之兄），以及亲信于谨（姻亲）、李弼（姻亲）等。这些人都位居府兵各军府大将军乃至柱国大将军，或掌禁军，或出镇要塞重镇（如雍、秦）。宇文泰死

图4-11　咸阳北原正阳街道后排村北周李昺墓
（李向群摄）

① 《周书》卷一六《赵贵传》。
② 《周书》卷一六《独孤信传》。
③ 《魏书》卷九八《萧衍传》。
④ 《周书》卷一六《独孤信传》；《周书》卷九《独孤皇后传》。

后，其侄宇文护辅佐宇文泰之子宇文觉废魏建周，专断朝政，"事无巨细，皆先断后闻"。他为专权针对"群公（指各军府大将军）各图执政，莫相率服"，先是削减各军府独立调兵权，下令各军府事务"皆受（宇文）护处分，凡所征发，非（宇文）护书不行"；后又寻机派兵围攻与自己有矛盾的元勋侯莫陈崇（最早的八柱国大将军之一）宅，"逼令自杀"①；并且"朝之大事，皆与于谨及（李）弼等参议"②。于谨和李弼都属宇文氏嫡系，非嫡系赵贵和独孤信被冷遇。这些引起赵贵强烈不满，"每怀怏怏，有不平之色"，"乃与（独孤）信谋杀（宇文）护"。但独孤信在事发时又有变，"及期，（赵）贵欲发，（独孤）信止之"，③致使政变流产。赵贵、独孤信遭宇文盛告发，赵贵遭诛，独孤信"以同谋坐免"，后又被宇文护"逼令自尽于家"。④二人部众尽归宇文护，杨忠、杨坚父子也在其中。但杨忠与宇文护颇有隔阂，"晋公（宇文）护以其不附己，难之"。⑤宇文护还由此而忌恨杨坚，"宇文护执政，尤忌高祖（即杨坚），屡加害焉，大将军侯伏侯寿等匡护得免"⑥。北周明帝宇文毓对杨坚也甚为疑忌。直到十多年后，北周武帝宇文邕发动宫廷政变，杀掉宇文护，深入改革府兵制，并选杨坚长女做太子妃（后为北周宣帝皇后），这场关陇军事贵族集团上层的明争暗斗才平缓下来。但杨坚及妻独孤氏对北周皇室宇文氏仍余恨难消。以后杨坚专权，灭杀政敌尉迟迥等皇亲国戚反叛，进而废杀9岁的静帝（宣帝朱皇后所生，非杨氏血脉），诛灭宇文氏子孙，⑦抢班夺权，是有其世仇内因。⑧独孤氏欲为父报仇，应起了推波助澜作用。杨坚初上台时，独孤皇后"言事多与隋主意合，帝甚宠惮之，宫中称为'二圣'。帝每临朝，后辄与帝方辇而进，至阁乃止。

---

① 《周书》卷一一《晋荡公护传》；《周书》卷一五《于谨传》；《周书》卷一六《侯莫陈崇传》。
② 《周书》卷一五《李弼传》。
③ 《周书》卷一六《赵贵传》。
④ 《周书》卷一六《赵贵传》；《周书》卷一六《独孤信传》。
⑤ 《周书》卷一九《杨忠传》。
⑥ 《隋书》卷一《高祖纪上》。
⑦ 《资治通鉴》卷一七五陈宣帝太建十三年；《周书》卷一三《文闵明武宣诸子》。
⑧ 本目内容据周双林《北周赵贵、独孤信事件考论》，见中华书局编辑部编：《文史》第40辑，中华书局1994年版，第57—66页。

使宦官伺帝，政有所失，随即匡谏"。"上亦每事唯后言是用"。① 独孤氏干政非常明显。而这起于杨坚以外戚执政时，"及周宣帝崩，高祖（杨坚）居禁中，总百揆，后使人谓高祖曰：'大事已然，骑兽之势，必不得下，勉之！'"② 由此而知，杨坚废周建隋，灭族宇文氏，独孤氏当参与其谋。

第九节　西魏、北周时期的陕西民变

一、西魏、北周民变起因

北朝分裂时期，一般地说西魏、北周的内政比东魏、北齐相对清明，在关中掌权的宇文氏比在关东掌权的高氏更为精明强干，以汉化拓跋鲜卑贵族为首的关陇军事贵族集团也比以拓跋鲜卑化汉人贵族为首的关东新军阀集团更富于朝气与进取精神。然而，这一切并不意味着关中人民所受的剥削压迫就比关东人民所受的为轻。事实上，由于西北经济的水平在当时从整体上说不如华北经济，而承担起统一战争发动者重任的西北地区又不能不为此付出代价，因此西魏、北周人民的负担，实比北朝统一初期的北魏时期要重，甚至与北魏分立后的关东东魏相比也重。在宇文泰改革中为西魏定下了立国之制的权臣苏绰，自己也认为所立之制取民太苛。史载他"在西魏，以国用不足，为征税之法，颇称为重。既而叹曰：'今所为者，正如张弓，非平世法也。后之君子，谁能弛乎？'"③ 然而，继西魏之后主持北周国事的"后之君子"不仅没有把这张"弓"松弛一下，反而张得更紧。北周的均田农民，每户每年要交纳田租 5 石，比西魏时上等户交 4 石、中等户 3.5 石、下等户 2 石的定额要高得多，而北周的户调规定一室纳麻 10 斤，更比西魏时一夫一妇纳麻 2 斤的定额整整高出 5 倍之多！④ 虽说是统一大业的"国用"所需，但剥削的实质并不因此而改变，而过度地敲骨吸髓以至引起人民的反抗，也就毫不奇怪了。

---

① 《资治通鉴》卷一七五陈宣帝太建十三年；《隋书》卷三六《文献独孤皇后传》。
② 《隋书》卷三六《文献独孤皇后传》。
③ 《隋书》卷四一《苏威传》。
④ 王仲荦：《魏晋南北朝史》下册，上海人民出版社 1980 年版，第 611—612 页。

二、赵青雀与于伏德长安造反

实际上，北魏末年关陇大起义失败后，其余波在西魏时犹未全息。西魏大统四年（538）时，就有莫折父子的后人莫折后炽在关东起义的老根据地陇东秦、泾一带"连结贼党，所在寇掠"，西魏行泾州事史宁"屡战频北"，①"历时不克"②。当时的统治者惊呼：起义者"同恶相济"，"聚结岁久，徒众甚多，数州之人，皆为其用"③，使其束手无策。莫折后炽的活动直到大统末年才被镇压下去。莫折后炽起兵的这一年，长安城里还发生了一起影响很大的战俘暴动。沙苑之役后，西魏举兵东伐，"关中留守兵少，而前后所虏东魏士卒，皆散在民间，乃谋为乱"。一时"关中大震恐，百姓相剽劫"。于是沙苑战俘赵青雀便与雍州民于伏德等在关中造反。赵青雀据有长安子城（瓮城），于伏德袭据咸阳，"各收降卒，以拒还师"。西魏主闻讯，遣宇文泰回定关中，宇文泰与华州刺史宇文导分头向长安、咸阳的造反者进攻。经过激烈战斗之后，咸阳、长安子城先后被攻破，于伏德与赵青雀皆败死。④这次暴乱的背景较复杂，从太守慕容思庆、太傅梁景睿均卷入其事看来，显然有上层动乱的因素。但就主导方面来说，这次暴动是以赵青雀为首的"东人"和以于伏德为首的"雍州民"联合发动的。就"东人"而言，他们在被俘而"散在民间"之后已不复为东魏官方武装的成员。虽然在感情上他们仍然心怀故土，并"诈言大军（指西魏军）败绩，东寇将至"⑤，亲"东"情绪十分明显，但已不能把他们的暴动简单地视为东、西魏斗争的一部分。事实上，在北周武帝五次颁布释奴令以前，西魏、北周仍沿袭鲜卑的旧习，惯于把战俘分赐臣子为奴。因此战俘暴动实质上是带有奴隶暴动的性质，这也是"雍州民"能与他们结盟的原因。而"雍州民"的造反无疑是对当局压榨的反抗。

---

① 《周书》卷二五《李贤传》。
② 《周书》卷二七《梁台传》。
③ 《周书》卷二五《李贤传》。
④ 《周书》卷二《文帝纪下》。
⑤ 《北史》卷六九《陆通传》。

三、关中与陕北民变

北周时期关中、陕北还发生过其他一系列民间反抗事件。北周武成年间（559—560），关中同州与陕北延州（今陕西延安）界上发生了稽胡郝阿保、刘桑德等人领导的造反。北周为此派出柱国豆卢宁会同延州刺史高琳率军镇压。保定初，公元561年前后，关中莲勺（今陕西蒲城、渭南间）等地"数有群盗"，"郡县不能制"。①天和二年（567），陕北又发生郝三郎领导的各族人民起义，起义者包括"丹州（今陕西宜川东）、绥州（今陕西绥德）、银州（今陕西榆林鱼河堡）等部内诸胡"，会合延州蒲川的绿林豪杰，"频年逆命"，给统治者造成很大威胁。②

四、陕南民变

西魏、北周时期还有一个特点，即今陕南地区人民反抗斗争特别活跃。这一方面是因为这一带属于南、北朝分界地带，又是山区，统治力量较为薄弱，因而成为绿林啸聚之所，另一方面这一带在这个时期居民民族构成复杂，羌、氐诸部众多，民族矛盾也容易导致反抗活动。同时，南朝也时而插手这里的人民反抗，企图火中取栗，从而使这里更成了多事之区。

早在西魏大统初，公元535年后，就有"梁州民"皇甫圆、姜晏"聚众南叛"③，一度攻陷汉中。南朝梁武帝派兵接应，造反者最后在西魏军的讨伐下都投奔了梁。大统四年，南岐州（今陕西凤县）氐族苻安寿起兵反抗西魏，自号"太白王"，一时"州郡骚动"。④后来官军侯莫陈顺前来镇压，苻安寿败降。西魏废帝元年（552），陕南东部的东梁州（今陕西石泉）"民叛"，首领为"安康贼"黄众宝，他"连结汉中，众数万，攻围东梁州"⑤，并得到了"蛮帅"杜清和的援助。民叛的原因主要是"东梁州刺史刘孟良在职贪婪，民多背叛"⑥，反剥削反压迫的性质是很明显的。在黄众宝率领下义军一度发展很快，

---

① 《周书》卷三六《刘志传》。
② 《周书》卷四九《胡传》。
③ 《周书》卷四四《杨乾运传》。
④ 《周书》卷一九《侯莫陈顺传》。
⑤ 《周书》卷二八《陆腾传》。
⑥ 《周书》卷四四《泉仲遵传》。

攻下了魏兴郡，杀死了西魏的魏兴、华阳二郡太守柳桧。后来黄众宝受了招安，"民叛"遂失败。西魏恭帝初年，公元554年后，陕南发生了更大规模的造反。直州（今陕西石泉）民乐炽、洋州（今陕西西乡）民田越、金州（今陕西安康）民黄国等"连结为乱"①，数州震动。宇文泰令雁门公田弘、开府仪同三司贺若敦率军镇压，结果"不克"，宇文泰又派车骑大将军李迁哲增援陕南，才把造反镇压下去。②

北周建立后，陕南仍然多事。武成初，公元559年后，凤州（今陕西凤县）人仇周贡、魏兴等聚众起兵，"自号周公"，有众八千人，攻破了广化郡（今陕甘界上徽县一带），围攻广业、修成二郡（均在今宝成铁路西陕甘交界处），又"攻没诸县"。北周政府派开府赵昶会同诸郡兵把周贡镇压了下去。在此前后，陕南西部嘉陵江上游一带还发生了"武兴氏""固道（今陕西凤县）氏魏天王"和兴州（今陕西略阳）人段吒及"氐酋"姜多等一系列氐族与其他各族反抗。③北周保定二年（562），有"洛州民周共妖言惑众，假署将相，事发伏诛"④。北周天和三年，又有梁州一带的"獠人"起事⑤，等等。

西魏、北周时期的这些民众反抗斗争，虽然没有发展到北魏末年大起义那样的规模，更不可能改变封建统治下人民受压榨的状况，但其对于迫使统治者缓和其暴敛政策、加快民族融合，都起了一定的促进作用。

---

① 《周书》卷四四《李迁哲传》。
② 《资治通鉴》卷一六五梁元帝承圣三年。
③ 张泽咸、朱大渭编：《魏晋南北朝农民战争史料汇编》，中华书局1980年版，第821—822页。
④ 《周书》卷五《武帝纪上》。
⑤ 《周书》卷四九《獠传》。

第五章

胡汉交融的魏晋南北朝时期的陕西文化

魏晋南北朝时期的陕西文化，在文学、诗赋、经学以及教育诸方面都无法与汉、唐相比，也远不如同时代的江南诸朝。但另一方面，关中是胡汉大融合的主要熔炉，形成互相濡染的多元文化。关中也是佛教东传的主要场所，形成"三教"交融互争。这两大特点，实为隋唐时期中国文化出现新高潮的重要基础。

本章重点有五。其一是关中的祈佛热与北魏、北周的两次毁佛运动；其二是关中大众文化中流行的"胡床""胡饼""胡乐""胡舞"及"胡服"；其三是科技传承与创新中神奇的"翻车""木牛流马""欹器"以及"筑城法"与"针灸甲乙经"；其四是华、梵诸僧传经取经中最为著名的鸠摩罗什与法显；其五是关中教育的家传私学。

第一节　儒、佛、道的交融互争与祈佛毁佛

一、魏晋南北朝时期陕西文化的特点

魏晋南北朝时期的陕西，在政治、经济方面的情形是从衰落到酝酿着又一次崛起，而在文化上的情形则要复杂得多。从某种意义上说，这一时期的陕西文化处于汉、唐两个高峰之间的衰落期，相较于关中文坛在汉赋、唐诗方面的成就，关中人在六朝骈体文之类的领域中的成就则是无法与关东及南朝相比的。关中在汉代经学与宋元理学方面都走在全国前面，而魏晋玄学虽然冲破两汉独尊儒学的束缚，但与关中的缘分就浅得多。而另一方面，这一时期的关中是民族大融合的主要熔炉之一，从而也成为文化多元交融的基地。十六国到北朝诸胡政权多尊儒重教，在关中形成了因袭东汉的北方儒学。汉中原始五斗米道后经寇谦之改造而成官方尊奉的北天师道，兴盛于关中。同时，关中也是外来文化——佛教文化传入中国的主要孔道。因此关中是"三教"斗争的主战场之一。而民族融合与"三教"的交融互争，实为隋唐以后中国文化出现新高潮的主要基础。因此，魏晋南北朝时期以文化多元和"三教"交融互争且佛教甚盛为特点的陕西文化在中国文化中的重要地位是非常突出的。

二、从三国时期的原始道教到北周时期的长安道教

原始道教是中国土生土长的宗教，最早产生于东汉末年顺帝时期。最早史载是《后汉书》卷三〇下《襄楷传》及其注释。顺帝时，琅邪人宫崇上其师干吉于曲阳泉水上所得神书百七十卷，号《太平清领书》。以后张角据此为《太平经》，创太平道教，十余年间，在关东八州拥众数十万，到灵帝光和七年发动黄巾大起义。

与太平道教同时，丰沛人张道陵创立五斗米道教。顺帝至桓帝时，张道陵离开东方滨海之乡，西行"客蜀"，"学道鹄鸣山中，造作道书（相传为《老子想尔注》）以惑百姓，从受道者出五斗米，故世号米贼。陵死，子衡行其道。衡死，鲁复行之"。张衡在灵帝光和年间（178—184）将五斗米道教传至汉中，

与关东太平道教同步发展兴起。[①]张衡子张鲁及其母在成都传教时结交益州牧刘焉，受到重用，奉派攻打汉中郡，时值董卓之乱。张鲁乘机以政教合一方式割据汉中和巴郡，大行其道，形成独立王国。张鲁以五斗米道治民，在经济上依教规每户出五斗米，具有均税、轻税及平等性质；在政治上"宽惠"和"无刑而自治"。这深得"巴汉夷民"欢迎，"民夷信向"，"关西民从子午谷奔之者数万家"。当时关东"白骨露于野，千里无鸡鸣"（曹操《蒿里行》），而汉中与巴郡却是"财富土沃"，仓库充实，人口激增至十万户以上。张鲁凭借五斗米道教"雄据巴、汉垂三十年"，后败降于曹操。[②]

此后，原始道教在关东、关中，甚至江南，仍然延续不绝，并且屡成两晋南北朝民间起义之号召。西晋末年，有"李流寇蜀"和"妖贼"张昌起义，二人都是当地原始道教教主。[③]与此同时，匈奴刘渊起兵称"汉王"建立汉国，也是为应原始道教"汉祚复兴"的谶记。刘渊及其家族都是原始道教的教众，很可能，刘渊本人还是一名教主。[④]晋怀帝时，关中有信奉五斗米道的"五斗叟"，"聚众数千为乱，屯新丰"。[⑤]东晋时著名的孙恩起义，其"世奉五斗米道"，"众数十万"。[⑥]到北魏时，还有"妖人刘举自称天子"。[⑦]当时"世间诈伪，攻错经道，惑乱愚民，但言'老君当治，李弘应出'。天下纵横，返逆者众，称名'李弘'，岁岁有之。……称'刘举'者甚多，称'李弘'者亦复不少"。[⑧]

[①]《三国志·魏志》卷八《张鲁传》注引《典略》记载："熹平中，妖贼大起，三辅有骆曜。光和中，东方有张角，汉中有张修（裴注指张衡）。骆曜教民缅匿法，角为太平道，修为五斗米道。"关中三辅骆曜虽与张角、张衡并称为"妖贼"，但其是否属原始道教存疑，暂且不论。

[②]《三国志·魏志》卷八《张鲁传》及注引《典略》；《后汉书》卷七五《刘焉传》及注引《魏略》。详见本书第一章第二节。

[③]《晋书》卷一〇〇《张昌传》。

[④]方诗铭：《"汉祚复兴"的谶记与原始道教——晋南北朝刘根、刘渊的起义起兵及其他》，载《史林》1996年第3期。

[⑤]《晋书》卷五《孝怀帝纪》。

[⑥]《晋书》卷一〇〇《孙恩传》。

[⑦]《魏书》卷七上《高祖纪上》。

[⑧]方诗铭：《释"张角李弘毒流汉季"——"李家道"与汉晋南北朝的"李弘"起义》，载《历史研究》1995年第2期；方诗铭：《"汉祚复兴"的谶记与原始道教——晋南北朝刘根、刘渊的起义起兵及其他》，载《史林》1996年第3期。

直到北魏末年，关东还有"妄说图谶""作诡道厌祝之法"的原始道教教主刘灵助率幽、瀛、沧、冀四州之信徒起兵，自称"燕王"。①

但另一方面，原始道教分化，屡经士人改造而成官方道教。两晋之际的葛洪，炼丹终生，著《抱朴子》，内篇言道，外篇言儒，首开儒道结合，"道者，儒之本也；儒者，道之末也"，初建魏晋道教哲学体系。北魏太武帝时，"少修张鲁之术"为五斗米道教信徒的寇谦之，先后入华山、嵩山修道三十载，"清整道教，除去三张（陵、衡、鲁）伪法"，"专以礼度为首"，"佐国扶命"，代张陵为天师，献道书于北魏太武帝，被尊为国师，是为北天师道教主。②

自寇谦之后，原始五斗米道教脱胎换骨，被改造成官方尊奉的、具比较完整的道教教理教义的北天师道而在北方兴盛起来，与儒、佛并为"三教"，在关中影响日深。③据《隋书》卷三五《经籍志四》记载，北魏太武帝拓跋焘"于代都（即平城）东南起坛宇，给道士百二十余人，显扬其法，宣布天下。太武亲备法驾，而受符箓焉。自是道业大行，每帝即位，必受符箓，以为故事……后周承魏，崇奉道法，每帝受箓，如魏之旧"。明晰可证，西魏、北周诸帝在长安承袭北魏太武帝，非常尊崇北天师道。北周建德元年，宇文邕亲至长安的道教玄都观，"亲御法座讲说"，主持公卿与道士"论难"。次年，宇文邕再次召集百官及沙门、道士，"辨释三教先后"，宣布"以儒教为先，道教为次，佛教为后"。建德三年五月，宇文邕下诏："初断佛、道二教，经像悉毁，罢沙门、道士，并令还民。"但并非赶尽杀绝，到六月又有所松动，诏令："至道弘深，混成无际，体包空有，理极幽玄。但歧路既分，派源逾远……道隐小成，其来旧矣。不有会归，争驱靡息。今可立通道观，圣哲微言，先贤典训，金科玉箓，秘迹玄文，所以济养黎元，扶成教义者，并宜弘阐，一以贯之。"④这表明，宇文邕虽严禁佛、道，迫令还俗，强夺寺庙财产、土地，但对佛、道教义，在思想上并不禁锢。

---

① 《魏书》卷九一《刘灵助传》。
② 《魏书》卷一一四《释老志》。
③ 刘宋时庐山道士陆修静整理道书千卷，编著道教仪范百卷，而成南天师道教主。萧梁时"好阴阳五行""受道经符箓"的陶弘景深受梁武帝恩遇，亦成南方道教代表人物，"朝士受道者众"。
④ 《周书》卷五《武帝纪上》。

其子宇文赟（北周宣帝）上台后，即诏弛禁，道教与佛教都得以复原。延至隋，道教在"开皇初又兴"，"大业中，道士以术进者甚众"。[①]到唐武德八年（625），唐高祖诏令规定"三教"次序：道先，儒次，佛最后。[②]

需要说明的是，北天师道自北魏太武帝拓跋焘"显扬其法，宣布天下"，"自是道业大行"。[③]但在北齐天保六年（555），高洋在关东齐境内曾一度禁道。《资治通鉴》卷一六六梁敬帝绍泰元年（555）记载，"八月，……齐主还邺，以佛、道二教不同，欲去其一，集二家论难于前，遂敕道士皆剃发为沙门；有不从者，杀四人，乃奉命。于是齐境皆无道士"。高洋逼道士改教入佛门，于史称奇。"齐境皆无道士"，可想不少道士必西奔关中。

三、关中儒学凋敝与传承汉学旧绪的北方儒学

汉末大乱，不仅造成了惨重的物质与生命损失，带来了严重的社会危机，也造成了自董仲舒以来维系人心的汉儒精神大厦的坍塌，带来了深刻的信仰危机。关中首当其冲，从两汉经学的重要基地，演变为北朝关中儒学的严重凋敝状况。不仅东汉时杜林、贾逵、马融、李育、赵岐等名家辈出的学林盛世不复再见，而且汉末儒士的那种清议自许的道德优越感也大为减退。北朝关中不仅罕有宗师大儒，而且少数成名的儒学家的道德形象也已大不如前。如北魏时的弘农郡华阴人徐遵明（475—529），是这一历史时期关中籍最知名的儒学大师。他幼孤好学，求学关东，历事数师，俱不终业。一天指心自语说："吾今始知真师所在。"于是"居于蚕舍，读《孝经》、《论语》、《毛诗》、《尚书》、《三礼》"，不出门院达六年之久，"知阳平馆陶赵世业家有《服氏春秋》，是晋世永嘉旧本，遵明乃往读之"。复经数载，终于博通诸经，手撰《春秋义章》三十卷，"讲学于外二十余年"，"海内莫不宗仰"，"称大儒"，"冠盖一时，师表当世"。然而他却"颇好聚敛，有损儒者之风"。[④]可见这时儒学的道德感召力与儒者的人格魅力都下降甚巨。

---

① 《隋书》卷三五《经籍志四》。
② 宋敏求编：《唐大诏令集》卷一一三《道士女冠在僧尼之上诏》，商务印书馆1959年版。
③ 《隋书》卷三五《经籍志四》。
④ 《魏书》卷八四《儒林·徐遵明传》。

儒风日颓而"玄"风大起。以黄老自然无为之说来力矫汉儒之弊的玄学，在魏晋南北朝间盛极一时。然而当时的关中已不再是文化中心，"正始玄学"犹如"建安文学"一样主要是关东的文化运动。而在关中，除北地"三傅"（傅祗、傅玄、傅咸）具有一定程度的玄学倾向（在当时处于危机之中的关中不可能不出现"玄学化"的倾向），而且拥有全国性影响外，并没有出现过具有全国性地位的重要玄学家。相反地，在玄风日炽的晋朝，关中却出现了像杜预[①]那样承汉学之旧绪而为六朝之绝响的古文经学家与考据家。这似乎表明当时关中之学在全国处于一种在演进节奏上的缓慢状态。关中这种在凋敝中又有传承汉学之旧绪特点的儒学，被称为"北方儒学"。

魏晋南北朝时期，关中名门中出了一些高士大儒，可视为北方儒学的代表。

（1）首推华阴杨修。弘农华阴杨氏，在东汉时"四世三公"，与汝阳袁氏"俱为东京名族"。杨氏累世家传经学，上起杨震之父杨宝，再到杨震及子孙杨秉、赐、彪，五代都是"少传家学"，以通经而成关中经学大师。杨震被诸儒誉为"关西孔子"，子杨秉、孙杨赐分别以经师侍讲桓、灵二帝。汉献帝时，杨彪亦是"少传家学"而至司徒、司空、尚书令。其子杨修为当世名士，才思敏捷，博学能文，与曹植为文友，惜遭曹操所杀英年早亡。杨修"所著赋、颂、碑、赞、诗、哀辞、表、记、书凡十五篇"[②]，颇有影响，可谓魏晋传承汉学之旧绪的北方儒学之最早代表。[③]

（2）西晋初，京兆杜陵杜预是"博学多通"的文武奇才，除在平吴之役立下卓勋之外，自谓"臣有左传癖"，其晚年"耽思经籍，为《春秋左氏经传集解》"，"又参考众家谱第，谓之《释例》。又作《盟会图》、《春秋长历》，备成一家之学，比老乃成"。[④] 他的《春秋左氏经传集解》是《左传》注疏中流传至今

[①] 本章对思想与学者的介绍主要是从文化模式研究的角度进行。他们的学术成就及其在思想史上的地位，可详见《陕西通史·思想文化卷》第四章。

[②] 《后汉书》卷五四《杨震传》及附子孙各传。

[③] 魏晋南北朝史上限，有人定为曹丕称帝的黄初元年，有人定在赤壁之战以后。何兹全认为，建安元年曹操挟持汉献帝迁都许昌，是新的历史形式的一个开端，是三国序幕的开始，应该作为魏晋时期的上限。（何兹全、张国安：《魏晋南北朝史》，人民出版社2013年版，第1页引言）

[④] 《晋书》卷三四《杜预传》。

最早的一种，收入《十三经注疏》。杜预是有家传经学渊源的。其祖杜畿为曹魏名臣，在河东开学宫，"亲自执经教授，郡中化之"，"至今河东特多儒者，则畿之由矣"。其父杜恕，曾著《体论》八篇、《兴性论》，"成一家言"。①杜恕弟杜宽，通"经传之义……删集《礼记》及《春秋左氏传》解，今存于世"。②杜家多通经学，盖因祖上为西汉名臣御史大夫杜延年，有汉儒家风矣。

（3）北地泥阳傅氏出自西汉只身刺杀西域楼兰王而封侯的傅介子。魏晋时，傅家迭出名臣傅嘏、傅祗父子及傅玄、傅咸父子等，时称"关中三傅"，实为四人，均为大儒。傅嘏对司马师执政及司马昭当政居功至伟，裴松之注评："傅嘏识量名辈，寔当时高流。"其子傅祗曾亲笔书写家训，"辞旨深切，览者莫不感激慷慨"，并"著文章驳证十余万言"。傅祗子傅畅"撰《晋诸公叙赞》二十二卷，又为《公卿故事》九卷"。③傅玄是傅嘏同族兄弟，更是西晋名儒，"著述不废"，"撰论经国九流及三史故事，评断得失，各为区例，名为《傅子》，为内、外、中篇，凡有四部、六录，合百四十首，数十万言，并文集百余卷行于世"。司空王沈赞曰："省足下所著书，言富理济，经纶政体，存重儒教，足以塞杨墨之流遁，齐孙孟于往代。"其子傅咸名气更胜于其父，"好属文论"，有"近乎诗人之作"称誉。④他还以赋著名，今有赋存30余篇、诗10余首。

（4）京兆长安人挚虞，虽不属士族，但其父曾任曹魏太仆卿，也是儒学世家。他是晋末有名高士，官至太常卿，曾作长赋《思游赋》《太康颂》，被《晋书》全文收录；还著《礼志》，撰《族姓昭穆》十卷，作《舆服志》，"撰《文章志》四卷，注解《三辅决录》，又撰古文章，类聚区分为三十卷，名曰《流别集》"，⑤品评时文，究其所以，"为世所重"，至今都有影响。挚虞之师皇甫谧，是东汉太尉皇甫嵩曾孙，"博综典籍百家之言"，"有高尚之志，以著述为务，自

---

① 《三国志·魏志》卷一六《杜畿传》及注引《魏略》；《三国志·魏志》卷一六《杜恕传》。
② 《三国志·魏志》卷一六《杜恕传》注引《杜氏新书》。
③ 《三国志·魏志》卷二一《傅嘏传》；《晋书》卷四七《傅祗传》。
④ 《晋书》卷四七《傅玄传》；《晋书》卷四七《傅咸传》。
⑤ 《晋书》卷五一《挚虞传》。

号玄晏先生",甘为隐士,招收门徒,终身不仕。一生著述颇丰,除诗赋文论之外,"又撰《帝王世纪》、《年历》、《高士》、《逸士》、《列女》等传,《玄晏春秋》,并重于世",其倡薄葬之著《笃终》影响甚大。他的门生中"挚虞、张轨、牛综、席纯,皆为晋名臣"。①

(5)十六国时有弘农郡董景道,"明《春秋三传》、《京氏易》、《马氏尚书》、《韩诗》,皆精究大义。《三礼》之义,专遵郑氏,著《礼通论》非驳诸儒,演广郑旨",后"隐于商洛山"。刘曜曾"征为太子少傅、散骑常侍,并固辞"。②同样隐居商洛山中的还有自幼专攻《易经》、教授经学的台产,刘曜敬重之,请出山,"岁中三迁"。③

此外,京兆人韦谀亦为名儒,"雅好儒学,善著述,于群言秘要之义,无不综览",先后任职于刘曜(前赵)、石季龙(后赵),"著《伏林》三千余言,遂演为《典林》二十三篇。凡所述作及集记世事数十万言,皆深博有才义"。④

(6)北魏时有北地泥阳人梁祚,"历治诸经,尤善《公羊春秋》、郑氏《易》,常以教授","撰并陈寿《三国志》,名曰《国统》,又作《代都赋》,颇行于世"。⑤北魏最著名的关中籍大儒当数"冠盖一时,师表当世"的华阴人徐遵明。他熟读《孝经》《论语》《毛诗》《尚书》《三礼》及《春秋》,"手撰《春秋义章》,为三十卷。是后教授,门徒盖寡,久之乃盛。遵明每临讲坐,必持经执疏,然后敷陈,其学徒至今浸以成俗。遵明讲学于外二十余年,海内莫不宗仰",然"颇好聚敛,有损儒者之风"。⑥当时"凡是经学诸生,多出自魏末大儒徐遵明门下"⑦。

(7)西魏、北周时,有陇西狄道人辛彦之,其祖为西魏凉州刺史,父为北周渭州刺史。辛彦之"博涉经史","后入关,遂家京兆",亦可属长安人。"时

---

① 《晋书》卷五一《皇甫谧传》。
② 《晋书》卷九一《儒林·董景道传》。
③ 《晋书》卷九五《艺术·台产传》。
④ 《晋书》卷九一《儒林·韦谀传》。
⑤ 《魏书》卷八四《儒林·梁祚传》。
⑥ 《魏书》卷八四《儒林·徐遵明传》;《北史》卷八一《儒林上·徐遵明传》。
⑦ 《北齐书》卷四四《儒林传》。

国家草创，朝贵多出武人，修定仪注，唯彦之而已"。北周闵帝时，"专掌仪制"。后到隋文帝时，历国子祭酒、礼部尚书，并与少时学友天水牛弘合撰新礼。① 当时长安还有个"先世当为西域何国人"的何妥，其父通商入蜀，遂家郫县，号为"西州大贾"。何妥"少好音律"，精通经学，北周文帝时，与武功苏威（苏绰之子）并重为文臣，"撰《周易讲疏》三卷、《孝经义疏》四卷"，还撰"《封禅书》一卷、《乐要》二卷、文集十卷，并行于世"。② 但辛与何毕竟属外来的长安人。

西魏、北周关中本土最有影响的儒学世家当数名门望族武功苏氏。西魏宇文泰改革主要谋臣苏绰，"武功人，魏侍中（苏）则之九世孙也。累世二千石。父（苏）协，武功郡守"。"绰少好学，博览群书，尤善算术。从兄（苏）让为汾州刺史"。苏绰缘苏让推荐而为宇文泰赏识，成就了一番伟业，除了闻名于世的《六条诏书》出自其手，他还为宇文泰代制大诰，"自是之后，文笔皆依此体"。"又著《佛性论》、《七经论》，并行于世"，③ 也是经学有成。

苏绰子苏威在北周文帝、武帝时袭爵为官，娶宇文护女新兴公主，到隋文帝时成为权臣，"与高颎参掌朝政"，史官论曰"历事二帝，三十余年"，"志识沈敏，方雅可称"。④ 苏绰从兄苏亮自小与苏绰"俱知名"，深得河内常景所器重，誉为"秦中才学可以抗山东者，将此人乎。"苏亮与苏绰齐名，"然（苏）绰文章稍不逮（苏）亮，至于经画进趣，（苏）亮又减之。故世称二苏焉"。苏亮"少通敏，博学好属文，善章奏，与弟（苏）湛等皆著名西土，一家举二秀才"，"（苏）亮自大统（西魏）以来，无岁不转官，一年或至三迁"，"所著文笔数十篇，颇行于世"。⑤

苏亮弟苏湛、苏让均以西土名士而分别官至中书侍郎、南汾州刺史，"有

---

① 《北史》卷八二《儒林下·辛彦之传》。
② 《北史》卷八二《儒林下·何妥传》；《隋书》卷七五《何妥传》。
③ 《周书》卷二三《苏绰传》；《北史》卷六三《苏绰传》。
④ 《周书》卷二三《苏绰传》；《北史》卷六三《苏绰传附苏威传》。
⑤ 《周书》卷三八《苏亮传》；《北史》卷六三《苏绰传附苏亮传》。

善政"。① 武功苏氏以经儒才学累世高官名宦,家学渊源自是显而易见的。

四、关中的"佛教热"

佛教之传入中国始于东汉,但在东汉尚无多大影响。魏晋以后则不然,"佛教热"像一股旋风自北而南席卷了整个中国。究其原因,一是由于精神危机造成的信仰真空需要新东西给以填补,而在危机状态下固有文化的半解体状况也减弱了它"排异"的能力。二是由于民族大融合,一方面使西域地区一些原先信奉佛教的民族(如大月氏等)成员进入内地,另一方面受儒家文化影响相对较小的一些民族对佛教也少有"先入为主"的排斥力,而这一时期他们的人口在北部中国人口中占着相当大的比重。这种情况当时在关中比国内其他地方又表现得更为突出。加上在地理上关中又适处在佛教从中亚传入内地的通道枢纽。这一切便使关中一时成了当时中国的佛教传播中心。

在佛教的流传与兴盛过程中,关中出现了一批有全国影响的大寺名刹。如现今扶风县的法门寺,据传早在东汉时,笃信佛法的印度阿育王分葬佛祖释迦牟尼遗骨8.4万份,关中辗转获葬佛祖指骨一节,建舍利塔供奉。又因塔而置寺(见图5-1)。于是在其"圣冢"(今陕西扶风县北10公里之法门镇)兴起了这座被称为"关中塔寺之祖"的华夏名刹。② 它真正兴旺是在北朝期间开始的,当时称为"阿育王寺"。北周武帝毁佛时一度蒙尘,隋时恢复改称"成实道场",唐时才有法门寺之名,并为尊奉佛指舍利而宏建地宫供养,法门寺升格为皇家寺院。驰名中外的法门寺塔,作为砖塔虽晚至明代才建成,但在阿育王寺时

图5-1 扶风法门寺遗址
(李向群摄)

---

① 《周书》卷三八《苏亮传附苏湛传》;《北史》卷六三《苏绰传附苏湛传》;《北史》卷六三《苏绰传附苏让传》。
② 根据现存寺内最早的北魏残碑《千佛造像碑》文字和有关文献推算,法门寺建寺年代应在北魏孝文帝太和二十三年(499)或稍早时间。

期它已经作为木塔而矗立在关中平原上。①（见图5-2）

鸠摩罗什在后秦时讲经译经所居的逍遥园，原是一座世俗的园林馆阁式建筑，因鸠摩罗什的活动也发展为一座佛教名寺。鸠摩罗什70岁时圆寂于此，火化后即葬于逍遥园内，筑有一座著名的舍利宝塔。该塔用砖青、玉白、乳黄等八种颜色的大理石雕刻镶砌而成，高近2.5米，八面十二层，有"八宝玉石玲珑塔"之美称。它的塔身浮雕纹饰精美，形式别致独特。塔盖作屋脊形，盖上有圆顶珠，下有阴刻佛像。塔中部为八棱形龛，龛前方刻门，左右纵刻格子窗，龛下环绕三层流云、蔓草浮雕，塔底有须弥山座。至今仍为著名古代建筑与雕刻艺术珍品。逍遥园本身在鸠摩罗什身后改名栖禅寺，后来从地得名，称"草堂寺"，寺在今陕西西安市鄠邑区草堂镇草堂营村，地处秦岭余脉的圭峰之北。寺内林木葱郁，绿树红墙，四合院式布局，上为大殿，供奉释迦牟尼佛，东西配有禅房，二门两侧有护碑走廊，上刻托名唐玄宗写的一首歌颂鸠摩罗什的七言诗：

图5-2　扶风法门寺博物馆藏北朝碑拓
（李向群摄）

> 秦朝朗现圣人星，远表吾师德至灵。
> 十万流沙来振锡，三千弟子共翻经。
> 文含金玉知无朽，舌似兰荪尚有馨。
> 堪叹逍遥园里事，空遗明月草青青。

草堂寺内前有千年古柏，后有茂密竹林。一口千余年的"烟雾古井"，西风一起，袅袅水汽，形成神秘的轻烟，据说是从井中逸出的"龙嘘之气"，衬以附近的终南山色，仿佛人间仙境，这就是"关中八景"之一的"草堂烟雾"。

----

① 樊兴禄、谭结实编著：《法门寺》，远方出版社2009年版。

而草堂寺作为魏晋南北朝关中佛教地位的标志，至今受到人们的重视。①

仅看关中"佛教热"对关东及江南的影响，从西晋至隋这段时间关中涌现的本土高僧数量远远超过了其他领域的文化名人，其中较著名者从下面"晋隋间关中高僧年里表"可看出：

晋隋间关中高僧年里表②

籍贯	释名	生卒年份	籍贯	释名	生卒年份
蓝田	道恒	346—417	北地	慧义	374—444
长安（？）	僧肇	374—414	扶风	慧珠	431—504
冯翊	僧宋	438—496	华阴	慧弥	440—518
扶风	僧加波罗	460—524	咸阳	僧实	476—563
泾阳	僧猛	507—588	咸阳	昙崇	515—594
华阴	昙询	515—599	新丰	灵藏	519—586
扶风	法纯	519—603	京兆	僧照	529—611
泾阳	普安	530—609	华州	智藏	541—625
云阳	慧欢	542—610	扶风	普旷	548—620
冯翊	道宗	554—638	万年	法顺	557—640
华阴	玄琬	562—636	冯翊	神迥	566—630
华阴	昙藏	567—635	冯翊	行等	570—642
新丰	空藏	570—643	冯翊	志超	571—641

上述诸人中有许多是关中人为僧后传佛法于关东、江南而成其名的。而此时关东、江南的不少名僧也纷纷来到关中，如著名的一代宗师释道安、慧远、道生等。③

---

① 本章第四节另有专述，介绍著名的华僧与梵僧。
② 据张惟骧《疑年录汇编》（见贾贵荣、殷梦霞辑：《疑年录集成》，北京图书出版社2002年版）、姜亮夫《历代人物年里碑传综表》（中华书局1959年版）等书。
③ 据释慧皎《高僧传》（中华书局1992年版）卷五《释道安传》，释道安俗姓卫，常山扶柳（今河北衡水市冀州区）人，12岁出家，后为佛图澄弟子而成高僧，又率众徒南下，居襄阳十五年弘法传教。苻坚攻克襄阳，慕名接至长安，优礼相待。道安时为68岁，居长安六年，主持译注佛经而终，成为一段历史佳话。

五、关中儒、佛、道的交融互争

佛教初入关中时，佛理未明，人们往往把它混同于道教，甚至混同于玄学。不仅统治者常"喜黄老学，为浮屠斋戒"，"诵黄老之微言，尚浮屠之仁祠"。[1]下层人民更是把佛法与早期道教捏在一块。如后赵石虎因"崇胡"而特别尊佛（戎神），在关中起事的李子杨便"自称佛太子"，又号"大黄帝"。后来，随着佛图澄、鸠摩罗什、佛驮跋陀罗、昙无忏等梵僧来华，昙摩罗刹（竺法护）等中亚僧人居中传承，法显、僧建、智猛、昙无竭、惠生等汉僧入梵取经。佛教真义不断东传，佛、道、儒（玄）既交融又互争的局面便随之形成。在这一过程中，长安及关中成为全国主要的佛经传译基地。西晋时的竺法护开创了长安的规模性译经事业，前秦时的释道安受佛图澄之法，在苻坚支持下开译场于长安，"请外国沙门僧伽提婆、昙摩难提及僧伽跋澄等，译出众经百余万言"[2]。这是译经事业有组织并受官方支持的开始。到后秦姚兴时，崇佛译经之风达于高潮。姚秦派大军以武力把天竺佛教大师鸠摩罗什"抢"到关中，在长安设立大规模译场，这是译经事业由受官方支持发展为完全官办的开始。至此长安成为佛教入华及南北、中外、古今文化的交汇中心。鸠摩罗什在圭峰西明阁、逍遥园开场译经后，四方僧人趋之若鹜，云集长安。当时长安一城有和尚五千余人，而关中各州郡信佛人家十中多至八九。姚兴不仅亲率众臣听鸠摩罗什讲经说法，以为万民示范，而且派了八百多高僧、三千多沙门弟子跟随鸠摩罗什翻译佛经。这些弟子学成后赍经传法于四方，对全国都产生了巨大影响。前秦苻坚与后秦姚兴在尊佛的同时也非常尊儒。王猛教苻坚治国要提倡儒学，广建学校，诏令"太子及公侯百僚之子皆就学受业"。苻坚在长安每月亲临太学，主持考试，选拔官吏，诏令"在官百石以上，学不通一经、才不成一艺者，罢遣还民"。[3]后秦姚兴治国比苻坚更加尊佛，但同时也更加明确尊儒。他在长安兴建官学，召请名儒讲经，使关中儒风大盛。当时冯翊郭高、天水姜龛、东平淳于岐都是儒学大师，各有门徒数百。姚兴请他们"教授长安"，"诸生自远而至者万数千人"。姚兴每于听政之暇，也召请"龛等于东堂，

---

[1]《后汉书》卷四二《楚王英传》。
[2]《高僧传》卷五《释道安传》。
[3] 详见本书第三章第三节第二目。

讲论道艺，错综名理"。① 如是，关中儒、佛并重，交融互争，自成文化特色。直到北周武帝"初断佛、道二教"之前，天和三年，"帝御大德殿，集百僚及沙门、道士等亲讲《礼记》"。次年"帝御大德殿，集百僚、道士、沙门等讨论释老义"。建德二年，"集群臣及沙门、道士等，帝升高座，辨释三教先后，以儒教为先，道教为次，佛教为后"。② 皇帝亲自给百官和佛僧、道士讲《礼记》，还讨论佛、道教义，辩论三教先后，其儒、道、佛交融互争几达极致。

六、关中与陕北的佛、道石窟

关中与陕北还有引人注目的佛、道石窟艺术。今关中彬州（大佛寺）、铜川耀州区（药王山），陕北子长、富县、延安等地的佛教石窟以隋、唐、宋、金为盛，但始创多在北朝。受佛教文化影响，还偶现道教的北朝造像碑和石窟造像。宜君县境内至今保存有北朝的道教石窟。铜川耀州区药王山碑林保存有北朝道教造像碑。

（1）彬州市大佛寺石窟，位于彬州市西10公里处312国道旁。大佛寺是古丝绸之路西出长安北道的第一大石窟寺院，原名"应福寺"，是唐太宗李世民为豳州浅水塬大战中阵亡将士所建。明时改称为大佛寺，沿用至今。大佛寺石窟，1988年被国务院公布为国家重点文物保护单位，2014年被列入世界文化遗产名录。在400多米崖壁上开凿洞窟130多孔，雕有1988尊大小造像，其中号为"关中第一大佛"的高20米的阿弥陀佛造像，自古被誉为"盛唐石窟艺术奇观"。现位于"大佛窟"以西100米处有"丈八佛窟"区，保存窟龛8处，窟内有依山雕刻的一佛二菩萨站立像，主佛高8.2米，面部丰圆端庄，菩萨高6米，婀娜多姿。造像肃穆庄重、俊美优雅，十分鲜

图5-3 彬州市大佛寺北周石窟造像
（李向群摄）

---
① 详见本书第三章第五节第三目。
② 《周书》卷五《武帝纪上》。

明地表现了典型的北周时期的佛教造像艺术特点。据此有理由推测，唐初李世民建寺前，此地应原有佛教石窟，始凿时间不晚于北周。[①]（见图5-3）

（2）铜川耀州区药王山石窟，位于今陕西铜川市耀州区城东1.5公里药王山东南隅崖面上。现存7个洞窟、23处佛龛，共43尊摩崖石刻造像，时代自北周至明清。石窟造像中以第2号窟的北周弥勒像最为精美，高3.3米，雕工细腻，线条流畅，形神兼备，具有极高的艺术价值。（见图5-4、图5-5）

图5-4　耀州区香山苻秦佛寺遗址
（李向群摄）

药王山现还建有碑林，保存北魏至唐造像碑百余通，民国时已驰名中外。北朝造像碑刻甚多，其中最珍贵者当为北魏太和二十年（496）雕刻的《姚伯多造像碑》，除碑阴、碑阳两面上部凿龛雕作道像之外，四面刻造像记发愿文，两侧并刻供养人画像及题名，是迄今所知刻有明确纪年和具体造像名称的最早道教造像实物，对研究道教考古和早期道教发展历史具有极为重要的学术价值。该碑书法气势刚健质朴，结构用笔在隶楷之间，是我国现存魏碑中不可多得的书法珍品。（见图5-6、图5-7）

（3）延安万佛洞石窟，位于延安市东清凉山，是陕北四大石窟之一。虽然

---

① 据彬县大佛寺石窟管理处编印《彬县大佛寺》。

图 5-5　铜川药王山北周摩崖造像
（李向群摄）

图 5-6　铜川药王山碑林藏西魏残碑
（李向群摄）

图 5-7　铜川药王山碑林藏北魏姚伯多兄弟造像碑
（李向群摄）

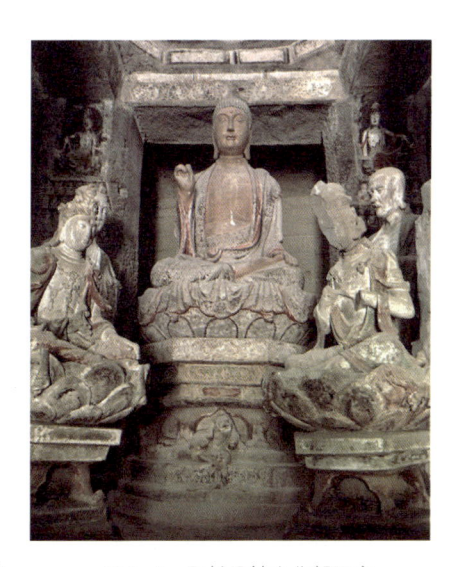

图 5-8　子长县钟山北朝石窟
（李向群摄）

窟内造像题记最早为宋神宗元丰元年（1078），但有些无明确纪年题记的浮雕佛像具有明显的隋唐风格，推测开凿时间应不晚于隋。

（4）子长县钟山石窟，位于子长县城西15公里的钟山南麓，又名"普济院""普济寺""石窟寺""万佛岩"。内有大小佛像万余尊，千姿百态，历经千年凿建而成。始凿于北朝，有学者称之为"中国最早的石窟群"，认为其历史价值、艺术价值不在云冈石窟、龙门石窟、敦煌莫高窟之下。（见图5-8）

（5）富县石泓寺石窟，位于富县城西65公里直罗镇川子河北岸，又名"川子河石窟"。现存7个有造像的洞窟，大小3000多尊佛像，历千年而成，现为全国重点文物保护单位。其中最早造像题记为隋大业二年（606），推测石窟初创开凿应早于隋初。

（6）宜君道、佛石窟群。宜君曾为延安属县，现划归铜川市，县境内保存有北朝至隋、唐、宋石窟寺及石刻13处。其中沟门摩崖造像开凿于北魏永熙二年，为陕西省现存最早有明确纪年的摩崖造像。此外，还有淌泥河、秦家河、半截沟、官地坪摩崖造像，福地石窟及牛家庄、后桥、焦寨、苜蓿沟石窟等，2013年合为"宜君石窟群"被列为全国重点文物保护单位。最突出的是福地石窟佛、道同龛，享誉中外。其浮雕造像不仅有佛像，还有道簪束发、身披道袍的太上老君和道士像，以及操持琵琶、箜篌、长笛、笙、腰鼓的伎乐飞天像，人物摔跤、骑马狩猎像，鹿、鸡、蝉、双鹤、蹲猴等动物造像，对研究北朝佛教、道教的发展演变，以及北朝民族音乐、体育竞技和当时关中社会政治、经济、文化诸方面提供了宝贵的实像资料。

七、关中的佛教玄学

佛理佛学随着译经运动而传播，使佛教信仰逐渐从灾乱时代"病急乱投医"式的迷信仪式、五胡之民以佛为"戎神"的排汉宗教情绪，转变为真正具有哲理性及终极关怀意义的宗教。佛教的影响从而日益扩大。魏晋时期，长安"旷绝朝市，民俗荒芜，虽数伽蓝，归信鲜寡"[1]，而到了前、后秦时代，关中几乎已全民信佛。但另一方面，哲理化了的佛学也不再像过去那种不明所以的迷信仪式，如汉魏间的"浮屠斋戒"那样可以与儒、道、玄、巫糊里糊涂地混搅，它在义理层面乃至思维方式层面都与儒、道等汉族固有文化发生了冲突。在早期，玄风盛行促进了佛教传播。当时的关中佛教既宣扬因果报应、轮回转生，又传播大乘空宗般若学的理论。而大乘空宗的"一切皆本无"思辨与"天地万物皆以无为本"[2]的玄学本体论颇有相似之处，所以二者很快结合起来。它们一个讲"空无"，一个讲"虚无"，在玄学盛行的形势下，佛教学者为

---

[1] 释道诚撰，富世平校注：《释氏要览校注》，转引自费长房：《历代三宝纪》卷八，中华书局2014年版，第75页。

[2] 《晋书》卷四三《王衍传》。

了使佛教得到更大的发展，便纷纷以玄学来解释印度的佛学，甚至直接用玄学术语和概念对译梵文佛经。于是产生了佛教玄学。尤其是在正始玄学不甚活跃的关中，产生玄学思潮的社会背景作用于佛教，又通过玄化佛教或佛教玄学发挥玄学的社会功能，因而佛教在关中在某种程度上对玄学起着"补课"的作用。来自襄阳的释道安在前秦长安的活动便具有明显的"内佛外玄"的特点，而他的弟子慧远传法于南朝，更令玄学名士执卷承旨。鸠罗摩什的弟子、长安人僧肇更把佛教玄学化到前所未有的程度，并对当时的佛学与玄学都做出了总结。他认为玄学中的"贵无"论和"崇有"论都是各执一端的偏激之说，真谛应当是合有无为一，"虽有而非有"，"虽无而非无"，"有无称异，其致一也"。换言之，从真谛说万物性空，是为无，但并不虚绝，还有着因缘和合而生的假。从俗谛说万物为有，但有是因缘所生的假有，其性为空，并非真有。所以万物应当是亦有亦无、有无一如的。[①] 僧肇的佛教玄学最后完成了从"贵无"到"崇有"再到"有无合一"这样一个魏晋以来玄学思维发展的三段式过程，同时也鲜明地体现了关中玄学的佛学化特点与关中佛学的玄学化特点。正如南方的学者所赞叹的："不意方袍（僧人）复有平叔（玄学大师何晏字平叔）。"僧肇这个穿袈裟的玄学家、尚清谈的释氏子，代表了佛学与汉族传统之学交融的第一阶段。

然而僧肇以后，关中的儒、道与佛的冲突、斗争的一面即逐渐上升。这一方面是由于北朝以后北方玄风渐息，名教复兴，而"有为"的名教不像尚"无"的玄学那样容易与佛家空门之说相谐调，另一方面也是由于北朝以后，诸"胡"族统治者汉化程度加深，已经不像早期的五胡贵族那样需要以"戎神"维护"本俗"而"君临诸夏"，儒生们关于"佛是外国之神，非天子诸华所可宜奉"[②] 之论也因而有了更大的影响。然而更深刻的原因是佛学日益哲理化以后，它内在的印度文化本质与儒、道诸家学说中内在的中国文化本质的差异也日益凸显。同时佛教寺院势力强大之后，在政治上，尤其是在经济上都与巩固世俗的中央

---

① 僧肇：《不真空论》，见僧肇著，张春波校释：《肇论校释》，中华书局2010年版，第32—60页。

② 《高僧传》卷九《佛图澄传》。

集权封建统治的要求发生了冲突。

八、北魏与北周的二次毁佛运动

在南北朝时南方与北方都发生了激烈的信佛与反佛、佛教与儒教、寺院势力与世俗政权的斗争。不同的是，江南僧尼人数最多有十多万，而北方当周齐并立之世曾达三百万之多。江南寺院虽然也有财有势，但那是皇权恩赐的显赫，具有强烈的依附性。从刘宋开始，南朝僧侣都必须对皇帝行跪拜礼，这与佛教原旨相悖，但江南僧侣只能屈服。北方则不然，不仅像姚兴那样的崇佛皇帝以弟子礼事鸠摩罗什，而且拓跋焘在平定盖吴起义经过关中时，还在长安佛寺中发现大量的违禁私藏的兵器。因此，江南佞佛之害只在于糜费累民，祸在社会，而北方，尤其是关中地区，崇佛之风则至于尾大不掉，危及皇权。所以，如果说南朝的反佛斗争主要是一种思想运动，表现为孙盛、戴逵、何承天、刘峻以至范缜等人的无神论思潮与佞佛思潮的论战的话，那么关中的反佛斗争就主要是一种国家行为，一种政治斗争。南朝统治者除像梁武帝那样的佞佛者外，即使是倾向于抑佛崇儒者如桓玄、宋孝武帝与陈宣帝，也没有对佛教势力采取行政措施。而在关中，却接连发生了两次大规模的国家政权的灭佛运动。

北魏太武帝拓跋焘太平真君七年（446）的灭佛之举，在我国历史上是第一次，也是所谓"三武一宗"四次灭佛中手段最血腥的一次。这次灭佛波及整个北方，但却起于关中。原来在太平真君六年盖吴起义时，拓跋焘亲征关中，在长安的寺院庄园里放马。寺中沙门宴请太武帝的从官，从官无意中在寺内发现一密室，里面"大有兵器"，是个秘密武器库。太武帝闻讯大怒，认为"必与盖吴通谋，欲为乱耳"，下令尽诛该寺僧众。继而在没收寺院财产时，又发现寺内有酿酒器具，以及许多州郡牧守与富豪搜括来寄藏于寺院内的数以万计的不义之财，甚至还有僧侣们藏匿妇女恣行荒淫的地下窟室。这种种腐败而有违戒律的行为更使太武帝震怒，崇奉道教"不喜佛法"的司徒崔浩乘机劝他灭佛。结果太武帝断然下令，"先尽诛长安沙门，焚毁经像"，继而下诏四方，"令一用长安法"，将全国沙门无少长一律坑杀，所有经卷佛像一律烧毁。于是在这片当年发生过秦始皇焚书坑儒的土地上，又一次发生了规模更大的"焚经坑僧"、毁寺烧像的大规模行动，并从关中扩及整个北方。[①]

然而拓跋焘一死，他的孙子北魏文成帝拓跋濬即位，就下诏恢复了佛教。到孝文帝元宏南迁后，佛教更加势大，以至于"寺夺民居，三分且一"[②]。于是到了北周时期，关中及关东又发生了北周武帝宇文邕的第二次毁佛运动。这次毁佛的详情已见上一章第八节第三目所述。这里要指出的是：宇文邕灭佛，主要是想打击寺院政治经济势力，使寺田寺户重归国家控制，而不是想完全消灭佛教思想。因此他没有采取拓跋焘坑杀僧众那样的激烈而残暴的手段。而且一些高级僧侣在遵令还俗后还被任以高官，如原北周"国寺"三藏兼陟岵寺主昙崇被任以金紫光禄大夫，名僧普旷被任为岐山郡从事，等等。而且，宇文邕在灭佛之后还在长安宫中成立了一个研究机构"通道观"，置学士一百二十人，取儒、佛、道三方的专家来充任，以研究三家的学术思想。但其中的佛、道专家已经不是以僧侣、道士的身份而是以国家官吏与学者的身份任职。这种打击佛教权势而保留佛教学术的做法，不但比较温和公允，而且也有助于儒、佛、道的互相融合并创造新的文化模式。（见图5-9）

但是，佛教文化在关中的传播既然有其深刻的社会根源与背景，就不是皇帝的一两次政治运动所能废止得了的。与拓跋焘一样，宇文邕的毁佛政策也只是及身而止，他死后继位的北周宣帝就已弛佛寺之禁。而宣帝死后，静帝继立，外戚杨坚摄政。杨坚为了收买人心，以图篡周自立，更全面地复兴佛教。不过，在经历了从内佛外玄、佛玄合一到佛儒对立、佛道互争的历史进程以后，一个新的"三教"融合的进程已经开始，被杨坚所恢复并在隋唐两朝

图5-9 北周观音菩萨立像
（陕西历史博物馆馆藏）

[①]《资治通鉴》卷一二四宋文帝元嘉二十三年；《魏书》卷四下《太武帝纪下》。
[②] 王仲荦：《魏晋南北朝史》下册，上海人民出版社1980年版，第869页。

再度繁荣起来的佛教文化,已经不是北周武帝灭佛以前的简单重复,它已经更加中国化,也更深地融入中国人的传统生活中了。

第二节　各族民俗民风互相濡染的多元大众文化

一、胡汉民俗民风之交融

魏晋南北朝时期的"三教"关系与胡汉文化关系在一定程度上是互为表里的。如后赵羯人皇帝石虎令全国崇佛时,儒臣王度反对的理由是:"佛出西域,外国之神,功不施民,非天子诸华所应祀奉。"而石虎则反驳说:"朕生自边壤,忝当期运,君临诸夏。至于飨祀,应兼从本俗。佛是戎神,正所应奉。"[①]因此,"三教"的交融互争在一定程度上也就是汉胡、中外文化的交融互争。不过前者只限于思想学术方面,而后者则内涵要广泛得多,举凡衣食住行莫不在内罢了。

公元3至6世纪中国大陆的"民族大迁徙"浪潮,使正在阴阳五行宇宙图式和天人合一谶纬神学认识论的前面徘徊不前的汉文化受到猛烈冲击。尽管统治者认定"非我族类,其心必异",但他们无法抗拒这一滚滚而来的历史潮流。西晋江统在关中镇压了齐万年起义后乃作《徙戎论》曰:"四夷之中,戎狄为甚",而"关中之人百余万口,率其少多,戎狄居半","雍州之戎,常为国患,中世之寇,惟此为大"。[②]因而胡汉文化冲突也在关中表现最为突出。正如史学大师吕思勉先生所说:"晋初乱势,西北最烈。"[③]各族人民生活在一起,在冲突之中也相互影响,民俗民风交相濡染,大量外来意识与活动方式进入汉民族的生活之中。与此同时,各少数民族也遇到了难题。少数人居于多数人的包围之中,不与多数人的上层分子即汉族名门豪强共同进行统治,是不可能立足的。因而汉族的"胡化"与少数民族的"汉化"都同样明显,而且表现在从形而上到"形而下"的日常生活的各个层面。这种互相濡染的民俗民风,使这一时期的关中文化具有不少有别于关东与江南文化的特点。

---

① 《高僧传》卷九《佛图澄传》。
② 《晋书》卷五六《江统传》。
③ 吕思勉:《两晋南北朝史》,上海古籍出版社2005年版,第18页。

二、关中的坐床与"胡床"

关中秦汉时与其他汉地一样,习惯于席地而坐,因而有所谓坐床之设,而且形成了一套以坐床之高低位置分尊卑贵贱的礼制与惯例。所谓"刺史每自坐高床,为从事设单席于地"[1]。当时所说的坐,是跪下来坐在自己的腿上。然而西北游牧民却久已习惯于与今日一样的坐法。东汉末五胡内迁后,他们使用的"胡床"也传入关中及内地。胡床不是床,乃是一种可以折叠的轻便坐具,比中原坐床舒适。曹魏时北方民间私下已习见,官方也偶见,如"裴潜为兖州刺史,常作一胡床,及去官,留以挂柱"[2]。到两晋时,名门士族开始竞相"据胡床"当作新潮以招摇于世,如"谢镇西着紫罗襦,据胡床,在大市佛图门楼上弹琵琶,作大道曲"。太尉庾亮在武昌城楼上"因便据胡床,与诸贤士谈谑竟坐"。桓伊据胡床为王子猷吹笛,刘宪每出游有门生持胡床随后,等等。[3]南朝萧梁诗人庾肩吾曾作《咏胡床》诗:"传名乃外域,入用信中京,足欹形已正,文斜体自平。临堂对远客,命旅誓初征。何如淄馆下,淹留奉盛明。"[4]但在南朝国都建康,正式场合仍保持坐床方式。当公元549年侯景率军进入梁朝宫中时,他将胡床搬到梁武帝的坐床上就座,还引起了梁朝群臣的耻笑。而在关中与关东,胡床的使用早已普遍化,以至宫内还出现了胡床的发展形式——绳床。后赵时被石虎尊为国师"大和尚"的佛图澄,曾祈水作法,所坐便是绳床,"澄坐绳床,烧安息香,咒愿数百言,如是三日……有顷,水大至"[5]。直到隋统一后,关中胡床便取代了全国各地的"坐床"。无疑,以臀部承重的"胡床"显然比以腿部承重的秦汉传统坐床更合理、更省力,也更利于办事。这种"坐姿改革"不仅引起了此后中国人在家具与室内陈设等方面的一系列相应变化,而且对人们在立与卧以外的状态下从事的种种活动都有微妙的影响。

---

[1]《太平御览》卷七〇九引《益都耆旧传》。
[2]《太平御览》卷七〇六《服用部》引《魏志》。
[3] 欧阳询:《艺文类聚》卷七〇《服饰部下》引《语林》《世说》,汪绍楹校,中华书局1965年版。
[4] 罗宏曾:《魏晋南北朝文化史》,四川人民出版社1989年版,第647—649页。
[5]《高僧传》卷九《佛图澄传》。

三、长安"胡饼"

在饮食方面，民风民情的互相濡染也带来了不少变化。如饼食，我国汉代已有面饼，称"蒸饼"[1]，还有"胡饼"。但那时的"胡饼"是一种汤水很多的煮饼，亦称"汤饼"。《释名》卷四《释饮食》所谓"胡饼，作之大漫沍也，亦言以胡麻著上也"，即为汉胡饼的状况。《太平御览》卷八六〇《饮食部》引《续汉书》记载："灵帝好胡饼，京师皆食胡饼。"此谓洛阳"胡饼"。而自十六国、北朝后，诸胡族饮食风习濡染关中，游牧民习惯的烧烤之法运用于面食，便出现了如今之烧饼一样用火在专门的"胡饼炉"内烤制、香脆可口的"胡饼"。也有称"炉饼""油饼"。此谓长安"胡饼"。后赵石勒因讳胡，"胡物皆改名。胡饼曰'抟炉'，石虎改曰'麻饼'"。[2] 表明十六国初期，胡饼已开始用炉烤制。唐白居易《寄胡饼与杨万州》诗曰："胡麻饼样学京都，面脆油香新出炉。寄与饥馋杨大使，尝看得似辅兴无。"[3] 长安胡饼的美味可谓呼之欲出了。[4]

四、关中"胡乐"与"胡舞"

汉时西域"胡乐"乐器箜篌、琵琶等已传入中原。但西域（包括天竺即今之印度、波斯即今之伊朗）乐舞大量东传，则是在魏晋南北朝，时称"西凉乐（伎）""康国乐（伎）""龟兹乐（伎）""疏勒乐""天竺乐"等。随乐而舞者，称为"伎"。"胡乐"多伴以"胡舞"，具有节奏明快、舞姿矫健、

---

[1] 中原汉人之蒸饼分有馅和无馅两种。无馅的蒸饼以蒸出十字（即开坼，俗称"开花"）为上乘。《初学记》引王隐《晋书》说，西晋士族何曾性奢豪，"蒸饼上不作十字不食"。《太平御览》引《赵录》说，后赵"石虎好食蒸饼……蒸之使坼裂方食"。有馅的蒸饼称为"曼头"（馒头），传为诸葛亮首创。据宋人高承所著《事物纪原》记载：诸葛亮南征，将渡泸水。土俗杀人首祭神，"武侯不从，因杂用羊、豕之肉而包之以面，象人头以祠……后人由此为馒头。"《初学记》引晋人束皙的《饼赋》云："三春之初，阴阳交际……于时享宴，则馒头宜设。"

[2] 《太平御览》卷八六〇《饮食部》引《赵录》。

[3] 诗中"杨大使"即杨敬之，时任万州（治所今重庆万州）刺史；"辅兴"指长安城西辅兴坊，应喻白居易学制饼及杨敬之所馋之长安胡饼店。

[4] 罗宏曾：《魏晋南北朝文化史》，四川人民出版社1989年版，第651—653页；王明德、王子辉：《中国古代饮食》，陕西人民出版社1988年版，第96页、第114—116页；黄永年：《古都话饼》，见《中国烹饪》编辑部汇编：《烹饪史话》，中国商业出版社1987年版，第108—112页。

动作敏捷等特点,深受汉族喜爱,首先在关陇广为流传,再传至中原乃至江南。"胡乐"与"胡舞"在关陇经过与中原"华夏正声"相互消融和改造,焕发出新的面貌而易于流行。如"西凉乐","起苻氏之末,吕光、沮渠蒙逊等,据有凉州,变龟兹声为之,号为秦汉伎,魏太武(即北魏拓跋焘)既平河西得之,谓之'西凉乐'。至魏、周之际,遂谓之'国伎'。今曲项琵琶、竖头箜篌之徒,并出自西域,非华夏旧器。'杨泽新声'、'神白马'之类,生于胡戎。胡戎歌非汉魏遗曲,故其乐器声调,悉与书史不同。其歌曲有'永世乐',解曲有'万世丰',舞曲有'于阗佛曲'"。其乐器既有笛、筝、钟、磬、琴、笙、箫、鼓等中原乐器,也有箜篌、琵琶等西域乐器,乐工多达二十七人。[①]再如"天竺乐","起自张重华据有凉州,重四译来贡男伎,'天竺'即其乐焉。歌曲有'沙石疆',舞曲有'天曲'"。还如"康国乐","起自(北)周武帝娉北狄为后,得其所获西戎伎,因其声。歌曲有'戢殿农和正',舞曲有'贺兰钵鼻始'……等四曲"。其中"龟兹乐"更显东传之曲折,"起自吕光灭龟兹,因得其声。吕氏亡,其乐分散,后魏(即北魏)平中原,复获之。其声后多变易。至隋有'西国龟兹'、'齐朝龟兹'、'土龟兹'等,凡三部。开皇中,其器大盛于闾闬。……估衒公王之间,举时争相慕尚"。[②]《通典》卷一四六《乐六》记载:"(北)周武帝聘突厥女为后,西域诸国来媵,于是有龟兹、疏勒、安国、康国之乐。帝大聚长安胡儿,羯人白智通教习,颇杂以新声。"北周时期长安宫中还有"城舞",舞者多达八十人,舞姿"犹作羌胡状",队形"行列方正象城廓",故谓之"城舞",[③]既显中原宫廷气势,又具西域羌胡特点,造就出关中新风尚。及至隋唐以关中为基地统一全国时,"歌舞杂有四方之乐"[④]的格局便已形成,在此基础上才有了唐代乐舞的全盛。

值得一提的是,后世民间广泛流行、号称中华特色的舞狮并非中原所出,而是始于曹魏时期自西域传入。首先是狮子作为贡品是西汉时来自西域诸国。直到北魏时,波斯国还"献狮子于魏",途经关中,被造反称帝的万俟丑奴截留,

---

① 《隋书》卷一五《音乐志下》。
② 《隋书》卷一五《音乐志下》。
③ 罗宏曾:《魏晋南北朝文化史》,四川人民出版社1989年版,第800—801页。
④ 《隋书》卷二二《礼乐十二》。

"改元神兽",后被尔朱天光所获,送往洛阳。[①]洛阳城南有"狮子坊","永桥南道东有白象、狮子二坊……狮子者,波斯国胡王所献也,为逆贼万俟丑奴所获,留于寇中。永安末,丑奴破,始达京师"。[②]

狮舞因驯狮人对狮子的调教、驯服、戏弄而生,是西域地区多元文化的综合性产物,兼具杂技与舞蹈特点,本属胡舞,首先传入关陇,列入"西凉伎"。白居易诗《西凉伎》对狮舞有详细描述:"西凉伎,假面胡人假狮子。刻木为头丝作尾,金镀眼睛银帖齿。奋迅毛衣摆双耳,如从流沙来万里。"[③]狮舞最早史载是曹魏时人孟康注《汉书》卷二二《礼乐志》"象人"时说:"若今戏虾鱼、师子者也。"到北魏时,洛阳街市佛像巡行已有狮舞为前导,以致"观者如堵,迭相践跃,常有死人"。[④]关中居狮舞东传之关键地位。西魏、北周时,长安《西凉伎》大盛,应不致如北魏洛阳那样,因争观狮舞而致死人命了。长安宫中"周、隋管弦杂曲数百,皆西凉乐也。鼓舞曲,皆龟兹乐也"[⑤]。隋制设"九部乐",其中"龟兹伎"有"五方师子,高丈余,饰以方色。每师子有十二人,画衣,执红拂,首加红袜,谓之师子郎"。唐高祖仍依隋制,唐太宗改为"十部乐"。[⑥]唐"十部乐"即"十部伎",狮舞为十部伎之一,乃"周、隋遗音也",由太常寺下太乐署副职太乐丞负责管理,"凡大宴会,则设十部伎",[⑦]在朝廷盛大庆典时演出。[⑧]

五、关中"裤褶服"

魏晋及南朝汉族穿戴服饰多沿袭两汉。一般而言,汉服是宽衣博带,束髻戴冠长袖,男着长衣(袍),女着长裙,衣料多为丝绸布帛,脚穿木屐(社会中上层)和草鞋(下层人士)。而十六国及北朝则汉服、胡服并行,而且胡服影响甚大。胡服因骑牧所需,皆窄衣短袖掐腰,编(辫)发毡帽,下着小口裤(中

---

① 《资治通鉴》卷一五二梁武帝大通二年。
② 《洛阳伽蓝记》卷三《宣阳门》。
③ 《全唐诗》卷四二七,中华书局1960年版,第4701页。
④ 《洛阳伽蓝记》卷一《长秋寺》。
⑤ 欧阳修、宋祁:《新唐书》卷二二《礼乐十二》,中华书局1975年版。
⑥ 《新唐书》卷二一《礼乐十一》。
⑦ 《旧唐书》卷四四《职官志三》。
⑧ 黎虎:《狮舞流沙万里来》,载《西域研究》2001年第3期,第80—88页。

间还有缚裤），腰间束革带，脚上穿靴。上身衣襟与汉服相反，是从右面掩向左面的，即所谓"左衽"。衣料多为皮革毛绒。北魏孝文帝汉化改革，下诏"更造衣冠"，强制上下改穿汉服。但习俗难改，直至孝文帝死时，鲜卑妇女还有"冠帽而著小襦袄者"。[①] 到北魏孝明帝熙平二年（517），重申"五时朝服，准汉故事"[②]。

　　北魏末年，拓跋鲜卑中反对改革、更加野蛮落后的六镇军人夺权，反汉派高欢、高洋父子控制关东，建立东魏、北齐政权，胡服有所回潮；法汉派宇文泰、宇文邕父子控制关中，建立西魏、北周政权，仍应胡服、汉服并重。其结果必然是胡汉服饰相互交融，出现混搭。山东淄博考古发现的北朝崔氏墓出土许多男女陶俑，其着装明显兼有胡汉特色。[③] 于是既吸收汉服特点，又有胡服传承的改良式胡服新式"裤褶服"就出现了。胡服中原有"小口裤褶服"（上身短衣左衽袍、下身小口缚裤及靴），依汉式改为上身广袖右衽袍，下身为大口裤（不再缚裤）而成新"裤褶服"开始流行。北周武帝时进一步加以规范，如建德三年，宇文邕令"初服短衣"[④]，确定上身依胡服旧制为"短衣"（但需改为右衽）；建德六年又下诏"初令民庶已上，唯听衣绸、绵绸、丝布、圆绫、纱、绢、绡、葛、布等九种，余悉停断。朝祭之服，不拘此例"，确定服装用料依照汉式，皮革、毛绒"停断"。次年再下令"初服常冠"，"加簪而不施缨导，其制若今之折角巾也"，确定依汉制戴冠加簪。宇文邕自己"身衣布袍"，"见军士有跣行者，帝亲脱靴以赐之"，[⑤] 明确依胡服穿靴。此外，宇文邕还始令袍下加襕，即在衣袍下增加一横衫（襕），以作为下裳的形制。从此，新"裤褶服"形成定式，在关中广泛流行。延至隋唐，不仅成为民间常服，而且成为朝见之服。[⑥]

---

①《魏书》卷一九中《任城王元云传附元澄传》。
②《隋书》卷一一《礼仪六》。
③ 详见山东省文物考古研究所：《临淄北朝崔氏墓》，载《考古学报》1984年第2期，第221—244页。
④《周书》卷五《武帝纪上》。
⑤《周书》卷六《武帝纪下》。
⑥ 本目主要内容据罗宏曾《魏晋南北朝文化史》，四川人民出版社1989年版，第636—646页。

六、在长安的各胡族政权对华夏炎黄祖先的神话认同

魏晋南北朝民族大融合的历史潮流是以认同华夏炎黄祖先的帝王神话遗产为前提的。（见图5-10）在长安建立政权的各胡族领袖不约而同，均是如此，表现出引人注目的文化认同归向。

（1）匈奴族刘渊建立汉国及刘曜在长安继建前赵，都是因"匈奴，其先祖夏后氏之苗裔也"①，而打汉室宗亲旗号。刘渊说："是以昭烈（刘备）崎岖于一州之地，而能抗衡于天下。吾又汉氏之甥，约为兄弟，兄亡弟绍，不亦可乎？且可称汉，追尊后主，以怀人望"，遂定国号为汉。②

（2）同样是匈奴族，大夏赫连勃勃不满于刘渊、刘曜仅以汉朝为是，索性自称"朕大禹之后"，要"复大禹之业"，故"国称大夏"。③

（3）鲜卑慕容氏也自认为炎黄子孙，"其先有熊氏之苗裔，世居北夷"④。慕容氏以后建立燕国以及复国之西燕、后燕诸政权，都是要"侔踪虞夏"。慕容儁立国，"大燕受命……宜行夏之时，服周之冕，旗帜尚黑，牲牡尚玄"。⑤

（4）前秦氐族苻坚对华夏封禅王化最为醉心，他不满足于仅统一北方，始终以中国正宗之位居之，称"东南一隅未宾王化"，向往一统天下，"然后回驾岱宗（泰山），告成封禅，起白云于中坛，受万岁于中岳，尔则终古一时，书契未有"，以仿效秦皇、汉武封天禅地为"吾之志也"。⑥

（5）北魏鲜卑拓跋氏与慕容氏无异，直述其为黄帝之后，《魏书》卷一《序

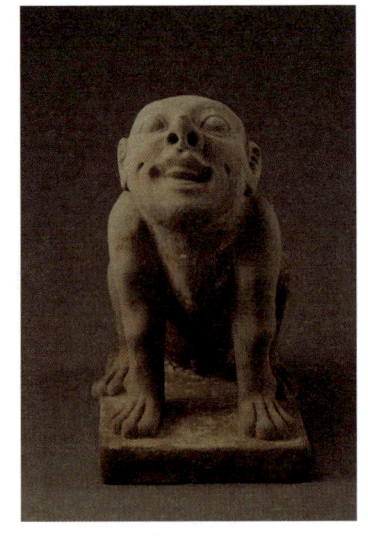

图 5-10 西魏彩绘人面镇墓兽
（陕西历史博物馆馆藏）

---

① 司马迁：《史记》卷一一〇《匈奴列传》，中华书局1959年版。
② 《晋书》卷一〇一《刘元海载记》。
③ 《晋书》卷一三〇《赫连勃勃载记》。
④ 《晋书》卷一〇八《慕容廆载记》。
⑤ 《晋书》卷一一〇《慕容儁载记》。
⑥ 《晋书》卷一一四《苻坚载记下》。

纪》云："昔黄帝有子二十五人，或内列诸华，或外分荒服，昌意少子，受封北土，国有大鲜卑山，因以为号。……黄帝以土德王，北俗谓土为托，谓后为跋，故以为氏。"拓跋珪立国称帝，"昭告于皇天后土之灵"，"群臣奏以国家继黄帝之后，宜为土德"，于是"服尚黄，牺牲用白。祀天之礼用周典，以夏四月亲祀于西郊"。北魏孝文帝与群臣讨论帝德时，都强调魏是"祖黄制朔，绵迹有因"。[①]北魏祀典核心是承袭周秦祀典。因此，北魏几代皇帝都到关中桥山黄帝陵祭祖，而且大修尧、舜、禹庙。

（6）西魏、北周掌权者为起于六镇军人已拓跋鲜卑化之鲜卑宇文泰、宇文邕父子，"姓宇文氏"，自称"其先出自炎帝神农氏，为黄帝所灭，子孙遯居朔野。有葛乌菟者，雄武多算略，鲜卑慕之，奉以为主，遂总十二部落，世为大人。其后曰普回……其俗谓天曰宇，谓君曰文，因号宇文国，并以为氏焉"。[②]有意思的是，宇文泰死后，专权的侄子宇文护先迫西魏恭帝"以岐阳之地（即今关中岐山县北一带周族发祥地之周原）封帝（宇文泰第三子宇文觉）为周公"，遂即逼恭帝下诏"今踵唐虞旧典，禅位于周"，宇文觉废魏"即天王位，柴燎告天"，祠圆丘、方丘、太社、太庙，曰："予本自神农，其于二丘，宜作厥主"，定国号为周，是绍周秦之统。[③]

总之，从十六国到北朝，长安各胡族政权在民族融合过程中都以传统华夏文化为中心内向认同，以华夏正宗"三皇五帝"神话之炎黄子孙自居，是我国分裂内乱时期的内聚性的文化体现，从而引导出最终的天下大一统再现。[④]

七、魏晋南北朝之私家藏书文化与关中藏书和长安"佣书"

我国私家藏书始于先秦，兴于西汉，至魏晋南北朝得到蓬勃发展（官藏多毁于战乱，故私藏更显重要）。是时，藏书家人数众多，藏书量前所未有，初

---

① 《魏书》卷一〇八《礼志一》。
② 《周书》卷一《文帝纪上》。
③ 《周书》卷三《孝闵帝纪》。
④ 本目主要内容据田兆元《论北朝时期民族融合过程中的神话认同》，载《上海大学学报》（社会科学版）2000年第3期，第102—107页；参见王大华：《论中国封建社会分裂时期的内聚性》，载《陕西师大学报》（哲学社会科学版）1985年第2期，第21—29页。

步形成私家藏书文化。①见诸史书记载的大藏书家有百人之多，其中十四人藏书达万卷以上，数十人藏书在千卷以上。"多书之家"不仅有王公贵族，也有不少庶民儒士。藏书来源一为儒世家传，二是官藏以帝王赐书方式流出，三赖重金收购，四为雇人抄书，时称"佣书"。

因藏书丰富而致经学大师和高人名士迭出，他们"耽玩典籍，以琴书自娱"②，甚至有人"四十年不出门"③，或居家著述，或开门纳徒，传学授业。所以，魏晋南北朝民间私学极其发达，史载名师授业屡见"门徒千余人"，甚至"从受业者数千人"。

关中特别是长安，虽屡毁于征伐，但也因诸胡政权多次建都于此而得到复兴，故成为北方藏书重地，而且佣书业兴隆。关中名门望族华阴杨氏、长安杜氏、武功苏氏、北地傅氏都是家传经学，著述颇丰，辈出儒学大师，自是私家藏书大户。此外，长安高士挚虞及其师皇甫谧、弘农董景道、京兆韦谀、北地泥阳梁祚、华阴徐遵明、上洛台产以及"遂家京兆"的辛彦之、何妥等"北方儒学"代表人物，都是自小居家"博综典籍"而成名儒宗师，也都由藏书家而来。④其中"徙居新安"的皇甫谧藏书千卷以上，可跻身国内一流私家藏书家之列。皇甫谧为东汉太尉皇甫嵩曾孙，居家"带经而农"，"忘寝与食，时人谓之'书淫'"，"遂博综典籍百家之言"，"以著述为务，自号玄晏先生"，"后得风痹疾，犹手不辍卷"。晋武帝慕名频下诏征召他出仕，他却固辞，并"自表就帝借书，帝送一车书与之"。其著述甚丰，名重于世，居家教授门徒，"门人挚虞、张轨、牛综、席纯，皆为晋名臣"。⑤

西晋末年，关中还有位时任冯翊太守、"善虫篆、诂训"的大藏书家江琼（原籍陈留），"永嘉大乱，琼弃官西投张轨，子孙因居凉土，世传家业"。其后世江强在北魏太延五年"内徙代京。上书三十余法，各有体例，又献经史诸子

---

① 陈德弟：《魏晋南北朝私家藏书兴盛原因初探》，载《古籍整理研究学刊》2006年第1期，第45—51页。本目内容多据此文。
② 《晋书》卷八八《何琦传》。
③ 《南齐书》卷五四《臧荣绪传》。
④ 详见本章第一节第三目。
⑤ 《晋书》卷五一《皇甫谧传》。

千余卷，由是擢拜中书博士"。其孙江式"少专家学"，"篆体尤工"，在北魏延昌三年（514）上表曰："臣亡祖文威（即江强）杖策归国，奉献五世传掌之书……家号世业"。①江式所云其祖"奉献五世传掌之书"千余卷，正是其六世祖江琼为避战乱弃关中冯翊太守官职，携往凉州"世传家业"的私人藏书。故江琼虽为陈留籍，其后五世又客居凉州，但其千卷藏书应是在关中居官时所聚，可视为关中大藏书家无疑。

我国雕版印刷起于唐，盛于宋。在此之前，汉魏两晋南北朝传播书籍端赖缮写。那些缮写之人称为"佣书"人，又称"书佣""书人""书手""书工"。东汉班超曾"为官佣书"，是为官藏抄书。三国时阚泽"居贫无资，常为人佣书"②，就是为私人抄书。随着私人藏书兴盛所需，南北朝时，"佣书"已成一种行业，遍布大江南北。长安佣书业亦盛。如前秦时，京兆人张肇（即名僧僧肇）年少"家贫以佣书为业，遂因缮写，乃历观经史，备尽坟籍，志好玄微"，后出家，"兼通三藏。及在冠年（20岁），而名振关辅"。③直到隋初，长安佣书业始终存在，而且具有相当规模，养活了一批窘迫之士。如吴兴人沈光在陈灭后，"家于长安"，因"家甚贫窭，父兄并以佣书为事"。其父沈君道，之前在南方陈朝曾任吏部侍郎，来长安迫于生计，只能为人"佣书"。④又如江南大才子虞世基，"博学有高才，兼善草隶"，甚得陈主宠幸，曾任尚书左丞。陈亡后，初到长安，屈就北周"通直郎，直内史省"，因官微"贫无产业，每佣书养亲"，怏怏不平。⑤看来，长安佣书所得，多于低职官俸。

综上所述，正如胡汉融合而产生出勇于改革、锐意进取、生机勃勃的关陇军事贵族集团一样，胡汉融合也造就了眼界开阔、善于学习、兼容并取、相互濡染的关中多元化新民俗民风之大众文化。如此之精英与如此之大众，是关中重新崛起、中国重新统一并再创辉煌的人文基础。

---

① 《魏书》卷九一《江式传》。
② 《三国志·吴志》卷五三《阚泽传》。
③ 《高僧传》卷六《释僧肇传》。
④ 《隋书》卷六四《沈光传》。
⑤ 《隋书》卷六七《虞世基传》。

第三节　关中的科技传承与创新

魏晋南北朝时期的关中虽因战祸频仍、政局动荡、经济凋敝而出现了文化上的相对衰落，这一时期最杰出的科技人才如算学刘徽与祖冲之，医学张仲景、华佗、王叔和、葛洪、陶弘景，农学贾思勰，地理学裴秀、郦道元等均与陕西无缘，但关中仍然取得了一定程度的科技成就。（见图5-11）

图5-11　安康博物馆藏三国时期陶狗

（李向群摄）

一、曹魏大发明家马钧

马钧，字德衡，曹魏时扶风人，在机械制造方面，成就卓越，可称古代关中屈指可数的大发明家之一。据《太平御览》卷七五二引《马钧别传》载，他出身寒门，自幼口吃，不善言谈而"巧思绝世"，仕魏曾任博士、给事中，曾制作出"变巧百端"的机械木人。但对马钧的发明成就记述最为详细的还是《三国志·魏志》卷二九《杜夔传》注引傅玄序。关中籍儒学名士傅玄曰："马先生，天下之名巧也……马先生之巧，虽古公输班、墨翟、王尔，近汉世张平子，不能过也。"傅玄对马钧评价如此之高是有依据的。傅玄历数马钧的机械制造成就有六项。其一，改革织绫机，简化构造，提高效率。"旧绫机五十综者五十蹑，六十综者六十蹑。先生患其丧功费日，乃皆易以十二蹑。其奇文异变，因感而作者，犹自然之成形，阴阳之无穷。"其二，复制成功指南车。"先生为给事中，与常侍高堂隆、骁骑将军秦朗争论于朝，言及指南车，二子谓古无指南车，记言之虚也。先生曰：'古有之，未之思耳，夫何远之有！'……先生曰：'虚争空言，不如试之易效也。'于是二子遂以白（魏）明帝，诏先生作之，而指南车成。……从是天下服其巧矣。"其三，创造翻车（即能连续提水的农灌龙骨水车）。"（马钧）居京都，城内有地，可以为园，患无水以灌之，乃作翻车，令童儿转之，而灌水自覆，更入更出，其巧百倍于常。"其四，改进连弩。"先生见诸葛亮连弩，曰：'巧则巧矣，未尽善也。'言作之可令加五倍。"其五，试制可连发的攻城之械转轮抛石机。旧抛石机不能连发，马钧"欲作一轮，县大石数十，以机鼓轮为常，则以断县石飞击敌城，使首尾电至"，"尝试以车轮县瓴甓数十，飞之数百步矣"。其六，发明"水转百戏"。"其后人有上百戏（一群木偶）者，能设而不能动也。帝（魏明帝）以问先生：'可动否？'对曰：'可动。'帝曰：'其巧可益否？'对曰：'可益。'受诏作之。以大木雕构，使其形若轮，平地施之，潜以水发焉。设为女乐舞象，至令木人击鼓吹箫；作山岳，使木人跳丸掷剑，缘絙倒立，出入自在；百官行署，舂磨斗鸡，变巧百端。"傅玄叹惜："马先生虽给事省中，俱不典工官，巧无益于世。"《三国志·魏志》卷三《明帝纪》注引《魏略》也记载，曹叡"使博士马钧作司南车，水转百戏"。马钧诸多发明仅翻车传世，农人受益无尽。[①]

二、诸葛亮发明木牛流马与连弩

《三国志·蜀志》卷三五《诸葛亮传》载："（蜀建兴）九年，亮复出祁山，以木牛运，粮尽退军，与魏将张郃交战，射杀郃。十二年春，亮悉大众由斜谷出，以流马运，据武功五丈原，与司马宣王（懿）对于渭南。""亮性长于巧思，损益连弩，木牛流马，皆出其意；推演兵法，作八阵图，咸得其要云。"[②] 此句注引《魏氏春秋》曰："又损益连弩，谓之元戎，以铁为矢，矢长八寸，一弩十矢俱发。"又引《诸葛亮集》载作木牛流马法曰："木牛者，方腹曲头，一

[①] 罗宏曾：《魏晋南北朝文化史》，四川人民出版社1989年版，第584页、第758—761页。

[②]《三国志·蜀志》卷三五《诸葛亮传》内还附有晋泰始十年陈寿奏文，言诸葛亮"工械技巧，物究其极"。

脚四足,头入领中,舌著于腹。载多而行少,宜可大用,不可小使;特行者数十里,群行者二十里也。……牛仰双辕,人行六尺,牛行四步。载一岁粮,日行二十里,而人不大劳。流马尺寸之数,肋长三尺五寸,广三寸,厚二寸二分,左右同。前轴孔分墨去头四寸,径中二寸。前脚孔分墨二寸,去前轴孔四寸五分,广一寸。……后杠与等版方囊二枚……每枚受米二斛三斗。……前后四脚,广二寸,厚一寸五分,形制如象"。

连弩及木牛流马皆出诸葛亮"巧思",属其发明无疑。连弩即一弩十发,是古代兵器弩之重大改进。木牛流马到底为何物,自宋以来,众说纷纭。其中影响最大者,一为北宋人陈师道之《后山谈丛》卷四载:"蜀中有小车,独推,载八石,前如牛头;又有大车,用四人推,载十石。盖木牛流马也。"二为宋人高承在《事物纪原》卷八"舟车帷幄部·小车"说:"木牛,即今小车之有前辕者;流马,即今独推者是,而民间谓之江州车子。"三为今人刘仙洲(中国科学院院士、著名机械学家)在其《中国古代农业机械发明史》书中"独轮车 木牛流马"一节认为"就是后来的独轮小车"。① 四为李约瑟(英国当代科技史专家)在其《中国科学技术史》第一卷第六章中认为木牛流马即木制"独轮车"。② 五为谭良啸(今研究诸葛亮之资深专家)认为木牛流马不是独轮车,而是一种人力木制四轮运载车,制作地点在今陕西汉中勉县黄沙镇。③ 木牛流马很难复制,有待进一步研究,但诸葛亮久居汉中,对人力运输工具进行重大改革,并经六出祁山多次实践运用,在一定程度上缓解秦岭险要山道运粮的巨大困难,应属我国古代重要技术发明,则是毋庸置疑的。④

三、"欹器"从西晋复制到西魏创新

西晋时长安杜陵人杜预不仅是文武奇才——武在灭吴之役建功立业,文在经学《左传》研究上自成一家,而且还精通律令、历法、农学、水利工程。

---

① 刘仙洲编著:《中国古代农业机械发明史》,科学出版社1963年版,第91页。
② [英]李约瑟:《中国科学技术史》,科学出版社1975年版,第251页。
③ 谭良啸:《木牛流马制作地点考辨》,载《地名知识》1983年第5期,第17—18页;谭良啸:《木牛流马考辨》,载《社会科学》1984年第2期,第103—110页;谭良啸:《八阵图与木牛流马》,巴蜀书社1996年版。
④ 罗宏曾:《魏晋南北朝文化史》,四川人民出版社1989年版,第762—763页。

他与"贾充等定律令,既成,(杜)预为之注解……诏班于天下"。他"以时历差舛,不应晷度,奏上《二元乾度历》,行于世"。"又修邵信臣遗迹,激用滍清诸水以浸原田万余顷,分疆刊石,使有定分,公私同利。众庶赖之,号曰'杜父'。""(杜)预乃开杨口,起夏水达巴陵千余里,内泻长江之险,外通零桂之漕。南土歌之曰:'后世无叛由杜翁,孰识智名与勇功。'""咸宁四年秋,大霖雨,蝗虫起。(杜)预上疏多陈农要,事在《食货志》。(杜)预在(朝)内七年,损益万机,不可胜数,朝野称美,号曰'杜武库',言其无所不有也。"

最为难得的是,杜预还尤善工艺。古代周庙内原存有奇巧之器"欹器","至汉东京(今河南洛阳)犹在御坐。汉末丧乱,不复存,形制遂绝。(杜)预创意造成,奏上之,帝甚嘉叹焉"。[①] 杜预富有创意地成功造出失传已久的周代巧器"欹器",开创了我国古器物研究与复制的先河。此后,西魏文帝时宇文泰也对欹器很有兴趣,并组织能工巧匠研制,取得了比杜预更大的成果。史载"周文造二欹器:一为二仙人共持一钵,号仙人欹器;一为二荷同处一盘,号水芝欹器"。二器皆"置清徽殿。形似觥而方,满而平,溢则倾"。[②] 西魏奇巧神秘的新造器物实际上与古代那种"虚则欹,中则正,满则覆"的欹器,那种构思虽巧但又简单,并具有一定实用性的庙堂礼具已经完全不是一回事,其意义已不在于古器物的复制了。它复杂奇巧的工艺制作本身便体现了物质文明的一种创新成就。遗憾的是,这种工艺技巧也如"指南车"之类发明一样,既因其纯属奢靡消闲之技而难以转化为生产力,又因其缺少形而上的基础而难以升华为学理,以至于仅仅流为一种经验性技艺,而随着人亡技失,这种技艺也就湮没在历史的尘埃之中了。(见图5-12)

图5-12 神人神兽纹铜镜

---

① 《晋书》卷三四《杜预传》。
② 李屋:《南北史续世说》"文学·薛憕颂欹器",东方出版中心1996年版,第183页。"周文"指北周太祖文皇帝宇文泰,造欹器时为西魏执政。

四、皇甫谧的《针灸甲乙经》与北朝医学

汉末魏晋南北朝是我国医学的辉煌时期。东汉末建安年间有南阳人张仲景著《伤寒杂病论》十六卷而被后世尊称"医圣"。西晋时有高平人王叔和将散佚的《伤寒杂病论》整理编辑出《伤寒论》十卷及《金匮要略》六卷，被后世称为"医经"，王叔和还编撰有最为系统的脉学专著《脉经》十卷，是中医诊断学的卓越成就。此外，与张仲景、董奉并称"建安三神医"的沛国谯县人华佗，发明"麻沸散"，擅长外科，后世尊崇他为中医外科鼻祖。东晋时有丹阳句容人葛洪（炼丹家、金丹派道教创建人、《抱朴子》著者）著古代验方汇编《金匮药方》（又名《玉函方》）一百卷和中医急症名著《肘后卒急方》三卷，为后世所重。南朝时有秣陵人陶弘景（南方天师道代表人物）编撰《神农本草经集注》七卷，集旧药730味、新药365味，其分类法影响至明李时珍的《本草纲目》。北朝医学中，影响较大的有刻于北齐武平六年（575）至今仍存的洛阳龙门石窟内被称为"药方洞"中的石刻药方，共计140方，其中灸法23方、药物117方，反映出北朝的医学水平。

而早在魏晋时期，关中"徙居新安"的大隐名儒皇甫谧也在中医针灸学方面有重要贡献。其著《针灸甲乙经》共十二卷，计128篇，既有对五脏六腑十二经脉的详细论述，又有对654个腧穴的分布说明，创造性地总结出一套针灸操作手法，还以实践经验厘正过去医书中的谬误，是我国古代针灸学的集成和总结。后刻于北齐的洛阳"药方洞"石刻药方中的灸法23方，很有可能源于皇甫谧的《针灸甲乙经》。唐时太医署规定《针灸甲乙经》为学生必读教材。该书在唐时还传至日本。至今仍为针灸学著作蓝本。[①]

五、长安屡毁屡建与大夏统万城"蒸土筑城"法

魏晋南北朝战乱无休，北方名城都邑屡遭毁废，但同时各政权建都之地（既有旧都亦有新都）以及军事要塞又不断兴起，工程建筑技术成就斐然。

关东邺城先后为曹魏、后赵、前燕、东魏、北齐都城，宫殿及苑囿豪华已极尽人工之巧，"东西七里，南北五里"，城中铜雀、金虎二台夯土台基至今

---

① 罗宏曾：《魏晋南北朝文化史》，四川人民出版社1989年版，第713—728页。

尚存。东汉旧都洛阳先后为曹魏、西晋、北魏都城，几经重建后，曾大放异彩，"京师东西二十里，南北十五里"，宫、观、台、馆、坊、市交错，"千金比屋""尽皆工巧""阁道交通，迭相临望"。其中仅佛寺建筑就达1367处，最著名者如北魏胡太后所立永宁寺及高40余丈的九层永宁寺塔和北魏世宗宣武帝所立寺内建有殿堂台观上千间的景明寺及七层宝塔，都是北方建筑工艺的精品。①

汉长安也如洛阳屡毁屡建。闻名遐迩的汉长安在汉献帝入关时，"三辅户口尚数十万"，经董卓之乱后毁灭，"长安城空四十余日"，"二三年间，关中无复人迹"。②从曹魏至西晋，长安作为军事重镇逐渐重建。其间马腾割据关中（安境保民，"三辅甚安爱之"）、钟繇持节督关中（"丰殖关中""数年间民户稍实"）、张既为京兆尹（"招怀流民，兴复县邑，百姓怀之"）、曹真镇守长安（曾与张既迁武都氐人五万户到扶风一带、撤退"汉中民数万户以实长安及三辅"）、司马懿率二十万魏军驻屯关中抵御诸葛亮（既屯田又开成国渠，"国以充实"）、司马昭三次西入长安治兵关中直至灭蜀和灭钟会（司马昭语"自将十万屯长安"），都曾复兴过长安城。西晋时，关中之人已达"百余万口"（江统语），"八王之乱"时，镇守长安的河间王三次派张方率数万关中兵东征洛阳，还逼晋惠帝迁都长安。但东海王反攻，大掠长安，抢回晋惠帝后，关中残破。到刘曜兵围长安数月，晋愍帝司马邺粮尽出降时，长安"人相食，死者太半"，"城中户不盈百"。长安经百年复苏，再次毁灭。③

十六国时期，前赵、前秦、后秦先后以长安为都，西燕慕容冲、大夏赫连勃勃也在此称帝，除慕容冲外多曾重建长安城。前赵刘曜千方百计迁徙大量人口充填空城长安，总数达三十多万到四十万人。他除在长安"缮宗庙、社稷、南北郊"，并"立太学于长乐宫东，小学于未央宫西"，还打算遵汉制"立西宫，建陵霄台于滈池，又将于霸陵西南营寿陵"，后遭阻谏而罢。④后赵石虎虽立都邺城，但也重视长安，曾"发雍、洛、秦、并州十六万人城长安未央宫"，

---

① 《魏书》卷一一四《释老传》；《洛阳伽蓝记》卷一《永宁寺》；《洛阳伽蓝记》卷三《景明寺》；《洛阳伽蓝记》卷四《法云寺》。
② 《后汉书》卷七二《董卓传》。
③ 详见本书第一章第一、三、四节及第二章第二节。
④ 《晋书》卷一〇三《刘曜载记》。

石苞代镇长安时，继续征发大量役夫营建未央宫，终引发关中民变。①

前秦苻坚重用王猛治理关中，成效显著。当时"关陇清晏，百姓丰乐，自长安至于诸州，皆夹路树槐柳，二十里一亭，四十里一驿，旅行者取给于途，工商贸贩于道"。百姓歌之曰："长安大街，夹树杨槐。下走朱轮，上有鸾栖。英彦云集，诲我萌黎。"苻坚灭前燕后，先迁燕主慕容暐及王公百官并鲜卑四万余户于长安，后又下令"徙关东豪杰及诸杂夷十万户于关中"，原关中因乱流亡关东者（多达十多万户），悉听归还旧业；灭前凉后，"徙豪右七千余户于关中"；擒匈奴刘卫辰后，"徙其酋豪六千余户于长安"。长安及附近仅氐族就有十五万户。②长安城内来朝献贡之国多达六十二个，"四夷宾服，凑集关中，四方种人，皆奇貌异色"。王猛东征时，苻坚亲至霸上送行；吕光西征时，苻坚亲自在建章宫饯行。③

后秦姚兴尊儒敬佛治国，再次复兴长安。他在长安兴建官学，召请名儒讲经，"教授长安"，"诸生自远而至者万数千人"。他还迎请西域名僧鸠摩罗什到长安，尊为国师，"奉之如神"，使其在长安东北的园林胜地"逍遥园"传教译经（后成关中名刹草堂寺）。"（姚）兴如逍遥园，引诸沙门于澄玄堂听鸠摩罗什演说佛经"，"公卿已下莫不钦附，沙门自远而至者五千余人。起浮图于永贵里，立波若台于中宫，沙门坐禅者恒有千数。州郡化之，事佛者十室而九矣"。④鸠摩罗什死葬逍遥园，建有"八宝玉石玲珑塔"，至今仍为著名建筑与雕刻艺术珍品。⑤姚兴起初在陇西消灭前秦残余势力后，曾迁徙"阴密三万户于长安，分大营户为四，置四军以领之"；还曾遣姚崇东攻洛阳，"徙流人西河严彦、河东裴岐、韩袭等二万余户而还"；当京兆人韦华、始平人庞眺等率流亡襄阳的关中民万人叛晋回归时，姚兴喜出望外，亲自召见韦华，擢其为中书令。⑥

---

① 《晋书》卷一〇六《石季龙载记上》。
② 《晋书》卷一一三《苻坚载记上》。
③ 详见本书第三章第三节第二、三、四、五目。
④ 《晋书》卷一一七《姚兴载记上》。
⑤ 详见本书第三章第五节第三目、第五章第一节第四目。
⑥ 详见本书第三章第五节第二、三目。

但长安真正得到重建还要属西魏、北周时期。西魏宇文泰重用武功名族苏绰，在长安颁布《六条诏书》，大刀阔斧进行汉化改革，重颁均田制，创立府兵制，形成关陇军事贵族集团，走向富国强兵，长安城内云集元勋权贵，他们先发迹于征战，后暴富于毁佛，大起府第，豪盛一时。如于谨（首批八柱国将军之一）南征江陵，"收府库珍宝……尽俘王公以下及选百姓男女数万口为奴婢，分赏三军，驱归长安"；宇文泰"亲至于谨第，宴劳极欢，赏（于）谨奴婢千口及梁之宝物并雅乐一部"。[①] 于谨府第可设盛宴，容纳众多奴婢及乐工。与宇文泰同为"八柱国家"的侯莫陈崇、赵贵、独孤信等人的府第也毫不逊色。北周保定三年（563），宇文邕曾"召诸公卿于大德殿，责（侯莫陈）崇。崇惶恐谢罪。其夜，（宇文）护遣使将兵就崇宅，逼令自杀"。以后赵贵、独孤信事变中，专权的宇文护又故技重演，诛杀赵贵，"逼令（独孤信）自尽于家"。[②] 派兵围宅，不直接带人，却逼令自尽于家，可见府第之宅深壁坚，护卫众多。长安城除了未央宫、建章宫等宫殿得到重建（未央宫直到唐代还存在[③]），子城（瓮城）也有恢复。东、西魏沙苑决战后，东魏战俘赵青雀与雍州民于伏德曾乘宇文泰东征，长安空虚，袭据子城造反，后被宇文泰反攻破城而灭。[④]

北周时，长安宫殿修复和使用可见以下史载。宇文泰第三子宇文觉废西魏恭帝，建立北周时，"柴燎告天，朝百官于路门"，"癸卯，祠方丘。甲辰，祠太社。……祠太庙"，"会百官于乾安殿"，是为北周闵帝。宇文泰长子宇文毓继位为北周明帝时，"朝群臣于延寿殿"；次年"（太祖）太庙成"，以功臣"贺拔胜等十三人配享太祖庙庭"；武成元年（559），"听讼于正武殿"；次年"重阳阁成，会群公列将卿大夫及突厥使者于芳林园"。北周武帝宇文邕即位后，"改作露门、应门"，"大射于正武殿"；天和三年，"帝御大德殿"；天和六年（571），"废朝，以露门未成故也"；建德元年，"帝幸玄都观，亲御法座讲说，公卿道俗论难"；建德二年，"六代乐成，帝御崇信殿，集百官

---

① 《资治通鉴》卷一六五梁元帝承圣三年。
② 《周书》卷一六《侯莫陈崇传》；《周书》卷一六《独孤信传》。
③ 《旧唐书》卷一《高祖本纪》有李渊贞观八年（634）置酒未央宫，大宴群臣的记载。唐武宗时再修未央宫，"凡殿宇成构，总三百四十九间"。
④ 《周书》卷一《文帝纪上》。

以观之","集诸军都督以上五十人于道会苑大射，帝亲临射宫，大备军容"，"听讼于正武殿"。北周宣帝时，"或幸天兴宫，或游道会苑"，"晨出夜还"；大象元年（579），"宣帝于邺宫传位授帝（静帝），居正阳宫"，次年"宣帝崩，（静）帝入居天台，废正阳宫。大赦天下，停洛阳宫作"。[①]

但长安城虽经历次重建却无复往日辉煌，不仅远不及北魏时的洛阳之繁盛，就其筑城工艺水平及其坚固程度也远逊于大夏赫连勃勃营建的都城统万城。难怪隋初开皇元年（581）杨坚"自相府常服入宫，备礼即皇帝位于临光殿"后，到第二年"享百僚于观德殿"之前，已嫌弃长安，诏曰："此城从汉，凋残日久，屡为战场，旧经丧乱。今之宫室，事近权宜……不足建皇王之邑，合大众所聚"，要"谋新去故"，从龙首原北迁都南移至龙首原南，另建新都，名曰大兴城。[②] 长安城遗址在今西安市西北郊15里处，霸城门遗址尚有丈多高夯土层，登临其上，可见未央宫遗址，附近至今仍存残砖碎瓦。[③] 这应是自汉末、晋末两次毁废后，经后赵，历前秦、后秦大规模重修，至西魏、北周再建，直到唐复建多次的未央宫了。

匈奴首领赫连勃勃在后秦弘始八年反叛后秦，次年称大夏天王，建立大夏政权。后秦弘始十五年，他改元凤翔，自称要"统一天下，君临万邦"，下令营建都城，命名为统万城。统万城位于今陕北榆林市横山区西，距靖边县50公里的白城子，时隔一千五百多年，至今夯土建筑的城堡遗址仍存。有内外二城，内城完整无损，城高10米，四角有楼，高30米，周长2000多米。城内钟楼、鼓楼夯土建筑遗迹历历可寻，是我国现存最完整的古代城堡。相比之下，邺城、洛阳、长安等同时或前后营建（或重修）的北方都邑至今仅存建筑遗址台基，而台基上的建筑除罕有的少量城墙残存外，几乎荡然无物。由此可见，大夏统万城代表了魏晋南北朝时期建筑工艺的最高水平。其城坚固无比的奥秘就在于

---

① 《周书》卷三《孝闵帝纪》；《周书》卷四《明帝纪》；《周书》卷五《武帝纪上》；《周书》卷六《武帝纪下》；《周书》卷七《宣帝纪》；《周书》卷八《静帝纪》。
② 《隋书》卷一《高祖纪上》。
③ 武伯纶：《西安历史述略》，陕西人民出版社1979年版，第138—141页。

创造了"蒸土筑城"法。史载赫连勃勃"以叱干阿利领将作大匠,发岭北[①]夷夏十万人,于朔方水北、黑水之南营起都城","阿利性尤工巧,然残忍刻暴,乃蒸土筑城,锥入一寸,即杀作者而并筑之。勃勃以为忠,故委以营缮之任"。[②]赫连勃勃后来攻克长安,在霸上设坛称帝,却不以长安为都,自还统万城。此时"宫殿大成",秘书监胡义周作颂,"刻石都南",其辞有"固以远迈于咸阳,超美于周洛","义高灵台,美隆未央",还有"延王尔之奇工,命班输之妙匠,搜文梓于邓林,采绣石于恒岳,九域贡以金银,八方献其环宝","斯盖神明之所规模,非人工之所经制"。赫连勃勃给统万城四门命名,"南门曰朝宋门,东门曰招魏门,西门曰服凉门,北门曰平朔门"。[③]胡义周颂词有夸张溢美之意,但千年之后,统万城确实坚固超过咸阳、洛阳、灵台、未央,故其辞也不属过誉。另一赞美统万城的史载:"城高十仞,基厚三十步,上广十步,宫墙五仞,其坚可以砺刀斧。台榭高大,飞阁相连,皆雕镂图画,被以绮绣,饰以丹青,穷极文采",[④]就比较接近真实。"蒸土筑城"法到底是怎样的工艺,史载不明。有人认为所谓"蒸土"即是以生石灰加水和土,石灰熟化如沸,观者因而以为是"蒸土",实际上就是今日仍在使用的"三合土",比之一般的仅用生土夯筑要先进得多。"蒸土筑城"法创造者叱干阿利虽为酷吏,其施工也过于血腥残暴,以锥刺城,入则杀人,此法难效,但毕竟留下了千古绝作。真正的英雄,当是关中九嵕山以北的十万夷夏役夫。

"性尤工巧"的叱干阿利还善造"五兵之器,精锐尤甚。既成呈之,工匠必有死者:射甲不入即斩弓人;如其入也,便斩铠匠。又造百炼钢刀,为龙雀大环,号曰'大夏龙雀',铭其背曰:'古之利器,吴楚湛卢。大夏龙雀,名冠神都。可以怀远,可以柔逋。如风靡草,威服九区。'世甚珍之。复铸铜为

[①] 关于史书所云"岭北"(后秦时期)的地理位置,史家众说不一,《资治通鉴》卷一〇八晋孝武帝太元二十年记载有胡三省注:"岭北,谓九嵕岭北";谭其骧主编的《中国历史地图集》将岭北定为"今甘肃庆阳西北"。今依吴宏岐《后秦"岭北"考》,载《中国历史地理论丛》1995年第2辑,第184—185页。

[②] 《晋书》卷一三〇《赫连勃勃载记》。

[③] 《晋书》卷一三〇《赫连勃勃载记》。

[④] 《魏书》卷九五《铁弗刘虎传附赫连昌传》。

大鼓，飞廉、翁仲、铜驼、龙兽之属，皆以黄金饰之，列于宫殿之前。凡杀工匠数千，以是器物莫不精丽"。①大夏还遗存有雕刻十分精美的大型石马一件，是气魄雄健的石刻艺术杰作，马前足处刻有"大夏真兴六年"（424）等隶书铭文，弥足珍贵。后移存西安碑林院内。②

六、北周算学家甄鸾

魏晋南北朝算学因刘徽和祖冲之而独步千古。曹魏人刘徽③为成书于汉代的算学名著《九章算术》作注而撰《九章算术注》，弥补了《九章算术》的不足，将其提升至数学理论的高度加以说明，还创立了当时最新的计算圆周率的"割圆术"，推算出圆周率新值3.1416，超过了东汉张衡，后世称为"徽率"。《九章算术注》至今已成世界科学名著，刘徽也成为世界上享有盛誉的古代数学家之一。南朝刘宋至萧齐时期，祖籍范阳郡遒县、生于建康的祖冲之创立当时最先进的历法《大明历》，把圆周率推算到3.1415926和3.1415927之间，后世称为"祖率"。他所撰《缀术》（记录圆周率计算方法）到唐代已是国子监算学主要教材，惜于北宋时失传。其子祖暅（也有称祖暅之）首创"立圆术"，在世界上第一次求出球体体积的正确计算公式，后世有人称为"祖暅公理"。④

关中算学成就要远逊于刘、祖，比较杰出者是北周甄鸾。甄鸾是无极（今河北无极）人，但在北周时长期任汉中太守，徙居汉中。他为官之余，穷其一生研究算学，曾为《孙子算经》（与《九章算术》同为我国古代算学十大经书）作注。在这部书中，列举出诸如"雉兔同笼""韩信点兵"等猜谜式的算题并予解答，后世在民间广泛流传。甄鸾还自撰《五曹算经》（分田、兵、集、仓、金五曹算学问题给予解答，相当于今之应用数学手册）和《五经算术》（对儒家五经及古注涉及算学和天文历法的地方详加注释和推算，兼具经学和算学双重价值）。唐代关中籍天文学家兼算学注释家李淳风曾为此二书作注，今传本

---

① 《晋书》卷一三〇《赫连勃勃载记》。
② 武伯纶：《西安历史述略》，陕西人民出版社1979年版，第144—145页。
③ 刘徽籍贯、生卒年月、生平事迹，史载不详。据有限史料推测，很可能是山东邹平人，也有说是山东临淄或淄川一带人。
④ 罗宏曾：《魏晋南北朝文化史》，四川人民出版社1989年版，第697—704页。

辑自《永乐大典》。①

甄鸾所制定的历法在北周武帝天和元年（566）颁行，称"天和历"。他所定的度量衡北周制尺，到隋开皇初年（581）继续沿用，规定为隋官尺。甄鸾还注释过《数术记遗》。该书题为"汉徐岳撰，甄鸾注"，也有人认为是甄鸾自撰自注，托名徐岳。此书开后世珠算之先河，而珠算在2013年被列入世界非物质文化遗产名录。

第四节 中外文化交流与华、梵诸僧的传经取经

魏晋南北朝时期的关中文化，除今日中国境内的汉族与诸胡族间的融合互濡外，中国各民族与境外邻国文化的交流也起着重要作用（见图5-13）。而地处欧亚大陆东西通道（即所谓丝绸之路）东口的关中地区，在这种交流中自然扮演着重要角色。其中，那些风尘仆仆，长驱万里，不避艰险地往来于中国与印度之间的文化使者——华、梵及西域诸僧，对此立下了不朽之功。而关中则是他们取经传经活动的重要一环。

一、华僧西行取经

1. 曹魏朱士行

佛教发源于古印度（天竺），与春秋时期的孔子同时代。印度佛教何时

图5-13 西安北周史君墓商队图
（引自何兹全、张国安：《魏晋南北朝史》，人民出版社2013年版，第277页）

---
① 罗宏曾：《魏晋南北朝文化史》，四川人民出版社1989年版，第704页。参阅《中国名人志》第三卷南北朝北周"甄鸾"，中国档案出版社2001年版。

传入中国，众说不一。大抵秦汉之际已先传至西域诸国。西汉哀帝时"博士弟子景卢受大月氏王使伊存口受浮屠经"①，这是汉人开始接受佛教的最早记载。东汉明帝时，"遣郎中蔡愔、博士弟子秦景等，使往天竺，寻访佛法"，迎梵僧摄摩腾和竺法兰至洛阳。明帝"于城西门外立精舍以处之，汉地有沙门之始也"，"腾所住处，今洛阳城西雍门外白马寺是也"。②杨衒之《洛阳伽蓝记》卷四《白马寺》记载："白马寺，汉明帝所立也。佛教入中国之始。""时以白马负经而来，因以为名。"到东汉桓、灵二帝时，西域安息名僧安世高、大月氏名僧支谶在洛阳译经传教，系在内地译经最早者。曹魏时，天竺僧昙摩迦罗、天竺僧康僧铠、安息僧昙无谛相继在白马寺译经传教。③

曹魏颍川人朱士行"少怀远悟"而出家，当天竺僧昙摩迦罗在洛阳首开戒度制时，朱士行登坛受戒，是我国史书记载中最早的汉僧之一。他也是第一位西行取经求法的中土僧侣。朱士行"出家已后，专务经典"，在洛阳讲《道行经》（即《小品般若经》之旧本），"觉文章隐质，诸未尽善，每叹曰：'此经大乘之要，而译理不尽，誓志捐身，远求大本。'遂以魏甘露五年，发迹雍州（从长安出发），西渡流沙。既至于阗，果得梵书正本（即《大品般若经》），凡九十章，遣弟子不如檀（于阗人），此言法饶，送经梵本还归洛阳"。西晋太康三年，"遂得送至陈留仓垣水南寺"。当时随父"居于河南"的天竺人竺叔兰"深崇正法"，"善于梵汉之语"，将不如檀送回的梵经"译为晋文"二十卷。而朱士行"终于于阗，春秋八十"。④朱士行最终虽未能进入印度，但已到了佛教化西域地区，也算得上是首创之举。西晋武帝时（265—289）又有僧建自关中西行，可能到达了今阿富汗境内。到了十六国后秦时期，终于由法显首先完成了入印取经的伟大创举。

---

① 《三国志·魏志》卷三〇《东夷传》注引《魏略》。
② 《高僧传》卷一《摄摩腾传》；《高僧传》卷一《竺法兰传》。
③ 罗宏曾：《魏晋南北朝文化史》，四川人民出版社1989年版，第150—157页。
④ 《高僧传》卷四《朱士行传》；罗宏曾：《魏晋南北朝文化史》，四川人民出版社1989年版，第159页。

2. 后秦法显

法显俗姓龚，平阳武阳（今山西沁县东南）人。后秦初年他居长安学佛教，当时佛教初兴，迫切寻求戒律。法显乃于后秦姚兴弘始元年（399）三月中旬与慧景、道整、慧应、慧嵬等汉僧从长安出发，次年出玉门关到达鄯善。他原计划经龟兹（今新疆库车）到疏勒（今新疆喀什），后来因北道诸小国都信奉小乘佛教，不欢迎大乘教徒，因此法显又改道南行，经于阗翻越葱岭（帕米尔高原），进入北天竺。途中"其道艰阻，崖岸险绝，其山唯石，壁立千仞，临之目眩，欲进则投足无所"。但他不畏艰险，终于到达了目的地。[①]

法显在西、北印度停留了二三年，公元405年到达印度笈多王朝首都巴连佛邑（今巴特那）。当时笈多王朝正值全盛，经济繁荣，文化也相当发达。法显在这里留学三年，"学梵书、梵语、写律"，取到一批经卷，收获颇丰。其间还曾往迦毗罗卫城（今尼泊尔南境）朝参释迦牟尼的诞生地。这是第一个进入尼泊尔境内的汉人，也是中尼人民友好往来的开始。

公元407年，法显离开巴连佛邑，在印度各地巡礼求法。公元409年冬，他才搭载商船，经狮子国（今斯里兰卡）、耶婆提（今爪哇）回国。一路受波涛之苦，迷航之厄，直到公元412年七月十四日，才在山东牢山（今山东青岛崂山）登陆，回到祖国。这时距他离开长安已有十三年又四个月。长安的佛学大师鸠摩罗什死，另一位梵僧大师佛驮跋陀罗因释界宗门之争被赶出长安，南走建康。法显有鉴于此，就未再回关中，而是南下建康，与佛驮跋陀罗开始了译经工作。后卒于荆州辛寺，"春秋八十有六"。[②]

法显是第一个周游五天竺并取回真经的中土高僧，他的西行具有"凿空"的意义。在他之后，又有不少僧侣怀着虔诚的信仰，从关中踏上了西行之路。

3. 后秦智猛

在法显出发后五年，关中名僧智猛出发西行。智猛是京兆新丰人，少年出家。他于后秦弘始六年（404）与同行沙门十五人结伴自长安出发，大体沿法显

[①] 法显：《佛国记》卷一、卷二，重庆出版社2008年版，第32—84页。
[②] 《佛国记》卷三、卷四、卷五；《高僧传》卷三《法显传》。

所行之路，出阳关，经于阗，越葱岭，到了罽宾国（今克什米尔）。然后到佛祖诞生地迦毗罗卫国朝圣，最后到达印度首邑华氏城（即巴连佛邑）。直到宋元嘉元年（424）才自天竺返回。同行十五人中，有九人中途畏难而退，四人相继病死，只有智猛与昙纂两人一起回到凉州。以后仍在北方传教。智猛在五天竺留学二十年之久，著有大量著作，可惜大都亡佚了。①

4. 大夏昙无竭

大夏据陕时，又有幽州黄龙（今辽宁朝阳）人，名僧昙无竭经关中西行。于夏真兴二年（420）出发，同行二十五人，经吐谷浑、高昌改行丝路北道，由龟兹过葱岭，一路比法显、智猛所经更为艰险。在葱岭大雪山遇悬崖峭壁，旧有栈道已毁，石壁上只有一行栈孔。昙无竭一行每人各执四根木桩，先拔下桩，右手攀上桩，辗转相攀，经三日才通过。二十五人中有十二人在此失手遇难。后来在由罽宾到中天竺的路上又有八人死去，仅余五人到达。最后从南天竺乘船泛海回到广州的只剩下昙无竭一人。②

5. 北魏惠生、宋云

北魏统一北方后，又有洛阳崇立寺僧惠生与敦煌人宋云在神龟元年（518）十一月奉北魏灵太后之命入印取经。他们经由关中进入丝路南道，经吐谷浑、鄯善、于阗，翻越"山路欹侧，长坂千里，悬崖万仞"的帕米尔高原，进入印度北部。先后巡历了乌苌国、乾陀罗国等，正兴三年（522）二月返回，并带回佛经 170 部。③

从曹魏朱士行开始西行取经，到北齐的僧律，由汉僧远赴西域及天竺求法巡礼者为数众多。西晋及南朝刘宋之际曾掀起一个高潮，有名可考的僧侣就至少有一百二十人。④总之，这些从关中出发西行的释家弟子历九死一生，在极艰

---

① 《高僧传》卷三《智猛传》。
② 《高僧传》卷三《昙无竭传》。
③ 《洛阳伽蓝记》卷五《闻义里》。关于宋云、惠生西行过程，《洛阳伽蓝记》记载十分详尽，篇幅甚多，具珍贵史料价值。杨衒之并加按语："《惠生行纪》事多不尽录，今依《道荣传》、《宋云家记》，故并载文，以备缺文。"此外，《魏书》卷一〇二《西域·嚈哒传》对惠生西行"所经诸国"也有记载。
④ 何兹全、张国安：《魏晋南北朝史》，人民出版社2013年版，第427页。

难的条件下打开了中印交通的道路。他们先后到过今天的阿富汗、巴基斯坦、印度、尼泊尔、斯里兰卡等国，为中国与西南亚人民的友好交往立下了功绩。他们不畏艰险的精神绝不亚于哥伦布等西方探险家，而他们为追求自己所认为的真理而不惜远涉穷荒、不顾安危的虔诚态度，至今令人感动。

二、梵僧东来传经

1. 竺法护与僧国澄

在中土僧侣西行取经的同时，同样是有宗教热忱的一批印度宗教学者则反向而行，东入关中，传经弘法，形成了中外文化交流的又一种方式。作为梵僧东行先导的，是一批中亚僧人，他们东进西出，联结华、梵，起了重要的中介作用。其中与关中有关的，首推竺法护。[①]

竺法护，原名昙摩罗刹，中亚大月氏人，流寓敦煌。西晋武帝时，他先是随师西行，遍游中亚诸国，通三十六种语言文字，还曾越葱岭进入印度北部。后来又东行入关中，"大赍梵经，还归中夏"，并在关中设译场把它们"写为晋文"。他前后共译出佛经165部，"终身写译，劳不告倦"，译文"纲领必正""宏达欣畅"。他不仅起了华、梵之间的中介作用，而且开创了关中译经基地的建设。[②]竺法护之后，著名的龟兹高僧佛图澄入华，传教于后赵境内。他虽然未居关中，但其嫡传弟子释道安在前秦时到长安主持译经弘法，详见本章第一节第五目。因此佛图澄也应间接地算是陕西佛教的功臣。[③]

2. 鸠摩罗什

对关中影响最大的梵僧当推鸠摩罗什。鸠摩罗什中译名叫"童寿"，出身天竺贵族。父亲抛弃相位而出家从佛，东渡葱岭到龟兹，被国王奉为国师，娶王妹，遂生鸠摩罗什。鸠摩罗什长大后也成为佛教大师，"道震西域，名被东国"，声望更逾于其父。西域诸国皆奉若神明。每次讲经，诸王都长跪座侧，让鸠摩罗什踏身而登座。

[①] 天竺及西域梵僧东入中原传教，至少始于东汉明帝，汉魏之际有重要影响者已见本书前述。此处所列，只自西晋起算，而且仅举其中著名者。
[②] 《高僧传》卷一《昙摩罗刹传》。
[③] 《晋书》卷九五《佛图澄传》。

此时，释道安正受苻坚之请在长安主持译经传教事业。他与鸠摩罗什互致信函表示崇敬，并力劝苻坚迎请鸠摩罗什入关中。苻坚派勇将吕光率兵七万远征西域，用武力强请鸠摩罗什。吕光威服西域，果然得到了大师，毕恭毕敬地送他回关中。然而这时前秦崩溃，苻坚败死。吕光闻讯后无法回关中，便在河西建国称帝。鸠摩罗什也就被滞留在凉州达十七年之久。

后来关中姚兴继为后秦之主，他也像前秦苻坚一样崇佛，而且仰慕鸠摩罗什。于是又派军征后凉以强请大师。鸠摩罗什终于被迎到长安，尊为国师。而倡议迎请的道安此时已去世二十年，鸠摩罗什深为叹息。

鸠摩罗什在姚兴的全力支持下，把长安译场扩充至空前规模，展开大规模译经活动，前后共译出佛经98部，425卷。鸠摩罗什通晓梵、华、中亚诸语言。所译经书，辞义通明，信而达雅，长期流传，成为祖本。他所译介的"三论"成为中国佛教三论宗的基本经典，他本人被奉为三论宗的祖师之一。他译的《妙法莲花经》则是另一中国佛教宗派天台宗赖以创宗的主要经典。《金刚经》更为后世家喻户晓，对禅宗的形成有过直接影响。

鸠摩罗什弟子五千，最出名的称为"八俊"和"十哲"。其中僧肇已如前述，是佛教玄学化的主要代表，竺道生是"顿悟成佛"说的提出者，也是一代名僧。在鸠摩罗什的传教及姚秦统治者的倡导下，关中出现了第一次祈佛高潮，"事佛者十室而九矣"，迎来了大乘佛教在北方的最盛时期。[①]

3. 佛驮跋陀罗

就在鸠摩罗什声震关中之时，另一位印度高僧、迦毗罗卫国人佛驮跋陀罗（中译名觉贤），"步骤三载，绵历寒暑，既度葱岭，路经六国……至交趾，乃附舶循海而行……到青州东莱郡，闻鸠摩罗什在长安，即往从之"，于后秦弘始十年（408）前后来到长安。佛驮跋陀罗来自释迦牟尼的故乡，对佛教原初的真谛有深刻的理解，尤擅长于佛教戒律的研究。他的佛学对我国许多高僧也有巨大影响。他曾与鸠摩罗什在长安"共论法相"，"大弘禅业"。但他与鸠摩罗什有着佛教宗派上的门户之见，因而遭到鸠摩罗什门徒的排挤。当时鸠摩

---

① 《晋书》卷一一七《姚兴载记上》；《晋书》卷九五《鸠摩罗什传》；《高僧传》卷二《鸠摩罗什传》。

罗什之学在后秦几为"国学",佛驮跋陀罗难与之抗衡,于是不久便被迫离开长安,南下东晋。我国佛教华严宗的祖典《华严经》,就是他主持宣译的。当时法显西行取经就是要解决戒律问题,因此他与佛驮跋陀罗这位戒律研究大师自然有相见恨晚之交。法显回国后不返长安而奔建康,就是奔佛驮跋陀罗而来的。后来他们一直保持密切的合作关系。法显取回的梵本佛经如《大般泥洹经》《僧祇戒律本》等,就是两人合作而译出的。①

4. 其他众多梵僧

继鸠摩罗什与佛驮跋陀罗两位大师之后,北朝时期乃有多名梵僧逾葱岭来到关中,如菩提流支、佛陀扇多、般若流支、毗目智仙、达摩笈多等。他们有的留驻关中,继续宣译佛经,弘扬佛法,有的则经关中南下东去,传佛法于东南,都产生了不同程度的影响。

当时随鸠摩罗什等大师东来的,还有一些名位稍低的印度僧侣。他们参与译经、传教中的许多具体工作,也做出了不小的贡献。如道安在前秦时主持的长安译场,就是在佛图澄门下的东来梵僧僧伽提婆、昙摩难提、僧伽跋澄等帮助下"译出众经百余万言"②。道安本人并不懂梵文,没有这些梵僧的合作,他的长安译场是无法成事的。

魏晋南北朝时进入中原的梵僧络绎不绝,数量可观。见于《高僧传》和《续高僧传》有记载者,有天竺二十二人、罽宾十人、康国九人、安国二人、扶南二人、西域十三人。此外,还有狮子国的比丘尼和婆罗门。有名有姓可考的有七十四人。如按时间看,三国时有十人、西晋五人、东晋二十七人、南朝二十人、北朝十二人。如按路线看,经丝绸之路陆路者最多,也有由南海海路而来者,"南海北陆,两晋之际已经贯通,形成一个佛教文化循环遨游的大圆圈。这个大圆圈到南北朝时,流转的速度骤然加快,往来的僧众明显增多"③。

今天当我们读到后秦法显以及其后数百年的玄奘等人那充满艰险历程的西行记录时,不禁联想到当年那些循着大体同样的路径逆向东来的梵僧。他们也

---

① 《高僧传》卷二《佛驮跋陀罗传》。
② 《高僧传》卷五《释道安传》。
③ 何兹全、张国安:《魏晋南北朝史》,人民出版社2013年版,第426页。

是逾葱岭、越瀚海、别桑梓、入阳关，艰难备尝，九死一生。他们的敬业精神来自宗教热忱和"普度众生"的终极关怀，然而他们的事业的意义却远远超出了佛教领域。举凡哲学、逻辑、音韵、天文、医药，莫不受惠于这一波的中西文化大交流、大碰撞。而"婆罗门学"也因此成为在"西学""回回学"之前第一次以文献形式对中国文化走向产生重大影响的思潮。长安与关中在这一思潮中的作用，与近世沿海地区在西学东渐中的作用是可相比拟的。而那些西行的华僧与东行的梵僧，都同样为这一文化交流浪潮做出了贡献。

第五节　魏晋南北朝时期的关中教育

魏晋南北朝时期的关中教育远不及以前的汉朝和以后的唐朝那般光彩夺目，在三百多年间，随着社会不断动荡剧变，各政权在长安频繁更迭，表现为聚散起伏、兴衰无常且受胡族及儒学转型之玄学和走向兴盛的佛、道二教诸多影响，初呈"一学（儒）二教（佛、道）"多元教化特色，其中官学屡兴屡废，家学唯存守成，私学处乱趋旺。

一、关中教育之官学

董卓之乱后，长安毁废，天下大乱。汉献帝小朝廷徒具虚名，官学体系分崩离析。此后关中官学不断被据于此地的各个政权重建，又不断遭战争破坏，屡兴屡废，艰难维系。其中唯前赵、前秦、后秦时期呈现亮点。而后赵、大夏暴虐三秦，官学无从言起。即使在重新崛起、富国强兵的西魏、北周时期，官学也是存而不振，史载空乏。尤其西魏仅存二十一年，而激烈战事就有十二年以上。因此，古代教育史研究各专著中，所述稍显单薄。但有雄才大略的宇文泰之"雅重经典""崇尚儒术"恰恰是史官多所称道的。西魏虽短，但其军事上创立府兵制、经济上深化改革均田制、政治上形成强大的关陇军事贵族集团都直接影响到隋唐，成为其走向鼎盛的重要基础。但官学反不及与之并存的、缺陷明显的东魏、北齐和南朝萧梁政权，真貌难觅。故本目不惮细微，前溯北魏，后及周隋，使西魏单独成篇。其余仍依朝代分叙。

1. 曹魏时期

三国之中，曹魏恢复官学最早。黄初元年，在洛阳，"太学始开"[1]。而更早的建安八年（203），曹操下令："丧乱已来，十有五年，后生者不见仁义礼让之风，吾甚伤之。其令郡国各修文学，县满五百户置校官，选其乡之俊造而教学之，庶几先王之道不废，而有以益于天下。"[2] 此时正值钟繇持节督关中和马腾割据关中安境保民并亲附曹操之际，长安应依令恢复地方官学。史载长安杜陵名族杜畿（杜预之祖）曾任曹魏河东郡太守，开设学宫，任用河东名儒乐详为文学祭酒（地方郡学主官），并"亲自执经教授，郡中化之"，"至今河东特多儒者，则（杜）畿之由矣"[3]。而与之隔河相邻的弘农郡（今河南灵宝北，位于当时函谷关以西，属关中境内）太守令狐邵，鉴于郡内缺少经儒，"乃历问诸吏，有欲远行就师，辄假遣，令诣河东就乐详学经，粗明乃还，因设文学。由是弘农学业转兴"[4]。令狐邵在弘农办学不易，还是派人师从河东乐详方成。这表明曹魏时，关中久为蜀魏战场，地方官学虽有重建，但很难实现曹操要求"县满五百户置校官"之令。

2. 西晋时期

晋初，在洛阳沿袭魏制设太学十九博士。司马炎即帝位后，亲临辟雍（即太学），行乡饮酒礼，赐太常、博士、大学生帛牛酒各有差。晋泰始八年，司马炎整顿太学，诏令"已试经者留之，其余遣还郡国。大臣子弟堪受教者，令入学"[5]。太学生从七千人减至三千人。咸宁二年，又"立国子学"[6]。国子学与太学并存，但因国子学生徒规定必须是五品官以上官宦子弟，故国子学地位

---

[1] 《三国志·魏志》卷一三《王朗传附王肃传》注引《魏略》。
[2] 《三国志·魏志》卷一《武帝纪》。
[3] 《三国志·魏志》卷一六《杜畿传》及注引《魏略》。
[4] 《三国志·魏志》卷一六《仓慈传》注引《魏略》。
[5] 《晋书》卷三《武帝纪》；《宋书》卷一四《礼志一》。
[6] 《晋书》卷三《武帝纪》。但吕思勉认为国子学"盖屋宇起于咸宁二年，教官定于四年，生徒入学之法，实至元康三年而后定也"。见吕思勉：《两晋南北朝史》，上海古籍出版社 2005 年版，第 1194 页。

高于太学。朝廷还规定，各州县要建立地方官学，"（县）户千以上，置校官掾一人"[①]。史载荆州、鄱阳、幽州、凉州各地均大修庠序（校舍）。至于关中州郡如何，无明确记载。但晋初长安籍杜预出镇荆州时，曾"修立泮宫（学校）"[②]，到晋末关中大儒皇甫谧学生张轨镇凉州时，"征九郡胄子五百人，立学校，始置崇文祭酒，位视别驾，春秋行乡射之礼"[③]，都很重视兴学。当西晋社会平宁时，关陇屡出名辈贤达，如侨居雍州始平郡的李含"少有才干，两郡并举孝廉"，有"文武大才"，与之少年结怨的皇甫商、皇甫重兄弟皆为本郡豪族名士，分别官至梁州、秦州刺史；河西"少有逸群之量"的索靖与同乡索永等"驰名海内，号称'敦煌五龙'"，得到关中大名士傅玄器重；还有索靖子索綝及关陇士人贾疋、阎鼎、麹允等都"少有大志"，后成名宦。[④]以此推知，依凭尊儒重教传统，关陇各州、郡、县应恢复本地官学。但好景不会长，从"八王之乱"到晋末关中大乱，长安"人相食，死者太半"，"城中户不盈百"，[⑤]官学何存？

3. 前赵时期

十六国时期，前赵、前秦、后秦立长安为都，都励精图治、复兴关陇。前赵匈奴刘曜凭无情屠戮抢占长安称帝后，迁徙大量人口充填空城长安，"立太学于长乐宫东，小学于未央宫西，简百姓年二十五已下十三已上，神志可教者千五百人，选朝贤宿儒明经笃学以教之。以中书监刘均领国子祭酒（太学主官）。置崇文祭酒（太学次官），秩次国子。散骑侍郎董景道以明经擢为崇文祭酒"。刘曜不用西晋九品中正制，而是通过太学考试在学生中进行选拔，亲"临太学，引试学生之上第者拜郎中"。[⑥]上洛人台产隐居商洛南山教授经学。刘曜慕名请

---

① 《晋书》卷二四《职官志》。
② 《晋书》卷三四《杜预传》。
③ 《晋书》卷八六《张轨传》。
④ 详见本书第二章第二节第六目。
⑤ 《晋书》卷五《孝愍帝纪》。
⑥ 《晋书》卷一〇三《刘曜载记》。

至长安"署为博士祭酒（太学官职）"①。后赵羯人石虎数次西征灭前赵，长安屡遭兵火，前赵之官学灰飞烟灭。

4. 后赵时期

后赵也尊儒重教，石勒据襄国不久，就"立太学"，"选将佐子弟三百人教之"，"增置宣文、宣教、崇儒、崇信十余小学于襄国四门"，还"亲临大小学，考诸学生经义"。以后又"命郡国立学官，每郡置博士祭酒二人，学生一百五十人，三考修成，显升台府"。②石虎也"颇慕经学"，"下书令诸郡国立五经博士"，"复置国子博士、助教"。③后赵施暴政，石勒与石虎三令五申，无人敢违。由此可知关中各地必办官学。但石虎又强"徙雍、秦州华戎十余万户于关东"，而且"志在穷兵"，严敕征发包括秦、雍二州在内的诸州民户出兵役"造甲者五十万人"、夫役"船夫十七万人"，致使"百姓失业，十室而七"，"诸州兵至者百余万"，连"雍、秦二州望族"也在"戍役之列"，"百姓穷窘，鬻子以充军制，犹不能赴，自经于道路死者相望，而求发无已"。④关中民众生不如死，遑论官学。

5. 前秦时期

前秦氏族苻坚夺取关中后，重用王猛，复兴关陇。王猛教苻坚广建学校，提倡儒学。苻坚称王之初就在长安设立学校，命令"太子及公侯百僚之子皆就学受业"，还每月亲临太学，考核学生经义优劣，问难五经。仅其中一次就有八十三名太学生因成绩殊异而被提拔录用。苻坚甚至在后宫置学，立内司，选敏慧的阉人及宫女跟随博士学经。苻坚办学不仅授文，还要习武，成为一大特点。他在渭城设教武堂，"命太学生明阴阳兵法者教授诸将"，"更始立学舍，教人战斗之术"，"中外四禁、二卫、四军长上将士，皆令受学"，还诏令"在官百石以上，学不通一经、才不成一艺者，罢遣还民"。⑤前秦官学是有亮点的。

---

① 《晋书》卷九五《艺术·台产传》。
② 《晋书》卷一〇四《石勒载记上》；《晋书》卷一〇五《石勒载记下》。
③ 《晋书》卷一〇六《石季龙载记上》。
④ 《晋书》卷一〇六《石季龙载记上》。
⑤ 《晋书》卷一一四《苻坚载记下附王猛传》；《资治通鉴》卷一〇三晋简文帝咸安二年；《资治通鉴》卷一〇三晋孝武帝宁康三年；《资治通鉴》卷一〇四晋孝武帝太元五年。

此谓前秦能迅速富国强兵，异军突起，顺利统一北方，继而南征东晋的文教原因。可惜苻坚苦心经营的长安官学毁于淝水败后的关中大乱。

6. 后秦时期

后秦羌族姚苌乘苻坚淝水之败，起兵渭北，围杀苻坚，攻占长安，称帝后修德政，重节俭，重用人才，兴建太学。后秦建初八年，太子姚兴即位，消灭前秦残余势力，招抚流亡，复兴关陇。他非常尊儒重教，在长安兴建官学，召请名儒讲经，使关中儒风大盛。冯翊郭高、天水姜龛、东平淳于岐都是儒学大师，各有门徒数百。姚兴请他们"教授长安"，"诸生自远而至者万数千人"。姚兴每于听政之暇，也召请"龛等于东堂，讲论道艺，错综名理"。①姚兴办学儒、佛并重。他特别提倡佛教，迎请西域名僧鸠摩罗什到长安，尊为国师，"奉之如神"，将其安置在长安园林胜地"逍遥园"，并以其内的澄玄堂作为讲坛。姚兴不仅亲"如逍遥园"，登澄玄堂，率群臣聆听鸠摩罗什讲经，以为万民示范，而且还派了八百多高僧、三千多沙门弟子跟随鸠摩罗什在此翻译佛经。姚兴本人还亲自参与译经，先后译经"三百余卷"。当时"公卿已下莫不钦附，沙门自远而至者五千余人"。关中各州郡掀起佛教传播高潮，"事佛者十室而九矣"。②这实质虽属佛教传教活动，但因属朝廷官办，官置大型讲坛，官办大规模译场，姚兴率领群臣聆听讲经，信佛而并非为僧，也可视为一种特殊的官学。如是，关中教育儒、佛并重，交融互争，而且官学、私学相辅相成，自成一大文教特色，为其他关中各政权所不及也。

7. 北魏时期

北魏建国者道武帝拓跋珪立都平城后，建立太学和国子学，置五经博士，太学生有三千人。其子明元帝拓跋嗣将国子学改为中书学，隶属中书省，除教授经学，还教授文牍，以后沿袭七十年，到孝文帝变法后又改回国子学。北魏太武帝拓跋焘即位后，于始光三年在平城城东另起太学，下令王公大臣子孙都要进太学，还令各州郡选派才学之士进京求学。为保障官学地位，他甚至下令

---

① 《晋书》卷一一七《姚兴载记上》。
② 《晋书》卷一一七《姚兴载记上》。

禁止民间私学，违者处死，主人门诛。①孝文帝变法时，临朝称制的冯太后在太和九年下诏"别置学馆"，专教皇子皇孙，首创皇宗学（又称皇子之学）。②孝文帝迁都洛阳后，诏立国子、太学。太和二十年在城内"太学故坊"增置四门小学。③孝文帝还曾到太学参观作为太学教材的石经。宣武帝时，任城王元澄曾奏请"修复皇宗之学，开辟四门之教"。④以后孝明帝从神龟年间到正光二年（521）重建国子学，选三品以上及五品清官之子为生徒，孝明帝亲临国子学行释奠礼（开学之礼），由祭酒崔光讲《孝经》。直到北魏末永熙三年，孝武帝还到国子学幸学。但此时国子学"虽有学官之名，而无教授之实"了。⑤北魏中央官学中还有医学、算学、律学教育，设"太医博士""尚书算生"和"律博士"等官职。

北魏地方官学，始兴于献文帝（孝文帝之父）天安元年（466）。李欣上疏请求在州郡设立学官，高允拟出大、次、中郡学师生人数，并规定郡立学官及学生条件为："其博士取博关经典、世履忠清、堪为人师者"，"学生取郡中清望、人行修谨、堪循名教者，先尽高门，次及中第"。⑥献文帝改为郡不分大小，一律置博士二人、助教二人、学生六十人，下诏颁布。以后又有改变，"诏大郡立博士二人，助教四人，学生一百人；次郡立博士二人，助教二人，学生八十人；中郡立博士一人，助教二人，学生六十人；下郡立博士一人，助教一人，学生四十人"⑦。从此，郡国学制正式建立。孝文、宣武、孝明三帝为北魏地方官学最盛之期，"时天下承平，学业大盛。故燕齐赵魏之间，横经著录，不可胜数。大者千余人，小者犹数百"⑧。此时，关中与关东相同，地方州郡遍设官学。史载宣武帝时，刘道斌以右将军出任恒农（即弘农，避献帝名弘之讳，改称恒农）太守，迁岐州刺史，"所在有清治之称。正光四年，卒于（岐）州"，

---

① 《魏书》卷二《太祖纪》；《魏书》卷三《太宗纪》；《魏书》卷四下《世祖纪下》。
② 《魏书》卷二一上《献文六王传上》。
③ 《魏书》卷五五《刘芳传》。
④ 《魏书》卷一九中《任城王元云传附元澄传》。
⑤ 《魏书》卷六六《李崇传》。
⑥ 《魏书》卷四八《高允传》。
⑦ 《北史》卷八一《儒林传上序》。
⑧ 《魏书》卷八四《儒林传》。

"道斌在恒农，修立学馆，建孔子庙堂，图画形像。去郡之后，民故追思之，乃复画道斌形于孔子像之西而拜谒焉"。① 这是北魏关中建立郡学的明证。孝明帝时，"世为三辅冠族"的京兆杜陵人韦彧出任东豫州刺史，"自彧至州"，"乃表立（州）太学，选诸郡生徒于州总教。又于城北置宗武馆以习武焉"。以后韦彧随"京兆王（元）继西征，请为长史"，"寻以本官兼尚书，为幽夏行台（位于关中）"，"孝昌元年秋，卒于长安"，死赠雍州刺史。② 韦彧建立州学，虽在东豫州，但后返归故乡任显职，也会同样重视桑梓教育。当时关中州郡地方官学若不完善，韦彧在家乡必有在东豫州时相似办学治绩见诸史载。这或可为一反证之例。

北魏末年，六镇起义和关东葛荣起义波及关陇，关中爆发声势浩大的数十万胡汉民众大起义，历时七年（524—531），又遭六镇军人集团野蛮镇压，关中官学毁废，前功尽弃。

值得一提的是，孝文帝时，高祐出任西兖州刺史，"以郡国虽有太学，县党（乡）宜有黉序（校舍），乃县立讲学，党（乡）立教学，村立小学"③。这是北魏地方官学在部分地区深入县以下党（乡）、村办学之史载。孝文帝于太和十一年，下诏诸州在农闲季节，党里推举长而贤者，对党里之人进行教育，诏曰："乡饮礼废，则长幼之叙乱。孟冬十月，民闲岁隙，宜于此时导以德义。可下诸州，党里之内，推贤而长者，教其里人父慈、子孝、兄友、弟顺、夫和、妻柔。不率长教者，具以名闻。"④ 但各地能否实行、实行情况如何，关中是否实行，史料缺证。这或是后世社学、义学的发端。关东地方官学在北魏末年也同关中地方官学命运一样，毁于六镇和葛荣大起义，"暨孝昌之后，海内淆乱，四方校学，所存无几"。⑤

---

① 《魏书》卷七九《刘道斌传》。
② 《魏书》卷四五《韦阆传附韦彧传》。
③ 《北史》卷三一《高祐传》。
④ 《魏书》卷七下《高祖纪下》。
⑤ 《北史》卷八一《儒林传上序》。

8. 西魏时期

北魏孝武帝从洛阳出奔长安后，北魏分裂为东、西魏。宇文泰先迎后杀孝武帝，立随孝武帝入关的京兆王元愉之子、南阳王元宝炬为帝（即西魏文帝），定都长安，史称西魏。在此之前，高欢立元善见为帝（即东魏孝静帝），迁都于邺，建立东魏。此后东、西魏恶战十数年。因东强西弱，关中长期处于战争状态，并不稳定。尽管如此，"崇尚儒术"的宇文泰既重武功又不忘修文，重用武功名门望族苏绰，以《六条诏书》治理关中，大刀阔斧进行汉化改革。《六条诏书》第二条为"敦教化"，即是尊儒重教。宇文泰"甚重之，尝置诸坐右，又令百司习诵之，其牧守令长非通六条及计帐，不得居官"①。他还以身作则，率先办学，"于行台（当时设在华州）置学，取丞郎、府佐德行明敏者充学生，悉令旦治公务，晚就讲习"②。平定河东后，宇文泰又置学东馆，任命"经学通赡"的樊深为博士，教授诸将子弟，还召名儒乐逊教授自家子弟。③如其长子宇文毓，"幼而好学，博览群书，善属文，词彩温丽"；其子宇文邕，"幼而孝敬，聪敏有器质"，"沉毅有智谋"。显然都受过良好儒学教育。对于出身更重军功的野蛮的六镇军人而言，如此重教，颇为不易。个别人也会有抵触情绪，如其孙宇文贵，"少从师受学，尝辍书叹曰：'男儿当提剑汗马以取公侯，何能如先生为博士也！'"④西魏文帝于大统十三年在长安释奠（初为入学之礼，北周武帝时改为学成之礼，后遂为恒式）书学。可见西魏官学中不仅有经学，还有书法之学，而且地位甚高。

---

① 《周书》卷二三《苏绰传》；《资治通鉴》卷一五八梁武帝大同七年。
② 《资治通鉴》卷一五八梁武帝大同五年。
③ 《周书》卷四五《儒林·樊深传》；《周书》卷四五《儒林·乐逊传》。据樊、乐二传所载，河东人樊深初为最早的柱国大将军于谨"教授子孙"，大统十五年（549）后，宇文泰"置学东馆，教诸将子弟，以深为博士"，"六官建，拜太学助教，迁博士"；河东人乐逊在大统九年（543）为太尉李弼"教授诸子"，"魏废帝二年（553），太祖召逊教授诸子"，"魏恭帝二年（555），授太学助教"，北周孝闵帝时，"治太常博士"。
④ 《周书》卷四《明帝纪》；《周书》卷五《武帝纪上》；《周书》卷六《武帝纪下》；《周书》卷一九《宇文贵传》。

西魏何时始建太学及州郡官学,各纪传无载,很可能是在《六条诏书》颁行之后。据《北史》卷五《西魏文帝纪》记载,大统七年(541)"诏班政事之法六条(即《六条诏书》)"。此前一年,大统六年文帝即位六年后才得以举行朝典,"朝群臣。自西迁至此,礼乐始备"。何以如此?原来,西魏文帝即位次年,大统二年,"关中大饥,人相食,死者十七八"。前方在激战,后方又大饥,应无暇顾及礼典及办学之事。大统三年,宇文泰率十二大将与东魏来犯主力在沙苑殊死决战,大获全胜,西魏局势方转危为安。大统四年,宇文泰主力东征,长安城内又发生东魏战俘赵青雀勾结雍州民于伏德造反,控制长安子城和咸阳,"每日接战",后经宇文泰从前线回师,反攻夺城,才得平定。[①]难怪《六条诏书》这么重要的大事直到大统七年才颁行。

沙苑决战后,东、西魏仍然攻伐不休,互有胜负。直到大统十二年韦孝宽坚守弘农玉璧城,与高欢大战六旬,年底高欢损失惨重力竭而退。双方形成均势,从此各取守势,之后虽仍还有大战,但总的战争局面趋缓。宇文泰最重要的经济改革措施均田制的实证资料为大统十三年的户籍或计帐残卷。宇文泰最重要的军事改革措施创立府兵制是从大统三年自封柱国大将军开始,到大统八年初置六军,再到大统十六年八柱国大将军全部封完才最后确立。[②]这表明在此之前,宇文泰的办学仅为临战性质,尚不正规。西魏官学系统可能并未建立。而西魏"初行周礼,建六官"[③],则是迟至恭帝三年。自大统六年初行朝典,再到初建六官,朝官制度历十六年才完成。由此可知,因战争环境等因素,西魏政权建设相当缓慢。虽然以贯彻"敦教化"的诏令为原则,兴办官学按理应始于《六条诏书》颁行的大统七年,但初建六官制又晚至此后多年才完成。朝官制度不建立,就不存在官学主管机构及其主官。根据前引《樊深传》《乐逊传》,二人初授的"太学助教"分别在西魏恭帝三年和二年,与初建六官大致同时。而宇文泰建"学东馆"是在大统十五年以后。太学建立时间最有可能与初建六官同时,即西魏的最后一年。至于大统十三年西魏文帝释奠书学之行,是否为

---

① 《周书》卷二《文帝纪下》。
② 详见本书第四章第五、六节。
③ 《北史》卷五《西魏恭帝纪》。

太学尚难确定，或许是专教皇室及贵族子弟的皇家之学，如同北魏之皇宗学。而且当时"释奠"是入学之礼，可能刚刚开办。

西魏恭帝三年初建朝官制度的当年十月宇文泰病死，同年十二月恭帝"逊位于周"，西魏终结。执政宇文泰"崇尚儒术，明达政事"，戎马一生，锐意改革，复兴关陇，富国强兵。史臣评曰："雄略冠时"，"纬武经文者，孰能与于此乎？"①《北史》卷八一《儒林传上序》赞他"周文受命，雅重经典。……由是朝章渐备，学者向风。……敦尚学艺，内有崇文之观，外重成均之职。……执经负笈之生，著录于京邑"。宇文泰尊儒重教毋庸置疑，其亲自办学也是确凿无疑的。但西魏仅存二十一年，其中与东魏激战持续超过十二年。多次生死大战，宇文泰都是率师亲征。关中处于战争状态，西魏官学系统无暇建立，迟至最后一年才建太学。这不能不说是宇文泰的短板和无奈，心有余而力有不逮也。

9. 北周时期

北周初期短短几年之间，宇文泰侄宇文护专权，连立三帝，又杀其二帝，还连诛元勋侯莫陈崇、赵贵、独孤信等，长安政局一度动荡。尽管如此，短命的北周明帝宇文毓在尊儒重教上还是有所表现。他曾在诏书中自谓："朕虽不德，性好典坟，披览圣贤余论，未尝不以此自晓。""及即位，集公卿已下有文学者八十余人于麟趾殿，刊校经史。又捃采众书，自（伏）羲、（神）农以来，讫于魏末，叙为世谱，凡五百卷云。"②其学因在麟趾殿而称"麟趾学"，聚集了一批经史大儒，而且成就可观。

北周武帝宇文邕上台后，政局趋稳，此后是北周官学教育的最佳时期。史载宇文邕即位当年即武成二年（560）十二月，在宫内"改作（建）露门、应门"（以后露门成为重要政务场所，并立"露门学"）。他下诏"可改武成三年（561）为保定元年"，祠圆丘、方丘、太社，下诏班周典"礼于太祖庙庭"，"班太祖所述六官焉"。保定三年，"幸太学，以太傅、燕国公于谨为三老而问道焉"。天和元年，露寝建成，"令群臣赋古诗，京邑耆老并预会焉，颁赐各有差"。

① 《周书》卷二《文帝纪下》。
② 《周书》卷四《明帝纪》。

同年五月，"帝御正武殿，集群臣亲讲《礼记》"。六月下诏："诸胄子入学，但束脩于师，不劳释奠。释奠者，学成之祭，自今即为恒式。"天和二年七月，"立露门学，置生七十二人"。① 天和三年八月，"帝御大德殿，集百僚及沙门、道士等亲讲《礼记》"。天和四年五月"帝制象经成，集百僚讲说"。建德元年，"帝幸玄都观，亲御法座讲说，公卿道俗论难，事毕还宫"。次年十二月，"集群臣及沙门、道士等，帝升高座，辨释三教先后，以儒教为先，道教为次，佛教为后"。建德三年五月，"初断佛、道二教，经像悉毁，罢沙门、道士，并令还民。并禁诸淫祀，礼典所不载者，尽除之"。但六月，又诏："今可立通道观，圣哲微言，先贤典训，金科玉篆，秘迹玄文，所以济养黎元，扶成教义者，并宜弘阐，一以贯之。"对还俗佛、道教义理论者又网开一面（宇文邕毁佛、道，实质只夺其地、其财，不禁教义）。通道观，成为特殊的官学。② 建德三年，还"集诸军讲武于临皋泽"。

建德五年，宇文邕亲率北周六军大举东征伐齐，次年消灭北齐，夺得关东五十五州、一百六十二郡、三百八十五县、三百三十余万户两千余万人。③ 北齐朝廷经营的"掌训教胄子"的"国子寺"（有博士及助教近百，太学生数百人），以及关东各地"诸郡并立学，置博士、助教授经"的地方官学尽归北周。④ 此后，关中各地当会比照关东，官学未完善的各州郡皆立官学。

宣政元年六月宇文邕病亡。皇太子宇文赟即位，是为北周宣帝。同年八月，宣帝"诏制九条，宣下州郡：……八曰，州举高才博学者为秀才，郡举经明修行者为孝廉，上州、上郡岁一人，下州、下郡三岁一人"。十一月"讲武于道会苑"。大象元年正月，"受朝于露门"，"群臣皆服汉魏衣冠"。二月"诏

---

① 《周书》卷五《武帝纪上》。另据《周书》卷四五《沈重传》记载，沈重是吴兴籍"当世儒宗"。梁武帝召其为"国子助教""五经博士"，以后到梁元帝时，又擢为中书侍郎，累迁都官尚书，曾在合欢殿给萧詧讲《周礼》。北周宇文邕慕名遣柳裘携诏书至后梁请他，于保定末，约公元565年来到长安，奉诏"讨论五经"。"天和中，复于紫极殿讲三教义。朝士、儒生、桑门、道士至者二千余人。""（天和）六年，授骠骑大将军……露门博士。仍于露门馆为皇太子讲论（语）"。
② 《周书》卷五《武帝纪上》。
③ 《周书》卷六《武帝纪下》。
④ 《北史》卷八一《儒林传上序》；《隋书》卷二七《百官制中》。

徙邺城石经于洛阳"。①十月"初复佛像及天尊像（即道像）。至是，帝与二像俱南面而坐"（这标志着北周武帝所禁毁的佛、道二教得到正式恢复）。大象二年（580）二月"帝幸露门学，行释奠（此时为学成之祭）之礼"。②盖因宣帝为太子时，曾在此学经（见前述注文）。仅22岁的宣帝此后病重，到五月诏幼小的太子宇文衍"入宿于露门学"，后不久即亡。③年轻而短命的北周宣帝为政仅两年，尊儒重教，恢复佛、道二教是其重要政绩。

另据《隋书》卷二八《百官志下》记载，"高祖（杨坚）既受命，改周之六官，其所制名，多依前代之法"，主管中央官学的官员为"国子寺祭酒，一人。属官有主簿、录事，各一人。统国子、太学、四门、书算学，各置博士，国子、太学四门各五人，书、算各二人。助教，国子、太学、四门各五人，书、算各二人。学生，国子一百四十人，太学、四门各三百六十人，书四十人，算八十人"。这虽是隋初官制，但杨坚自北周宣帝时以外戚专权，静帝时为辅政，总百揆，政由己出。以后废周建隋，仍"多依前代之法"，即所谓隋承周制。所以从隋初官学之制，可以窥知北周统一北齐之后，长安中央官学之概貌。④

二、关中教育之私学

从春秋孔子有教无类，"以诗书礼乐教，弟子盖三千焉，身通六艺者七十有二人"⑤，便产生私学。诸子百家亦有众徒。汉武帝独尊儒术，罢黜百家，儒学成为统治学说而经学化，也从私学转向官学与私学并存于世。官学重在通经入仕，成为朝廷养士、取士途径之一，富有政治色彩；私学兼重著书立说、传徒授业，育士待选。两汉二者都很发达。因此，汉儒经师大量涌现，而且往往官学、私学两种身份兼具，形成闻达于世的两汉经学。其私学规模很大，生徒动辄成千上万。

---

① 《资治通鉴》卷一五九梁武帝中大同元年记载："高澄迁洛阳石经五十二碑于邺。"
② 《周书》卷七《宣帝纪》。
③ 《周书》卷八《静帝纪》。
④ 本目主要内容多据陈学恂主编、金忠明分卷主编《中国教育史研究·秦汉魏晋南北朝分卷》第九章，华东师范大学出版社2009年版，第349—361页、第375—390页。
⑤ 《史记》卷四七《孔子世家》。

魏晋南北朝，社会长期分裂动荡，官学屡废屡建，终无汉时辉煌，已如前目所述，私学处乱趋旺（实际上并未超越两汉），与汉相仿，仍然呈乡土私学（儒师居家，广授门徒）和家族私学（父子宗族，学业家传）两种形态。其私学规模在江南、关东甚至偏远至河西凉州多见数百上千，甚至数千生徒。而关中仅在曹魏和后秦姚兴时期有过规模很大的私学，其大多时期私学规模远不及其他地区。但关中私学因多承汉学之旧绪，更多呈现出家学特点。关中名门望族如弘农华阴杨氏、长安杜陵杜氏与韦氏、北地泥阳傅氏、扶风武功苏氏，都是族中父子兄弟、族内子孙俱为经儒名宦，累世家学相传而显赫不衰。本目依各朝顺序，各以当世家学开篇再言私学。有的时期因时局及政治等多方面因素合朝而论，与前面官学内容有所不同。

1. 曹魏时期

东汉末年家学最盛处当数名士聚集之地洛阳和颍川、汝南、南阳等地，三国时众多著名人物皆出于此。关中也很出名。家学最著者首推弘农华阴杨氏。东汉以来，杨家与汝南袁氏齐名，也是"四世三公"，五代都是"少传家学"。曹操时，杨彪官居司徒、尚书令，其子杨修也循"少传家学"之途而成名士，与曹植为友，惜遭曹操所忌而死。[①] 其次即京兆杜陵杜氏。杜氏祖上是西汉父子均为御史大夫的杜周和杜延年。"初，杜周武帝时（自南阳）徙（关中）茂陵，至延年徙（京兆）杜陵云"，此后子孙世居杜陵，以经学家传闻名于世。[②] 杜氏自汉至唐，累世不衰，家学渊源深厚。后到曹魏，杜预之祖杜畿"以孝闻。年二十，为郡功曹，守郑县令。……郡中奇其年少而有大意也"，深得曹操谋主、颍川大名士荀彧赏识，举荐为河东郡太守。杜畿在河东开设学宫，请当地名儒乐详任郡学文学祭酒，并"亲自执经教授，郡中化之"，"至今河东特多儒者，

[①]《后汉书》卷五四《杨震传》及附子孙各传。

[②]《汉书》卷六〇《杜周传》；《汉书》卷六〇《杜延年传》；《汉书》卷六〇《杜缓传》；《汉书》卷六〇《杜钦传》。据《杜缓传》，杜延年有七子，六人"至大官，少子（杜）熊历五郡二千石，三州牧刺史，有能名"，唯中子"（杜）钦官不至而最知名"。据《杜钦传》，杜氏迁杜陵后，在茂陵还留有分支。杜钦字子夏，茂陵杜邺"并字子夏"而"同姓字"，"俱以材能称京师"。故京师衣冠"谓（杜）钦为'小冠杜子夏'，而（杜）邺为'大冠杜子夏'云"。

则（杜）畿之由矣"。杜畿之子杜恕，"少与冯翊李丰俱为父任，总角相善"，后来二人都成曹魏名臣。杜恕有二弟。一为杜理，"少而机察精要，（杜）畿奇之"，惜21岁早亡；另一为杜宽，"敏而好古"，"笃志博学"，"由此显名"，后来"删集《礼记》及《春秋左氏传解》，今存于世"，"而成一家之言"。这即是杜预后来自谓"臣有《左传》癖"，并著《春秋左氏经传集解》等书，亦"成一家之学"的由来。杜预从兄杜斌"亦有才望"。有意思的是，杜畿任用的名儒乐详，后来在魏文帝恢复太学时被拜为博士，享有盛誉，到正始年间，年老归乡后，"本国（指河东郡）宗族归之，门徒数千人"，从太学博士又转为私学宗师。乐详"年九十余"时，上书颂扬"（杜）畿之遗绩，朝廷感焉。诏封（杜）恕子（杜）预为丰乐亭侯，邑百户"。①

曹魏时长安官学甚弱，但民间私学规模却一度较大。《三国志·魏志》卷一一《管宁传附焦先传》引《魏略》载"扈累及寒贫者"事迹中，记载"寒贫者，本姓石，字德林，安定人也。建安初，客三辅。是时长安有宿儒栾文博者，门徒数千，（石）德林亦就学，始精《诗》、《书》。后好内事，于众辈中最玄默。至（建安）十六年，关中乱，南入汉中。……常读《老子》五千文及诸内书，昼夜吟咏。到（建安）二十五年，汉中破，随众还长安，遂痴愚不复识人。……人问其姓字，又不肯言，故因号之曰寒贫也"。这段文字很珍贵，清晰无误地证实建安初年至十五年（即196—210），宿儒栾文博在长安自办私学，广收门徒数千人。是时，恰值钟繇持节督关中，马腾割据关中安境保民并与曹操联兵之际。建安十六年，曹操西征，与马超等关西诸将大战关中，长安私学也随之而散。以后关中久为蜀魏争夺的主战场，私学不复有栾文博之盛况了。

2. 西晋时期

西晋长安杜陵杜氏以杜预为家学代表人物。杜预受父杜恕及叔杜宽影响和家教，从小"博学多通，明于兴废之道"，尤精杜宽的左氏之学，年长后，自言"臣有《左传》癖"。杜预以灭吴大功成为文武奇才。为政有"杜武库""杜父"美誉；为文有《春秋左氏经传集解》传世，收入《十三经注疏》，而"成

---

① 《三国志·魏志》卷一六《杜畿传附杜恕传》及注引《魏略》《杜氏新书》。

一家之学"。杜预的文治武功、著述技艺兼备一身，于史罕见，既因其个人的雄才大略，也明显具有家学的重要影响。其子杜锡官至尚书左丞，其孙杜乂"有盛名于江左"，被王羲之赞为"神仙人"。杜乂生女为东晋成恭皇后，其妻裴氏也出自名门，受到良好家教，"甚有德音"，百姓号曰"杜姥"。[①]杜氏家族从汉至唐，屡出名宦，如唐初名相杜如晦等。唐时民谚有"城南韦杜，离天尺五"，言其家族位高近于皇权。

西晋时家学与杜陵杜氏可以比肩的是关中北地泥阳傅氏家族。傅氏是西汉因刺杀楼兰王而封侯的傅介子之后，汉魏名门士族。魏晋时，傅家连出四位大儒，傅嘏、傅祗父子及傅玄、傅咸父子，时称"关中三傅"，实为四人，都深受家学教育熏陶。傅嘏祖父傅睿曾任东汉代郡太守，伯父傅巽曹魏初年为侍中尚书，父亲傅充为曹魏黄门侍郎。傅嘏"弱冠知名"，后任曹魏尚书仆射，对司马师执政和司马昭当政居功至伟。傅嘏子傅祗"性至孝，早知名，以才识明练称"，从晋初"起家太子舍人"，直至晋末累官至司徒，建行台为盟主，力撑危局，是三朝元老。他曾给二子宣、畅亲笔书写家训，"辞旨深切，览者莫不感激慷慨"。傅玄是傅嘏同族兄弟，祖父傅燮任东汉汉阳太守，父傅幹任曹魏扶风太守。傅玄从小"博学善属文"，官至司隶校尉，同时是西晋名儒，著《傅子》百卷数十万言，传世至今。傅玄之子傅咸自小"好属文论"，被颍川名士庾纯赞叹曰："长虞（傅咸字长虞）之文近乎诗人之作矣！"傅咸在晋惠帝时任御史中丞、司隶校尉，"劲直忠果"，政绩卓著，史臣评他与其父均为"争臣"。

傅氏因家学所出人才远不止这四位。如傅祗之子傅宣，从小"好学"，以驸马身份跻身国戚之列，晋怀帝时官至御史中丞；傅祗另一子傅畅"年未弱冠，甚有重名。以选入侍讲东宫，为秘书丞"。后赵时，"（石）勒甚重之"，参与机要，著《晋诸公叙赞》二十二卷等书传世。傅畅子傅詠"过江为（东晋）交州刺史"。傅咸长子傅敷"素解属文"，东晋时"元帝引为镇东从事中郎"；

[①]《晋书》卷三四《杜预传》；《晋书》卷九二《杜乂传》。本书第二章第一节第二目及第五章第三节第三目对杜预多方面成就有详叙。

次子傅晞"亦有才思，为上虞令，甚有政绩"。①傅氏家学呈群体优势在关中私学中具典型意义。

西晋长安还出了一位高士挚虞，其父曾任曹魏太仆卿，为儒学世家。挚虞自幼成名，"才学通博"，又出门拜师关中大儒皇甫谧，兼受家学、私学双重教育。晋惠帝时官至太常卿，著述甚多，如《礼志》《舆服志》《族姓昭德》《文章志》和文集《流别集》三十卷等，"为世所重"。其传有史臣评"可谓博闻之士也"。②

其师皇甫谧名气更大，是西晋关中传奇隐士、私学宗师。皇甫谧是安定朝那人，东汉太尉皇甫嵩曾孙，名门之后，"出后叔父，徙居新安"隐逸，自谓"居田里之中亦可以乐尧舜之道"。他藏书多达千卷，能跻身当时大藏书家行列。他"带经而农"，"手不辍卷"，"忘寝与食，时人谓之'书淫'"，"遂博综典籍百家之言"，"有高尚之志，以著述为务，自号玄晏先生"。他多次固辞晋武帝指名下诏征召，还"自表就帝借书，（晋武）帝送一车书与之"。皇甫谧著述颇丰，"撰《帝王世纪》、《年历》、《高士》、《逸士》、《列女》等传，《玄晏春秋》，并重于世"。还精通针灸学，著有医书《针灸甲乙经》传世至今，成为中医学经典之一。皇甫谧招收门徒，规模未见其大，却成为关中私学宗师，盖因其门生中"挚虞、张轨、牛综、席纯，皆为晋名臣"。③特别是张轨，后来出镇凉州，称霸河西陇右，为十六国之属，拯救了无数关中流民及士人，时谣颂之"秦川中，血没腕，惟有凉州倚柱观"。皇甫谧可谓关中私学教育代表人物之一，是罕见的高士清流，其学、其教影响着西晋乃至十六国的政治。

西晋关中开私学授徒者还有后来在后赵时出名的续咸，他曾"师事京兆杜

---

① 《三国志·魏志》卷二一《傅嘏传》；《晋书》卷四七《傅祗传》；《晋书》卷二一《傅玄传》；《晋书》卷二一《傅咸传》。本书第二章第一节第三目对傅氏家族有详叙。

② 《晋书》卷五一《挚虞传》。

③ 《晋书》卷五一《皇甫谧传》。本书第二章第一节第四目及第五章第二节第七目、第三节第四目分别有关于皇甫谧各方面成就的详叙。

预",学成"教授常数十人"。①但不论是皇甫谧,还是续咸,私学规模都过小,远远不及当时兴旺的关东和江南私学规模。比如晋武帝时济南东平人刘兆,"博学洽闻,温笃善诱,从受业者数千人。武帝时……三征博士,皆不就。安贫乐道,潜心著述,不出门庭数十年"②。再如庐江籍私学大师杜夷,"世以儒学称,为郡著姓。……年四十余,始还乡里,闭门教授,生徒千人",晋惠帝、怀帝时屡征不就。③又如吴郡钱塘人、"敦悦儒学"居家招徒授业的范平之孙范蔚,"家世好学,有书七千余卷。远近来读者恒有百余人,蔚为办衣食"。④

3.前赵、后赵时期

前赵时,长安杜陵望族韦謏为家学代表,是当世名儒。杜陵韦氏与杜氏自西汉起就同为"三辅著姓"。韦氏先祖韦贤以儒知名,在汉昭帝时从鲁地邹迁徙到关中扶风平陵,到汉宣帝时"为相五岁";其少子韦玄成在汉元帝时"为相七年",又徙家到京兆杜陵,"初,(韦)贤以昭帝时徙平陵,玄成别徙杜陵"。此后,韦氏子孙久居长安杜陵。韦玄成兄韦弘也"列为三公",韦氏"宗族至吏二千石者十余人"。韦贤"笃志于学,兼通《礼》、《尚书》,以《诗》教授,号称邹鲁大儒",韦玄成"复以明经历位至丞相",故邹鲁谚曰:"遗子黄金满籯,不如一经。"⑤由此观之,韦氏从先祖起,就以儒经名师著称,而且从私学教授起家。到东汉章帝时,韦氏又出私学儒宗韦彪。他以"好学洽闻,雅称儒宗",一度为官后,称病"复归教授。安贫乐道,恬于进趣,三辅诸儒莫不慕仰之"。"显宗闻彪名",复召其出仕。肃宗时,再度称病归乡,又复征为官,后拜为大鸿胪。至章帝元和二年(85),"以病乞身",至和帝永元元年(89)卒于家,"禄赐分与宗族,家无余财。著书十二篇,号曰'韦卿子'"。韦彪侄韦义、韦顺、韦豹,侄孙韦著均"少以经行知名",或隐居为经师,或出仕"有高名"。⑥韦

---

① 《晋书》卷九一《儒林·续咸传》。
② 《晋书》卷九一《儒林·刘兆传》。
③ 《晋书》卷九一《儒林·杜夷传》。
④ 《晋书》卷九一《儒林·范平传》。
⑤ 《汉书》卷七三《韦贤传》;《汉书》卷七三《韦玄成传》。
⑥ 《后汉书》卷二六《韦彪传》;《后汉书》卷二六《韦义传》。据《韦义传》,"(韦)彪犹徙扶风,故(韦)义犹为京兆杜陵人焉"。看来韦氏在扶风平陵仍留有旧族。

彪三次辞官，教授乡里，散财分与宗族，外开私学，内启家学，子孙皆少年知名，延续了韦氏经学世家传统。

至十六国前赵时，韦家出了名士韦謏。他凭深厚久远的家学，"雅好儒学，善著述，于群言秘要之义，无不综览"，而成大儒。前赵刘曜尊儒重学复兴长安时，韦謏先"仕于刘曜，为黄门郎"。到后赵石虎西征关陇时，"后又入石季龙，署为散骑常侍，历守七郡，咸以清化著名"，"前后四登九列，六在尚书，二为侍中，再为太子太傅，封京兆公"。韦謏著"《典林》二十三篇。凡所述作及集记世事数十万言，皆深博有才义"。他"尝谓（子）伯阳曰：'我高我曾重光累徽，我祖我考父父子子，汝为我对，正值恶抵。'伯阳曰：'伯阳之不肖，诚如尊教，尊亦正值软抵耳。'謏惭无言。时人传之以嗤笑"。① 这段父子对话虽是讽韦謏"好徇己之功"，但由此可看到其家学传授之言行。

前赵私学经师见于史籍立传者有董景道和台产。董景道为弘农人，"少而好学，千里追师"，"明《春秋三传》、《京氏易》、《马氏尚书》、《韩诗》，皆精究大义。《三礼》之义，专遵郑氏，著《礼通论》非驳诸儒，演广郑旨"。董在求学时"昼夜读诵"，苦读而成名儒。"永平中，知天下将乱，隐于商洛山"，"弹琴歌笑以自娱"。前赵刘曜慕名"征为太子少傅、散骑常侍，并固辞，竟以寿终"。② 董景道既著书立说，又固辞刘聪、刘曜先后征召，终生不仕，其纳徒授学当是顺理成章之事。与他同样隐居商洛山中做隐士的还有奇士台产。台产是上洛人，"汉侍中崇之后也。少专京氏《易》……尤善望气、占候、推步之术。隐居商洛南山，兼善经学，泛情教授，不交当世"。由台产隐居商洛山教授生徒，足可旁证董景道必授私学。后经大司空刘均举荐，刘曜召请台产到长安礼遇之，先"署为博士祭酒（太学官职）"，再"岁中三迁"，"历位尚书……太子少师"。③

前赵、后赵时，关中私学经师还可能有一位是在《晋书》有传的续咸。他本是上党人，"好学，师事京兆杜预，专《春秋》、《郑氏易》，教授常数十人，博览群言，高才善文论。又修陈杜律，明达刑书"。"后遂没石勒，勒以

---

① 《晋书》卷九一《儒林·韦謏传》。
② 《晋书》卷九一《儒林·董景道传》。
③ 《晋书》卷九五《艺术·台产传》。

为理曹参军。……著《远游志》、《异物志》、《汲冢古文释》，皆十卷，行于世。"①续咸何时"师事京兆杜预"呢？杜预在晋文帝（司马昭）嗣立时，"尚帝妹高陆公主，起家拜尚书郎"，时约正元二年，杜预应是"弱冠"。死在元康八年前后，"年六十三"。而他灭吴时在太康元年，约45岁。其后，还镇荆州，"又修邵信臣遗迹……浸原田万余顷……号曰'杜父'。……乃开杨口，起夏水达巴陵千余里……外通零桂之漕"。这两项工程绝非短时能够完成。再以后"既立功之后，从容无事，乃耽思经籍"，始著书立说，应是其致仕归乡京兆杜陵以后。这里有杜氏家学特别是其叔父杜宽《左传》之学的基础和杜氏家传藏书，便于他"为《春秋左氏经传集解》。又参考众家谱第，谓之《释例》。又作《盟会图》、《春秋长历》，备成一家之学，比老乃成。又撰《女记赞》"。死前他曾又被"征为司隶校尉，加位特进，行次邓县而卒"。②据此推测，杜预致仕回到京兆家乡的时间可能在晋武帝死前太康十年前后，时年约55岁（以著书至少需数年估算）。故续咸"师事京兆杜预"应在此时或稍晚。而师成后开馆，"教授常数十人"，应是在杜预死后惠帝元康八年前后到后赵石勒这几十年间。他在永嘉中及刘琨在并州时，曾一度出仕，但乱局中不会持久，避乱于山中教授的可能性很大。前赵、后赵都重视兴学（见前目官学），尤其前赵刘曜是刘渊族子，"少孤，见养于元海。幼而聪慧，有奇度。……读书志于广览，不精思章句，善属文，工草隶。……尤好兵书，略皆暗诵。常轻侮吴、邓，而自比乐毅、萧、曹"③。而刘渊"幼好学，师事上党崔游……《史》、《汉》、诸子，无不综览。尝谓同门生朱纪、范隆曰：'……两公属太宗而不能开庠序之美，惜哉！'"④刘渊师从崔游，显系私学。其子、侄亦从私学受教。故刘曜在长安大办官学之际，必同时鼓励私学，惜史料阙如。除前述董景道、台产在商洛山曾有教授以及推知续咸在西晋至前赵再到后赵三朝可能在关中教授私学之外，再无所知。

---

① 《晋书》卷九一《儒林·续咸传》。
② 《晋书》卷三四《杜预传》。
③ 《晋书》卷一〇三《刘曜载记》。
④ 《晋书》卷一〇一《刘元海载记》。

4. 前秦、后秦时期

前秦苻坚 8 岁时就主动请求聘师抵宅教学，令其祖父喜出望外，感叹曰："汝戎狄异类，世知饮酒，今乃求学邪！"这是苻坚重用王猛在长安广建学校，尊儒重教，苦心经营官学的由来。前秦官学大有亮点，唯私学史载不详，难觅其踪。

后秦姚兴办学，就官学与私学并重，而且儒、佛并重，成为关中教育一大特色。史载冯翊郭高、天水姜龛、东平淳于岐都是儒学大师，各有门徒数百。姚兴请他们"教授长安"，"诸生自远而至者万数千人"。姚兴每于听政之暇，也召请"龛等于东堂，讲论道艺，错综名理"。① 显而易见，姜龛、郭高"教授长安"非官学而是私学，所授生徒"自远而至者万数千人"，属自主从师，规模惊人。姚兴率群臣也听私学宗师讲学，亦官亦私。姚兴还盛请梵僧鸠摩罗什来长安传经译经，"沙门自远而至者五千余人"，关中"事佛者十室而九矣"。姚兴率群臣"如逍遥园"、登澄玄堂，聆听鸠摩罗什讲经，"公卿已下莫不钦附"。姚兴还派八百多高僧、三千多沙门弟子跟随鸠摩罗什译经，姚兴本人还亲自参与，传为美谈。② 这种儒、佛并重及交融互争、官私难分的宏大办学场面，既有官办主导性质，可谓官学，也有动辄数千听众，甚至百姓"十室而九"参加的普教性质，且完全出于自主，不分贵贱，来者俱为门徒，可属私学，还有弘扬佛教性质，聆听者为信徒，亦属佛学。故后秦姚兴之长安教育，称其属官学或私学皆通，甚至更接近私学特点，属官府鼓励的特殊私学。关中附近的私学宗师如冯翊郭高，甚至远至天水的姜龛、东平的淳于岐等全被姚兴请至长安来教授。他们原来各有门徒数百，也随师自远而至。关中各地诸生也会闻讯而来，以至长安私学生徒达到空前的"万数千人"。相较之下，关中其他处个人私授数十生徒便显微不足道了。以"千里追师"时风来看，微小型私学很有可能不复存在，或仅存于边远州县，至少被淹没无息了。

---

① 《晋书》卷一一七《姚兴载记上》。
② 《晋书》卷一一七《姚兴载记上》。

5. 北魏时期

北魏、东魏、西魏、北齐、北周五朝合称北朝，均为拓跋鲜卑族（或已拓跋鲜卑化）政权，后四朝更全属六镇军人集团政权，虽各行其政，政治上也有差别，但同一性非常明显，有一脉相承的关联。在最为重要的经济特征上都实行均田制，在文化特征上也都推行了汉化改革，虽有法汉与反汉派之别，但只是汉化程度上的差别，而在尊儒重教方面，表现得相当一致。就教育而言，官学涉及政治较深，往往随朝代更迭而变化，所以这五朝官学虽有很强相似性，仍可以细分其不同；但私学就不大受政治影响，而且师徒关系更胜官学，更具有私人属性，维系时间相当长，从拜师到学成，往往需要数年乃至十数年，有的甚至延续终生，故私学就很难依王朝兴替而加以区分。单看关中私学，所涉北魏、西魏、北周三朝就无法按官学那般分为三篇，而更宜以北朝整体角度，合并综述。

此外，就地域看，关中与关东各有特点，差别明显，但关中与陇右、河西就密不可分了。汉魏至晋，一向关陇合称。即使马、韩称霸西土，实行军阀割据，也是关陇联合，对外一致。但到十六国时期，关中与陇右、河西之间并存数个割据政权，分裂长达百年，不仅关中政权迭换，而且河西、陇右相继出现五凉与西秦至少六个政权。其间仅前秦一度统一，可随即又乱。直到北魏重新统一北方，关中与陇右、河西之间再无割据政权分离，稳定地合为一个整体。关陇不仅重新恢复到汉晋状态，而且因西魏宇文泰在关陇强化均田制和创立府兵制，并以此为基础，形成以关陇地区为本位（陈寅恪称为"关中本位政策"[①]）的强大的关陇军事贵族集团，关陇之间更加紧密合一，西魏、北周乃至隋唐皆是如此。因此，讲关中私学，可以不涉及关东，但河西、陇右就不能不提，故所叙北朝关中私学，实为北朝关陇私学。

先说家学。最突出代表为扶风武功苏氏、长安杜陵韦氏和弘农华阴杨氏。扶风武功苏氏，祖先"起家为（汉）酒泉太守，转安定、武都，所在有威名"，"世为著姓"。到曹魏时，苏家出了一位名士苏则，"少以学行闻，举孝廉茂才，

[①] 陈寅恪：《唐代政治史述论稿》，上海古籍出版社1982年版，第16—18页。陈寅恪最早提出"关陇集团"和"关中本位政策"概念。

辟公府，皆不就"。曹操"征张鲁，过其郡，见（苏）则悦之，使为军导。（张）鲁破，（苏）则绥定下辩诸氐，通河西道，徙为金城太守"，安抚河西有功，"拜侍中"，魏文帝（曹丕）时名臣。苏则弟苏愉，"（魏）咸熙中为尚书"。苏愉子苏绍，"为（晋）吴王师"，"有诗在《金谷集》"。苏绍女为西晋大士族石崇妻，苏绍弟苏慎，为"（晋）左卫将军"。[1]这表明自汉魏起，苏氏以儒学"行闻"，族中子弟多有显名，具有家学渊源。后到西魏，苏家出了一位更重要的奇士苏绰。据《北史》卷六三《苏绰传》，苏绰，"武功人，魏侍中（苏）则之九世孙也，累世二千石。父协，武功郡守"。"从兄（苏）让为汾州刺史。"宇文泰问苏让："卿家子弟之中，谁可任用者？"苏让推荐了族中出类拔萃、"少好学，博览群书，尤善算术"的苏绰。苏绰为宇文泰"指陈帝王之道，兼述申、韩之要"，令宇文泰肃然起敬，对仆射周惠达曰："苏绰真奇士也，吾方任之以政。"此后，苏绰成为宇文泰谋主，拟《六条诏书》进行深化改革，遂使西魏迅速崛起，立下丰功伟业。苏绰之子苏威后来成为北周和隋朝名臣。苏绰弟苏椿屡建军功，官至大都督。从兄苏亮是"秦中才学可以抗山东"的第一名士，与苏绰并称"二苏"，又与其弟苏湛"俱著名西土"。苏亮另一弟苏让也"幼聪敏，好学"而颇有乡誉。苏湛官至中书侍郎，苏亮与苏让既身居要职，"有善政"，又有著述，"颇行于世"。[2]苏氏家学教出一批杰出人才，成就非凡。

再说京兆杜陵韦氏。韦氏祖先及徙居京兆杜陵由来在前述前赵、后赵私学篇中已有交代。到北朝时韦家继续其家学传统，涌现出三位儒将韦孝宽及韦瑱、韦师父子。韦孝宽从小"涉猎经史"，年轻时"拜国子博士（太学教职）"，以后随宇文泰直赴雍州征战，屡立战功。西魏大统八年，以大都督坚守弘农要塞玉璧城，击败高欢亲率东魏主力的围攻，一战成名。北周明帝时，又为"麟趾殿学士，考校图籍"。宇文邕东征伐齐时，以韦孝宽为帅。韦孝宽文武双全，"虽在军中，笃意文史，政事之余，每自披阅。末年患眼，犹令学士读而听之"，堪称一代儒将。韦孝宽六子"早有令誉"，有五人历任北周及隋初高官，均"颇

---

[1]《三国志·魏志》卷一六《苏则传》及注引《魏略》和裴松之案。
[2]《北史》卷六三《苏绰传》；《北史》卷六三《苏咸传》；《北史》卷六三《苏椿传》；《北史》卷六三《苏亮传》；《北史》卷六三《苏湛传》；《北史》卷六三《苏让传》。

有能名"。韦孝宽兄韦敻,"少爱文史,留情著述,手自抄录数十万言","前后十见征辟,皆不应命",居家"萧然自逸"。北周明帝送他"逍遥公"之号。宇文邕时,韦敻著《三教序》,阐明"三教虽殊,同归于善"。他死前给诸子留遗戒,不忘家教。其子皆成才,世康、瓘、洸、艺、冲分别官至周、隋刺史、尚书。洸子协历三州刺史,"有能名"。韦家另二位儒将,韦瑱立功于西魏沙苑、河桥、江陵大战,"赐姓宇文氏";其子韦师先立功北周平齐之役,后立功隋平陈之役,"秋毫无犯","甚有政名",官至隋兵部尚书。①

韦氏一门自汉至隋,不断涌现杰出人才,北朝时迭出儒将,堪称家学典范。到唐时,韦氏更趋鼎盛,出过皇后及二十位宰相。难怪韦、杜能比肩同享时谚"城南韦杜,离天尺五"之誉。

北朝弘农华阴杨氏,家学成就不弱于汉,突出代表是杨椿,"四历九卿,十为刺史",官至司徒。75岁时亲书长文家训,戒其子孙曰:"我家入魏之始,即为上客。自尔至今,二千石方伯不绝……高祖以下乃有七郡太守、三十二州刺史,内外显职,时流少比。汝等若能存礼节……足成名家。"杨椿兄播,诸弟津、颖、顺、昕及诸侄辩、仲宣、遁、逸、愔、谧等,均"有当世才",多任刺史、尚书高职。杨播族孙杨敷为北周刺史。敷子杨素在平齐之役立战功,后深交杨坚,隋初代苏威掌政,拜司徒,成隋文帝重臣。②《北史》卷四一《杨愔传》中有一段关于杨氏家学的具体记载,十分难得,"(杨)愔一门四世同居,家甚隆盛,昆季就学者三十余人。学庭前有柰树,实落地,群儿咸争之,愔颓然独坐。其季父昕适入学馆,见之,大用嗟异。顾谓宾客曰:'此儿恬裕,有我家风。'宅内有茂竹,遂为愔于林边别葺一室,命独处其中,常铜盘具盛馔以饭之。因以督厉诸子曰:'汝辈但如遵彦(愔字遵彦)谨慎,自得竹林别室、铜盘重肉之食。'""(杨)愔从父兄黄门侍郎(杨)昱特相器重","尝与十余人赋诗,愔一览便诵,无所遗失"。杨愔后累官至尚书令,曾祭典亡亲,一门之内,追赠丞相二人,太尉、尚书令三人,尚书五人,刺史、太守二十余人,

---

① 《北史》卷六四《韦孝宽传》及附兄、侄各传;《北史》卷六四《韦瑱传》及子《韦师传》。

② 《北史》卷四一《杨播传》《杨椿传》及附诸弟、子、侄传;《北史》卷四一《杨敷传》及子《杨素传》。

"追荣之盛，古今未之有也"。①

北朝关中私学盛行游学之风，即"千里追师"，从而使私学规模很大，从几十人到数百上千，甚至数千人。如马光，"少好学，从师数十年"，学成后，起初教授山东，"门徒千数"，后到长安，任隋博士，原来门徒"多负笈从入长安"。②还有沈重，"专心儒学，从师不远千里"，遂成"当世儒宗"。北周武帝派使者把他从江陵请至长安，"天和中，复于紫极殿讲三教义，朝士、儒生、桑门、道士至者二千余人"，兼具官学与私学双重身份。③北朝最出名的私学大师当属弘农华阴人徐遵明。他虽多年在关东求学，学成也在关东讲学，但因对关中私学影响巨大，故有必要提及。他在关东多地先后师从王聪、张吾贵、孙买德等人，不满意，便不出院门，自修诸经达六年之久，终于博通诸经，手撰《春秋义章》三十卷，"讲学于外二十余年"，"海内莫不宗仰"，"称大儒"，"冠盖一时，师表当世"。当时"凡是经学诸生，多出自魏末大儒徐遵明门下"。④他的门生，"常称高第"的李铉学成，"教授乡里。生徒恒数百人，燕赵间能言经者，多出其门"。⑤后来在西魏长安教授宇文泰诸子的乐逊，也"从徐遵明于赵、魏间"，学成西归，先被西魏太尉李弼请去"教授诸子"，再被宇文泰所召。⑥徐的弟子还有熊安生，"事徐遵明，服膺历年，后受《礼》于李宝鼎（即李铉），遂博通《五经》"。学成后"专以《三礼》教授，弟子自远方至者千余人"。"安生既学为儒宗"，"在山东时，岁岁游讲，从之者倾郡县"。熊的门人中，也出了一批"擅名于后"的北方名儒，可称徐的再传弟子。⑦上述各例说明两点：其一徐的生徒多慕名而来，学成后回乡教授，广纳门人；其二徐

---

① 《北史》卷四一《杨愔传》。弘农杨氏至隋唐仍旧显赫。至于隋文帝杨坚虽自称出自弘农杨氏，应属伪冒。其祖在北魏初为武川镇司马，"子孙因家焉"，早已拓跋鲜卑化，为六镇军人集团重要成员，"赐姓普六茹氏"。陈寅恪在《唐代政治史述论稿》中说："隋唐皇室亦依旧自称弘农杨震、陇西李暠之嫡裔，伪冒相传，迄于今日……诚可叹也。"

② 《北史》卷八二《儒林下·马光传》。
③ 《北史》卷八二《儒林下·沈重传》；《周书》卷四五《沈重传》。
④ 《魏书》卷八四《儒林·徐遵明传》；《北史》卷八一《儒林上·徐遵明传》。
⑤ 《北史》卷八一《儒林上·李铉传》。
⑥ 《北史》卷八二《儒林下·乐逊传》；《周书》卷四五《儒林·乐逊传》。
⑦ 《北史》卷八二《儒林下·熊安生传》。

本人显然很支持门生效法他,再传弟子。徐既是"海内莫不宗仰""师表当世",关中诸生包括华阴老家宗亲子弟,当然会慕名而来。他们学成后会如同李铉、熊安生一样返乡开馆教授。徐遵明也会格外关照桑梓子弟,以及帮助关中门生返回关中再传其学。他对关中私学不可能没有重要影响。他的学问及办学必传关中。

北朝时河西、陇右私学也具有相当规模。从关陇一体角度看,可视为关中私学。如北魏太武帝拓跋焘西征凉州时,常爽"置馆温水之右,教授门徒七百余人,京师学业,翕然复兴"[①]。又如名儒樊深,"弱冠好学,负书从师于河西,讲习《五经》,昼夜不倦",学成后在关中为于谨"教授子孙",后为西魏学东馆博士。[②]再如刘昞,"年十四,就博士郭瑀学。时瑀弟子五百余人,通经业者八十余人。……昞后隐居酒泉,不应州郡之命,弟子受业者五百余人"[③]。

据《北史》记载,"(北魏)宣武时……天下承平,学业大盛,故燕、齐、赵、魏之间,横经著录,不可胜数。大者千余人,小者犹数百"[④]。这已大大超过官学规模,应是对官学的重要补充。其中关东私学不言而喻要盛于关陇私学。但当北周武帝灭齐统一北方后,东西差别很快趋于缩小,长安以东西统一后京都之优势,吸引关东私学师生大量涌向关中。《北史》卷八一《儒林上·序》记载:"及定山东,降至尊而劳万乘,待熊安生以殊礼。是以天下慕向,文教远覃。衣儒者之服,挟先王之道,开黉舍,延学徒者,比肩;励从师之志,守专门之业,辞亲戚,甘勤苦者,成市。虽通儒盛业,不逮魏、晋之臣,而风移俗变,抑亦近代之美谈也。"北朝关陇私学就是在这个大背景下,走向兴旺。[⑤]

---

① 《魏书》卷八四《儒林·常爽传》。
② 《北史》卷八二《儒林下·樊深传》。
③ 《魏书》卷五二《刘昞传》。
④ 《北史》卷八一《儒林上·序》。
⑤ 本目部分内容据陈学恂主编、金忠明分卷主编《中国教育史研究·秦汉魏晋南北朝分卷》第十章,华东师范大学出版社 2009 年版,第 391—424 页;另据毛礼锐、沈灌群主编《中国教育通史》第二卷第五章第三节,山东教育出版社 1986 年版,第 331—350 页。

结语

本书写作完毕，掩卷长思，心潮如涌。魏晋南北朝的陕西与建都长安的汉唐两大统一王朝的鼎盛与辉煌相比，是夹在其间的谷底，其历史标签确是分裂与战乱、苦难与破坏、野蛮与屠戮。昔日繁都天府几经毁灭、生灵涂炭，变成"关中无复人迹""白骨遮平原""人相食，死者太半""长安城中户不盈百"，令人痛惜不已。但这又是英雄辈出的大变革时代，一系列轰轰烈烈的历史事件和众多彪炳千秋的非凡人物耀眼多彩。前有壮志未酬的诸葛亮，后有统一大业奠基人的宇文泰与宇文邕，无不让人难以忘怀而感慨万分。值得重新认识的是落后的"五胡"，特别是更加野蛮的拓跋鲜卑入主中原的功过是非。分裂与战乱不仅仅意味着黑暗，其潜在的历史逻辑却是野蛮征服文明又趋从文明，从而产生不可抗拒的、惊世骇俗的开创性双向社会改革，荡涤中原腐朽，脱胎换骨，不断探索从分裂走向统一、从乱世走向治世的富国强兵之途。残破江山屡次复兴，重新崛起，凤凰涅槃，浴火重生。此即我国分裂时期的变革性与内聚性。如果说，汉王朝的强大、先进、文明与辉煌主要是中原汉族的历史贡献，那么，唐王朝的鼎盛，不可否认是源于北魏至北周拓跋鲜卑（特别是其中最为野蛮落后的六镇军人集团）持续百年的汉化改革而创新产生的均田制、府兵制及无敌天下的胡汉关陇军事贵族集团的奠基作用。这或许就是古语"分久必合"的最好诠释吧。

参考文献

References

[1] 司马迁. 史记[M]. 北京：中华书局，1959.

[2] 班固. 汉书[M]. 北京：中华书局，1962.

[3] 范晔. 后汉书[M]. 北京：中华书局，1965.

[4] 陈寿. 三国志[M]. 北京：中华书局，1959.

[5] 房玄龄，等. 晋书[M]. 北京：中华书局，1974.

[6] 常璩. 华阳国志[M]. 济南：齐鲁书社，2010.

[7] 法显. 佛国记[M]. 重庆：重庆出版社，2008.

[8] 僧肇. 肇论校释[M]. 张春波，校释. 北京：中华书局，2010.

[9] 尚荣. 洛阳伽蓝记[M]. 北京：中华书局，2012.

[10] 魏收. 魏书[M]. 北京：中华书局，1974.

[11] 沈约. 宋书[M]. 北京：中华书局，1974.

[12] 萧子显. 南齐书[M]. 北京：中华书局，1972.

[13] 释慧皎. 高僧传[M]. 北京：中华书局，1992.

[14] 李百药. 北齐书[M]. 北京：中华书局，1972.

[15] 令狐德棻，等. 周书[M]. 北京：中华书局，1971.

[16] 李延寿. 北史[M]. 北京：中华书局，1974.

[17] 李垩. 南北史续世说[M]. 上海：东方出版中心，1996.

[18] 魏徵，等. 隋书[M]. 北京：中华书局，1973.

[19] 刘昫，等. 旧唐书[M]. 北京：中华书局，1975.

[20] 欧阳修，宋祁.新唐书[M].北京：中华书局，1975.

[21] 杜佑.通典[M].北京：中华书局，1984.

[22] 李吉甫.元和郡县图志[M].北京：中华书局，1983.

[23] 释道宣.广弘明集[M].上海：上海古籍出版社，1991.

[24] 宋敏求.唐大诏令集[M].北京：商务印书馆，1959.

[25] 李昉，等.太平御览[M].北京：中华书局，1960.

[26] 司马光.资治通鉴[M].北京：中华书局，1956.

[27] 顾祖禹.读史方舆纪要[M].上海：上海书店出版社，1998.

[28] 岑仲勉.府兵制度研究[M].上海：上海人民出版社，1957.

[29] 陈寅恪.隋唐制度渊源略论稿[M].北京：生活·读书·新知三联书店，1954.

[30] 陈寅恪.唐代政治史述论稿[M].上海：上海古籍出版社，1982.

[31] 陈寅恪.金明馆丛稿初编[M].上海：上海古籍出版社，1980.

[32] 金忠明.中国教育史研究：秦汉魏晋南北朝分卷[M].上海：华东师范大学出版社，2009.

[33] 陈勇.汉赵史论稿[M].北京：商务印书馆，2015.

[34] 谷霁光.府兵制度考释[M].上海：上海人民出版社，1962.

[35] 何兹全.三国史[M].北京：人民出版社，2011.

[36] 何兹全，张国安.魏晋南北朝史[M].北京：人民出版社，2013.

[37] 姜亮夫.历代人物年里碑传综表[M].北京：中华书局，1959.

[38] 罗宏曾.魏晋南北朝文化史[M].成都：四川人民出版社，1989.

[39] 吕思勉.两晋南北朝史[M].上海：上海古籍出版社，2005.

[40] 马长寿.碑铭所见前秦至隋初的关中部族[M].北京：中华书局，1985.

[41] 马植杰.三国史[M].北京：人民出版社，1993.

[42] 毛礼锐，沈灌群.中国教育通史：第2卷[M].济南：山东教育出版社，1986.

[43] 史念海.河山集：四集[M].西安：陕西师范大学出版社，1991.

[44] 史念海.河山集：五集[M].太原：山西人民出版社，1991.

[45] 谭良啸.八阵图与木牛流马[M].成都：巴蜀书社，1996.

[46] 谭其骧.长水集[M].北京：人民出版社，1987.

[47] 唐长孺.魏晋南北朝史论丛[M].北京：生活·读书·新知三联书店，1955.

[48] 唐长孺.魏晋南北朝史论拾遗[M].北京：中华书局，1983.

[49] 田余庆.东晋门阀政治[M].北京：北京大学出版社，2012.

［50］王大华.崛起与衰落：古代关中的历史变迁［M］.西安：陕西人民出版社，1987.

［51］王仲荦.魏晋南北朝史：下册［M］.上海：上海人民出版社，1980.

［52］武伯纶.西安历史述略［M］.西安：陕西人民出版社，1979.

［53］姚薇元.北朝胡姓考［M］.北京：科学出版社，1958.

［54］澹泊.中国名人志：第3卷［M］.北京：中国档案出版社，2001.

［55］张泽咸，朱大渭.魏晋南北朝农民战争史料汇编［M］.北京：中华书局，1980.

［56］周伟洲.汉赵国史［M］.桂林：广西师范大学出版社，2006.

［57］周伟洲.吐谷浑史［M］.银川：宁夏人民出版社，1985.

［58］杨育坤.弘农杨氏［M］.西安：三秦出版社，2005.

［59］王应麟.玉海［M］.上海：上海书店，1990.

［60］欧阳询.艺文类聚［M］.汪绍楹，校.北京：中华书局，1965.

［61］张惟骧.疑年录汇编［M］//贾贵荣，殷梦霞.疑年录集成.北京：北京图书出版社，2002.

［62］周伟洲.魏晋南北朝时期的护军制［M］//侯仁之，周一良.燕京学报：新6期.北京：北京大学出版社，1999.

［63］周双林.北周赵贵、独孤信事件考论［M］//中华书局编辑部.文史：第40辑.北京：中华书局，1994.

［64］陈勇.后赵羯胡为流寓河北之并州杂胡说［M］//陈勇.汉赵史论稿.北京：商务印书馆，2015.

［65］黄永年.古都话饼［M］//《中国烹饪》编辑部.烹饪史话.北京：中国商业出版社，1987.

［66］陈德弟.魏晋南北朝私家藏书兴盛原因初探［J］.古籍整理研究学刊，2006（1）：45-51.

［67］戴卫红.盖吴起义与关中地方行政体制变革［J］.中国史研究，2009（3）：131-142.

［68］方诗铭."汉祚复兴"的谶记与原始道教：晋南北朝刘根、刘渊的起义起兵及其他［J］.史林，1996（3）：1-8.

［69］方诗铭.释"张角李弘毒流汉季"："李家道"与汉晋南北朝的"李弘"起义［J］.历史研究，1995（2）：40-52.

［70］黎虎.狮舞流沙万里来［J］.西域研究，2001（3）：80-88.

［71］米文平.鲜卑石室的发现与初步研究［J］.文物，1981（2）：1-7.

[72] 王大华.论关陇军事贵族集团之构成[J].陕西师大学报（哲学社会科学版），1990（1）：39-46.

[73] 王大华.论中国封建社会分裂时期的内聚性[J].陕西师大学报（哲学社会科学版），1985（2）：21-29.

[74] 吴宏岐.后秦"岭北"考[J].中国历史地理论丛，1995（2）：184-185.

[75] 宋杰.汉中对三国蜀魏战争的重要影响[J].首都师范大学学报（社会科学版），2004（1）：5-13.

[76] 山东省文物考古研究所.临淄北朝崔氏墓[J].考古学报，1984（2）：221-224.

[77] 谭良啸.木牛流马考辨[J].甘肃社会科学，1984（2）：103-110.

[78] 田兆元.论北朝时期民族融合过程中的神话认同[J].上海大学学报（社会科学版），2000（3）：102-107.

陕西魏晋南北朝文化遗存一览表

A List of Cultural Remains of the Wei, Jin, Southern and Northern Dynasties in Shaanxi Province

一、西安

1. 汉城东墙及未央宫遗址（城西北10公里"杨家城"）。
2. 灞桥、霸上遗址（城东10公里）。
3. 渭桥（考古定名"厨城门一号桥"）遗址（未央区北部渭河滩）。
4. 晋大兴善寺遗址（雁塔区长安路西）。
5. 西安碑林博物馆藏魏晋南北朝碑刻、墓志、石雕（如大夏石马等）。
6. 陕西省博物馆藏魏晋南北朝传世及出土文物。
7. 西安鄠邑区草堂寺后秦逍遥园遗址及鸠摩罗什舍利塔。
8. 周至楼观台汉晋遗墟。
9. 十六国时期高等级墓葬遗址（西安南郊少陵塬焦村、中兆村）。

二、咸阳

1. 彬州前秦苻坚墓（水口镇九田村）。
2. 彬州大佛寺北周石窟（丈八佛窟）造像（城西10公里）。
3. 咸阳北周李昙墓（秦都区东20公里北原正阳街道后排村）。
4. 兴平文庙北魏石狮（庙内大殿前庭）。
5. 兴平杨贵妃墓博物馆藏北魏石虎（马嵬街道西门外马嵬坡）。

三、渭南

1. 华阴西岳庙北周庙碑。
2. 古潼关遗址（今关址南门外）。
3. 韩城司马迁墓及祠（城南10公里芝川镇南门外）。
4. 富平西魏文帝（元宝炬）永陵及陵前石兽（留古镇何家村）。
5. 富平北周文帝（宇文泰）成陵（宫里镇中心幼儿园内）。

四、铜川

1. 药王山北周摩崖造像（耀州区城东1.5公里）。
2. 药王山碑林北朝造像碑刻（如北魏姚伯多造像碑、正光造像碑、北周武成造像碑等）。
3. 香山苻秦佛寺遗址（耀州区西北45公里庙湾镇）。
4. 宜君北朝佛道石窟群（如沟门北魏摩崖造像及福地佛道石窟等）。

五、宝鸡

1. 三国陈仓下城城墙遗址（斗鸡台车站东北古陈仓上城以东）。
2. 大散关遗址（城南大散岭上）。
3. 宝鸡博物馆藏魏晋南北朝出土文物。
4. 岐山五丈原古战场遗址及武侯祠（县南20公里蔡家坡镇）。
5. 扶风法门寺（原阿育王寺）遗址及馆藏北朝碑刻（县城北10公里法门镇）。
6. 凤县消灾寺（原北魏萧台寺）遗址（凤州镇豆积山）。

六、汉中

1. 褒斜道石门遗址（小石门位于汉中城北17公里褒斜道南端，现已淹没于褒河水库；大石门位于眉县褒斜道北端）。
2. 石门汉魏碑刻十三品（移存汉中博物馆藏）。
3. 褒斜道古栈道遗址（城北17公里褒河边石崖）。
4. 汉中博物馆藏魏晋南北朝出土文物（城内古汉台）。
5. 勉县武侯墓（城南定军山西北脚下）。
6. 勉县武侯庙（城西4公里，距墓5公里）。
7. 勉县马超墓及祠（城南马公祠村）。
8. 定军山古战场遗址（城南5公里定军山镇）。

七、安康、商洛

1. 安康旬阳孟达墓（城关镇王家山上）。
2. 安康博物馆藏魏晋南北朝出土文物。
3. 商洛丹凤武关遗址（城东40公里涧谷间）。

八、陕北

1. 榆林靖边大夏统万城遗址（横山区西、距靖边县城50公里的白城子）。
2. 延安子长钟山北朝佛教石窟（县城西15公里安定镇钟山）。
3. 延安延川赫连勃勃墓（县城南杨家圪台镇东风原白浮图寺遗址前）。

注：本表主要依据《陕西名胜古迹》（陕西人民出版社1986年版）及作者实地考察。

大事年表
Chronology

184年 东汉中平元年（光和七年）

黄巾大起义（主力当年失败，余波延续十数年）。

185年 东汉中平二年

金城边章、韩遂攻入关中，与张温、董卓战于美阳。张温、董卓驻屯关中扶风、长安。

188年 东汉中平五年

韩遂、马腾再次东进关中，围攻陈仓，与皇甫嵩、董卓激战八十天。

190年 东汉初平元年

董卓挟献帝及洛阳百万民众迁都长安。

192年 东汉初平三年

王允、吕布谋杀董卓。李傕、郭汜劫献帝，大掠长安。

194年 东汉兴平元年

马腾、韩遂入长安，马、韩、李、郭在关中混战。张鲁在188—194年之间开始割据汉中，此后关西民自子午谷奔之者数万家。

195年 东汉兴平二年

献帝东避走陕县、安邑。

196年　东汉建安元年

　　献帝在安邑改元建安,同年逃回洛阳,被曹操迎至许都,"挟天子以令诸侯"。

197年　东汉建安二年

　　曹操派钟繇持节督关中,关中暂时安定。

200年　东汉建安五年

　　官渡之战时钟繇从关中送军马两千余匹到曹军前线。

202年　东汉建安七年

　　马腾派马超率万名关中兵与曹操联兵击败袁尚、高干,平定河东。后数年马腾在关中保境安民。

208年　东汉建安十三年

　　曹操败于赤壁之战。孙、刘、曹三分荆州及南郡。

210年　东汉建安十五年

　　刘备借江陵。曹操征召马腾赴邺城。

211年　东汉建安十六年

　　曹操西征关中。韩遂、马超及关中诸将与曹操大战潼关及渭南,兵败退走凉州。

212年　东汉建安十七年

　　曹操回邺诛杀马腾及其宗族二百余人。夏侯渊、张既守长安。马超再反凉州。

214年　东汉建安十九年

　　马超兵败,先投汉中张鲁,后投刘备,逼成都刘璋开城投降。韩遂败走西平。夏侯渊、张郃平定关陇。法正助刘备夺取益州。

215年　东汉建安二十年

　　曹操攻占汉中。张鲁逃巴中,后降曹。

218年　东汉建安二十三年

　　法正助刘备征汉中,曹操领兵坐镇长安。

219 年　东汉建安二十四年

　　定军山黄忠阵斩夏侯渊，刘备占领并开始经营汉中。曹操迁徙汉中民众万户落籍三辅，曹真、张既迁徙武都氐人五万户到扶风、天水。吕蒙偷袭荆州，擒杀关羽。

220 年　东汉建安二十五年、魏黄初元年

　　曹操病死，曹丕代汉称帝，国号魏。

221 年　蜀章武元年

　　刘备称帝立蜀。

222 年　吴黄武元年

　　孙权称王立吴。

223 年　蜀章武三年

　　刘备遭夷陵之败而死，刘禅即位。

225 年　蜀建兴三年

　　诸葛亮南征南安，七擒孟获。

226 年　蜀建兴四年

　　自建安二十四年起，魏延经营汉中七年，屯田自守。蜀、魏双方分据汉中、关中相持。汉中复苏。

227 年　蜀建兴五年

　　诸葛亮上《出师表》（即《前出师表》），亲率十万大军进驻汉中。此后至建兴十二年之间，诸葛亮"六出祁山"伐魏。

228 年　蜀建兴六年、魏太和二年

　　诸葛亮自汉中北击祁山，围天水，收姜维。马谡失街亭。诸葛亮挥泪斩马谡。同年，诸葛亮再上《出师表》（即《后出师表》），二出祁山，围攻陈仓二十多天，回师途中斩杀魏将王双。

231 年　魏太和五年

　　诸葛亮五出祁山时，设计"木牛"运粮。曹叡调司马懿从东线宛城到西线督关中。魏将张郃中弩战死。

233 年　魏青龙元年

　　司马懿屯田关中，开成国渠。

234 年　蜀建兴十二年

　　诸葛亮备战三年，改进"木牛"，叫作"流马"，运粮斜谷口，率十万蜀军六出祁山，走褒斜道北抵关中郿县，与司马懿二十万魏军隔渭河对峙百余日。诸葛亮病死五丈原军中，蜀军回师汉中。此后蒋琬、费祎先后出屯汉中，至蜀延熙十六年，经营汉中近二十年。再以后姜维继续经营汉中及陇西约十一年，至蜀亡。

244 年　魏正始五年

　　曹爽率六七万魏军西入长安，从骆谷道进攻汉中，兵败而退。

247 年　魏正始八年

　　魏将郭淮与蜀将姜维争夺凉州，魏胜蜀退。

249 年　魏嘉平元年、蜀延熙十二年

　　司马懿政变，灭曹爽，控制朝政。姜维乘机进攻雍州，司马昭治兵关中。

253 年　魏嘉平五年

　　姜维出兵陇西。司马昭二次治兵关中。此后九年之间，姜维六次北伐关陇。

263 年　魏景元四年、蜀景耀六年

　　司马昭下令大举伐蜀。魏帅钟会率十余万主力直取汉中，再越阳平关攻入蜀境。魏将邓艾、诸葛绪各率三万余人攻陇西，合围姜维。姜维退守剑阁。邓艾自阴平奇袭成都，刘禅出降，蜀亡。

264 年　魏咸熙元年

　　司马昭第三次治兵关中，自将十万兵屯长安。钟会与姜维在成都叛乱而亡。司马昭晋封为晋王。

265 年　魏咸熙二年（晋泰始元年）

　　司马昭病死。司马炎废魏称帝，改国号为晋。关陇由此归晋。

279 年　晋咸宁五年

　　司马炎诏令晋军二十余万分水陆六路伐吴。

280年 晋太康元年（咸宁六年）

杜预出师襄阳，攻克江陵，尽占荆、交、广三州；王濬兵发成都，率水师东进，轻取武昌、建业。孙皓乞降，吴亡。"三家归晋"。西晋颁布占田法、课田法及户调式。

290—306年 晋太熙元年至光熙元年

晋惠帝继位、杨骏专权、贾后之乱及八王之乱。关中深深卷入。

270年 晋泰始六年

秦州鲜卑树机能起义。后控秦、凉二州，拥众数十万，坚持十余年之久。至咸宁五年树机能败死。

3世纪中后期 晋武帝年间

中亚僧人竺法护由中亚来关中译佛经。

296年 晋元康六年

雍州氐帅齐万年起义。拥众数十万，纵横关陇六郡，坚持到元康九年败死。

300年 晋永康元年

河间王司马颙坐镇长安，始派张方率关中精兵东征洛阳。

301年 晋永宁元年

賨人李特率雍、秦六郡流民十余万众在益州、梁州起义。张轨称霸凉州，成割据之势。其延续五世九主，凡七十六年，东控陇右西征西域，史称"前凉"，列十六国之一。

302年 晋太安元年

河间王颙派李含、张方率关中兵第二次东征洛阳。

303年 晋太安二年

河间王颙派张方率七万关中兵第三次东征洛阳。雍州刺史刘沈纠集七郡万余兵袭攻长安。张方大掠洛阳，胁迫惠帝迁都长安。

304年 晋永兴元年

李特之子李雄攻克成都，称成都王，成固邓定响应李雄攻占汉中。匈奴刘渊起兵左国城。

305年　晋永兴二年

东海王越西征。河间王颙杀张方请和遭拒。

306年　晋光熙元年（永兴三年）

关东联军攻破潼关，大掠长安，迎惠帝还都洛阳。关中诸郡自相残杀。成都王与河间王先后败死，东海王总揽朝政，毒死惠帝，扶立怀帝。持续十六年的"八王之乱"结束。长安残破，荒无人烟。李雄称帝，国号成。后来，李特侄李寿改国号为汉，史称"成汉"，为十六国最早建立的割据政权。成汉政权自李雄起算，历五世凡四十四年，控制益、梁、宁、荆数州。李凤、李寿等相继出镇汉中，对陕南进行长期治理。

308年　晋永嘉二年

匈奴刘渊称帝，立国号为汉。

309年　晋永嘉三年

刘渊迁都平阳，派第四子刘聪围攻洛阳。

310年　晋永嘉四年

刘渊病死，刘聪抢得皇位。关中名儒傅祗子孙傅畅、傅纯、傅粹及河北士族卢志、崔玮等以儒士在汉国任职。

311年　晋永嘉五年

羯胡石勒围歼西晋王室四十八王及十余万晋军。刘曜攻克洛阳，俘晋怀帝，杀百官士庶三万余人，烧毁洛阳。史称"永嘉之难"。刘粲攻陷长安，长安四千余家逃难至汉中。

312年　晋永嘉六年

刘粲转攻晋阳。雍州刺史贾疋聚氐、胡数万反攻长安，与梁综、麴允等奉秦王司马邺为皇太子，另立小朝廷。

313年　晋建兴元年（永嘉七年）

晋怀帝在平阳被杀，司马邺在长安称帝，是为晋愍帝。

314年　晋建兴二年

刘曜围攻长安。

315 年 晋建兴三年

刘曜攻占北地、冯翊郡。

316 年 晋建兴四年

刘曜攻上郡、泾阳。长安粮断，人相食，死者太半，户不盈百。愍帝出降，刘曜进长安，西晋灭亡。

317 年 东晋建武元年

琅邪王司马睿移镇建康，在王导等南渡的北方士族拥戴下，先称晋王，次年称帝，建立东晋王朝，是为晋元帝。

318 年 汉汉昌元年

汉国内乱，刘曜由长安讨伐平阳，途中称帝改元，与石勒联手平靳准之乱。

319 年 前赵光初二年至十二年

刘曜迁都长安，改国号汉为赵，史称"前赵"。刘曜是在长安称帝的第一个匈奴人。关中扶风、新平、陈仓、安定胡汉皆反。石勒同年在河北襄国自称赵王，建立政权，与刘曜分庭抗礼，史称"后赵"。

320 年 前赵光初三年

刘曜平叛，西晋南阳王司马保败死陇西桑城。刘曜部将尹车结交关中巴氐酋长谋反遭残杀。关中巴、氐、羌、羯三十余万众据雍城、安定及上郡尽反。刘曜用关中戎族名士游子远以剿抚两手平乱，迁徙上郡二十余万氐羌到长安。刘曜再征陇右，迁徙陇右万余户氐羌到长安。陇右陈安复叛。

323 年 前赵光初六年

刘曜征灭陈安，迁秦州大姓两千余户到长安。刘曜乘胜发兵二十八万多压境河西，迫前凉张茂称臣求和。

319—329 年 前赵光初二年

前赵与后赵为争夺上郡、关中、河东、洛阳连年战争。

329 年 前赵光初十二年

石勒与刘曜在洛阳决战，刘曜惨败，被俘杀，前赵亡。石虎西征，并迁徙关陇氐羌十五万户到关东。关陇落入后赵石勒之手，石生镇守长安。

333 年　后赵建平四年

　　镇守关中的石生与镇守洛阳的石朗不服石虎专权而起兵反抗。石虎再次西征，平定关中，再迁雍、秦胡汉十余万户到关东，还师襄国。关中复叛。石虎遣子石斌平叛后，又迁秦州三万余户到青、并二州。以后石鉴、石苞相继镇守关中，征发十六万人重建长安未央宫，激起民怨。

347 年　后赵建武十三年

　　后赵太子石宣因谋杀石虎爱子被石虎废杀。东宫卫士万人谪戍凉州，行至雍城兵变，得到关中民众响应，众至十万。氐将苻洪、羌将姚弋仲助石虎镇压叛军。苻洪因功以雍州刺史督关中。石虎志在穷兵，雍、秦望族都在戍役之列，百姓失业，十室而七，关陇深陷其虐。

350 年　后赵永宁元年

　　后赵内乱，冉闵废杀石鉴及石虎诸子孙，自立为帝，改国号大魏，史称"冉魏"。冉闵灭后赵，滥杀胡羯数十万（其中不少关陇徙户），导致天下大乱，史称"冉闵之乱"。氐王苻洪子苻健乘乱抢占关中。

351 年　前秦皇始元年

　　苻健据长安建国，史称"前秦"。击败东晋司马勋。

352 年　前秦皇始二年

　　苻健称帝。灭京兆豪强杜洪、张琚。

354 年　前秦皇始四年、东晋永和十年

　　东晋桓温北伐关中，进军霸上。苻健先败后胜，与关中百姓约法三章，复兴关中。

355 年　前秦皇始五年

　　苻健死，侄苻坚夺取王位，重用改革家王猛，励精图治，关中迅速复兴，走向国富兵强。

365 年　前秦建元元年

　　苻坚平息匈奴铁弗部刘卫辰内掠。徙其酋豪六千余户于长安，分匈奴两万余户落于贰城以西，两万余户落于贰城以东，号为东、西曹。

370 年 前秦建元六年

王猛东征灭前燕。先迁鲜卑四万余户于长安，后又徙关东豪杰诸杂夷十万户于关中。

371 年 前秦建元七年

前秦西征灭仇池国。

373 年 前秦建元九年

前秦南征攻取东晋梁、益、宁等州。

376 年 前秦建元十二年

前秦西征灭前凉、北征灭代国，基本统一北方；六十二邻国朝贡通好。徙豪右七千余户于关中。关中仅氐族就达十五万户。

378—379 年 前秦建元十四至十五年

苻丕攻克东晋军事重镇襄阳。名僧释道安被从襄阳迎请到长安，开佛经译场，并力劝苻坚迎请西域名僧鸠摩罗什。

383 年 前秦建元十九年、东晋太元八年

苻坚派吕光远征西域。鸠摩罗什随吕光东来，后因前秦亡而滞留河西。苻坚发兵八十七万多亲征东晋，败于淝水。

385 年 前秦建元二十一年

关中大乱，慕容冲建立西燕，围困长安。苻坚出逃，于五将山被自称"万年秦王"的姚苌俘杀。长安为慕容冲占领。

386 年 前秦太初元年

长安城内西燕内讧，慕容颛率四十余万鲜卑撤离长安东归，进据长子。姚苌抢夺长安，称帝建国，史称后秦。苻登在陇东称帝，拥众十余万，与姚苌多年征战关陇。同年慕容垂恢复燕国，定都中山，史称后燕。吕光在凉州建立后凉。

393 年 后秦建初八年

姚苌病死，姚兴即位，击败苻登前秦残余势力，迁徙阴密三万户于长安，分为四营，置四军。

394 年　后秦皇初元年

姚兴亲征，平武功叛乱。姚硕德西征平秦州之叛，再征鲜卑乞伏乾归，控制河州。姚绪东攻河东、弘农、华山诸郡。姚崇继攻洛阳，徙流人两万余户而还。姚兴尊儒敬佛，复兴关陇。

398 年　后秦皇初五年、北魏天兴元年

拓跋珪称帝，迁都平城，改国号为魏，史称北魏。自此，北魏据关东，后秦据关陇，比肩称雄北方。

399 年　后秦弘始元年

法显由长安出发西去印度取经，十三年后回国。

402 年　后秦弘始四年、北魏天兴五年

姚兴征伐北魏。柴壁之战后，后秦与北魏对峙，此后两国通好。

403 年　后秦弘始五年

姚硕德西征灭后凉，徙河西豪右万余户于长安。姚兴迎请鸠摩罗什到长安讲经译经，长安及关中各州郡事佛者十室而九。

404 年　后秦弘始六年

智猛等十五人由长安出发西去印度取经，二十年后回国。

407 年　后秦弘始九年、大夏龙升元年

匈奴刘卫辰之子赫连勃勃自称大夏天王，建大夏国，与后秦连年激战。

413 年　后秦弘始十五年、大夏凤翔元年

赫连勃勃筑都统万城。

417 年　后秦永和二年、东晋义熙十三年

东晋刘裕北伐攻入长安，姚泓出降，后秦灭亡。刘裕为篡位匆匆南归，赫连勃勃攻占长安。关中、陇右落入大夏国控制。

418 年　大夏昌武元年

赫连勃勃在霸上称帝，在长安设置南台，留太子赫连璝为南台尚书，镇守关中，自回统万城。

418—431 年　大夏昌武元年至胜光四年、北魏泰常三年至神䴥四年

大夏与北魏连年激战，拓跋焘三征统万城，魏帅奚斤攻占长安而复失。拓跋焘再征关陇，复占长安、安定、平凉。

420 年　大夏真兴二年、东晋元熙二年

昙无竭等二十五人由长安出发去印度取经，后仅昙无竭一人回到广州。刘裕篡晋，建立刘宋，东晋灭亡。

431 年　大夏胜光四年、北魏神䴥四年

北魏灭大夏。关陇尽归北魏。吐谷浑向北魏称藩，被封为西秦王。北凉河西王归附，被封为凉州牧、凉王。拓跋焘亲巡河西。拓跋范镇守长安，发秦雍之兵一万人，在长安城内再筑小城。

434 年　北魏延和三年

拓跋焘派仇池杨难当攻克汉中，送原雍州民七千户回长安。拓跋焘亲自随军平息据险河西胡空谷叛乱的原上郡休屠酋长金当川。

436 年　北魏太延二年

杨难当割据上邽自立。拓跋焘亲征迫杨难当再次臣服，归镇仇池。

439 年　北魏太延五年

北魏攻取刘宋控制下的上洛；拓跋焘亲征凉州，灭北凉。西域诸国遣使朝贡。北魏基本统一北方。

440—442 年　北魏太平真君元年至三年

河西酒泉沮渠无讳降而复叛，袭据鄯善、高昌，向刘宋称臣。刘宋梁州刺史刘康祖进犯仇池。关中魏军反攻，大破刘宋军及反叛的诸氐。

444 年　北魏太平真君五年

吐谷浑叛乱，凉州北魏军平叛。

445 年　北魏太平真君六年

北魏军追击吐谷浑残部，并袭擒鄯善王。卢水胡盖吴在杏城起事，关陇响应。拓跋焘亲征关陇。

446 年　北魏太平真君七年

拓跋焘在长安发现佛寺私通盖吴，大开杀戒，下令毁佛，波及北方。盖吴败死。拓跋焘罢关中五护军，四年后又在关中分置岐、华二州与原来雍、泾二州互为犄角，强化郡县制。

448 年　北魏太平真君九年

北魏平定关陇、西域。拓跋焘派魏将韩拔出任鄯善王，镇守鄯善；派魏将万度归出兵焉耆，西讨龟兹。西域诸国臣服北魏。

471年 北魏皇兴五年

生于长安的冯太后执政。

484年 北魏太和八年

魏孝文帝变法。

485年 北魏太和九年

北魏废除宗主督护制，实行三长制；颁布均田令，关陇执行较为彻底，社会安定，商业复苏，丝绸之路复兴。

490年 北魏太和十四年

魏孝文帝迁都洛阳，禁胡服、断北语、改姓氏、定族姓，实行汉化改革。

518年 北魏神龟元年

惠生、宋云经关中西去印度取经。

523年 北魏正光四年

六镇起义，波及北方，持续八年。

524年 北魏正光五年

高平胡琛及秦州上邽羌民莫折太提相继起义。

526年 北魏孝昌二年

莫折太提子莫折念生自称天子，建立政权，进军关中，占据秦、岐二州。莫折念生兵败一度诈降萧宝夤。高平起义军胡琛部将万俟丑奴在泾州击败十二万魏军主力，阵斩名将崔延伯，关陇起义衰而复盛。

527年 北魏孝昌三年

起义军万俟丑奴在安定歼灭北魏西征军主力十余万，乘胜兵临长安城下，占领关中大部。

528年 北魏建义元年

万俟丑奴称帝泾州，截留波斯国贡狮，建元"神兽"。同年，代北契胡族酋长尔朱荣滥杀胡太后及北魏王公两千余人，发动"河阴之变"，控制北魏政权。

530 年 北魏永安三年

尔朱荣从子尔朱天光率贺拔岳、侯莫陈悦两军团进占关中。万俟丑奴败退泾州，后被俘而死。同年，北魏孝庄帝杀尔朱荣，又被尔朱荣侄尔朱兆所杀。

531 年 北魏中兴元年

尔朱荣原部将高欢反叛，在邺城击溃尔朱兆主力二十万，占领洛阳，攻灭尔朱兆，控制关东。

534 年 北魏永熙三年

关中贺拔岳被侯莫陈悦诱杀，余众推宇文泰为新主，讨灭侯莫陈悦。宇文泰控制关陇。北魏孝武帝由洛阳逃到关中。高欢另立孝静帝，迁都邺城，为东魏。宇文泰先迎孝武帝而后杀之，另立文帝，都长安，为西魏。

534—550 年 西魏大统年间

东、西魏争战不休。大统三年沙苑决战。大统六年邙山之战。大统十二年韦孝宽坚守玉璧城。

535 年以后 西魏宇文泰执政时期

宇文泰起用武功名士苏绰实行改革，推行均田制，创立府兵制，形成关陇军事贵族集团，使关中迅速崛起。

550 年 东魏武定八年

高欢之子高洋废东魏帝，自立为帝，改国号为齐，史称北齐。

553 年 西魏废帝二年

宇文泰遣尉迟迥攻取巴蜀。

554 年 西魏恭帝元年

宇文泰遣于谨南征，破江陵，控制后梁。

556 年 西魏恭帝三年

宇文泰病死云阳宫，第三子宇文觉废西魏，自立为帝，改国号为周，史称北周。

557—572 年 北周闵帝元年至武帝建德元年

北周不断宫廷政变。宇文泰侄宇文护专权。

572年　北周建德元年

　　武帝宇文邕（宇文泰第四子）杀宇文护而亲政，改革府兵制，彻底实施均田制，开始以均田户为府兵。

565—578年　北周保定五年至宣政元年

　　宇文邕五次下诏释放官私奴婢。

574年　北周建德三年

　　宇文邕下诏废毁佛、道二教，"求兵于僧众之间，取地于塔庙之下"。

575年　北周建德四年

　　宇文邕东征伐齐，兵围洛阳、河阳。

576年　北周建德五年

　　宇文邕再次东征，攻克平阳，击溃北齐十万主力。

577年　北周建德六年

　　北周军攻占邺都，北齐灭亡。毁佛运动推向关东。前后共废除寺庙四万所，迫使三百多万僧尼还俗，"还归编户"。北周军南下彭城歼陈朝主力三万余，夺淮南。北周要灭陈统一全国已是不可抗拒之势。

578年　北周宣政元年

　　北周武帝宇文邕因病抱憾早逝，年仅36岁。杨坚以外戚专权。

581年　隋开皇元年

　　杨坚废周静帝自立，建立隋朝。北周灭亡。

索引

Index

A

安定　/ 022

B

八部大人　/ 245—246

八王之乱　/ 105

八柱国大将军　/ 272，279

罢门资之制　/ 272

褒斜道　/ 045

北朝医学　/ 340

北地　/ 013，114

北地泥阳傅氏　/ 096，312

北地"三傅"　/ 311

北凉　/ 213，240

北齐　/ 236，266，288，331，364

北天师道　/ 307，309

北魏　/ 215，236，238，361，374

北魏三帝　/ 238

北周　/ 002，236，263，288，374

并州　/ 018，166

C

曹操　/ 011，016，019，031，086，355

曹叡　/ 053，062，065，112，337

曹爽　/ 063，066—068

曹真　/ 052，054，056，341

草堂寺　/ 213，316—317，342

长安胡饼　/ 328

陈霸先　/ 275，293

陈仓　/ 014，080

陈仓道　/ 046

成汉政权　/ 084，139，146

赤壁之战　/ 013，031

D

大夏　/ 223，344

代国 / 199，238

邓艾 / 049，071，134，188

定军山 / 041

东海王越 / 100，120，149

东胡 / 237，280

东晋 / 153，196，223

东魏 / 265，267，269，331，361

董卓之乱 / 002，011，029，111

独孤信 / 268，298

杜预 / 088—094，135，311，367，372

E

尔朱兆 / 264

贰城 / 189，192，199，225

F

法门寺 / 315

法显 / 318，349

法正 / 037

淝水之战 / 203，214，233

费祎 / 048，063，070

冯太后 / 250，359

冯翊 / 021

佛图澄 / 176，327，351

肤施 / 167

扶风 / 013，045，165

扶风武功苏氏 / 374

苻登 / 208，210

苻洪 / 184，232

苻坚 / 186，193，204，357

苻健 / 183，193，218

府兵制 / 004，272，279，289，362

傅嘏 / 097，312，368

傅咸 / 102，111，312，368

傅玄 / 101，312，368

傅祗 / 099，312，368

G

盖吴起义 / 242，277，324

高欢 / 264，266，361

高洋 / 266，288，310

葛荣起义 / 256，360

关陇胡汉起义 / 003，256，262

关陇军事贵族集团 / 004，263，266，272，275，292，374

关中本位政策 / 274，374

关中官学 / 354

关中家学 / 366，370，376

关中"裤褶服" / 330

关中私学 / 365

官渡之战 / 012，111

国子学 / 355，358—359

H

函谷关 / 020，104

韩遂 / 013，021，024

汉城 / 050, 056

汉国 / 149, 153, 308

汉化改革 / 270, 292, 331, 343, 361

汉献帝 / 009, 012

汉中 / 025, 031, 056, 062, 112, 138, 141

河间王颙 / 117, 118—122

河清均田 / 254, 266

河西 / 020, 081, 122

河阴之变 / 261, 277

贺拔岳 / 261, 263, 277

赫连勃勃 / 215, 223, 225, 345

赫连定 / 227, 238

弘农华阴杨氏 / 088, 114, 311, 366, 376

弘农玉璧城 / 269, 270

侯莫陈悦 / 261, 263, 277

后凉 / 204, 213

后梁 / 275

后秦 / 002, 192, 208, 219, 358, 373

后燕 / 208, 214

后赵 / 153, 158, 164, 182

胡床 / 327

胡汉分治 / 158, 175, 190

胡舞 / 328

胡乐 / 328

护军制 / 191

桓温北伐 / 185, 217

皇宗学 / 359, 363

黄巾起义 / 026, 030

黄忠 / 041

J

计口授田 / 246, 248

贾充 / 072, 078, 092, 116

贾后之乱 / 117

剑阁 / 046, 075

姜维 / 049, 062, 070—079

蒋琬 / 048, 062

街亭 / 054

金牛道 / 046

金墉 / 170

晋愍帝 / 114, 129, 150

晋武帝 / 085, 089, 105, 135

靳准之乱 / 151, 163

京兆杜陵杜氏 / 088, 366

京兆杜陵韦氏 / 375

鸠摩罗什 / 204, 212, 316, 318, 342, 351

九品混通法 / 249

九品中正制 / 086, 108, 272

均田制 / 005, 251, 289

K

课田法 / 107—108, 143

L

乐城 / 050, 056, 074

李弼 / 265, 279, 298

李虎 / 273, 279, 280

李特、李雄起义 / 137, 183

凉州 / 081, 122, 128

梁州 / 119, 140, 141

麟趾学 / 363

岭北 / 211, 345

刘备 / 031, 036, 048

刘宋 / 223, 293

刘卫辰 / 189, 199, 223

刘曜 / 125, 149, 163, 171, 371

刘裕北伐 / 219

刘渊 / 149, 332, 372

六出祁山 / 050

六条诏书 / 271, 361, 362

六夷 / 158, 190, 192

六镇起义 / 256, 360

陇右 / 122

露门学 / 363

吕光远征西域 / 203

略阳 / 024, 137

M

马超 / 018, 019

马谡 / 054—055

马腾 / 013—014, 019

邙山之战 / 270, 278

门阀士族 / 086—087, 108, 266

门阀政治 / 087

米仓道 / 046

万俟丑奴 / 258

莫折念生 / 256, 260

木牛流马 / 337—338

慕容冲 / 205, 206

慕容垂 / 188, 204, 208

慕容泓 / 205

N

南凉 / 213, 237

南梁 / 293

南齐 / 293

南天师道 / 309

P

平城 / 215, 238, 254

平阳 / 018, 163, 164

蒲坂 / 170, 189

Q

齐万年 / 136, 183

迁都洛阳 / 254

前凉 / 130, 133, 196, 198

前秦 / 182, 183, 233, 357

前燕 / 182, 194, 195

前赵 / 151, 153, 163, 172, 356

秦州 / 122, 135

龟兹乐 / 328, 329

R

冉闵之乱 / 179, 182

冉魏政权 / 181

S

三长制 / 251, 289

散关 / 034

沙苑之战 / 267

上郡 / 114, 167

狮舞 / 330

什翼犍 / 199

石虎 / 162, 170, 172, 177

石勒 / 125, 158

石室 / 237

释道安 / 291, 318, 323, 352

释奴与毁佛 / 290

司隶校尉 / 165, 189

司马师 / 070—071, 098—099

司马懿 / 053, 057, 062

司马昭 / 069, 085, 098

司徒 / 100, 189

司州 / 164, 189

苏绰 / 270, 274, 375

苏威 / 274, 314

T

太康之治 / 106

太平道 / 025, 026, 307, 308

傥骆道 / 045

潼关 / 020, 221, 267

统万城 / 216, 225, 344

屯田制 / 106

拓跋珪 / 214—215, 238, 248, 333, 358

拓跋焘 / 227—230, 238, 244, 358

拓跋鲜卑 / 237, 242, 245, 276

W

王濬 / 088, 090—096

王猛 / 187, 190, 194, 200, 219

唯才是举 / 086, 272

渭城 / 120

魏孝文帝 / 250

魏延 / 047, 052, 060

五斗米道 / 025, 028—030

坞壁 / 160, 249

X

西凉乐 / 328, 329, 330

西秦 / 214, 230, 237, 239

西魏 / 004, 005, 265, 272, 275, 288, 293, 354, 361

西魏均田 / 270

西燕 / 204

夏侯渊 / 023，041

襄阳之战 / 201

逍遥园 / 222，316，342

小关之战 / 268

挟天子以令诸侯 / 012，016，017

新兴郡 / 166，168

行台 / 162

杏城 / 189，216，242，244

徐遵明 / 310，313，377

Y

羊祜 / 088，090

阳平关 / 034，046，047，074，075

杨骏 / 088，099，102，114—116

杨修 / 043，064，311

杨忠 / 273，280，299，300

姚苌 / 197，198，205，208，210—211

姚兴 / 211—217，224，318，342，358，373

姚弋仲 / 172，208，209

邺城石经 / 365

益州 / 033，036，038，040，140，144，257

阴平 / 040，047

阴平道 / 056

雍州 / 081，122—123，165

游子远 / 151—152，154—155

于谨 / 279，281，300，343

宇文护 / 289，300，363

宇文泰 / 004，263，265，270，285，286，343，361—363

宇文邕 / 288，309，325，331，361

袁绍 / 011，018，064，086

Z

占田法 / 106，108

张方 / 118—121，123

张轨霸凉州 / 128

张郃 / 024，035，037，041，042，057

张陵 / 025

张鲁 / 025，027，034—035，308

赵贵 / 280，298，300，343

赵贵、独孤信事件 / 298

钟会 / 046，074—076，078—079，099

钟繇 / 016，019，087，111

诸葛亮 / 044，047，048，050，072，113，328，337

子午道 / 045

宗主督护制 / 249，251

后记

Epilogue

《陕西通史·魏晋南北朝卷》1997年版是20世纪80年代我与好友秦晖先生在陕西师大历史系中国古代史教研室为同事时合撰而成。现因秦晖先生实在无暇顾及,便由退休有闲的我来完成本版工作。

三十年来喜见魏晋南北朝史研究突飞猛进,成就斐然。一批功力深厚的研究专著相继出版问世,其中不少具填补空白价值;数量可观的研究论文课题也相当广泛深入,其耳目一新的见解及成果令人叹服不已;考古方面也屡有重大成果。唯惜专涉关陇集团的研究虽存,但依然寥寥不足。为此,我在竭力搜集和学习新资料、新成果的同时,下决心重新审视有关旧籍,逐章摘句地再寻关中人、关中事之踪迹,获益匪浅。古稀之年,重新思考魏晋南北朝时期的陕西剧变,对其内在的演变逻辑有了更加清晰独到的历史哲学之启示与再认识。1997年版为250页约15万字,本版为400多页约42万字,增量翻番,其中艰辛与甘苦不言而喻。幸赖夫人李向群编审鼎力相助，全程参与工作，方得以终稿。这应属我和夫人共同心血完成，谨向爱妻致以真挚的谢意与感激！

最后，真诚感谢本版编委会、主编和陕西师范大学出版总社各位师友的信任、帮助与支持，特别是责任编辑的辛勤付出。本书以焕然一新的面貌出版后，期待方家赐教，希冀读者认可，如能引起更多人对这段历史的兴趣，庶几无憾矣！

王大华
2021 年 8 月 5 日